La décentralisation territoriale au Cameroun

Collection « Études africaines »

dirigée par Denis Pryen et son équipe

Forte de plus de mille titres publiés à ce jour, la collection « Études africaines » fait peau neuve. Elle présentera toujours les essais généraux qui ont fait son succès, mais se déclinera désormais également par séries thématiques : droit, économie, politique, sociologie, etc.

Dernières parutions

Danièle DARLAN, *Protéger la constitution quoi qu'il en coûte. Une vision pour la Cour constitutionnelle de la République centrafricaine*, 2024.
Nadine Josianne BAKAM TITGOUM, *La propriété intellectuelle dans l'espace OAPI-OHADA. Entre incorporalité et virtualité*, 2024.
Florent Armel MALEMBI, *Le Moi, principe de la connaissance dans la philosophie de Schelling*, 2024.
Augustin Palé, Alexis Clotaire Némoiby Bassolé, Abdoulaye Sawadogo, Oumar Sangaré, *Le handicap mental. Perceptions et prise en charge au nord du Burkina Faso*, 2024.
Boubou BA, *Les modes alternatifs de règlement des conflits en Mauritanie, Regard anthropologique et juridique*, 2024.
Dingamtoudji MAÏKOUBOU, *La médecine africaine en pays ngàmbáye au Tchad*, 2024.
Tahirou KONE, *Technologies socionumériques en Côte d'Ivoire. Formes d'engagement politique et médiatique*, 2024.
Guy-Eugène DEMBA, *La mise en œuvre du Droit international humanitaire en Centrafrique. De la théorie à la pratique*, 2024.
Charlie MBALLA (dir.), *L'État dans les Afriques. État des lieux en Afrique subsaharienne. Nouvelle édition*, 2024
Maman Aminou A. KOUNDY, *La gouvernance du secteur judiciaire au Niger, Regards critiques*, 2024.
Paul G. ACLINOU, *Le premier festival mondial des arts nègres. Ou la négritude cinquante-cinq ans après*, 2024.

Sous la direction de
Carole Valérie NOUAZI KEMKENG
Bernard-Raymond GUIMDO DONGMO

La décentralisation territoriale au Cameroun

Jeux, enjeux, nouveaux acteurs et nouveaux défis

Préface du Professeur Joseph OWONA

L'Harmattan

Des mêmes auteurs

Carole Valérie NOUAZI KEMKENG, *La protection des droits de l'homme en Afrique. L'interaction entre Commission et Cour africaines des droits de l'homme et des peuples*, L'Harmattan Cameroun, Janvier 2020, 272 p.

Bernard-Raymond GUIMDO DONGMO (Dir.), *Le dialogue des juges. Une analyse des rapports fonctionnels entre les juges,* Collection Logiques juridiques, L'Harmattan Paris, Mai 2022, 284 p.

5-7, rue de l'École polytechnique, 75005 Paris

www.harmattan.fr

ISBN : 978-2-336-48076-3
EAN : 9782336480763

À tous les acteurs et bénéficiaires directs ou indirects de la décentralisation au Cameroun

REMERCIEMENTS

Nous tenons à dire notre gratitude à toutes celles et tous ceux qui de près ou de loin ont contribué à la réalisation de cet ouvrage, en l'occurrence les contributeurs, qui ont accepté de participer à cette grande entreprise dans le cadre des travaux scientifiques. Qu'ils trouvent ici, toute notre profonde gratitude pour leur disponibilité et leurs contributions.

Nous tenons à adresser toute notre reconnaissance à Madame le Ministre de la Recherche Scientifique et de l'Innovation (MINRESI), le Dr Madeleine Tchuinte, pour ses encouragements à la production scientifique et au Professeur Mforteh Stephen Ambe, Chef du Centre National d'Education (CNE), pour son accompagnement permanent. Nos remerciements vont également à l'ensemble des chercheurs du Département des Etudes Politiques et Juridiques (DEPJ) qui ont facilité l'émergence de ce projet et ont contribué d'une manière ou d'une autre à son enrichissement.

Notre profonde gratitude au Professeur titulaire, Bernard-Raymond Guimdo Dongmo, qui a bien voulu nous accompagner dans cette grande aventure depuis le début. En acceptant de codiriger cet ouvrage, il a ainsi contribué, une fois de plus, à notre élévation scientifique.

Nos sincères remerciements au Professeur Joseph Owona, qui a accepté de signer le « discours d'escorte » de cet ouvrage, et qui l'a fait avec profondeur et hauteur, mais malheureusement, nous a quitté avant sa parution. Nous lui rendons ici un grand déférent hommage. Nous exprimons aussi notre profonde gratitude aux membres du Comité scientifique, qui ont accepté d'en faire partie. Nous pensons particulièrement aux Professeurs Alain Didier Olinga, Jean Claude Tcheuwa et Patrick Abane Engolo, pour leurs observations constructives.

Nous tenons également à remercier tous les membres du comité de lecture qui n'ont ménagé aucun effort pour la révision des textes tant sur le plan épistémologique que méthodique. Nous exprimons aussi notre gratitude à l'équipe du « Grenier de savoirs » qui a facilité la révision linguistique des différents textes.

Enfin, nos remerciements vont à l'endroit de notre éditeur qui a bien voulu nous accompagner, une fois de plus, pour la réalisation de cet ambitieux et louable projet.

Carole Valérie NOUAZI KEMKENG,

PhD en Droit public, Maître de Recherche, CNE / MINRESI

AVANT-PROPOS

C'est un immense plaisir d'accompagner cette œuvre scientifique coordonnée par Madame Carole Valérie NOUAZI KEMKENG, Maître de recherche au Centre National d'Éducation du Ministère de la Recherche scientifique et de l'Innovation (MINRESI). Spécialisée en Droit Public, je partage avec l'auteure une proximité scientifique certaine pour avoir dirigé sa thèse de doctorat, préfacé son ouvrage et contribué modestement à son essor scientifique encore en cours, surtout qu'elle se caractérise par son dévouement à la recherche. C'est aussi, et surtout, avec une très grande fierté que j'ai accueilli l'invitation de la codirection car il s'agit bel et bien d'une réussite qui rend compte du chemin qu'elle s'est frayé dans le champ scientifique. Il convient de relever que le mérite de cette codirection réside dans le choix de la thématique qui est actuelle et passionnante.

Même si la doctrine est abondante sur la question, il n'en demeure pas moins que le présent ouvrage vient à point nommé. En réalité, la loi constitutionnelle du 18 janvier 1996[1] aura-t-elle singulièrement marqué l'univers administratif camerounais en consacrant une sorte de gouvernance locale ? La question peut paraître surprenante dans la mesure où elle confère un caractère décentralisé à l'Etat unitaire du Cameroun[2]. C'est ainsi que les régions et les communes sont reconnues comme des CTD, jouissant d'une autonomie administrative et financière pour la gestion de leurs intérêts[3]. Le nouveau Code général des CTD, promulgué en décembre 2019[4], à la suite des lois du 22 juillet 2004 (loi sur l'orientation de la décentralisation, loi sur les règles applicables aux communes et loi sur les règles applicables aux régions) retracent dès lors les grandes lignes de cette décentralisation[5]. Il (re)définit ainsi ses acteurs, ses enjeux, ses outils, ses stratégies, voire ses objectifs[6]. A travers cette loi, l'on passe d'une conception plus ou moins autoritaire à une conception plus démocratique et plus dynamique de la décentralisation territoriale. Au demeurant, le projet d'une décentralisation effective et surtout d'une régionalisation est une demande de démocratisation, de décongestionnement politique, autrement dit, de libéralisation de l'espace

---

[1] Cf. Loi constitutionnelle n° 96/016 du 18 janvier 1996 portant révision de la constitution du 02 juin 1972.

[2] V. B-R. GUIMDO DONGMO, « Les bases constitutionnelles de la décentralisation au Cameroun (contribution à l'étude de l'émergence d'un droit constitutionnel des collectivités territoriales décentralisées) », *in RGD*, décembre 1998, n°1, pp. 79-100.

[3] Cf. E. D. ATANGANA, *La libre administration des collectivités territoriales décentralisées en droit public camerounais*, Mémoire master, Université de Yaoundé 2 Soa, 2012, 165 p.

[4] Cf. Loi n°2019/024 du 24 décembre 2019 portant Code général des collectivités territoriales décentralisées.

[5] C. V. NOUAZI KEMKENG, « Le cadre juridique de la décentralisation au Cameroun », *in* Alawadi Zelao (dir.), *Décentraliser au Cameroun. Dynamiques institutionnelles et logiques des acteurs,* Harmattan Paris, Collection Études africaines, octobre 2018, pp. 129-149.

[6] Cf. P. SEBAHARA, « Acteurs et enjeux de la décentralisation et du développement local expériences d'une commune du Burkina Faso », *in Document de réflexion ECDPM*, novembre 2000, n°21, 34 p.

politique national[1]. Théoriquement, les organes des collectivités locales sont ainsi appelés à faire asseoir une véritable politique de développement de leur localité tout en respectant les lois et règlements en vigueur, et en prenant en compte les principes de démocratie et de bonne gouvernance[2].

Toutefois, après la mise en place effectivement des Régions, plusieurs questions animent les débats sur la scène nationale. Si la juridicité voire la légalité de la Région, prise comme collectivité territoriale décentralisée ne souffre en théorie d'aucune critique, l'on est au moins tenté de s'interroger sur son degré d'effectivité[3]. La réaffirmation de l'autonomie administrative et financière des CTD conduit nécessairement[4] à s'intéresser à la problématique de la gouvernance locale[5], au regard des conflits observés entre les acteurs. Aussi, le problème lié à la philosophie du transfert des compétences[6], la forte présence du contrôle de tutelle couplée à l'ineffectivité d'une fonction publique locale[7], semble mettre en cause celui dans lequel la liberté supposée concédée aux organes des collectivités territoriales décentralisées aux fins de gérer leurs propres affaires. Cette liberté de gestion reste une quête, voire une requête depuis l'amorce du processus en 1996. Par ailleurs, on peut se demander si la conception jacobine de l'organisation administrative du Cameroun a vraiment disparu au profit d'une démocratie locale et participative.

Au regard de tout ce qui précède, la réflexion est menée dans une démarche didactique et pédagogique, et principalement autour de quatre axes majeurs permettant au lecteur de mieux appréhender les normes et institutions de la décentralisation, les acteurs et leurs rôles, les expériences de la décentralisation territoriale au Cameroun et ailleurs, les défis et perspectives pour une décentralisation efficace. Vu la haute facture des différentes contributions, cet ouvrage devrait être considéré comme un bréviaire par ses principaux

---

[1] A.D. OLINGA, « La régionalisation camerounaise en chantier : acquis constitutionnels et perspectives législatives », *Juridis périodique*, n°55, juillet-Août-Septembre 2003, p. 91.

[2] Cf. L. NGONO TSIMI Landry, *L'Autonomie administrative et financière des collectivités territoriales décentralisées : l'exemple du Cameroun,* Thèse droit public, Université VAL-DE-PMarne, Paris, Creteil, 2010, 561 p.

[3] Cf. I. FOZING, G. FONKENG, V. MGBWA, A. MBIA, « Niveau d'appropriation et d'effectivité de la décentralisation par les acteurs locaux au Cameroun », *in JERA/RARE,* n°4, 2012, pp. 31-55.

[4] Cf. art. 55 al. 2a de la constitution camerounaise.

[5] Cf. M. FINKEN, *Gouvernance communale en Afrique et au Cameroun*, Paris ? L'harmattan, 2011, 324 p. Voir aussi Francis Joël TCHENKEU & Michel Max RAYNAUD, « Processus de décentralisation au Cameroun : enjeux et défis de la gouvernance urbaine », *African Cities Journal,* vol. 02, issue 02, february 2021, p. 11.

[6] J. D. MANGA KALNIGA, *Processus de décentralisation et dynamiques sociopolitiques au Nord-Cameroun : systèmes et acteurs dans le champ local,* Thèse de Doctorat/PhD, Sociologie, Université de Maroua, Tomes 1 et 2, 2019, 1011 p., Tome 1, pp. 280-340.

[7] Cf. H. DONFACK, « La problématique du recrutement du personnel communal au Cameroun, » *in IMJST,* novembre 2020, vol. 5 ,16 p.

destinataires. D'où la nécessaire vulgarisation pédagogique de cette œuvre salutaire en matière de décentralisation.

Bernard-Raymond GUIMDO DONGMO
Professeur titulaire (CAMES) des Universités
Agrégé de droit public et de science politique

PRÉFACE

Le fédéralisme et la décentralisation sont pareils à deux princesses aspirant à convoler en justes noces avec un prétendant, la République du Cameroun. L'une exige un concours financier exorbitant à mobiliser d'un trait, en guise de « toquer-porte ». L'autre, sur la voie de son hyménée républicaine, s'accommode à une dot progressive se faisant au petit trot, par paiements successifs et à cadences rythmées. Accompagnés dans cette tâche d'une brochette fort diversifiée d'auteurs, Carole Valérie NOUAZI KEMKENG et Bernard-Raymond GUIMDO DONGMO s'essayent à nous éclairer sur les jeux, les enjeux, les nouveaux acteurs et les nouveaux défis de la lente avancée de la décentralisation camerounaise, dans sa longue acclimatation opérée au gré des transferts progressifs de compétences.

Le mérite, le plus évident, est que le tableau dressé se révèle exhaustif. Il passe en revue les ressources humaines, les normes et les institutions ; les acteurs, qu'il s'agisse des exécutifs municipaux, des chefferies traditionnelles, des juges de la régulation. Un intérêt est également porté sur les cadres communaux, les enjeux et autres expériences de décentralisation (…). L'ouvrage s'offre au lecteur, comme une excursion dans les particularités pygmées, la gouvernance forestière, les us et heurts de la tutelle, les défis de la coopération décentralisée et les festivités mémorielles, sans oublier les chemins escarpés de la fonction publique locale. L'autre mérite réside dans le fait que les auteurs ne se mettent pas des œillères dans la perception des avancées lentes de la décentralisation à la camerounaise. Le transfert des moyens serait ineffectif, lent, voire faible, et la présence de la tutelle lourde. La fonction publique locale serait inexistante. La liberté de gestion de leurs propres affaires serait restée une requête permanente et non une essence du processus de décentralisation.

Peut-être pourrait-on souhaiter une modeste compréhension des auteurs pour un processus qui, quoiqu'on fasse, devrait rester, marqué par des particularités forcement camerounaises, car il en va ainsi pour les autres décentralisations à l'espagnole comme à l'italienne. Peut-être, serait-ce sage de laisser la décentralisation camerounaise évoluer par étapes et par périodes expérimentales douces, tenant compte de la maxime qui veut que, « *qui trop embrasse mal étreint* ». Personnellement, j'entends encore résonner l'utile avertissement d'un éminent homme politique français qui, réagissant à l'annonce de la décentralisation camerounaise disait : « *oh non, faire le Cameroun a demandé du temps et de l'argent* ». A sa suite, je voudrais me permettre de dire *in fine*, « *le décentraliser requiert de la prudence, du temps et un véritable doigté* ».

Joseph OWONA
Professeur de Droit public, Agrégé de droit public et de science politique, Université de Yaoundé II

EN GUISE D'INTRODUCTION

Quelles ressources humaines pour une décentralisation territoriale effective au Cameroun ?

Par

Carole Valérie NOUAZI KEMKENG,

PhD en Droit public, Maître de Recherche, Centre National d'Éducation / MINRESI

&

Bernard-Raymond GUIMDO DONGMO,

Professeur titulaire (CAMES), Agrégé de droit public et de science politique, UYII

« Le Cameroun se présente parmi les pays africains qui ont, dès le lendemain des indépendances, accordé aux administrations locales, un rôle qui n'a cessé, timidement au départ, de se consolider au fil des ans [1]». En effet, entamé avant l'indépendance, notamment à partir de 1922 par l'autorité « coloniale » britannique pour la partie occidentale et en 1941 dans la partie orientale administrée par la France, le développement de l'institution locale a connu une montée en puissance au plan constitutionnel en 1996[2]. La Constitution du 18 janvier 1996 a, en effet, effectué une réforme fondamentale en consacrant la commune et la région comme des collectivités territoriales décentralisées. Elle dispose en son article 55 (1) que « les collectivités territoriales décentralisées de la République sont les régions et les communes. Tout autre type de collectivité territoriale décentralisée est créé par la loi ». Personnes morales de droit public, elles jouissent de l'autonomie administrative et financière pour la gestion des intérêts régionaux et locaux.

Après cette réforme constitutionnelle, plusieurs textes d'application ont été pris. Il s'agit notamment de la loi n° 2004/017 du 22 juillet 2004 portant orientation de la décentralisation, de la loi n° 2004/018 du 22 juillet 2004 fixant les règles applicables aux communes, de la loi n° 2004/019 fixant règles applicables communes et aux régions et la loi n° 2009/011 du 10 juillet 2009 portant régime financier des collectivités territoriales décentralisées. Mais à la suite du Grand Dialogue National de 2019, consécutif à la crise anglophone, le droit de la décentralisation va être rénové par la loi n° 2019/024 du 24 décembre 2019 portant Code général des CTD. L'importance de la décentralisation a par ailleurs été marquée par la création d'un Ministère dédié, à savoir Ministère de la Décentralisation et du Développement Local dont l'organisation et le fonctionnement sont fixés par le décret n° 2018/449

---

[1] G. BIWOLE, « Les communes camerounaises : lieu géométrique du développement local », *Revue camerounaise de Management*, n° 3-4, 4e trimestre (*Revue Trimestrielle de l'ESSEC*), 1986, p. 222.

[2] Lire B.-R. GUIMDO DONGMO, « Constitution et décentralisation au Cameroun depuis la réforme constitutionnelle du 18 janvier 1996 », *Revue Juridique et Politique des États francophones*, n°2, vol. 59, 2005, pp. 205-228.

du 01 août 2018. L'article 1er alinéa 2 dudit texte dispose qu'il est chargé, sous l'autorité du Président de la République, de l'exercice de la tutelle de l'État sur les Collectivités Territoriales Décentralisées. Le Ministre de la Décentralisation et du Développement Local est responsable de l'élaboration, du suivi, de la mise en œuvre et de l'évaluation de la politique du Gouvernement en matière de décentralisation, ainsi que de la promotion du développement local.

En ce qui concerne la gestion des ressources humaines, il est reconnu aux collectivités territoriales décentralisées la faculté de recruter et gérer librement le personnel dont elles ont besoin pour l'accomplissement de leurs missions[1]. En outre, les fonctionnaires et autres agents de l'État peuvent, sur leur demande, y être détachés ou affectés, par le ministre compétent saisi à cet effet par elles sous le couvert du représentant de l'État dont l'avis est requis[2]. Il est à préciser que ces agents de l'administration d'État sont toujours soumis, selon le cas, au statut général de la fonction publique de l'État et au Code du travail.

Depuis plusieurs années, le personnel desdites collectivités n'a cessé de croître. Cet accroissement est tout d'abord dû à l'augmentation du nombre de collectivités territoriales décentralisées. Ainsi, les communautés urbaines sont passées de deux en 1987 à quatorze aujourd'hui, tandis que les communes sont aujourd'hui au nombre de 360. Cette augmentation est également envisageable avec la mise sur pied des régions depuis février 2020 qui impose l'existence d'un personnel régional. Cette augmentation entraîne nécessairement un accroissement quantitatif et pas forcément qualitatif du personnel desdites administrations. Elle s'explique, par ailleurs, à l'extension des activités locales et par voie de conséquence à l'accroissement de l'autonomie des CTD. En effet, la loi n° 2019/024 du 24 décembre 2019 portant Code général des collectivités territoriales décentralisées dispose, en son article 17, que, « l'État transfère aux collectivités territoriales, des compétences dans les matières nécessaires à leur développement économique, social, sanitaire, éducatif, culturel et sportif ».

Au demeurant, la qualité d'une bonne administration dépend nécessairement des ressources financières et matérielles et aussi, voire surtout, humaines dont elle dispose. On peut alors, au vu de ce qui précède[3], se poser la question suivante : quelles ressources humaines pour les collectivités territoriales décentralisées ? Pour répondre à cette question, il convient dans un premier temps de faire l'état des lieux ou le diagnostic de ces ressources pour montrer qu'elles sont inadaptées aujourd'hui plus qu'hier (I), avant de se projeter en esquissant un pronostic quant aux voies et moyens pouvant

---

[1] V. article 22 (1) la loi n°2019/024 du 24 décembre 2019 portant Code général des collectivités territoriales décentralisées : *« Les collectivités territoriales recrutent et gèrent librement le personnel nécessaire à l'accomplissement de leurs missions ».*

[2] V. article 22 (2) la loi n° 2019/024 du 24 décembre 2019 portant code général des collectivités territoriales décentralisées.

permettre à ces collectivités d'avoir des ressources humaines appropriées pour les enjeux présents et futurs (II).

I. Le diagnostic : des ressources humaines inadaptées

Les ressources humaines des collectivités territoriales décentralisées sont, à l'heure actuelle, inadaptées aux enjeux et défis de développement auxquels elles doivent faire face. En effet, elles ont un personnel dont l'incertitude statutaire (A) engendre forcément la précarité de la carrière (B).

A. L'incertitude statutaire

Le statut peut se définit comme un corps complet de dispositions juridiques régissant la situation, les obligations, les avantages d'un individu ou d'un groupe d'individus[1]. Il est la matérialisation de la volonté d'aligner les situations individuelles sur un modèle aussi général, aussi objectif, aussi impersonnel que possible[2]. C'est ainsi qu'à la différence des personnels de l'État, de l'Assemblée Nationale et du Sénat, qui sont régis par des statuts généraux, le personnel des CTD, et notamment des communes et communautés urbaines, est soumis à un ensemble de textes épars[3], ce qui les place dans une situation d'incertitude statutaire certaine. Il en résulte, non seulement, une absence d'identité propre à ce personnel, mais également et surtout l'inefficacité de son système de recrutement.

1. L'absence d'identité propre

L'absence d'identité propre au personnel des CTD découle du fait qu'il n'existe pas de textes relatifs à son statut. Les textes qui régissent ce dernier sont non seulement épars, mais ne le concernent pas directement pour certains ou se contentent de faire allusion ou référence à lui, pour d'autres, sans en déterminer les contours juridiques[4]. Il en est ainsi notamment du décret créant la NASLA[5] . Elle a pour mission d'assurer la formation professionnelle dans les domaines de compétence et spécialités de l'administration locale, conformément aux orientations générales définies par le gouvernement. C'est ainsi qu'elle assure : la formation initiale diplômante ; la formation continue ;

---

[1] A. PLANTEY, « Quelques réflexions sur le nouveau statut général de la fonction publique », *RDP,* 1984, p. 21.

[2] *Ibid.*, p. 22.

[3] V. loi n°92/007 du 14 août 1992 portant Code du Travail ; décret n°78/484 du 9 novembre 1978 fixant les dispositions communes applicables aux agents de l'État relevant du Code du Travail et la loi n°2019/024 du 24 décembre 2019 portant code général des collectivités territoriales décentralisées.

[4] B.-R. GUIMDO DONGMO, *Le personnel communal au Cameroun. Contribution à la compréhension de la crise de l'administration communale camerounaise,* Thèse pour l'obtention du doctorat de 3e cycle en droit public, Université de Yaoundé II, 1994, p. 22.

[5] Décret n°2020/111 du 02 mars 2020 qui en porte création, organisation et fonctionnement de la National School of Local administration. Les activités de la NASLA étaient par le passé exercées par le CEFAM conformément au décret n°77/494 du 07 décembre 1977 portant création et organisation du Centre de Formation pour l'Administration Municipale.

la formation spécifique ; la recherche appliquée à la gestion des collectivités territoriales[1].

Au demeurant, si du point de vue pénal, les agents des CTD sont assimilés aux fonctionnaires, l'article 131 du Code pénal disposant qu'« est considéré comme fonctionnaire, pour l'application de toute loi pénale [...] tout proposé ou commis de l'État ou toute autre personne morale de droit public », le Statut général de la fonction publique de l'État[2] méconnait la qualité de fonctionnaire aux agents des CTD. Il dispose, en effet, en son article 10(1) que « le présent statut général ne s'applique pas [...] aux agents des collectivités publiques locales ». Ainsi, au regard du droit public camerounais, les agents des CTD ne sont pas des agents publics, mais des salariés privés de l'administration régis par le droit du travail. Or, comme les agents fonctionnaires, ils assument des missions de service public et exercent pour la plupart des prérogatives de puissance publique. Une telle situation impacte certainement et négativement sur leur recrutement.

2. L'inefficacité du système de recrutement

De jure, le recrutement dans la fonction publique de l'État est plus formalisé que le recrutement dans les CTD. En effet, le statut général de la fonction publique de l'État distingue deux modes de recrutement : le recrutement sur concours, qui est le procédé principal[3], et le recrutement sur titre[4], procédé exceptionnel ou complémentaire. Ces modes sont pratiquement minorés, voire ignorés dans les CTD, car les textes n'indiquent pas un procédé précis de recrutement de leurs agents. L'engagement est constaté par une décision pour les agents des catégories I à VI et par un contrat pour les agents des catégories VII à XII[5].

Le fait qu'il existe un mode lâche de recrutement des agents des CTD laisse la latitude aux maires ou Maires de ville d'en faire à leur guise. En effet, conformément à l'article 76 alinéa 1 de la loi n° 2019/024 du 24 décembre 2019 portant Code général des collectivités territoriales décentralisées, « demeurent soumis à l'approbation préalable du représentant de l'État, et transmis au représentant local du Ministère chargé des collectivités territoriales, les actes pris dans les domaines suivants : [...] les recrutements du personnel ». L'article 5 de l'arrêté n° 00136/A/MINATD/DCTD du 24 août 2009 rendant exécutoire les tableaux types des emplois communaux dispose que « le recrutement aux postes de travail se fait par voie de

---

[1] Article 5 décret n°2020/ 111 du 2 mars 2020 portant création, organisation et fonctionnement de la NASLA.

[2] Décret n° 94/199 du 07 octobre 1994 Portant statut général de la Fonction Publique de l'Etat modifié en 2000.

[3] E. EFFA, *Le concours administratif au Cameroun*, Mémoire de Licence, UY/FDSE, Juin 1976, pp. 26-36.

[4] Article 15 du SGFP de 1994 modifié en 2000.

[5] V. Arrêté n°00136/A/MINATD/DCTD du 24 août 2009 rendant exécutoire les tableaux types des emplois communaux.

délibération de l'organe délibérant et se réfère aux profils retenus. Le recrutement des personnels de la 7e catégorie reste soumis à l'approbation du ministre en charge des collectivités territoriales ». Cette situation est préjudiciable aux CTD dans la mesure où elle favorise non seulement le recrutement pléthorique des agents peu ou sous-qualifiés[1], mais elle compromet également la méritocratie, engendre le clientélisme et génère des discriminations injustes ou injustifiées.

À l'incertitude statutaire des agents des CTD dont les conséquences viennent d'être examinées, s'ajoute nécessairement la précarité de leur carrière.

B. Une carrière précaire

La précarité de la carrière des agents des CTD tient non seulement à l'instabilité de l'emploi, mais également à l'inorganisation de la mobilité des agents.

1. L'instabilité de l'emploi

L'emploi[2] qu'occupent les agents des CTD est essentiellement précaire, car ils peuvent le perdre à tout moment par la seule volonté de leur employeur. En effet, l'exécutif de la CTD peut, à tout moment, mettre fin au contrat de travail de son agent pour des motifs divers[3], sous réserve de certaines conditions de préavis et d'indemnisation. C'est ainsi que le personnel des CTD au Cameroun ne connaît ni le système de la carrière ni celui de l'emploi ; autrement dit, il est soumis à un système hybride, car autant il peut évoluer administrativement par l'avancement, autant sa situation est liée, du fait de sa nature contractuelle, à celle de son emploi dont la suppression peut mettre fin à l'activité exercée[4].

Un autre point marquant de la précarité de l'emploi dans les CTD est le régime d'avancement des agents qui se réduit uniquement à l'avancement d'échelon induisant une simple augmentation du salaire de l'agent. En tant qu'avantage accordé à l'employé pour améliorer sa situation, ce régime d'avancement n'est nullement comparable à celui du fonctionnaire qui bénéficie, en plus de l'avancement d'échelon, de l'avancement de classe qui se fait au choix et de l'avancement de grade qui a lieu à l'ancienneté et au choix sans discontinuité[5].

---

[1] Lire B.-R. GUIMDO DONGMO, *Le personnel communal au Cameroun. ..., op. cit.*,

[2] V. arrêté n°00136/A/MINATD/DCTD du 24 août 2009 rendant exécutoire les tableaux types des emplois communaux.

[3] A propos de la gestion du personnel, en juillet 2017, le délégué du gouvernement auprès de la communauté urbaine de Douala a été en conflit ouvert et en procès avec certains délégués du personnel, agents de sa communauté pour des cas de licenciements abusifs. Lire Cameroon-info.net 21 juillet 2017(05h11) et du 30 aout 2017 (18h27).

[4] Voir Ch. DEBBASCH, *op. cit.*, p. 557; R. CHAPUS, *op. cit.*, pp. 101-102.

[5] Article 44 SGFPE 1994 modifié en 2000.

Par ailleurs, les agents des CTD ne bénéficient pas de promotion interne, c'est-à-dire la possibilité réservée à un agent de se présenter à un concours pour un emploi supérieur sans avoir à justifier de la possession de diplômes requis pour des candidats extérieurs[1]. Cette promotion, sous forme d'examens professionnels sur épreuve instituée au profit des fonctionnaires et des agents de l'État relevant du Code du Travail, n'est pas prévue au sein des CTD. Les agents des CTD ne peuvent, dès lors, passer d'une catégorie à une autre que s'ils présentent de nouveaux titres ou diplômes. Par ailleurs, le régime disciplinaire auquel ils sont soumis ne garantit pas leur droit de la défense. En effet, ils ne bénéficient ni de la communication du dossier ni de l'intervention du conseil de discipline[2]. Il faut ajouter à tout ceci que leur mobilité intercommunale et extra communale n'est pas organisée.

2. L'inorganisation de la mobilité des agents

La mobilité[3] est le fait pour un agent de passer d'un service à un autre, d'un ministère à un autre, voire d'une collectivité à une autre. Elle permet aux agents d'élargir leur expérience et d'acquérir des connaissances sur d'autres services autres que ceux auxquels ils appartiennent[4]. Cette éventualité n'est pas possible pour les agents des CTD. Si un agent veut partir d'une commune pour une autre, il devrait d'abord démissionner de la première. La non-réglementation de la mobilité intercommunale du personnel communal renforce leur infériorité par rapport aux agents de l'État, en l'occurrence les fonctionnaires dont la mobilité est juridiquement organisée. Alors, un agent employé par une petite commune voit toutes ses chances de promotion dans une commune plus importante définitivement compromises[5].

Le constat de l'inadaptation des ressources humaines amène à esquisser quelques pistes permettant d'avoir des ressources humaines appropriées pour les CTD.

II. Le pronostic : des pistes pour des ressources humaines appropriées

Pour atteindre les objectifs qui leur sont assignés par le constituant et le législateur, les collectivités territoriales décentralisées, qui ont besoin de ressources humaines appropriées, devraient mettre l'accent sur l'adoption d'un statut propre à leurs agents (A) et l'amélioration de leurs capacités d'action (B).

---

[1] L. FAVOREU, « La réforme du statut du personnel communal », *AJDA*, 1973, p. 298.

[2] B.-R. GUIMDO DONGMO, *Le personnel communal au Cameroun. ....op. cit.,* p. 143.

[3] Sur la question, voir Alain GANDOLFI, « La mobilité dans la fonction publique », *Rev. Adm.*, 1966, p. 247.

[4] J.-M. AUBY et R. DUCOS-ADER, *Droit Administratif. (Fonction publique. Les biens publics. Les travaux publics),* 7ème édition, Paris, Dalloz, 1986, p. 141.

[5] O. FONE, *Le personnel des établissements publics et des collectivités publiques au Cameroun,* Mémoire de maîtrise en droit public, UY/FDSE, 1988/1989, p. 69.

A. La nécessité d'un statut propre aux agents des CTD

Il sied d'établir un statut propre aux agents des CTD par l'institution d'une fonction publique territoriale ou des CTD, ce qui suppose ou exige la levée d'un certain nombre d'obstacles.

1. L'institution d'une fonction publique des CTD

La formalisation d'une fonction publique des CTD reste le vœu de l'ensemble des agents des CTD. Elle permettra de leur assurer un statut moins précaire. Il va donc de soi que l'idéal est d'avoir une fonction publique territoriale. L'alinéa 2 de l'article 19 de la loi n° 2004/017 du 22 juillet 2004 portant orientation de la décentralisation laissait déjà entrevoir cette possibilité à la suite de l'alinéa 1 dudit article qui énonce que « les collectivités territoriales recrutent et gèrent librement le personnel nécessaire à l'accomplissement de leurs missions », dispose que « le statut du personnel visé à l'alinéa1 ci-dessous est fixé par un décret du Président de la République ». La loi n° 2019/024 du 24 décembre 2019 portant code général des collectivités territoriales décentralisées en son article 22 alinéa 3 indique clairement que « l'État met en place une fonction publique locale dont le statut est fixé par un décret du Président de la République ». Reste attendu, pour la circonstance, le décret d'application.

Il faut donc l'adoption d'un statut qui comporterait les règles claires de recrutement, d'avancement et de promotion, respecterait le principe d'égalité de tous aux emplois publics et instituerait les concours comme gage de la méritocratie. Il est donc important d'aligner la carrière des agents des CTD sur le modèle de la fonction publique de l'État pour de plus sécurité et de visibilité dans le déroulement de leur carrière (évolution interne, mobilité entre les CTD, d'une part, et entre celles-ci et l'État, d'autre part) afin de réduire la toute-puissance des exécutifs des CTD, notamment les maires et les délégués du gouvernement et, plus tard, des présidents des conseils régionaux. Elle permettra aussi de réduire la discrimination entre les agents de telle sorte que l'agent d'une commune située dans une zone rurale, par exemple, n'ait rien à envier, du moins sur le plan salarial, à l'agent en service dans une zone urbaine. L'instauration d'une fonction publique territoriale serait donc salutaire pour les agents des CTD, car leur carrière ne dépendra plus, en principe, de l'arrivée, du maintien ou du départ de l'exécutif de leur collectivité. Mais pour qu'il en soit ainsi, les difficultés actuelles devraient être levées.

2. La résorption des difficultés actuelles

Le statut est un cadre juridique qui sécurise la carrière et met l'agent en confiance. Il peut aussi favoriser l'efficacité de l'administration publique concernée. Il doit être conçu de telle manière qu'un pilotage des ressources humaines permette d'améliorer la situation de malaise[1]. Cependant des difficultés peuvent être rencontrées dans sa mise en œuvre. Les disparités des ressources entre les CTD de même nature posent la question de la prise en charge des agents. Si tant est qu'il revienne aux CTD le soin de gérer financièrement la carrière de leurs agents, la question de l'harmonisation des traitements et des effectifs peut être difficile à gérer. Actuellement, par exemple, on constate qu'il existe des communes qui sont plus riches ou ont plus de ressources financières que d'autres ou encore de grandes et de petites communes. Que faire pour régler ce fossé préjudiciable à l'instauration et au fonctionnement harmonieux d'une fonction publique territoriale ? Faut-il créer un Fonds aux missions plus élargies et qui remplacerait le FEICOM, ou alors opérer des péréquations après une centralisation des ressources au niveau du MINFI afin d'éviter de résorber les disparités ou des ruptures de l'égalité entre les agents des CTD, ou alors celles-ci devraient toujours compter ou s'appuyer sur les subventions de l'État ? Mais le statut seul ne suffit pas, il faut aussi renforcer la qualité des ressources humaines disponibles ou rechercher un personnel de qualité pour améliorer les capacités d'action des CTD pour qu'elles soient plus efficaces.

B. L'amélioration des capacités d'action

« Il est pratiquement impossible de lancer de grands projets sans avoir le personnel adéquat, donc ce n'est pas seulement une question de ressources matérielles et financières, c'est en même temps une question de capacité humaine à utiliser rationnellement »[2]. Cette affirmation montre ou démontre la nécessité de la formation tant initiale que continue des agents des CTD.

1. L'exigence de compétences spécifiques initiales

La formation du personnel est importante pour l'essor et/ou la survie des organisations. Pour G. MARCOU, « la formation occupe une place stratégique dans les fonctions publiques. Elle conditionne le recrutement des fonctionnaires et constitue un levier important dans le cadre d'une politique à long terme en matière de fonction publique »[3]. Ainsi, outre les diplômes requis, il est bon que la formation initiale de futurs fonctionnaires territoriaux soit assurée au sein ou par une grande école adaptée et spécialisée aux questions de management, notamment local. À cet effet, le CEFAM a été remplacé par la *National School of Local Administration* (NASLA). Comme on le sait, il avait été mis sur pied en vue « d'assurer la formation [...] des

---

[1] V. DE BRIANT & C. JAY, « Le statut de la fonction publique territoriale : pour qui ? Pour quoi ? Et après ? », *in Les Cahiers de l'observatoire social territorial, Perspectives territoriales,* n°18, mars 2017, p. 37.

[2] A. GLOBERSON, « Quelques réflexions sur les difficultés de l'administration publique dans les pays en voie de développement », *Rev. Adm.*, 1985, p. 101.

[3] G. MARCOU, « Recrutement et formation dans les fonctions publiques », *in Fonction publique et décentralisation. Recrutement et formation,* Colloque du 11-12 décembre 1986, p. 9.

personnels administratifs et techniques des communes, syndicats de communes et établissements communaux, des personnels chargés de la tutelle des communes, des personnels chargés de l'état civil »[1]. Il s'avère qu'il n'était plus adapté à la nouvelle donne décentralisatrice. En plus de la formation initiale, les agents des CTD devraient aussi être soumis à une formation continue.

2. L'adaptation continuelle des compétences

La formation continue est importante pour tout agent dans la mesure où elle lui permet de renforcer ses capacités et, par voie de conséquence, renforcer l'efficacité de son administration. Actuellement, la formation continue est assurée par la NASLA au perfectionnement et au recyclage des personnels administratifs et techniques des communes, syndicats de communes et établissements communaux, des personnels chargés de la tutelle des communes, des personnels chargés de l'état civil[2]. Cette formation devrait, à l'avenir, être diversifiée tant du point de vue organique que du point de vue matériel. Ainsi, en plus de la NASLA, d'autres organismes de formation, nationaux ou étrangers devraient être sollicités pour assurer cette formation continue. Compte tenu du poids financier d'une telle formation et des effectifs des agents des CTD qui y seront impliqués, elle pourrait se faire de différentes manières. Il pourrait s'agir d'une formation continue par région, par catégorie ou corps, ou encore, par domaine d'activités. Elle pourrait prendre la forme des séminaires ou des stages.

Conclusion

Porteuses du développement local, les CTD doivent nécessairement s'adapter aux nouveaux défis qui s'imposent dans les États africains qui, ne pouvant plus tout faire, doivent, plus que par le passé, compter sur elles. Mais, les CTD ne peuvent assurer ce développement local et, par ricochet, national que si elles sont dotées de ressources humaines appropriées qualitativement et quantitativement. Il est donc nécessaire de donner à ces ressources un statut adéquat et des possibilités de renforcer continuellement leurs capacités. La décentralisation territoriale effective et véritable, porteuse de progrès se fera à ce prix. Vivement que tous les acteurs du système administratif et politique camerounais prennent à cœur cette donnée essentielle !

Le présent ouvrage comprend quatre parties qui abordent des thématiques dont l'importance, l'intérêt et l'actualité ont été énoncés et développés dans l'avant-propos. **La première partie** porte sur les normes et les institutions de la décentralisation, **la deuxième** s'intéresse aux acteurs de la décentralisation et de leurs rôles, **la troisième** aborde les expériences de la décentralisation territoriale au Cameroun et, **la quatrième partie**, enfin, traite des défis et perspectives pour une décentralisation efficace…au Cameroun.

---

[1] Article 2 (1) du décret n°77/494, *op. cit.* Voir article 38 (1) décret n° 2020/111, *op. cit.*

[2] Article 5 (1) du décret n°2020/111, *op. cit.*

PREMIÈRE PARTIE

Les normes et institutions de la décentralisation

Chapitre 1

Le concept du territoire dans la définition des collectivités décentralisées en droit camerounais

Par
NENEO KALDAYA
Chargé de Cours, Université de Maroua-Cameroun
E-mail : nkjules1980@gmail.com

Résumé

La décentralisation territoriale s'inscrit dans la logique des réformes politico-administratives camerounaises des années 1990. En tant que État unitaire décentralisé, la constitution consacre l'autonomie de gestion de ces entités territoriales. Considéré comme l'assise géographique de compétence de ces entités, le territoire se présente alors comme un élément de définition de ces collectivités. Le problème de préférence du territoire dans la qualification des collectivités locales mérite alors d'être posé. Quel est l'apport du territoire dans la définition des collectivités décentralisées ? Cette territorialisation de la décentralisation a un double apport. Dans une démarche juridique, il y a lieu de montrer que la notion de territoire constitue en même temps, un élément d'identification et de délimitation de compétences des collectivités territoriales décentralisées.

Mots clés : territoire, décentralisation, droit camerounais, collectivités territoriales décentralisées, administration, État

Abstract: The concept of territory in the definition of decentralized in Cameroonian law

Territorial decentralization is part of the logic of Cameroon's political and administrative reforms of the 1990s. As a decentralized unitary state, the constitution enshrines the autonomy of management of these territorial entities. Considered as the geographical base of jurisdiction of these entities, the territory is then presented as an element of the definition of these communities. The problem of territorial preference in the qualification of local authorities therefore deserves to be raised. What is the contribution of the territory in the definition of decentralized communities? This territorialisation of decentralization has a double contribution. In a legal approach, it is necessary to show that the notion of territory is an element in the identification and delimitation of the competences of decentralized local authorities.

Keywords: Territory, decentralization, Cameroonian law, decentralized local authorities, administration, State.

Introduction

Les réformes administratives de ces dernières années ont permis à l'Etat camerounais de mettre un point d'honneur sur la décentralisation. Selon Joseph OWONA, « La décentralisation est une modalité d'organisation du pouvoir administratif dans laquelle l'État crée des personnes publiques décentralisées et leur attribue des compétences et des ressources tout en conservant des pouvoirs de tutelle et de surveillance »[1]. Dans son sens simple, la décentralisation désigne en droit administratif, un « système d'administration consistant à permettre à une communauté humaine ou à un service de s'administrer eux-mêmes sous le contrôle de l'État, en les dotant de la responsabilité juridique, d'autorités propres et de ressources propres »[2]. Cette définition reste large dans son contenu puisqu'elle présente deux formes de décentralisation dans son essence[3]. La première forme a trait à une décentralisation territoriale, qui est portée par la notion de territorialité, et concerne les collectivités infra étatiques et leurs organes (on parle de collectivité humaine)[4]. Cette décentralisation est, selon Gérard CORNU, fondée sur la notion d'intérêt local et donne naissance à des collectivités publiques distinctes de l'État et dont l'existence et la libre administration par des conseils élus sont prévues par la constitution[5] et les textes organiques. La seconde forme de la décentralisation porte sur la *décentralisation technique ou par service* qui est identifiable par le caractère sectoriel de ses activités sur le plan fonctionnel. Au sens de la doctrine, « elle consiste à conférer une certaine autonomie à tel ou tel service public en confiant la gestion à une personne administrative spécialisée, l'établissement public »[6]. Autrement dit, la décentralisation technique ou par service repose sur la gestion d'un service spécialisé confiée à une personne publique suffisamment autonome : en l'occurrence, les établissements publics[7].

Le droit de la décentralisation camerounais reconnait donc ces deux formes de décentralisation. Le centre d'intérêt de la présente étude a une forte focalisation sur la décentralisation du territoire. La constitution révisée du 18 janvier 1996 et le code général des collectivités territoriales décentralisées (CTD) du 24 décembre 2019 confirment cette thèse. L'objet de la présente réflexion est, de ce fait, « la décentralisation par le territoire ». La préférence

---

[1] J. OWONA, *La décentralisation camerounaise*, Paris, L'Harmattan, 2011, p. 9.
[2]Voir V. LADEGAILLERIE, *Lexique des termes juridiques*, Anaxagora, collection numérique, (www.anaxagora.net), p. 54.
[3] Lire à cet effet O. DUHAMEL et Y. MENY, *Dictionnaire constitutionnel,* Paris, PUF, 1ère édition, 1992, p. 264.
[4] Idem.
[5] G. CORNU, *Vocabulaire juridique*, Paris, PUF, 2e édition, 2012, p. 296.
[6] Idem.
[7] O. DUHAMEL et Y. MENY, *Dictionnaire constitutionnel, op. cit.*, p. 296.

pour la décentralisation territoriale au Cameroun[1] s'inscrit alors dans une logique des réformes politico-administratives amorcées dans les années 1990 en Afrique en général et au Cameroun en particulier[2]. Par définition, le législateur camerounais mentionne que « la décentralisation consiste en un transfert par l'État, aux Collectivités Territoriales, de compétences particulières et de moyens appropriés »[3]. Cette définition n'intéresse par essence que la décentralisation territoriale puisque celle technique ou par service obéit à un régime juridique spécial[4]. La décentralisation territoriale peut alors s'entendre comme une technique d'administration territoriale orientée vers la recherche de la proximité et l'autonomisation axées sur l'espace dans le fonctionnement des services publics. Elle se présente tout simplement selon Gérard CORNU comme un « mode d'aménagement des structures de l'administration »[5] fondé sur le territoire. Cette décentralisation se caractérise par l'institution d'une liberté administrative en faveur d'une collectivité territorialement identifiée[6] dont l'élément central se trouve être un espace géographique donné.

Confinées au cœur d'un État unitaire décentralisé au sens de l'article 1 alinéa 2 de la constitution camerounaise révisée le 18 janvier 1996 et complétée par les articles 55 et suivant de cette même loi fondamentale, les collectivités territoriales décentralisées sont consacrées comme des entités territoriales autonomes en droit camerounais. Cette consécration constitutionnelle de la décentralisation territoriale[7] soulève alors un problème

---

[1] Voir à cet effet J.-A. NDJOCK, « La décentralisation territoriale au Cameroun », *in RASJ*, n°9, 2012, pp. 251-273. Lire aussi B-R GUIMDO DONGMO, « La constitutionnalisation de la décentralisation au Cameroun (l'apport du constituant du 18 janvier 1996 dans la construction d'un droit constitutionnel des collectivités territoriales décentralisées) », *in* S. MELONE, A. MINKOA SHE, et L. SINDJOUN (dir.), *La réforme constitutionnelle du 18 janvier 1996 : aspects juridiques et politiques*, Yaoundé, FFE, 1996, pp. 292-317. Voir également, E. MANGA ZOMBO, « La décentralisation dans le paysage administratif camerounais », *in* M. ONDOA, (dir.), *L'administration publique camerounaise à l'heure des réformes,* Paris, L'Harmattan, 2010, pp. 115-144. Voir aussi J-T. HOND, « Etat de lieu de la décentralisation au Cameroun », *in* M. ONDOA (dir.), *L'administration publique camerounaise à l'heure des réformes,* Paris, L'Harmattan, 2010, pp. 93-104.

[2] Lire pour ce faire C. KEUTCHA TCHAPGNA, « Les mutations récentes du droit administratif camerounais », *in Afrilex* n° 01, 2000, pp. 1-22.

[3] Voir article 5 al.1 de la Loi n°2019/024 du 24 décembre 2019 portant Code général des Collectivités Territoriales Décentralisées.

[4] Voir Loi n° 2017/ 010 du 12 juillet 2017 portant statut général des établissements publics.

[5] Voir G. CORNU, *Vocabulaire juridique*, *op. cit.*, p. 296.

[6] Voir à cet effet, BEGNI BAGAGNA, « Le principe de la libre administration des collectivités territoriales décentralisées au Cameroun », *in Revue Africaine de Parlementarisme et de Démocratie*, Volume III, n°7, 2013, pp. 97-122.

[7] B.-R. GUIMDO DONGMO, « La constitutionnalisation de la décentralisation au Cameroun (l'apport du constituant du 18 janvier 1996 dans la construction d'un droit constitutionnel des collectivités territoriales décentralisées) », *op. cit.*

relatif au concept même de territoire[1] dans l'appréhension des collectivités locales[2].

En réalité, la notion de territoire[3] est un élément constitutif d'une entité publique ou privée. Il forme, de ce fait, l'assise géographique et détermine le champ d'exercice de la compétence de cette entité juridique. Par analogie, Gérard CORNU précise, dans le même sillage, mais sur le plan étatique, que « le territoire s'entend comme un élément constitutif de l'État dont il forme l'assise géographique et dont il détermine le champ d'exercice des compétences »[4]. En tant qu'élément fondamental de définition par excellence de l'État sur le plan du droit constitutionnel[5], la notion du territoire passe également pour être l'élément substantiel dans la définition des collectivités territoriales décentralisées au Cameroun[6]. Rattaché aux collectivités locales dans le contexte camerounais, le vocable territoire crée souvent, dans la pratique, une confusion quant à l'appréhension de la forme de l'État[7]. L'État se présentant comme la seule entité souveraine[8] au sens du droit constitutionnel[9] et même du droit international[10], la reconnaissance d'un territoire aux collectivités infra étatiques soulève alors de multiples interrogations, tout au moins, du point de vue de son contenu.

En effet, le territoire[11] est un aspect de définition des collectivités décentralisées au Cameroun. La notion de territoire constitue ainsi un élément clé dans la compréhension du concept même de la décentralisation actuelle au Cameroun. Le problème de la place du territoire dans le questionnement des

---

[1] G. KOURTESSI-PHILIPPAKIS, « La notion de territoire : définitions et approches », *Archéologie du territoire, de l'Égée au Sahara »*, (www.editionsdelasorbonne.fr), pp. 7-13.

[2] Lire, à cet effet, Y. COLMOU, « Les collectivités locales : un autre modèle », *in Pouvoirs*, n°117, 2006, pp. 27-38.

[3] Voir dans ce sens, Y. PESQUEUX, « De la notion de territoire », *in APORS Éditions | Prospective et stratégie*, vol.1 n° 4-5, 2014, pp. 55- 68 (https://www.cairn.info/revue-prospective-et-strategie-2014-1-page-55.htm);

[4] G. CORNU, Vocabulaire juridique, Op. cit., p. 1012.

[5] Lire à cet effet L. FAVOREU *et al. Droit constitutionnel*, Paris, Dalloz, 14è édition, 2011, p. 47. Voir aussi P. ARDANT et B. MATHIEU, *Droit constitutionnel et Institutions politiques*, LGDJ/Lextenso éditions, 28e édition, 2016, p. 30.

[6] Lire à cet effet J. R. KEUDJEU DE KEUDJEU, « L'intégration par les territoires en Afrique centrale : le cas de la zone CEMAC », *in Juridis Périodique*, 2019, n°118, pp. 153-168.

[7] Pour la définition de l'Etat, voir G. BURDEAU, *L'État*, Paris, Édition du Seuil, 1970, 188 pages et J. CHEVALLIER, *L'État*, Dalloz, Paris, 1999, 125 p.

[8] L. JANICOT, « Le territoire des collectivités territoriales dans la réforme territoriale. Brèves observations sur les évolutions affectant les liens entre collectivités territoriales et territoire », *IRENEE / Université de Lorraine / Civitas Europa,* vol.2, n° 35, 2015, p. 125 (https://www.cairn.info/revue-civitas-europa-2015-2-page-123.htm);

[9] Voir P. ARDANT, B. MATHIEU, *Droit constitutionnel et Institutions politiques, op. cit.*, p. 32.

[10] Lire pour ce faire THIBAUT FLEURY GRAFF, « Territoire et droit international », *IRENEE / Université de Lorraine | « Civitas Europa »,* vol.2, n° 35, 2015, pp. 41 -53

[11] T. PAQUOT, « Qu'est-ce qu'un « territoire » ? », *ERES | Vie sociale*, vol.2 N° 2, 2011, pp. 23 - 32, (https://www.cairn.info/revue-vie-sociale-2011-2-page-23.htm);

missions assignées aux collectivités territoriales décentralisées en droit camerounais mérite alors d'être posé.

D'où la question centrale de savoir quel est l'apport du territoire dans la compréhension de la mission assignée aux collectivités décentralisées en droit camerounais ? Cette question qui reste digne d'intérêt et qui semble définir plus le champ de compétence des CTD que son autonomie souveraine constitue en réalité un élément déterminant dans la politique du développement local confiée à ces entités. En guise d'hypothèse, il y a lieu de souligner que le territoire apporte une contribution significative dans la compréhension de la mission des collectivités décentralisées en droit camerounais. L'étude de la décentralisation en rapport avec la lancinante question de la délimitation territoriale au Cameroun reste alors digne d'intérêt.

Dans une démarche juridique portée par l'exégèse et par la casuistique, il convient de montrer le caractère incontournable du territoire en contexte de décentralisation camerounaise avec, d'une part, l'analyse du lien de consubstantialité entre la notion de territoire et la définition de la collectivité locale (I) et, d'autre part, la considération du territoire comme un cadre de délimitation des compétences reconnues aux collectivités locales en droit camerounais (II).

I. Le territoire, élément d'identification d'une collectivité décentralisée en droit camerounais

La territorialisation de la décentralisation au Cameroun[1] constitue sans aucun doute le point de départ d'une véritable autonomisation des structures administratives du développement de l'État. En effet, l'option pour la mise en place des collectivités territoriales tient à la philosophie même de la construction de l'État sous la forme décentralisée[2]. L'exploration du lien de consubstantialité entre la notion de territoire et de collectivité décentralisée en droit camerounais permet donc de mettre en exergue le caractère étroit des liens existant entre le territoire et les collectivités locales (A). Cette fusion aux allures de complémentarité permet d'apporter beaucoup de précision sur le concept des affaires locales (B) qui semble fonder l'objectif même de la décentralisation au Cameroun[3].

A. Le lien intrinsèque existant entre la notion de territoire et de collectivités décentralisées

S'il y a un élément caractériel de la décentralisation camerounaise, celui-ci devrait porter sur le territoire. Ce dernier fait donc des communes et des

[1] Voir à cet effet, J-A NDJOCK, « La décentralisation territoriale au Cameroun », *op. cit.*

[2] Lire A. D. OLINGA, *La Constitution de la République du Cameroun*, Yaoundé, Presse de l'Université Catholique d'Afrique Centrale, Les Editions Terre Africaine, 2013, pp. 215 et s.

[3] Voir S. NGANE, *La décentralisation au Cameroun ; un enjeu de gouvernance,* Africaine d'Édition, 2008, 180 p.

régions camerounaises des entités territoriales distinctes des autres types de démembrements de l'État[1].

1. Le caractère indissociable des collectivités infra étatiques avec la notion du territoire

L'indissociabilité des CTD avec la notion de territoire puise ses sources dans les textes du droit positif camerounais[2]. La constitution[3] et les textes infra constitutionnels sur la décentralisation associent systématiquement la notion de territoire aux entités décentralisées. Ceci n'est pas le cas dans la constitution du Cameroun du 04 mars 1960. Pour Joseph OWONA, ces collectivités n'étaient pas territoriales[4] par essence. L'article 46 de ladite constitution précise tout simplement que « Les collectivités locales de l'État sont les provinces et les communes ». Ces structures n'ont jamais été considérées comme des entités territoriales autonomes. La réforme constitutionnelle de 1996 a permis d'innover en mettant un accent sur la notion de territoire. Cet élément fait que les CTD s'opposent aux autres structures décentralisées[5] par leur emprise territoriale. Le territoire occupe ainsi une place de choix dans la compréhension même du phénomène de la décentralisation en droit camerounais. Parler donc de la décentralisation aujourd'hui dans le contexte camerounais revient à le réduire à son essence territoriale.

Le territoire constitue alors cet élément sans lequel la compréhension de la décentralisation n'est point possible. Il s'agit là d'un élément qui vient corriger le sous-entendu laissé par le pouvoir constituant de 1960. En réalité, la notion de la collectivité locale peut également renvoyer aux collectivités coutumières notamment les chefferies traditionnelles[6] qui sont en réalité des entités coutumièrement constituées. Seulement, seules les collectivités territoriales décentralisées détiennent le pouvoir d'exploitation des ressources naturelles dont l'assise se trouve être le territoire. Cette imbrication entre le territoire et les entités décentralisées peut prêter à confusion tout au moins au niveau de la configuration territoriale.

---

[1] Voir le Décret 2008/376 du 12 novembre 200 portant organisation administrative de la République du Cameroun.

[2] On peut citer à titre de rappel la constitution du Cameroun révisée 1996 ; la Loi n°2019/024 du 24 décembre 2019 portant code général des Collectivités Territoriales Décentralisées.

[3] Il convient de préciser que c'est la loi constitutionnelle n° 96/06 du 18 janvier 1996 qui va consacrer pour la première fois le principe d'une décentralisation territoriale libre. Lire, pour ce faire, B-R GUIMDO NDOGMO, « La constitutionnalisation de la décentralisation au Cameroun (l'apport du constituant du 18 janvier 1996 dans la construction d'un droit constitutionnel des collectivités territoriales décentralisées) », *op. cit.*

[4] J. OWONA, *La décentralisation camerounaise*, *op. cit.*, p. 20.

[5] C'est le cas des établissements publics.

[6] Décret n° 77/245 du 25 juillet de 1977 portant organisation des chefferies traditionnelles au Cameroun.

2. L'identification des types des CTD

Cette stratégie constitue une source de sécurité juridique. Les communes comme les régions constituent les deux types des CTD en droit constitutionnel de la décentralisation au Cameroun[1]. En effet, selon le droit positif camerounais en la matière, ces entités sont considérées comme des structures territoriales[2] déconnectées de l'emprise étatique dans leur dimension fonctionnelle. Un texte organique délimite le ressort territorial de chaque commune[3] et ville[4], et même de chaque région entendue comme collectivité locale au sens du code des CTD.

Dans la pratique, le territoire communal s'étale superficiellement sur le territoire d'arrondissement, la plus petite des circonscriptions déconcentrées de l'État même si, toujours dans la pratique[5], la configuration géographique de la communauté urbaine, devenue « *ville de ...* » au sens de l'article 240 alinéa 4 du code des CTD, peut encore poser de problème dans sa délimitation[6]. En effet, selon l'article 250 du code des CTD en matière de compétences des communes, les règles contenues dans ce livre 3 s'appliquent aux Communautés Urbaines et aux Communes d'Arrondissement.

Il en est de même de la région, une des collectivités territoriales importante sur le plan spatial. En effet, la loi fondamentale du Cameroun dans son article 67 lui attribue le ressort territorial des anciennes provinces[7] qui ont fonctionné sur le plan pratique jusqu'en 2020[8]. Les institutions de la région sont constituées des ressortissants exclusifs du territoire régional, ancienne circonscription administrative déconcentrée de l'État[9] dont l'autorité assure par ailleurs la charge de la tutelle auprès de la collectivité régionale. La région, collectivité décentralisée, se confond ainsi à la circonscription administrative régionale chapeautée par un gouverneur, un simple agent issu de l'administration centralisée de l'État. Le jeu d'autonomie se joue au niveau des compétences transférées à ces collectivités décentralisations.

---

[1] Voir articles 55 et suivants de la Loi constitutionnelle du 18 janvier 1996 et l'article 2 (1) de la Loi n° 2019/024 du 24 décembre 2019 portant code général des Collectivités Territoriales Décentralisées. Voir J. OWONA, *La décentralisation camerounaise, op. cit.*

[2] J.-A. NDJOCK, « La décentralisation territoriale au Cameroun », *op. cit.*

[3] Voir Article 148 (1) du code des CTD.

[4] Voir Article 240 (1) de même code.

[5] Voir article 1 alinéa 2 du Décret n° 2008/376 du 12 novembre 2008 portant organisation administrative de la république du Cameroun.

[6] Il faut relever que les communautés urbaines regroupent les communes d'arrondissements d'une grande agglomération urbaine.

[7] Voir article 61 de la constitution du Cameroun. Voir également A. D. OLINGA, *La Constitution de la République du Cameroun, op. cit.*

[8] Il faut noter que les institutions de la région ont commencé à fonctionner à partir de février 2021, ceci après les élections régionales du décembre 2020.

[9] Voir article 1 alinéa 2 du Décret n° 2008/376 du 12 novembre 2008 portant organisation administrative de la république du Cameroun.

Sur le plan juridique, le territoire de chaque collectivité définit son champ de compétence même si l'objectif final est de contribuer au développement harmonieux de l'ensemble du territoire de l'État[1]. C'est d'ailleurs dans ce sens que beaucoup d'auteurs se penchent sur cette forme de décentralisation dite politique[2] du fait de la convocation d'une technique de démocratie qui se veut locale.

Ce confinement dans un cadre territorial permet ainsi aux collectivités décentralisées de mieux s'organiser et de faire face efficacement aux besoins de la communauté[3] dite locale. L'intérêt d'un tel découpage reste pertinent tant il est vrai que la délimitation territoriale permet d'éviter la concentration des efforts, mais surtout d'anticiper les conflits de compétence susceptible de naitre entre les deux systèmes administratifs. Si le territoire constitue alors un cadre de compétence[4], son application ou son assimilation aux collectivités locales tout court reste salutaire dans la mesure où l'organisation d'une collectivité en est entièrement tributaire.

L'option de l'État du Cameroun pour une décentralisation territoriale qui n'est pas une forme de fédéralisme ou même de régionalisme explique suffisamment la volonté du pouvoir constituant camerounais[5] de mettre sur pied une forme de décentralisation effective et renforcée dont le point d'ancrage reste la technique de développement de l'État[6] par la base. La décentralisation par le territoire vient ainsi pallier aux problèmes de l'enclavement des communautés[7] généralement présenté comme un obstacle au développement de l'État dans son ensemble.

La juxtaposition du territoire de l'État à ceux des collectivités locales, ou mieux la division du territoire étatique en entités décentralisées, n'érode aucunement la question de l'unité de l'État. Il s'agit seulement d'une division stratégique qui peut se concevoir comme une technique efficace de

---

[1] Voir article 55(4) de la constitution du Cameroun révisée en 1996.

[2] A. D. OLINGA, *La Constitution de la République du Cameroun, op. cit.*

[3] Pour cette notion, voir C. JACQUIER, « Qu'est-ce qu'une communauté ? En quoi cette notion peut-elle être utile aujourd'hui ? », *ERES, « Vie sociale »,* vol.2, n° 2, 2011, pp. 33-48.

[4] Lire à cet effet J.-T. HOND, « La prévention et la résolution des conflits dans un système décentralisé L'expérience du Cameroun », 1964-2014, *in 50 ans en matière de gouvernance et d'administration publique*, Un séminaire de haut niveau sur les stratégies et politiques innovantes de décentralisation dans les pays africains, Tanger (Maroc), 2014, 13 pages. Voir aussi, S. MELMOTH, « République démocratique du Congo : décentralisation et sortie de conflit », *in De Boeck Supérieur | « Afrique contemporaine »,* vol.1, n° 221, 2007, pp. 75-85.

[5] Lire pour ce faire, E. KENFACK TEMFACK, *Le pouvoir constituant au Cameroun,* Thèse de doctorat de Droit public, Université de Douala, 2012, 650 p. Voir également, pour cette expression, C. SCHMITT, *Théorie de la constitution,* Paris, PUF, 1ère édition, 1993, pp. 211 et s.

[6] Voir S. NGANE, *La décentralisation au Cameroun ; un enjeu de gouvernance*, *op. cit.* Lire aussi CHARIB ENNOUAR CHERIF, « Décentralisation et développement local » *in Revue IDARA*, vol.13, n°26, 2003, pp. 117- 129.

[7] C. JACQUIER, « Qu'est-ce qu'une communauté ? En quoi cette notion peut-elle être utile aujourd'hui ? », *op. cit.*

l'implémentation et du développement d'une politique de maitrise des affaires locales. C'est dans ce sens que le droit camerounais de la décentralisation reconnait donc à l'État central un pouvoir de regard sur la gestion des CTD à travers le mécanisme de l'institutionnalisation de la tutelle sur ces collectivités[1] quand bien même les affaires gérées sont d'intérêts locaux.

B. L'apport de l'élément territorial dans la précision de la notion des affaires locales

La notion des affaires locales s'apparente aux affaires liées à un territoire dit local. Il s'agit en fait des affaires communales ou régionales en tant qu'entités autonomes par opposition aux administrations publiques relevant de l'État. On peut dans ce sens parler même des affaires territoriales locales puisque lesdites affaires ont désormais une emprise territoriale infra étatique. C'est donc à raison que l'on parle d'une opposition d'intérêts entre les intérêts publics locaux et ceux nationaux dans le contexte d'une décentralisation axée sur le territoire.

1. L'ancrage territorial des affaires locales

L'expression « *affaire locale* » traduit donc la territorialité locale spéciale de l'affaire, c'est-à-dire un espace de développement des politiques publiques locales où le grand bénéfice reste acquis à une localité bien précise.

La localité est définie par un certain nombre des principes sur le plan administratif, notamment le principe de la liberté et du transfert de compétences. C'est justement dans ce sens que le législateur précise, à l'article 36(2) du Code de la décentralisation, que « *Sauf impératif de défense nationale ou du maintien de l'ordre public, les avis du Conseil Régional et du Conseil Municipal sont requis pour les projets et opérations initiés par l'État sur le territoire de la Commune* ». Cette disposition suppose que l'autonomie territoriale des collectivités locales soit consacrée et consolidée.

L'abandon de plus en plus affirmé du terme « *collectivité locale* » au profit de celui de « *collectivité territoriale* » n'enlève en rien au principe de participation reconnu à la population locale intéressée[2]. Les communes et les régions gèrent aujourd'hui des affaires dites locales territorialement parlant, c'est-à-dire des affaires qui sont considérées comme étant propres à telle commune ou à telle région. Même si le découpage territorial reste du ressort de l'administration centralisée, son apport demeure tout de même

---

[1] Voir dans ce sens, J. R KEUDJEU DE KEUDJEU, *La problématique du contrôle de l'État sur les collectivités territoriales décentralisées au regard de la loi constitutionnelle du 18 janvier 1996,* Mémoire de DEA de droit public, Université de Douala, 2008, 138 p. J. R KEUDJEU DE KEUDJEU, *Le contrôle de l'État sur les collectivités locales au Cameroun,* Éditions universitaires européennes, 2011, 134 p.

[2] Lire à cet effet J. KENFACK, « Les perspectives de participation offertes par l'avènement des collectivités décentralisées », *in* A. ONDOUA, (dir.), *La constitution camerounaise du 18 janvier 1996 : bilan et perspectives,* Yaoundé, Afrédit/Africaine d'Edition, 2007, pp. 203-218.

incontournable dans le processus de la décentralisation amorcée en droit camerounais.

Sur le terrain, près de 365 découpages communaux[1] et 10 territoires régionaux[2] gèrent donc au quotidien les affaires dites locales depuis la mise en place récente de la décentralisation régionale au Cameroun. Cette gestion autonomisée des affaires dites propres à ces collectivités infra étatiques témoigne de la volonté du pouvoir constituant camerounais[3] de désengorger le centre de décision administrative dans certains domaines, notamment ceux touchant aux questions de développement[4]. En effet, selon l'article 5(2) du code de la décentralisation au Cameroun, « *La décentralisation constitue un axe fondamental de promotion de développement et de la bonne gouvernance au niveau local* ». Même si l'on peut encore interroger les critères de découpage[5] et la base de ressources nécessaires pour assurer l'autonomie de ces entités publiques[6], l'idée d'un morcellement de l'État en plusieurs entités infra étatiques autonomes sur le plan administratif, afin de mieux faire face aux problèmes des hommes à la base, reste une réalité au Cameroun[7].

2. L'étroitesse des rapports entre affaires locales et la notion de territoire

Dans son essence, les affaires locales sont considérées comme le patrimoine d'une communauté territorialement reconnue. La population qualifiée de local devient donc de ce point de vue cet ensemble d'individus bénéficiaire des ressources locales. Il nait ainsi une intimité dans la relation entre la population locale et les entités administratives décentralisées en droit camerounais. Le choix porté sur les ressortissants autochtones pour briguer certains postes de responsabilité est illustratif de cette étroitesse des rapports entre collectivité et citoyen local.

Par analogie, cette relation crée une sorte de citoyen local. Seulement, le territoire qui constitue une composante essentielle de l'État l'est également par ricochet dans le cadre de la décentralisation en droit camerounais[8]. Dans cette logique, on peut penser qu'il y a une sorte de code de territorialité qui fait de tel individu un citoyen fortement attaché à son développement. Il se dégage donc une sorte de frontière fictive entre les collectivités territoriales

---

[1] Le dernier découpage des territoires communaux remonte à 2008.

[2] Ce découpage date de la révision constitutionnelle du 18 janvier 1996.

[3] E. KENFACK TEMFACK, *Le pouvoir constituant au Cameroun, op. cit.*

[4] S. NGANE, *La décentralisation au Cameroun : un enjeu de gouvernance, op. cit.*

[5] Décision n°2010-602DC du 18 février 2010 sur le découpage électoral en France et le principe de l'égalité devant le suffrage.

[6] Voir à cet effet L. NGONO TSIMI, *L'autonomie administrative et financière des Collectivités territoriales décentralisées : L'exemple du Cameroun*, Thèse de doctorat en Droit Public, Université Paris-Est Créteil Val-de-Marne, 2010, 560 pages.

[7] Lire pour ce faire J. OWONA, La décentralisation camerounaise, *op. cit.* / Voir aussi S. NGANE, *La décentralisation au Cameroun, Un enjeu de gouvernance, op. cit.*

[8] Lire pour ce faire E. MANGA ZOMBO, « La décentralisation dans le paysage administratif camerounais », *op. cit.*

susceptible de leur permettre de faire face efficacement à leurs besoins du développement.

Toutefois, il y a lieu de relever qu'il sera difficile de parler des frontières entre les entités décentralisées ou, tout au moins, de considérer ces territoires comme des frontières de ces entités administratives. En effet, seul l'État a le monopole des frontières en tant qu'élément de délimitation du territoire. En effet, la notion de frontière est étroitement liée à celle de la souveraineté par essence, d'où le monopole de l'État en matière de possession de frontières en droit.

Le principe de l'unité et de l'indivisibilité de l'État semble donc ici trouver toute son essence en contexte de décentralisation au Cameroun. L'élément territorial reste déterminant pour l'accomplissement des missions du développement dévolues aux collectivités territoriales décentralisées[1] puisque le développement intéresse une collectivité territorialement constituée et possédant des instances dirigeantes au même titre que l'État.

II. Le territoire, élément de délimitation des compétences des collectivités locales au Cameroun

La compétence territoriale constitue sans aucun doute un cadre juridique de délimitation des activités des CTD au Cameroun. Autrement dit, aucune action des collectivités locales ne peut être valide sans un ancrage territorial. En effet, le critère de compétence reste le territoire. Cette compétence territoriale peut être considérée en droit comme étant d'ordre public, car aucune commune ni aucune région ne peuvent exister sans une emprise territoriale précise.

L'accomplissement des missions des CTD serait-il aisé ou possible sans une délimitation spatiale[2] clairement ou suffisamment affirmée ? Cette question qui semble être anodine est dense dans son contenu tant il est vrai que la notion de territoire est devenue aujourd'hui un objet du droit. Si les CTD sont des parties intégrantes de l'État, comment pourraient-elles atteindre leurs objectifs sans une délimitation territoriale conséquente ? Dans ce sens, elles s'assimileraient aux collectivités déconcentrées de l'État au sens du Décret 2008/376 du 12 novembre 2008 portant organisation administrative de la République du Cameroun[3].

Le territoire des CTD se définit sans aucun doute comme le champ de compétence de ces entités administratives. Il peut alors naitre éventuellement une circonscription administrative locale ou décentralisée dont les missions sont à identifier et la gestion doit obéir à un principe décentralisateur de la

---

[1] Voir article 55 al. 2 de la constitution suscitée.

[2] Voir à cet effet M. CHAMBON, « L'espace et le territoire : le droit public à l'épreuve de l'extranéité », *in IRENEE / Université de Lorraine* | *« Civitas Europa »*, vol. 2, n° 35, 2015, pp. 95-121. Lire aussi dans ce sens J. P. ROGER, « Territoires pluriels et espaces supports », *APORS Éditions* | *« Prospective et stratégie »*, vol.1, n° 4-5, 2014, pp. 69 -80.

[3] Au sens de l'article 1 al. 2 de ce texte, « Constituent des circonscriptions administratives, les régions, les départements, et les arrondissements ».

libre administration des CTD (2-a). Cette particularisation de l'administration décentralisée fait donc de cette dernière une administration spécialisée dans ses missions, d'où la garantie juridictionnelle de la protection de ces compétences transférées (2-b).

A. La contribution du territoire à l'implémentation de la notion de la libre administration des collectivités décentralisées

Le tiraillement entre la liberté recherchée par les CTD et l'unité mise en avant par l'État se définit pratiquement par la notion de territoire. La libre administration des CTD porte essentiellement sur le territoire même si dans le fond, l'unité territoriale de l'État reste sauvegardée. Cette division territoriale de l'État en collectivités décentralisées s'explique alors par une sorte de complémentarité dans la réalisation des objectifs du développement. Cependant, cette complémentarité est éprise de libéralité à la base puisque la gestion efficace des services publics locaux par les CTD en dépend.

1. Les missions des services publics locaux

Les CTD assurent au côté des autres démembrements étatiques classiques[1] une mission de service public local[2] dans des domaines bien précis[3]. Le caractère local de ces services tient donc à leur rattachement à un principe de territorialité qui est celui des collectivités et qui définit sans aucun doute les contours et les limites de leur champ d'intervention.

En réalité, le cantonnement des missions des CTD à un territoire bien défini constitue un gage de sécurité juridique dans la répartition des tâches au sein d'un État unitaire décentralisé comme le Cameroun[4]. En effet, aucune répartition de compétences n'est possible sans une délimitation territoriale clairement affichée qui est par ailleurs le support du champ de compétence de ces entités. Les textes sur la décentralisation au Cameroun consacrent même un domaine public propre aux CTD même si la doctrine voit en cela un handicap compte tenu de sa consistance[5].

2. Le sens de la liberté au plan local

La liberté instituée dans la gestion des affaires dites locales en décentralisation au Cameroun vient ainsi renforcer les pouvoirs des autorités

---

[1] Il s'agit dans le cadre administratif camerounais des régions, des départements et des arrondissements et ceci depuis la réforme de 2008 qui supprime les districts.

[2] Lire à cet effet M. R. HERTZOG, T. SCHMITT et G. SIAT, « Grands services publics locaux », in *Annuaire des collectivités locales*, chapitre 7, Tome 5, 1985, pp. 247-262.

[3] Voir article 55 de la constitution du Cameroun, « *Les Conseils des collectivités territoriales décentralisées ont pour mission de promouvoir le développement économique, social, sanitaire, éducatif, culturel et sportif de ces collectivités* ».

[4] Voir Article 2(1) de la constitution du Cameroun.

[5] H. KOUEMEGNE NOUBISSI, Décentralisation et centralisation au Cameroun ; la répartition des compétences entre l'Etat et les collectivités locales, Paris, L'Harmattan, 2013, pp. 152 et s.

locales[1] face à la menace éventuelle des empiétements des autorités centralisées[2]. Telle est la substance de l'autonomie administrative des collectivités locales[3] érigée en un principe fondamental de la décentralisation actuelle tout au moins, sur le plan de la gestion dans le contexte camerounais.

Cette mesure crée donc une sorte de concurrence entre les autorités décentralisées et celles déconcentrées au niveau local[4]. Le sous-préfet, habituellement ou abusivement appelé chef de terre, qui se trouve à la tête de la circonscription administrative territoriale qu'est l'arrondissement, laquelle est confondue au territoire communal[5], cohabite avec les maires, même si la différence se trouve au niveau de leur statut. Les gouverneurs et les présidents du conseil régional discutent également le fauteuil de leadership administratif au niveau des régions avec l'entrée en fonction de la décentralisation régionale. Aujourd'hui, cette confusion est très nourrie dans les chaumières sur le véritable exécutif de la région en droit camerounais.

En effet, la confusion de la délimitation territoriale entre les mairies et les arrondissements, entre les régions placées dans leur gestion centralisée sous le commandement des gouverneurs et dans sa dimension décentralisée sous le contrôle d'un conseil régional avec à sa tête un président du conseil régional, traduit une sorte de superposition d'autorités au niveau local[6] en contexte de décentralisation camerounaise. La réforme de l'administration camerounaise amorcée à la suite de la réforme de la décentralisation permet donc de constater une cohabitation des administrations territoriales dans leur dimension à la fois centralisée et décentralisée[7].

L'institution de tutelle[8] vient alors organiser les mécanismes de participation dans la gestion des missions des services publics au niveau local.

---

[1] A. MARCHAIS-ROUBELAT, F. ROUBELAT et J.-P. SAULNIER, « Décision politique, prospective et territoires, Une approche par les scénarios d'action stratégique », *APORS Éditions « Prospective et stratégie »*, vol. 1, n° 4-5, 2014, pp. 227-246.

[2] J. R. KEUDJEU DE KEUDJEU, *Recherche sur l'autonomie des collectivités territoriales décentralisées au Cameroun*, Thèse de Doctorat /Ph. D en Droit Public, Université de Douala, 2012, 758 pages. Lire aussi P. LE LIDEC, « Le jeu du compromis : l'Etat et les collectivités territoriales dans la décentralisation en France », *Revue française d'administration publique, vol.* 1, n° 121-122, 2007, pp. 111-130

[3] L. NGONO TSIMI, *L'autonomie administrative et financière des Collectivités territoriales décentralisées : L'exemple du Cameroun, op. cit.*

[4] Voir à cet effet P. LE LIDEC « Le jeu du compromis : l'Etat et les collectivités territoriales dans la décentralisation en France », *op. cit.*

[5] Sur cette expression, lire J. LADSOUS et J. SALVATOR, « Territoire communal *», in ERES |Vie sociale,* vol.2, N° 2, 2011, pp. 87-90, (https://www.cairn.info/revue-vie-sociale-2011-2-page-87.htm).

[6] Lire à cet effet J. MONTAIN-DOMENACH et C. BREMOND, *Droit des collectivités territoriales,* Presses Universitaires de Grenoble, 3e édition, 2007, 365 pages.

[7] Lire C. KEUTCHA TCHAPGNA, « Les mutations récentes du droit administratif camerounais », *Afrilex* 2000, n°01, (Afrilex.u.bordeaux.fr).

[8] J. R. KEUDJEU DE KEUDJEU, *La problématique du contrôle de l'Etat sur les collectivités territoriales décentralisées au regard de la loi constitutionnelle du 18 janvier 1996, op. cit.* /

Le législateur a pourvu dans ce sens aux mécanismes de garantie dans la répartition des tâches entre ces différentes collectivités territoriales souvent superposées afin de faire face efficacement au défi du développement assigné aux CTD.

B. La construction de la protection juridictionnelle des compétences territoriales des collectivités locales

L'autonomie des CTD se définit par un certain nombre d'éléments caractéristiques de la liberté. Elle est consacrée grâce à la définition d'un domaine de compétence propre aux CTD. La réforme de la justice au Cameroun[1] a permis également d'arracher une certaine compétence relative à son implémentation. Le juge administratif[2] comme le juge constitutionnel[3], dans leur réforme subséquente[4], ont permis de consolider les principes constitutionnels de la décentralisation au Cameroun.

Il y a cependant lieu de mentionner la spécificité de la notion de territoire en décentralisation. Dans le cadre de l'État, on doit noter la participation, ou mieux, la présence de l'État même si le principe de l'autonomie demeure affirmé et consolidé.

1. La place réservée au territoire dans le cadre de la décentralisation

Cette place n'a pas la même consistance que dans le cadre de la déconcentration de l'État. Les CTD constituent un ensemble de territoires dont l'organisation et le fonctionnement participent au développement de l'ensemble du territoire national. Au-delà de cette mission de développement qui fait la spécificité du rôle assigné aux CTD, il convient de souligner qu'elles sont investies d'une charge spatiale à la base : le développement d'une commune ou d'une région. Les communes et les régions sont, avons-nous affirmé, des circonscriptions territoriales décentralisées qui exercent et appliquent certaines missions qui leur sont confiées par la loi. Les collectivités locales sont donc des personnes morales de droit public au même titre que l'État, mais elles constituent en même temps ses démembrements. Il y a lieu de mentionner que les CTD et les autres démembrements de l'État forment une entité unique.

R. J. KEUDJEU DE KEUDJEU, *Le contrôle de l'Etat sur les collectivités locales au Cameroun, op. cit.*

[1] Lire à cet effet, J.-C. ABA'A OYONO, « La nouvelle révision du droit de la justice administrative », *in RASJ*, 2011, pp. 225-266. Voir aussi M. KAMTO, « Les mutations de la justice camerounaise à la lumière des développements constitutionnels de 1996 », *in RASJ*, vol.1, 2000, pp. 9-20.

[2] Voir Loi n°2006/022 du 29 décembre 2006 fixant l'organisation et le fonctionnement des tribunaux administratifs.

[3] Voir Loi N°2004/004 du 21 avril 2004 portant organisation et fonctionnement du Conseil constitutionnel.

[4] La justice administrative a connu une évolution à travers sa décentralisation, et le juge constitutionnel avec sa mise en place en 2018.

L'extension des missions du développement assignées aux CTD consiste en la mise en place d'une politique publique locale généralisée d'accroissement des ressources, le développement des activités susceptibles de contribuer à l'épanouissement de la population locale. Cette mission est exercée dans une sorte de liberté consacrée et garantie par le juge.

2. La protection juridictionnelle du territoire des CTD

Au-delà de cette trilogie population, territoire et pouvoir politique locaux, se greffe la participation de l'État central afin de mieux porter ou d'accompagner le développement des territoires locaux et ceci dans une dynamique d'action concertée[1]. Aujourd'hui, les CTD, quoi qu'on dise, se présentent comme étant une catégorie juridique des administrations du développement au vu de la délimitation de leur champ de compétences. Pendant que l'État, seule entité souveraine[2], se revendique d'une surface d'action beaucoup plus importante, les CTD, qui sont des entités infra étatiques, possèdent quant à elles des territoires plus ou moins consistants, mais qui, par nature, doivent leur permettre de faire face, dans une dynamique de participation, aux problèmes que rencontre le politique de ces entités ou de ces organisations.

Le développement de la décentralisation au Cameroun est aujourd'hui porteur d'une chance, celle de la contribution effective du juge administratif à arbitrer l'éventualité d'empiétement de l'État sur les CTD à travers le mécanisme de la tutelle administrative. Aujourd'hui, le juge administratif reconnait l'autonomie des communes[3] et le pouvoir constituant camerounais reconnait au président du conseil régional l'immense pouvoir de contestation des actes posés par le président de la République en rapport avec l'intérêt de sa région[4]. Les compétences des CTD sont alors juridiquement protégées grâce au concours du juge, et ceci en fonction des compétences d'attribution ou mieux de son champ de compétence. Le principe de la territorialité reste donc consacré et le juge se trouve largement investi pour la garantie des conflits de compétence en s'appuyant en même temps sur la base du territoire que sur les autres moyens de droit.

---

[1] P. LE LIDEC, « Le jeu du compromis : l'Etat et les collectivités territoriales dans la décentralisation en France », *op. cit.*

[2] P. Ardant, B. Mathieu, Droit constitutionnel et Institutions politiques, *op. cit.*, p. 32.

[3] Voir à cet effet le jugement n° 24/CS/CA du 29 mars 1996 dans l'affaire *Conseillers municipaux de Nanga-Eboko C/État du Cameroun.* Le juge administratif camerounais sanctionne par ce jugement la violation du principe de la libre administration des CTD face à l'immixtion de la hiérarchie du parti politique dans la désignation de l'exécutif municipal de Nanga-Eboko.

[4] Voir article 47 de la constitution selon lequel, « *Les Présidents des exécutifs régionaux peuvent saisir le Conseil Constitutionnel lorsque les intérêts de leur région sont en cause* ».

Conclusion

En définitive, il y a lieu de relever que la décentralisation ne se définit que par rapport à un territoire en droit camerounais. Sans se confondre au fonctionnement des entités décentralisées par service, qui ne sont que des gestionnaires des services publics spécialisés de l'État, mais dans une dynamique d'autonomisation, les CTD constituent de véritables entités territoriales dont les compétences et les ressources reposent sur des bases territoriales locales concrètes. Dans le contexte camerounais, il n'y a pas de décentralisation sans territoire de compétence. C'est dans ce sens que les autres structures décentralisées peinent à arracher leur autonomie du fait du poids de la tutelle technique. C'est le cas par exemple des universités, de certains établissements hospitaliers, etc. En effet, il convient donc de le réaffirmer, le type de décentralisation territoriale instituée au Cameroun est une décentralisation purement administrative et non politique. La décentralisation telle qu'implémentée au Cameroun ne peut donc se soustraire du qualificatif « *territorial* » sans pour autant se confondre à un État fédéral ou régional.

Bibliographie

Ouvrages

-ARDANT Philippe, MATHIEU Bertrand, *Droit constitutionnel et Institutions politiques*, LGDJ/Lextenso éditions, 2016, 28e édition, 603 p.
- BURDEAU Georges, *L'État*, Paris, Édition du Seuil, 1970, 188 p.
- CHEVALLIER Jacques, *L'État*, Paris, Dalloz, 1999, 125 p.
- CORNU Gérard, *Vocabulaire juridique*, PUF, 2e édition, 2012, 1095 p.
- DUHAMEL Olivier, MÉNY Yves. *Dictionnaire constitutionnel,* PUF, Paris, 1re édition, 1992, 1112 p.
-FAVOREU Louis *et al.*, *Droit constitutionnel*, Paris, Dalloz, 14e édition, 2014, 1077 pages.
- KEUDJEU DE KEUDJEU John Richard, *Le contrôle de l'État sur les collectivités locales au Cameroun*, Paris, Editions universitaires européennes, 2011, 134 p.
- KOUEMEGNE NOUBISSI Hilaire, *Décentralisation et centralisation au Cameroun ; la répartition des compétences entre l'État et les collectivités locales,* Paris, L'Harmattan, 2013, 494 p.
-LADEGAILLERIE, Valérie, *Lexique des termes juridiques*, Anaxagora, collection numérique, (www.anaxagora.net)
- MONTAIN-DOMENACH Jacqueline, BREMOND Christine, *Droit des collectivités territoriales,* Presses Universitaires de Grenoble, 3e édition, 2007, 365 p.
-NGANE Susanne, *La décentralisation au Cameroun ; un enjeu de gouvernance*, Yaoundé, Africaine d'Édition, 2008, 180 p.
- OLINGA Alain Didier, *La constitution de la République du Cameroun*, Yaoundé, Édition Terre Africaine, Presse de l'UCAC, 2013, 272 p.
- OWONA Joseph, *La décentralisation camerounaise*, Paris, L'Harmattan, 2011, 169 p.
-SCHMITT Carl, *Théorie de la constitution*, Paris, PUF, 1re édition, 1993, 574 p.

Articles scientifiques

- ABA'A OYONO Jean-Calvin., « La nouvelle révision du droit de la justice administrative », *in RASJ*, 2011, pp. 225-266.
- -BEGNI BAGAGNA, « Le principe de la libre administration des collectivités territoriales décentralisées au Cameroun », *Revue Africaine de Parlementarisme et de Démocratie*, Volume III, N°7, 2013, pp. 97-122.
- CHAMBON Maxence, « L'espace et le territoire : le droit public à l'épreuve de l'extranéité », *IRENEE / Université de Lorraine | « Civitas Europa »,* vol.2 N°35, 2015, pp. 95-121.
- CHARIB ENNOUAR CHERIF, « Décentralisation et développement local » *Revue IDARA*, vol.13, n°26, 2003, pp. 117- 129.
- COLMOU Yves, « Les collectivités locales : un autre modèle », *Pouvoirs*, n°117, 2006, pp. 27-38.
- GUIMDO DONGMO Bernard-Raymond, « La constitutionnalisation de la décentralisation au Cameroun (l'apport du constituant du 18 janvier 1996 dans la construction d'un droit constitutionnel des collectivités territoriales décentralisées) », IN MELONE Stanislas, MINKOA SHE Adolphe, SINDJOUN Luc (dir.), *La réforme constitutionnelle du 18 janvier 1996 : aspects juridiques et politiques*, Yaoundé, FFE, 1996, pp. 292-317.
- HERTZOG M. Robert, SCHMITT Thierry, SIAT Guy, « Grands services publics locaux », *Annuaire des collectivités locales*, chapitre 7, Tome 5, 1985, pp. 247-262.
- HOND Jean Tobie, « La prévention et la résolution des conflits dans un système décentralisé L'expérience du Cameroun », 1964-2014, *in 50 ans en matière de gouvernance et d'administration publique,* Un séminaire de haut niveau sur les stratégies et politiques innovantes de décentralisation dans les pays africains, Tanger (Maroc), 13 p.
- HOND Jean-Tobie, « État de lieu de la décentralisation au Cameroun », IN ONDOA (Magloire) (dir.), *L'administration publique camerounaise à l'heure des réformes,* Paris, L'Harmattan, 2010, pp. 93-104.
- JACQUIER Claude, « Qu'est-ce qu'une communauté ? En quoi cette notion peut-elle être utile aujourd'hui ? », *ERES, « Vie sociale »,* vol.2, n° 2, 2011, pp. 33-48.
- JANICOT Laititia, « Le territoire des collectivités territoriales dans la réforme territoriale. Brèves observations sur les évolutions affectant les liens entre collectivités territoriales et territoire », *IRENEE / Université de Lorraine / Civitas Europa,* vol.2, N° 35, 2015, pp. 123-137, (https://www.cairn.info/revue-civitas-europa-2015-2-page-123.htm);
- KAMTO Maurice, « Les mutations de la justice camerounaise à la lumière des développements constitutionnels de 1996 », *RASJ*, vol.1, 2000, pp. 9-20.
- KENFACK Jean, « Les perspectives de participation offertes par l'avènement des collectivités décentralisées », *in* ONDOUA, A., *La constitution camerounaise du 18 janvier 1996 : bilan et perspectives,* Afrédit/Africaine d'Édition, 2007, pp. 203-218.
- KEUDJEU DE KEUDJEU John Richard, « L'intégration par les territoires en Afrique centrale : le cas de la zone CEMAC », *Juridis Périodique*, n°118, 2019, pp. 153-168.
- KEUTCHA TCHAPGNA Célestin, « Les mutations récentes du droit administratif camerounais », *Afrilex* 2000/01, pp. 1-22, (Afrilex.u.bordeaux.fr).
- KOURTESSI-PHILIPPAKIS Georgia, « La notion de territoire : définitions et approches », *Archéologie du territoire, de l'Égée au Sahara*, pp. 7-13.

- LADSOUS Jacques, SALVATOR Jacques « Territoire communal », *ERES |Vie sociale,* vol.2, n° 2, 2011, pp. 87- 90, (https://www.cairn.info/revue-vie-sociale-2011-2-page-87.htm);
- LE LIDEC Patrick « Le jeu du compromis : l'État et les collectivités territoriales dans la décentralisation en France », *Revue française d'administration publique,* vol.1 n°s 121-122, 2007, pp. 111-130.
- MANGA ZOMBO Eleuthère J., « La décentralisation dans le paysage administratif camerounais », in ONDOA, M., (dir.), *L'administration publique camerounaise à l'heure des réformes,* Paris, L'Harmattan, 2010, pp. 115-144.
- MARCHAIS-ROUBELAT Anne, ROUBELAT Fabrice et SAULNIER, Jean-Pierre., « Décision politique, prospective et territoires, Une approche par les scénarios d'action stratégique », *APORS Éditions « Prospective et stratégie »*, vol.1, n°s 4-5 2014, pp. 227-246.
- MELMOTH, S., « République démocratique du Congo : décentralisation et sortie de conflit », *De Boeck Supérieur | « Afrique contemporaine »,* vol.1, n° 221, 2007, pp. 75-85.
- NDJOCK Jean-Aimé., « La décentralisation territoriale au Cameroun », *RASJ,* n°9, 2012, pp. 251-273.
- PAQUOT Thierry, « Qu'est-ce qu'un ''territoire'' ? », *ERES | Vie sociale*, vol.2 N° 2, 2011, pp. 23 - 32, (https://www.cairn.info/revue-vie-sociale-2011-2-page-23.htm);
- PESQUEUX Yvon, « De la notion de territoire », *APORS Éditions | Prospective et stratégie,* vol.1 n°s 4-5, 2014, pp. 55- 68 (https://www.cairn.info/revue-prospective-et-strategie-2014-1-page-55.htm);
- ROGER Jean-Pierre, « Territoires pluriels et espaces supports », *APORS Éditions | « Prospective et stratégie »,* vol.1, n°s 4-5, 2014, pp. 69 -80.
- THIBAUT FLEURY GRAFF, « Territoire et droit international », *IRENEE / Université de Lorraine | « Civitas Europa »*, vol.2, n° 35, 2015, pp. 41 -53.

Thèses et mémoires

- KENFACK TEMFACK Etienne, *Le pouvoir constituant au Cameroun,* Thèse de Doctorat Ph/D en Droit public, Université de Douala, 2012, 650 p.
- KEUDJEU DE KEUDJEU John Richard, *La problématique du contrôle de l'État sur les collectivités territoriales décentralisées au regard de la loi constitutionnelle du 18 janvier 1996,* Mémoire de DEA de droit public, Université de Douala, 2008, 138 p.
- KEUDJEU DE KEUDJEU John Richard, *Recherche sur l'autonomie des collectivités territoriales décentralisées au Cameroun,* Thèse de Doctorat /Ph. D en droit public, Université de Douala, 2012, 758 p.
- NGONO TSIMI Landry, *L'autonomie administrative et financière des Collectivités territoriales décentralisées : L'exemple du Cameroun,* Thèse pour le doctorat en Droit Public, Université Paris-Est Créteil Val-de-Marne, 2010, 560 p.

Chapitre 2

Décentralisation et organisation administrative de l'État à l'ère de la régionalisation

Par
Mesmer BOBDA TAGNE
PhD en Droit public, Chargé de cours/Université de Yaoundé II,
btmesmer@yahoo.fr
MOHAMADOU AHMADOU
Doctorant en Droit public / Université de Douala
&
Carole Valérie NOUAZI KEMKENG
PhD en Droit public, Maître de Recherche, Centre National d'Éducation/MINRESI

Résumé

La mise en œuvre du processus de décentralisation a eu d'importantes répercussions sur l'organisation et l'action de l'administration camerounaise. En effet, la consécration constitutionnelle de la Région en 1996 entérinée par la Loi de 2019 portant Code général des CTD marque une ère nouvelle dans l'organisation administrative de l'État du Cameroun. Ce Code contient des éléments de développement progressif qui portent sur le renforcement de la démocratie au niveau local. La présente étude examine les apports et les implications de la régionalisation sur l'organisation administrative du Cameroun. On assiste à une revitalisation des institutions administratives et une réorganisation du pouvoir administratif entre les organes centraux et des entités territoriales.

Mots clés : Décentralisation, organisation administrative, régionalisation, région, circonscription territoriale.

Abstract: Decentralization and administrative organization of the state in the era of regionalization

The implementation of the decentralization process has had significant repercussions on the organization and action of the Cameroonian administration. Indeed, the constitutional consecration of the Region in 1996 and ratified by the 2019 Code of DTCs marks a new era in the administrative organization of the State of Cameroon. The Code contains progressive development elements that focus on strengthening democracy at the local level. This study examines the contributions and implications of regionalisation on the administrative organisation of Cameroon There is a revitalisation of administrative institutions and a reorganisation of administrative power between central bodies and territorial entities.

Keywords: Decentralization, administrative organization, regionalization, region, territorial constituency

Introduction

L'administration publique camerounaise se trouve au centre d'une controverse comme la plupart des administrations des pays d'Afrique noire francophone. Elle est censée être un instrument de développement économique et social. Paradoxalement, elle constituerait le principal obstacle au développement de l'État[1]. Pays de tradition centralisée, le Cameroun s'est engagé depuis 1996 dans un vaste mouvement de décentralisation qui a bouleversé les comportements et rapproché le pouvoir de décision des populations. L'une des originalités de cette réforme, c'est la consécration des « bases constitutionnelles » de la décentralisation territoriale[2]. Une vaste réforme normative et institutionnelle est menée et place les questions de décentralisation au cœur des mutations socio-économiques et des transformations politiques[3]. Depuis l'accession du Cameroun à l'indépendance, l'appareil administratif a connu des mutations profondes suite entre autres à toutes les modifications de la forme de l'État : « Fédéralisme, État unitaire centralisé puis État unitaire décentralisé »[4].

En faisant de la République du Cameroun un État unitaire décentralisé lors de la réforme constitutionnelle du 18 janvier 1996, les pouvoirs publics ont pris la voie conduisant résolument à l'amélioration du cadre de vie des populations et au renforcement de l'État de droit. Par la suite, et en application de cette orientation majeure, trois importantes lois sont entrées en vigueur le 22 juillet 2004. Il s'agit des lois n°2004/017, n°2004/018, n°2004/019 du 22 juillet 2004 portant respectivement orientation de la décentralisation, régime applicable aux communes et régime applicable aux régions. Il faut cependant préciser que cette inflation législative ou ce cadre juridique dense et varié[5], en matière de décentralisation, a atteint son apogée avec l'adoption de la Loi n°2019/024 du 24 décembre 2019 portant Code général des Collectivités territoriales décentralisées (CGCTD). À travers cette loi, l'on passe d'une conception plus ou moins autoritaire à une conception plus démocratique et

[1] C. MONEMBOU, « Les paradoxes de la décentralisation camerounaise : de la décentralisation à la recentralisation », *Revue africaine de droit et de science politique (RADSP)*, Vol. 1, n° 1, janvier-juin 2013, pp. 161-180.

[2] B.-R. GUIMDO DONGMO, « Les bases constitutionnelles de la décentralisation au Cameroun (Contribution à l'étude de l'émergence d'un droit constitutionnel des collectivités territoriales décentralisées) », *Revue générale de droit*, Vol. 29, n° 1, décembre 1998, pp. 79-100. https://doi.org/10.7202/1035696ar

[3] ALIYOU SALI, « La réforme du droit des collectivités territoriales décentralisées au Cameroun », *Revue Africaine et Malgache de Recherches Scientifiques*, n°2, juillet 2020.

[4] C. V. NOUAZI KEMKENG, « L'idéologie de l'unité nationale et le révisionnisme constitutionnel au Cameroun », *in Droit et politique, Jurisdoctoria, Revue doctorale de droit*, n°12, octobre 2015, pp. 155-181. https://old.jurisdoctoria.net/pdf/numero12/aut12_KEMKENG.pdf

[5] C. V. NOUAZI KEMKENG, « Le cadre juridique de la décentralisation au Cameroun », *in* ALAWADI ZELAO (dir.), *Décentraliser au Cameroun. Dynamiques institutionnelles et logiques des acteurs*, L'Harmattan Paris, Collection Études africaines, octobre 2018, p. 131.

plus dynamique de la décentralisation territoriale. Au demeurant, le projet d'une décentralisation effective et surtout d'une régionalisation est une demande de démocratisation, de décongestionnement politique, autrement dit, de libéralisation de l'espace politique national[1]. Ils portent entre autres, sur le renforcement de la démocratie au niveau local[2], sur l'aménagement d'un statut spécial au profit des régions du Nord-Ouest et du Sud-Ouest[3], confirmant ainsi les vertus pacificatrices de la décentralisation.

La recherche de nouveaux modes d'organisation et de gestion du territoire conduit ainsi à considérer le territoire comme un véritable facteur d'inclusion sociale. L'apparition des régions à côté des communes sur l'échiquier institutionnel conduit à faire le constat qu'elles correspondent à une circonscription territoriale disposant des moyens et une organisation appelée à satisfaire les besoins collectifs des habitants de la localité. Le territoire régional épouse la configuration géographique de la circonscription administrative régionale. Autrement dit, il y a une coïncidence entre le territoire d'une région et le territoire d'une collectivité régionale[4].

La région est considérée comme « une collectivité territoriale constituée de plusieurs Départements. Elle couvre le même ressort territorial que la Région, circonscription administrative »[5]. Cette définition parait triviale et mérite d'être renforcée à travers celle de collectivité territoriale. Selon Guinchard et Debard, les collectivités territoriales sont des « entités de droit public correspondant à des groupements humains géographiquement localisés sur une portion déterminée du territoire national auxquelles l'État a, en vertu du principe de décentralisation, conféré la personnalité juridique et le pouvoir de s'administrer par des autorités élues »[6]. La région se présente ainsi comme une collectivité ayant une vocation première de développement[7]. Avec la régionalisation, le pouvoir administratif est réparti entre les organes centraux et des entités territoriales.

---

[1] A. D. OLINGA, « La régionalisation camerounaise en chantier : acquis constitutionnels et perspectives législatives », *Juridis périodique*, n°55, juillet-août-septembre 2003, p. 91.

[2] Voir en ce sens N. NGAFFO, « Décentralisation et démocratie dans le Code général des collectivités territoriales décentralisées », *Revue Africaine et Malgache de Recherches Scientifiques Semestrielle de publication en sciences juridiques et politiques de la conférence des recteurs des universités francophones d'Afrique et de l'Océan indien,* n°1, janvier 2022, pp. 1-34. Voir aussi R. TADJIE, « Décentralisation territoriale et démocratie locale au Cameroun », *Revue africaine de droit public*, Vol X, n°21, Spécial 2021, pp. 243- 265.

[3] Voir Article 327 al. 1 CGCTD.

[4] C'est du moins ce qui ressort de l'article 61.1 de la Loi constitutionnelle du 18/01/1996.

[5] Voir article 259 al. 1 CGCTD.

[6] S. GUINCHARD et T. DEBARD, *Lexique des Termes juridiques,* 26e éd., Dalloz, Paris, 2018, p. 200.

[7] Voir Article 259 al. 2 CGCTD. Et la doctrine a eu à examiner cette question. Voir par exemple J. OWONA, *La décentralisation camerounaise,* L'Harmattan, Paris, 2011, p. 47 ; voir aussi EKO'O AKOUAFANE J.-C., *La décentralisation administrative au Cameroun,* L'Harmattan Paris, 2009, 310 p.

D'une manière générale, la distinction de la circonscription, simple cadre pour l'exercice de l'administration d'État privée de toute vie juridique autonome et de la collectivité locale centre d'intérêt, siège d'une action administrative qui s'exerce en son propre nom, est une des clés du système administratif camerounais. Ainsi, pour Obaker Balinan, « la consécration constitutionnelle de la région en 1996, résultant des recommandations de la Tripartite de 1991 et du large débat de 1993 en vue d'instaurer une large décentralisation, marque une ère nouvelle dans l'organisation administrative de l'État ». Pour les autorités camerounaises, la régionalisation qui vient d'être institutionnalisée est « parée d'atouts majeurs qui offrent de nouvelles perspectives dans la pratique de développement local et national »[1]. Levier de développement vers la base, la régionalisation au niveau institutionnel d'un pays, se distingue de la régionalisation au niveau supranational qui n'entre cependant pas dans le cadre de la présente étude. La région-CTD acquiert ainsi force et sens au cœur du débat sur la réforme de l'État, car les solutions aux problèmes qui ont cours ne pourront provenir que d'une bonne organisation interne des territoires régionaux[2].

Il serait loisible de s'interroger sur les apports et les implications de la régionalisation sur l'organisation administrative du Cameroun. Ce questionnement conduit à recourir à la méthode juridique qui permettra d'analyser les textes contenant la réforme de l'organisation administrative en contexte de décentralisation. Mais le recours subsidiaire à la sociologie du droit permettra d'apprécier la réforme dans son environnement. Cette démarche méthodologique permettra de répondre sans ambages que la transformation des institutions administratives en contexte de régionalisation n'est pas une fatalité. Au contraire, on observe une nouvelle structuration politico-administrative qui s'inspire de l'ordre institutionnel ancien pour asseoir de nouveaux rapports entre les autorités administratives nationales et locales. Alors que l'institutionnalisation des régions-collectivités locales entraîne une revitalisation des institutions administratives dans un premier abord **(I),** elle conduit aussi à un reprofilage des rapports entre les différentes autorités administratives **(II).**

---

[1]O. TOGOLO, « La régionalisation : le défi de la souveraineté économique du pays », *in* Mélanges en l'honneur du Doyen BIPOUN-WOUM, Regards sur le droit public en Afrique, L'Harmattan, Paris, 2016, p. 91.

[2] La consécration de l'institution régionale se justifie par quelques éléments : la nécessité de débloquer la gestion territoriale afin de rapprocher l'administration et la politique administrative des administrés, d'assurer l'expression des identités, car les citoyens de plus en plus regroupés dans des sphères géographiques de petite dimension aspirent à une autonomie, de la mobilisation contre la crise sécessionniste.

I. La revitalisation des institutions administratives par la création des régions-collectivités locales

La réforme entamée en 1996 a connu un tournant décisif avec l'adoption du Code général des Collectivités territoriales décentralisées en 2019. Les innovations fondamentales résident dans la création des régions en tant que collectivités territoriales décentralisées, et partant, dans une réorganisation des institutions administratives camerounaises. Cet acquis institutionnel fondé sur la décentralisation a conduit à dupliquer l'institution régionale afin de tenir compte des réclamations issues des crises sociopolitiques. Cette duplication de l'institution régionale (A) révèle une structuration organique particulière et propre à chaque région (B). Les nouveautés se situent au niveau de la physionomie des régions (les figures de la région), de l'organisation interne des régions ainsi que de leurs compétences.

A. L'architecture dupliquée des régions-collectivités territoriales décentralisées

La région, collectivité territoriale couvre le même ressort territorial que la région, circonscription administrative[1]. Les régions camerounaises ne répondent pas toutes au même schéma institutionnel même si elles bénéficient toutes d'une indépendance juridique des organes par rapport aux pouvoirs centraux[2]. Le Code de 2019 présente une pluralité des catégories des régions : les régions aujourd'hui considérées comme des régions de droit commun ou à statut ordinaire (1) et les régions à statut spécial (2). Les particularités historiques, politiques et culturelles justifient cette organisation administrative dérogatoire au droit commun régional[3].

1. Les régions de droit commun

Initialement prévues dans la constitution du 18 janvier 1996, la région, en tant que deuxième niveau de décentralisation, a été reprise et introduite dans l'architecture institutionnelle par la loi de 2019 portant Code général des CTD. Les dispositions du CGCTD laissent comprendre que les régions de droit commun sont le Centre, le Sud, le Littoral, l'Ouest, l'Est, l'Adamaoua, le Nord et l'Extrême-Nord. Il s'agit de 8 régions dont les organes diffèrent dans certains cas de ceux des autres régions. Cependant, ces organes émanent du suffrage universel tel que dispose l'article 6, alinéa 1 du CGCTD « Les organes délibérants et exécutifs des Collectivités territoriales tiennent leur pouvoir du suffrage universel ».

La loi de 2019 reconnait le citoyen comme un acteur de la vie de la collectivité régionale et accroit les droits des élus avec ce souci de conférer un véritable statut aux minorités politiques et la reconnaissance d'un droit à

---

[1] Voir Article 259 al.1 CGCTD.

[2] B-R. GUIMDO DONGMO, « La région en droit public camerounais. Quel Janus juridique ? », *Afrilex,* Université de Bordeaux, Déc. 2021, p. 13.

[3] B- FAURE, *Droit des collectivités territoriales,* 3ème éd, Dalloz 2014, p. 317.

l'expression. C'est ce qui ressort de l'article 276 du CGCTD qui précise qu'à travers le conseil régional, la région assure la représentation de la population autochtone, des minorités et du genre. En optant pour un système administratif ouvert aux libertés locales, le législateur camerounais opte résolument pour la démocratisation d'un système local rénové. La région est ici perçue comme une véritable unité politique, l'axe pivot de la réforme décentralisatrice au regard des compétences à elle transférées. Cependant, deux questions fondamentales méritent d'être posées : les régions en tant que CTD pourraient-elles véritablement fonctionner sans une prégnance ou une influence des régions comme circonscriptions administratives ? Le fonctionnement des Régions-CTD ne donnerait pas le prétexte des revendications identitaires ?

En rapport avec la première interrogation, il convient de dire que le législateur de 2019 a tenu, à travers une attribution législative de compétences, à régler et à minimiser les conflits de compétences entre les deux structures administratives. Il fait des services locaux d'État, un ensemble de services d'accompagnement de la mise en œuvre de la décentralisation[1]. Reste à souhaiter que les comportements ultra jacobins des autorités administratives centrales et déconcentrées n'aillent pas réduire à néant ces efforts. La seconde interrogation trouve sa réponse dans l'implémentation effective de la régionalisation. À travers un réel transfert de compétences, des moyens et une autonomie de gestion dépouillée d'une trop grande présence du pouvoir central, la régionalisation se présente plutôt comme un remède à ces revendications irrédentistes.

2. Les régions à statut spécial

Afin de maitriser la situation particulière des populations des espaces anglophones du territoire et sortir de la crise née de l'ignorance de la spécificité culturelle et des sentiments de frustrations, les pouvoirs publics camerounais ont consacré les régions à statut spécial à la faveur de l'adoption de la loi de 2019. Ce statut spécial se traduit par des spécificités dans l'organisation et le fonctionnement de ces deux régions[2].

Les régions à statut spécial sont composées des régions du Nord-Ouest et du Sud-Ouest. La spécialité ou la spécificité de ce statut tire son fondement de l'héritage culturel de ces régions. Les pouvoirs publics recherchant « dans les solutions institutionnelles des réponses aux revendications pacifiques des élus et aux manifestations violentes de groupuscules indépendantistes[3] ». Juridiquement, elle est portée par le régime constitutionnel de 1996 qui précise que « sans préjudice des dispositions prévues au présent titre, la loi peut tenir compte des spécificités de certaines régions dans leur organisation et leur

---

[1] Voir les articles 37 et 84 du CGCTD.

[2] Article 327 alinéa 2 du CGCTD.

[3] P. JAN, *Institutions Administratives,* Editions du Jurisclasseur, 2003, p. 248.

fonctionnement[1] ». Dans cette logique, il existe une démarcation organique entre les régions à statut spécial et les régions de droit commun. Les compétences de ces régions ne sont pas strictement identiques à celles des autres régions. Cependant, le pouvoir institué au profit des organes des régions à statut spécial ne dépasse pas finalement les possibilités de droit commun. Tout reste contenu dans la théorie classique de l'habilitation législative qui reconnait au législateur le droit de distribuer les compétences administratives. Ainsi, « la singularisation d'une collectivité, par son statut ou ses compétences, représente une double reconnaissance : celle de la capacité à faire ; celle d'une identité propre »[2]. Cette singularisation issue de la décentralisation « ne conduit pas – ou ne doit pas conduire – à donner à une collectivité territoriale secondaire la forme d'un État »[3].

Les régions du Nord-Ouest et du Sud-Ouest sont autorisées, par une simple interprétation du texte constitutionnel, à adapter les lois et règlements nationaux afin de tenir compte de leurs caractéristiques particulières. Ces adaptations doivent tout de même être décidées par ces régions dans les matières où s'exercent leurs compétences et conformément aux prescriptions légales. Ces régions à statut spécial disposent d'un véritable pouvoir normatif en ceci qu'elles sont habilitées, pour tenir compte de leurs spécificités, à fixer elles-mêmes certaines règles applicables sur leur territoire. Malgré leur statut spécial, elles demeurent « des entités fondues dans l'État »[4].

B. Une architecture organique particulière des régions envisagées comme collectivités territoriales décentralisées

L'avènement de la loi du 24 décembre 2019 sur la décentralisation a transformé la structure des régions-collectivités territoriales décentralisées. Il s'agit d'un léger réaménagement organique des régions à statut ordinaire (1) et une configuration originale organique des régions à statut spécial (2).

1. Un léger réaménagement organique des régions à statut ordinaire

Dans la dynamique d'amélioration des relations entre l'administration centrale et les administrés, la régionalisation a opté pour la démocratie locale[5] qui suppose d'associer toutes les couches de population à la gestion de leurs affaires. Elle se caractérise donc par une « légitimité démocratique[6] ». Cette légitimité se traduit par le choix électif des organes régionaux. Si l'on admet que la régionalisation, lancée par la constitution de 1996, n'a connu un coup

---

[1] Voir Article 62 al. 2 de la Constitution camerounaise de 1996.

[2] B. MOREL, « Décentralisation asymétrique et stabilité des Etats », *Revue Française de droit constitutionnel*, n°132, PUF, 2022, p. 851.

[3] B-R. GUIMDO DONGMO, « Constitution et décentralisation au Cameroun depuis la réforme constitutionnelle de 1996 », *Revue Juridique et Politique*, n°2, 2005, p. 221.

[4] S. BALINAN OBAKER, « Le renouveau de l'institution régionale en droit camerounais de la décentralisation », *Revue africaine de droit public*, Vol X, N°21, Spécial 2021, p. 222.

[5] N. NGAFFO, *op. cit.*

[6] B-R. GUIMDO DONGMO, « La région en droit public camerounais. Quel Janus juridique ? », *op. cit.*, p.13.

d'accélérateur qu'avec la loi portant CGCTD de 2019, le constat est clair que les régions à statut ordinaire ont subi quelques réaménagements dans la constitution des organes dirigeants.

Il s'agit d'abord de la précision du nombre des conseillers municipaux à 90, disposition qui n'avait pas été consacrée par la loi du 22 juillet 2004 fixant les règles applicables aux régions en son article 26. Désormais, avec la loi de 2019, l'article 275 al 2 fixe le nombre des conseillers municipaux à 90. Ensuite, elle met l'accent sur la représentation de toutes les couches de la population dans l'organe dirigeant. C'est ainsi que l'article 276 du Code dispose que « le conseil régional doit refléter les différentes composantes sociologiques de la région. Il doit, notamment, assurer la représentation de la population autochtone de la région, des minorités et du genre ». Ces régions s'administrent librement par des organes élus dans les conditions fixées par la loi[1].

Pour ce qui est des régions de droit commun, elles sont composées du Conseil régional et du Président du Conseil régional.[2] Le premier est l'organe délibérant des régions de droit commun et est composé de 90 conseillers régionaux, notamment des délégués des départements élus au suffrage universel indirect et des représentants du commandement traditionnel choisis par leurs pairs[3]. Élu pour un mandat de cinq ans, le Conseil régional doit refléter les différentes composantes sociologiques de la région[4]. L'obligation pour le Conseil régional de refléter les composantes sociologiques serait, de l'avis de BALINAN Obaker, « propice à la tenue d'un débat structuré lors des délibérations et autres travaux du conseil régional »[5]. Les conseils élus gèrent par leurs délibérations les affaires de la région dont le domaine est considérablement étendu. C'est pour cette raison que Donier estime que les assemblées délibérantes des Collectivités territoriales décentralisées (le Conseil régional) sont « au cœur de l'exercice de la démocratie locale[6] ». Le Conseil régional met sur pied un bureau composé d'un Premier vice-président, d'un vice-président, de deux questeurs et deux secrétaires[7]. Il règle par ses délibérations les affaires de la région. Il fixe son règlement intérieur. Il donne son avis sur toutes les fois que celui-ci est requis par les lois et règlements ou à la demande du représentant de l'État. Il peut formuler des vœux par résolutions sur toutes les questions ayant un intérêt régional. L'intégralité des attributions du Conseil régional est précisée dans les articles 267 à 273 du CGCTD.

---

[1] Voir Article 329 CGCTD.

[2] Article 274 al.1 CGCTD

[3] Article 275 du CGCTD.

[4] Lire Article 276 CGCTD.

[5] S. BALINAN OBAKER, *op. cit.*, p. 220.

[6] V. DONIER, *Droit des Collectivités territoriales*, 1ère éd, Paris, Dalloz, 2014, p. 80.)

[7] Article 307 Al. 1.

En interne, la structure de l'administration régionale possède désormais des organes nouveaux en son sein. C'est la substance du décret de 2021/742 sur l'organisation type de l'administration régionale. À la lecture des dispositions de ce décret, il ressort que les structures de l'administration régionale sont schématisées dans l'organigramme type du présent décret[1]. Ainsi, les régions disposent désormais des structures rattachées au secrétariat général de la région qui sont entre autres : la cellule des affaires administratives et juridiques, la cellule des systèmes d'information et la cellule de la communication et des relations publiques[2]. Il existe également des structures techniques placées sous l'autorité de ce secrétariat : la division du développement économique et social, la division des infrastructures et de l'aménagement régional et la division des affaires générales[3]. Le Président du Conseil régional dispose désormais d'un secrétaire particulier[4].

L'organe exécutif de la région est constitué « en forme pyramidale[5] ». Il est composé d'un Président, assisté d'un bureau reflétant la composition sociologique de la région. Le Président du Conseil régional est élu au scrutin secret à la majorité absolue des membres présents et votants. Il doit être une personnalité autochtone de la région. Cette exigence constitutionnelle, reprise par le législateur de 2019, serait légitime selon certains observateurs, car « l'autochtone connaît le plus la région concernée, mieux qu'un allogène qui ne maitrise pas forcément les us et les coutumes, le tempérament de la population régionale »[6]. Cette précision mérite pourtant d'être nuancée en raison du fait qu'avec le temps, le brassage humain, l'évolution des mentalités, on ne pourrait affirmer factuellement que seul l'autochtone peut œuvrer pour l'intérêt de sa région. La logique développementaliste s'accommode-t-elle des logiques communautaristes ? Autrement dit, les pouvoirs publics camerounais n'encouragent-ils pas, par cette politique le repli identitaire ? La modernisation de l'organisation administrative à travers la création des régions-CTD devrait donner l'occasion, sur le plan personnel, de faire éclore toutes les énergies agissantes pour le développement de nos localités, indépendamment des origines autochtones ou allogènes. En effet, la décentralisation serait un facteur de renforcement de la cohésion nationale. Quoi qu'il en soit, le Président du Conseil Régional est l'organe exécutif de la région[7].

---

[1] Cf article 10 du décret N°2021/742 du 28 décembre 2021 portant organisation type de l'administration régionale.

[2] Cf article 4

[3] Cf article 5

[4] Cf article 3

[5] B-R. GUIMDO DONGMO, « La région en droit public camerounais. Quel Janus juridique ? », *op. cit.*, p.15.

[6] Éric S., MVAEBEME, *La République en droit public camerounais,* Thèse de Doctorat Ph. D en droit public, Université de Yaoundé 2, 2017, p. 294.

[7] Voir article 312 du CGCTD.

Le Conseil régional par ses délibérations, ainsi que son Président de par les actes qu'il prend, l'instruction des affaires et l'exécution des délibérations, concourent à l'administration de la région. Tous ces organes sont issus des élections, seul mode d'accès aux fonctions dirigeantes des régions. La structuration des organes dirigeants des régions à statut spécial se démarque de celles ordinaires par leur caractère innovant.

2. Une configuration organique originale des régions à statut spécial

La lecture de l'article 327 al. 2 du CGCTD de 2019 permet de faire le constat que les régions à statut spécial, le Nord-Ouest et le Sud-Ouest, disposent d'une architecture organique distincte comparativement aux autres régions. Le législateur a tenu compte des exigences constitutionnelles liées aux spécificités de certaines régions dans leur organisation ou fonctionnement[1], mais aussi aux différentes revendications d'autonomie devenues trop prégnantes dans cette partie du pays. Cependant, l'octroi d'un statut spécial à ces collectivités territoriales décentralisées, en contexte d'État unitaire, ne veut pas dire qu'elles ont la forme d'un État[2]. Leur régime est certes spécifique, mais, « leurs organes doivent appliquer les règles élaborées par l'État en matière budgétaire ; et ces régions demeurent soumises au contrôle de l'État » [3]. L'organe délibérant est une Assemblée régionale composée de deux chambres : la *House of Divisional Representatives* ou Chambre des représentants et la *House of Chiefs* ou Chambre des chefs. La première est composée de 70 membres élus par les conseillers municipaux de la région au scrutin de liste mixte à un tour comportant un système majoritaire et un système de représentation proportionnelle[4], alors que la seconde regroupe en son sein 20 membres issus du commandement traditionnel. Ce qui porte le nombre de membres à 90. De l'avis partagé de certaines doctrines, l'institution d'une chambre des Chefs traditionnels se justifie par le fait qu'ils sont « proches des populations [...] et connaissent dans le détail les besoins et les problèmes des populations[5] ». Cet argument n'est pas des moindres lorsqu'on sait que l'architecture institutionnelle de plusieurs régions du Cameroun aurait dû prendre en considération les collectivités traditionnelles. En effet, la chefferie traditionnelle est une institution d'encadrement incontournable des populations. L'existence des comités de développement – sous la coordination des chefs traditionnels – au sein de ces communautés traditionnelles traduit son importance dans la mise en œuvre des politiques participatives de développement. Cependant, les collectivités traditionnelles

---

[1] Voir Article 62 al. 2 de la Constitution camerounaise du 18 janvier 1996 modifiée.

[2] B-R. GUIMDO DONGMO, « Constitution et décentralisation au Cameroun depuis la réforme constitutionnelle de 1996 », *op. cit,* p. 221.

[3] S. OBAKER BALINAN, *op. cit*, p. 222

[4] Article 333 al.1 Loi de 2019/024 portant CGCTD.

[5] NGO TONG, « L'intégration des chefs traditionnels dans le paysage institutionnel de la décentralisation au Cameroun : cas spécifique du Noun », *Cahiers administratifs et politistes du Ponant*, n°16, 2009, p. 146.

ne bénéficient pas, sur le plan juridique, des moyens leur permettant de mener à bien la mission d'encadrement de proximité des populations qui leur incombe. Cette carence de moyens juridiques, doublée d'une carence de moyens financiers et humains, fragilise les communautés de base, véritables pôles de développement économique et social. À défaut d'ériger les chefferies traditionnelles en communes dont les chefs seraient les maires, et par conséquent acteurs majeurs du développement de la région. La doctrine majoritaire pense qu'on pourrait tout au moins envisager leur rationalisation juridique en préservant leur autonomie relative.

La *House of Divisional Representatives* est présidée par le président du Conseil régional et comporte cinq commissions. La *House of chiefs* est présidée par le vice-président du Conseil exécutif régional, assisté d'un secrétaire du Conseil exécutif régional. Celui-ci est l'organe exécutif des régions à statut spécial (article 352). Il est composé ainsi qu'il suit : un Président, un vice-président, un (commissaire chargé du développement économique, un commissaire chargé du développement sanitaire et social, un commissaire chargé du développement éducatif, sportif et culturel, deux secrétaires, un questeur. Le Président du Conseil exécutif régional est le chef de l'exécutif de la région et comme dans le cas des régions à statut ordinaire, il s'agit des personnalités autochtones.

À côté de ces deux structures se trouve le *Public Independent Conciliator*, une autorité indépendante jouissant des pouvoirs extraordinaires au sein des régions à statut spécial. Importante innovation de la réforme institutionnelle, ce médiateur est une autorité indépendante nommée par décret du Président sur proposition concertée du représentant de l'État et du Président du Conseil exécutif régional, pour un mandat de six ans non renouvelable[1]. Il se présente comme un régulateur de la fonction administrative au regard des attributions qui lui sont dévolues[2]. Le fait que ce soit une autorité disposant de la personnalité juridique et de l'autonomie financière et dont le mandat est non renouvelable est une garantie d'indépendance de ses actes et de son impartialité. La modernisation administrative de l'État du Cameroun à travers la régionalisation s'inscrit dans le respect des principes constitutionnels qui fixent le cadre et l'intensité des politiques à mettre en place. La réforme engagée par le législateur de 2019 s'inscrit dans cette dynamique. Cela se vérifie aussi dans le réaménagement qui a été opéré dans les rapports entre les institutions régionales et les institutions étatiques.

---

[1]Art. 368 al.1 CGCTD.

[2] Art. 4 du Décret n°2020/773 du 20 Décembre 2020 déterminant les modalités d'exercice des fonctions de *Public Independent Conciliator* auprès des Régions du Nord-Ouest et du Sud-Ouest.

II. Le réaménagement des rapports entre les institutions régionales et les institutions étatiques

La réforme de 2019 sur la décentralisation a permis de souligner des réaménagements dans le rapport entre les institutions régionales et les institutions étatiques. Ce réaménagement se traduit d'une part par l'amélioration des rapports tutélaires (A) et d'autre part par des rapports dans la gestion territoriale (B).

A. L'amélioration des rapports tutélaires entre les institutions régionales et les institutions étatiques

La tutelle peut se définir comme l'ensemble des moyens de contrôle dont dispose l'État sur les collectivités territoriales décentralisées et des établissements publics. L'amélioration des rapports tutélaires entre les organes régionaux et les organes étatiques s'observe tant par l'évanescence du contrôle *a priori* et de certains principes forts de la décentralisation (1) que dans le réaménagement des règles d'appui-conseil des services déconcentrés (2).

1. L'évanescence du contrôle *a priori* et de certains principes forts de la décentralisation

L'un des apports de la réforme de la loi de 2019 sur la régionalisation au Cameroun réside aussi bien sur l'allégement substantiel du pouvoir de tutelle de l'État sur les collectivités territoriales décentralisées que sur la suppression des certains principes forts de la décentralisation[1]. En ce qui concerne l'allègement du contrôle de tutelle, l'État exerce une tutelle de veille sur le respect de la légalité. Il s'agit désormais d'un contrôle *a posteriori* sur les collectivités territoriales décentralisées. La réforme a supprimé le contrôle *a priori* par exemple le contrôle d'opportunité jadis exercé par l'État sur les actes des collectivités territoriales décentralisées. C'est ce qui ressort de l'article 73 du CGCTD qui dispose que « Les pouvoirs de contrôle s'exercent à l'exclusion de toute appréciation d'opportunité et sous réserve des cas prévus à l'article 77 ci-dessous ». La suppression du contrôle d'opportunité limite les pouvoirs de l'État au simple contrôle de légalité et accroit la marge de manœuvre des autorités décentralisées. Toutefois, les matières nécessitant un contrôle préalable, sept au total, sont limitativement énoncées par l'article 76, al 1.

En pratique, le contrôle d'approbation exercé sur les régions se fait par le gouverneur, représentant de l'État central auprès des Régions-CTD. En matière de contrôle budgétaire par exemple, le contrôle exercé par le gouverneur porte sur les conditions d'adoption du budget primitif et sa transmission, son équilibre réel et la date du vote. En cas de non-respect des

[1] A. NNOKE NGWESE, « Les innovations du nouveau Code général des collectivités territoriales décentralisées », *Colloque international sur la thématique des regards croisés sur les processus de décentralisation en Afrique*, Université de Dschang 2020. p. 4.

exigences liées à l'adoption du budget régional, le représentant de l'État saisit le tribunal des comptes et/ou propose à la collectivité régionale des mesures de redressement nécessaires. Ce contrôle budgétaire confère au représentant de l'Etat un pouvoir assez proche de l'ancienne tutelle par substitution. En sus, il ressort aussi que la réforme a assoupli l'exercice du pouvoir de substitution. Ainsi, la responsabilité des CTD est dégagée lorsque le représentant de l'État se substitue à ladite collectivité. C'est ce que dispose l'article 15 du CGCTD : « La responsabilité de la région ou de la collectivité est dégagée lorsque le représentant de l'État « est substitué au chef de l'exécutif communal ou régional dans les conditions fixées par la loi »[1]. Le gouverneur en assurant, au niveau régional, la transmission de la volonté étatique, influence les choix des régions et les oriente dans le sens souhaité par l'Etat. On peut se demander si en pratique, l'attitude ultra jacobine des autorités de tutelle ne conduira pas à des conséquences directes : l'impossibilité pour la région de jouer le rôle de contrepoids efficace au pouvoir central.

En ce qui concerne la suppression des principes forts de la décentralisation, la réforme de la décentralisation tient compte des enjeux de la régionalisation au Cameroun. C'est ainsi que les principes forts de la décentralisation ont évolué. Certains ont été maintenus, à l'instar du principe de subsidiarité, de la libre administration, de la primauté de l'État et la concomitance dans le transfert de compétences et des ressources. D'autres principes ont connu des mutations telles que le principe de l'exercice concurrent des compétences transférées qui a été remplacé par le principe d'exclusivité de l'exercice des compétences. Le principe de progressivité, ancré pendant longtemps dans la décentralisation camerounaise, a été purement et simplement supprimé par la loi de 2019 sur la décentralisation[2]. Celui-ci consiste pour l'État de mettre graduellement en place la décentralisation, c'est-à-dire étape par étape. C'est ainsi qu'à la lecture de l'article 20 de cette loi, il est précisé que le transfert et la répartition des compétences prévues à l'article 19 obéissent aux principes de subsidiarité et de complémentarité[3]. Pourtant dans l'ancienne loi de 2004 sur l'orientation de la décentralisation, le principe de progressivité trouvait bien sa place aux côtés de deux principes maintenus par le CGCTD du 2019. Il faut de même relever que le décret n°2023/223 du 27 avril 2023 fixant les modalités d'exercice de certaines compétences transférées par l'État aux régions en matière d'enseignement secondaire, en son article 19 al. 2 revient sur ce principe de progressivité. C'est à se demander s'il ne s'agit pas d'une incongruité juridique, mais surtout d'un élément qui contribue à retarder le processus de décentralisation au Cameroun. On peut aussi comprendre qu'un

---

[1] Ibidem.

[2] A. NNOKE NGWESE, *op. cit.*, p. 4.

[3] P-E. ABANE ENGOLO et S. INENELI OMBANG, « Le sort du principe de progressivité en droit camerounais de la décentralisation », *Revue africaine de droit public*, Vol X, n°23, Spécial 2021, pp 7-29.

transfert important d'attributions de l'État vers les régions dans certains domaines est impossible en l'état actuel des exigences institutionnelles et économiques, et compte tenu du fait que les administrés sont et demeurent tenus à l'écart de la gestion et des choix locaux.

Il ressort que la suppression de ces principes vise à alléger la forte tutelle de l'État et en même temps à améliorer le rapport entre les institutions étatiques et les institutions régionales. Il en va de même pour l'aménagement des règles d'appui et de suivi.

2. Le réaménagement des règles d'appui-conseil des services déconcentrés de l'État

Le réaménagement des règles d'appui-conseil des services déconcentrés de l'État sur les CTD participe de l'amélioration des rapports entre ces deux démembrements. L'appui-conseil consiste pour l'État d'apporter des expertises en termes de conseils à l'amélioration de l'exercice des compétences des CTD. Il fournit des conseils, des avis, des suggestions et informations aux CTD. Ce mécanisme est posé à l'article 72 du CGCTD de 2019. L'appui conseil est donné à la demande des CTD ou suscité par les autorités chargées du contrôle de l'État en l'occurrence, le gouverneur ou le préfet selon le cas[1]. Toutefois, il faut noter que les avis, conseils et suggestions donnés par les représentants de l'État dans le cadre d'appui-conseil ont un caractère consultatif[2]. Les autorités chargées de fournir l'appui-conseil de l'État veillent au fonctionnement régulier et au développement harmonieux des collectivités territoriales décentralisées, de leurs établissements, ainsi qu'au rendement, à la bonne administration des services locaux[3]. Les avis, conseils et suggestions donnés par les autorités en charge n'empêchent pas les collectivités territoriales décentralisées de demeurer maitres de leurs actions[4]. L'adoption par le législateur de la technique de l'appui-conseil est louable, toujours est-il souhaitable qu'elle soit utilisée dans le respect de la libre administration des collectivités territoriales décentralisées. Les faiblesses humaines, techniques et managériales des CTD peuvent trouver des solutions dans l'accompagnement que leur offre l'État à travers l'appui-conseil.

Il ressort des développements ci-dessus que l'allégement des pouvoirs de tutelle et l'assistance en appui-conseil de l'État sur les CTD contribuent à l'amélioration des rapports tutélaires entre ces deux collectivités publiques en général, et renforcent l'autonomie des CTD particulièrement dans la gestion territoriale.

---

[1] ALIYOU SALI, « La réforme du droit des collectivités territoriales décentralisées au Cameroun », *Revue RAMReS/SJP*, n°2, juillet 2020, pp. 105-134.

[2] *Cf.* article 86 de la loi de 2019 sur la décentralisation.

[3] S. OBAKER BALINAM, « Le renouveau de l'institution régionale en droit camerounais de la décentralisation », *op. cit.*, pp. 232.

[4] ALIYOU SALI, *op. cit.*, p. 131.

B- L'amélioration des rapports dans la gestion territoriale entre les institutions régionales et les institutions étatiques

L'amélioration des rapports dans la gestion territoriale entre les institutions étatiques et les institutions régionales se traduit non seulement par l'extension du champ des compétences des régions (1), mais aussi par le renforcement de la libre administration de celles-ci (2).

1. L'extension du champ des compétences régionales

La régionalisation au Cameroun impulsée par la réforme de 2019 passe par l'extension du champ des compétences attribuées aux régions conçues comme collectivités territoriales décentralisées. Cette extension consiste non seulement à améliorer les rapports entre les autorités centrales et celles des régions, mais aussi à renforcer l'autonomie de ces dernières et les responsabiliser davantage. Les régions sont, au regard des compétences qui leur sont dévolues, des véritables leviers de développement[1]. L'extension de ces compétences se vérifie dans la consécration de nouvelles compétences ayant trait au développement sanitaire, sportif et culturel. C'est ainsi que le législateur camerounais, en attribuant de nouvelles compétences aux régions, entend faire de ces entités de véritables catalyseurs de développement. Il faudrait donc noter que le législateur camerounais a tout d'abord étendu les compétences communes à toutes les dix régions avant d'attribuer les compétences additionnelles et spécifiques aux deux régions à statut spécial.

S'agissant de l'extension des nouvelles compétences communes à toutes les régions, elles sont perceptibles sur les plans éducatif, sanitaire, sportif et culturel. Ce sont des compétences qui ne figuraient pas dans l'ancienne loi de 2004 sur l'orientation de la décentralisation. Sur le plan sanitaire, l'article 270 du CGCTD mentionne désormais que les régions peuvent procéder au recrutement et à la gestion du personnel infirmier et paramédical des hôpitaux régionaux et de district. Au point de vue sportif et des loisirs, l'article 272 attribue les compétences aux régions en matière de création et d'exploitation des parcs de loisirs d'intérêt régional. En sus des compétences attribuées par le législateur, bon nombre de textes étendent les compétences régionales en matière d'urbanisme, de l'environnement et de l'organisation et la gestion des transports publics interurbains.

En matière d'urbanisme, le décret de 2021/744 attribue de nouvelles compétences aux régions dans sa disposition de l'article 4[2].

Le décret de 2021/747 attribue de nouvelles compétences aux régions en matière d'environnement. À la lecture des dispositions des articles 2 et 4 de ce décret, les régions exercent les compétences en matière d'environnement concernant la mise en défens et d'autres mesures locales de protection de la nature ; la réalisation des pares-feux et la mise à feu précoce dans le cadre de

---

[1] Ibid.

[2] Décret N° 2021/744 du 28 décembre 2021 fixant les modalités d'exercice de certaines compétences transférées aux régions en matière d'urbanisme et d'habitat.

la lutte contre les feux de brousse[1]. Elles sont également compétentes dans l'élaboration et la mise en œuvre de la politique nationale en matière d'environnement et le développement durable ; la définition et la construction des normes auxquelles est soumise la gestion des matières prévues à l'article 2 ci-dessus[2]. En plus, les régions bénéficient des nouvelles compétences en matière d'organisation et de gestion des transports publics interurbains par le Décret de 2021/745[3]. Elles sont aussi compétentes sur l'élaboration et la mise en œuvre de la politique du gouvernement en matière d'organisation et de gestion de transports publics interurbains[4].

L'éventail des compétences transférées par l'État aux régions en matière d'enseignement secondaire témoigne de l'importance du rôle que l'État accorde à ces entités dans le développement du pays par l'éducation. L'analyse de ces compétences transférées amène à faire le constat que les régions ont vocation à participer au développement du secteur éducatif à travers la formulation des avis, les propositions, l'établissement et la mise en œuvre de la carte scolaire nationale, l'expression des besoins, la maitrise d'ouvrage, la réalisation et l'équipement, l'allocation des bourses et subventions, le recrutement et l'assistance[5] etc.

Il faut souligner qu'en plus des nouvelles compétences transférées aux dix régions, la loi du 2019 a transféré des compétences additionnelles et spécifiques aux deux régions à statut spécial. À la lecture de l'article 328, il ressort que les régions à statut spécial, outre les compétences dévolues aux régions, sont compétentes dans la participation et à l'élaboration des politiques publiques nationales relatives au sous-système éducatif anglophone ; la création et la gestion des missions régionales de développement ; la participation à l'élaboration du statut de la chefferie traditionnelle. L'alinéa 2 de cet article ajoute que les régions du Nord-Ouest et du Sud-Ouest peuvent être consultées sur les questions liées à l'élaboration de politiques publiques de la justice dans le sous-système de 1a *Common Law*. Elles peuvent être associées à la gestion des services publics implantés dans leurs territoires respectifs.

Les implications de ces compétences visent tout d'abord à promouvoir la participation effective de ces régions à la vie politique de la Nation sur le plan éducatif, notamment dans le sous-système anglophone. Cette participation

---

[1] *Cf.* article 2 du décret N°2021/747 du 28 décembre 2021 fixant les modalités d'exercice de certaines compétences transférées par l'État aux régions en matière de protection de l'environnement.

[2] *Cf.* article 4

[3] *Cf.* article 2 du décret N°2021/745 du 28 décembre 2021 fixant les modalités d'exercice des compétences transférées par l'État aux régions en matière d'organisation et la gestion des transports publics interurbains.

[4] *Cf.* article 4.

[5] Décret n°2023/223 du 27 avril 2023 fixant les modalités d'exercice des compétences transférées par l'État aux régions en matière d'enseignement secondaire.

n'est pas une faculté pour l'État, mais une obligation[1]. L'État est désormais tenu, dans l'élaboration de cette politique publique, d'associer les deux régions. Cette obligation est la même pour ce qui est de la participation à l'élaboration du statut de la chefferie traditionnelle. Ensuite, ces régions peuvent créer et gérer des missions régionales de développement dans le cadre de l'aménagement de leur localité, créer des missions sur le modèle de la *South West Development Authorithy*, de la Mission de développement du Nord-Ouest. Cela n'implique pas que les sociétés existantes appartenant à l'État seront transférées aux régions. Elles resteront la propriété de l'État, à moins qu'il n'en dispose autrement[2]. En outre, la consultation des régions du Nord-Ouest et du Sud-Ouest à l'élaboration de politiques publiques de la justice dans le sous-système de la *Common Law* vise à prendre en compte les particularités de ces régions basées sur l'héritage historique rappelé à l'article 3 du CGCTD. Cette consultation est facultative, car la justice ne constitue pas une compétence transférable conformément à l'article 56 de la constitution. Bien qu'un pouvoir réel en matière ne peut être donné à ces régions dans une loi qui traite de la décentralisation, il reste que l'État consultera forcément ces régions, car mention n'aura pas été faite de cette attribution s'il n'y avait pas l'intention de la faire appliquer[3]. Enfin, l'association des régions à statut spécial à la gestion des services publics de l'État implantés dans leurs territoires respectifs, ainsi que la possibilité de siéger au sein des instances décisionnelles desdits services, peut leur être ouverte à la diligence de l'État.

Il faut dire que l'attribution de ces compétences additionnelles à ces deux régions vise à assurer l'expression des identités si l'on prend le cas de la compétence relative au sous-système éducatif anglophone. Il s'agit là d'une réponse des pouvoirs publics aux revendications corporatistes exprimées par les avocats et les enseignants issus de ces régions[4]. Les citoyens de plus en plus regroupés dans des sphères géographiques de petite dimension aspirent à une autonomie. Elle vise également à la mobilisation contre la crise d'autant plus que la régionalisation permet d'adapter les institutions administratives au contexte socio-économique dans la mesure où elle contient des facteurs indispensables pour susciter une dynamique de sortie de crise. Elle vise enfin la prise en compte des aspirations sociales en ce sens que les populations trouvent en la régionalisation un mécanisme de représentation légitime de leurs intérêts et de leur valeur sur le plan local, levier de développement vers la base.

Le constat est clair : toutes ces dispositions prouvent à suffisance que la régionalisation se dessine peu à peu. L'extension des compétences régionales consiste à donner à la décentralisation un souffle nouveau et permettre aux

---

[1] S. FOUAKEU TATIEZE, « Les régions à statut spécial », *Rapport du MINDDEVEL*, publié le 12 février 2020, p. 3.
[2] *Ibid.*
[3] *Ibid.*
[4] S. OBAKER BALINAN, *op. cit.*, p. 235.

régions de devenir des acteurs incontournables de développement. Elle permet également le renforcement du principe de libre administration desdites régions.

2. Le renforcement de la libre administration des institutions régionales

L'amélioration des rapports entre l'organe central et les régions se traduit par le renforcement de la libre administration des régions. La libre administration est l'un des principes qui encadrent l'attribution des compétences des CTD. Elle est devenue « une liberté constitutionnelle garantie au même titre que d'autres libertés »[1]puisque la libre administration a la particularité de renforcer l'indépendance des autorités locales vis-à-vis du pouvoir central[2]. Elle suppose que les autorités locales disposent d'un pouvoir de décision et de liberté d'action de grande importance et exclut toute intrusion ou toute ingérence de l'État dans la gestion des institutions locales[3]. Elle est une liberté constitutionnellement garantie[4] permettant aux CTD de gérer les affaires relevant de leurs compétences tout en contrôlant[5] les prérogatives que l'État exerce à leur égard. Gonod, Melleray et Yolka traduisent ce droit de contrôle reconnu aux CTD par la formule suivante : « L'affirmation de la libre administration constitue ainsi une protection contre d'éventuels dérapages de la loi ou des actes administratifs »[6].

La libre administration des régions nécessite l'existence d'affaires locales distinctes des affaires nationales. À ce sujet, Alexis de Tocqueville affirmait que « certains intérêts sont communs à toutes les parties de la nation tels que la formation des lois générales et les rapports du peuple avec les étrangers et d'autres intérêts sont spéciaux à certaines parties de la nation tels que par exemple les entreprises communes »[7]. L'auteur précise par la suite que « concentrer le pouvoir de diriger les seconds, c'est fonder ce que j'appellerais la centralisation administrative »[8]. L'auteur voudrait tout simplement démontrer que les affaires locales constituent alors le cadre

---

[1] P. GONOD, F. MELLERAY et P. YOLKA, *Traité de droit administratif*, Tome 1, Paris, Dalloz, 2011, p. 239.

[2] M. TROPER, « Libre administration et théorie générale du droit », *in La libre administration des collectivités territoriales décentralisées,* Paris *Economica*, 1980. p. 622.

[3] Ibid.

[4] Article 55 al. 2 de la constitution du Cameroun et article 72-2 de la Constitution de la France, *op. cit.*

[5] À titre illustratif en France, la décision du Conseil constitutionnel du 23 mai 1979, *Territoire de Nouvelle- Calédonie*, (n°79-104 DC, Rec. Cons. const. 27) a opéré pour la première fois un contrôle au fond d'une loi intéressant les collectivités territoriales en estimant que la loi n'avait méconnu ni le principe de séparation des pouvoirs, ni les dispositions constitutionnelles qui le mettent en œuvre ou qui consacrent le principe de libre administration des collectivités territoriales.

[6] P. GONOD, F. MELLERAY et P. YOLKA, *op. cit.*, p. 308.

[7] A. DE TOCQUEVILLE, *De la démocratie en Amérique*, Livre 1, 1976, p. 321.

[8] *Idem.*

d'expression de la libre administration. Leur absence viderait ce principe de toute sa substance et l'on serait dans la centralisation. Néanmoins, les auteurs n'ont pas pu identifier réellement les domaines qui rentrent dans l'affaire locale, comme l'a pu souligner Baguenard. Pour lui, ni le droit ni la doctrine n'a clairement explicité ce qu'on entend par affaire locale, elle n'aurait donc pas « d'existence juridique objective »[1]. En droit camerounais de la décentralisation, le constituant a juste indiqué que les CTD jouissent de l'autonomie administrative et financière pour la gestion des intérêts régionaux et locaux[2]. L'on pourrait donc subodorer que ces intérêts régionaux font partie de l'énumération législative des affaires locales devant être gérées par l'exécutif régional ou communal. Toute chose qui amène à s'interroger sur l'étendue de l'autonomie régionale dans la gestion des affaires locales.

En effet, la libre administration, lorsqu'elle est effective, améliore les rapports entre les institutions étatiques et les institutions régionales. Elle apparaît comme une nécessité de débloquer la gestion territoriale afin de rapprocher l'administration et la politique administrative des administrés. La régionalisation apparaît, dès lors aussi comme une opportunité de préservation de l'unité et de l'indivisibilité de la République en ce sens que, les régions jouissent du pouvoir d'organisation inhérent à toute autorité administrative[3]. Ainsi, rien n'empêcherait le législateur de renvoyer au pouvoir réglementaire local, à condition qu'il ne puisse en résulter des inégalités, incompatibilités avec les exigences de l'égalité devant la loi s'agissant de l'exercice des libertés publiques ou les exigences de la solidarité nationale. L'on peut en déduire l'existence des pouvoirs implicites permettant aux régions de prendre les mesures réglementaires nécessaires à l'exercice de leurs compétences dans le silence de la loi et des décrets d'applications[4]. D'ailleurs, la loi détermine « le partage de compétences entre l'État et les régions dans les matières transférées, les ressources des régions, le domaine et le patrimoine particulier de la région »[5]. La garantie de la libre administration implique par conséquent que les institutions régionales disposent chacune d'une assemblée élue dotée d'attributions effectives. L'effectivité sera appréciée au travers des compétences propres dévolues aux régions et que l'État se doit de protéger. Ainsi, si une matière relève manifestement de la compétence régionale, elle exclut l'intervention des services étatiques. Exception faite des contrôles.

---

[1] J. BAGUENARD, *La décentralisation,* Collection Que sais-je ? 7e édition Paris, PUF, 2004, 125 p.

[2] *Cf* article 55 de la constitution du 18 janvier 1996.

[3] E. MOUBITANG, « Le régionalisme constitutionnel au Cameroun : étude d'une dynamique d'intégration nationale à l'épreuve du terrorisme international », *CEDIC*, Yaoundé 2010, p. 9.

[4] G. MARCOU, « Le principe d'indivisibilité de la République », *in la République*, Collection Pouvoirs, N°100, novembre 2000, p. 53.

[5] *Cf.* article 56 de la constitution camerounaise du 18 janvier 1996.

La libre administration suppose aussi « un niveau suffisant de ressources propres »[1]. En réalité, si les régions ne sont pas compétentes pour décider de la création d'un impôt et des modalités de recouvrement, elles peuvent néanmoins fixer l'assiette et le taux d'imposition de certaines taxes dans les limites préalablement établies par le législateur. Malgré la liberté financière qui induit la liberté de dépenser, la loi de 2019 impose aux CTD des charges obligatoires. Cela se justifie dans la mesure où tout transfert de compétences entre l'État et les régions s'accompagne de l'attribution de ressources équivalentes à celles qui étaient consacrées à leur exercice. Tel est par exemple le sens de l'article 14 du décret n°2023/223 du 27 avril 2023 qui précise que « le transfert par l'État aux Régions des compétences en matière d'éducation s'accompagne du transfert concomitant des ressources nécessaires à leur exercice conformément à la règlementation en vigueur ».

Dans la pratique camerounaise, pour toutes les compétences transférées, la loi de finances de l'État prévoit, chaque année, les ressources financières nécessaires à l'exercice des compétences transférées. Et dans la majeure partie des cas, la loi autorise les CTD en général à bénéficier des concours provenant des partenaires divers pour l'exercice des compétences transférées. En dehors des transferts de l'État, elles disposent de ressources propres obtenues par le prélèvement d'impositions et autres revenus nécessaires à l'accomplissement de leurs missions et tâches. Par conséquent, elles doivent déterminer, au sein de leur organe délibérant, les différentes orientations budgétaires de façon à faire des choix stratégiques devant conduire la collectivité au développement.

La libre administration n'implique pas l'effacement de l'État dans la mesure où les collectivités territoriales s'administrent librement dans les conditions fixées par la loi. Ce qui signifie que des sujétions peuvent être imposées aux collectivités locales, mais elles ne doivent pas méconnaitre leurs compétences propres et leur libre administration. Habilité à mettre en œuvre la libre administration, le pouvoir règlementaire ne saurait la mettre en cause[2].

Conclusion

C'est le propre des États modernes de procéder constamment à une modernisation de leurs structures administratives. L'organisation administrative en contexte de régionalisation est orientée vers une diversité statutaire des régions, un élargissement de leurs compétences et une association, ou mieux une collaboration étroite avec l'administration. Certaines régions jouissent d'un statut dérogatoire sur certains aspects de leur organisation et fonctionnement. À l'heure actuelle, les pouvoirs publics camerounais agissent conjointement sur les processus de déconcentration et de décentralisation, une réponse à une demande sans cesse croissante d'une politique participative de proximité censée conduire au développement

---

[1] P. JAN, *op. cit*, p. 66.

[2] *Idem.*

intégral du pays. La modernisation de l'organisation administrative au Cameroun en contexte de régionalisation témoigne de ce que la réforme administrative est une tâche dont il faut toujours remettre l'ouvrage sur le métier. Ceci pour répondre aux nouveaux défis et aux aspirations sociales. Nouvellement créées et mises en œuvre, les régions vont être rodées, expérimentées et c'est à l'œuvre qu'on pourra détecter les obstructions éventuelles. Il reste souhaitable que dans ce processus d'expérimentation, les dialogues entre les différents partenaires publics soient prônés, ainsi que les initiatives locales à fort impact sur le développement des localités. Tout ceci doit s'inscrire dans le respect des principes constitutionnels qui orientent l'organisation administrative au Cameroun.

Bibliographie

Ouvrages

- BAGUENARD Jacques, *La décentralisation,* Paris, PUF, Collection Que sais-je ? 2004, 128 p.
- DONIER Virginie, *Droit des Collectivités territoriales,* 1ère éd, Paris, Dalloz, 2014, 204 p.
- EKO'O AKOUAFANE Jean-Claude, *La décentralisation administrative au Cameroun*, L'Harmattan Paris, 2009, 310 p.
- GONOD Pascale, MELLERAY Fabrice et Philippe YOLKA, *Traité de droit administratif,* Tome 1, Paris, Dalloz, 2011, 842 p.
- GUINCHARD Serge et DEBARD Thierry, *Lexique des Termes juridiques,* 26e éd, Paris, Dalloz, 2018, 1139 p.
- JAN Pascal, *Institutions Administratives,* Editions du Jurisclasseur, 2003, 278 p.
- OWONA Joseph, *La décentralisation camerounaise,* Paris, L'Harmattan, 2011, 172 p.

Articles

- ABANE ENGOLO Patrick-Edgard et INENELI OMBANG S., « Le sort du principe de progressivité en droit camerounais de la décentralisation », *RADP*, Vol X, n°23, Spécial 2021, pp. 7-29.
- ALIYOU SALI, « La réforme du droit des collectivités territoriales décentralisées au Cameroun », *Révue RAMReS/SJP,* n°2, Juillet 2020, pp. 105-134.
- BALINAN OBAKER Samuel, « Le renouveau de l'institution régionale en droit camerounais de la décentralisation », *Revue africaine de droit public*, Vol X, N°21, Spécial 2021, pp. 211- 242.
- DE TOCQUEVILLE Alexis, *De la démocratie en Amérique,* Livre 1, 1976, 574 p.
- GUIMDO DONGMO Bernard-Raymond, « Les bases constitutionnelles de la décentralisation au Cameroun (Contribution à l'étude de l'émergence d'un droit constitutionnel des collectivités territoriales décentralisées) », *Revue générale de droit*, Vol.29, N°1, décembre 1998, pp.79-100. https://doi.org/10.7202/1035696ar
- GUIMDO DONGMO Bernard-Raymond, « Constitution et décentralisation au Cameroun depuis la réforme constitutionnelle de 1996 », *Revue Juridique et Politique*, n°2, 2005, pp. 205-228.
- GUIMDO DONGMO Bernard-Raymond, « La région en droit public camerounais. Quel Janus juridique ? *Afrilex,* Université de Bordeaux, Déc. 2021, 21 p.

- MARCOU Gérard, « Le principe d'indivisibilité de la République », *in la République, Collection Pouvoirs,* n°100, Nov. 2000, pp. 53-74.
- MERCIER Michel., « Pour une République territoriale : l'unité dans la diversité », *Rapport d'information,* n°447, T 1, en ligne le 28 juin 2000. https://www.senat.fr/notice-rapport/1999/r99-447-1-notice.html 620 p.
- MONEMBOU Cyrille, « Les paradoxes de la décentralisation camerounaise :de la décentralisation à la recentralisation », *RADSP,* Vol.1, n° 1, janvier-juin 2013, pp. 161-180.
- MOREL Benjamin., « Décentralisation asymétrique et stabilité des Etats », *Revue Française de droit constitutionnel,* n°132, PUF, 2022, pp. 837-860.
- MOUBITANG Emmanuel., « Le régionalisme constitutionnel au Cameroun : étude d'une dynamique d'intégration nationale à l'épreuve du terrorisme international », *CEDIC,* Yaoundé 2010, 29 p.
- NGAFFO Nadine, « Décentralisation et démocratie dans le Code général des collectivités territoriales décentralisées », *Revue Africaine et Malgache de Recherches Scientifiques Semestrielle de publication en sciences juridiques et politiques de la conférence des recteurs des universités francophones d'Afrique et de l'Océan indien,* n°1, janvier 2022, pp. 1-34.
- NGO TONG Chantal Marie, « L'intégration des chefs traditionnels dans le paysage institutionnel de la décentralisation au Cameroun : cas spécifique du Noun », *Cahiers administratifs et politistes du Ponant,* n°16, 2009, pp. 135-147.
- NNOKE NGWESE Anthony, « Les innovations du nouveau Code général des collectivités territoriales décentralisées », *Colloque international sur la thématique des regards croisés sur les processus de décentralisation en Afrique Colloque international,* Université de Dschang 2020. 15 p.
- NOUAZI KEMKENG Carole Valérie, « L'idéologie de l'unité nationale et le révisionnisme constitutionnel au Cameroun », *in Droit et politique, Jurisdoctoria, Revue doctorale de droit,* n°12, octobre 2015, pp. 155-181. https://old.jurisdoctoria.net/pdf/numero12/aut12_KEMKENG.pdf
- NOUAZI KEMKENG Carole Valérie, « Le cadre juridique de la décentralisation au Cameroun », *in* ALAWADI ZELAO (dir.), *Décentraliser au Cameroun. Dynamiques institutionnelles et logiques des acteurs,* Paris, L'Harmattan, Collection Études africaines, octobre 2018, pp. 129-149.
- OLINGA Alain Didier, « La régionalisation camerounaise en chantier : acquis constitutionnels et perspectives législatives », *Juridis périodique,* n°55, juillet-Août-Septembre 2003, pp. 91-103.
- TADJIE Roje, « Décentralisation territoriale et démocratie locale au Cameroun », *Revue africaine de droit public,* Vol X, N°21, Spécial 2021, pp. 243- 265.
- TROPER Michel, « Libre administration et théorie générale du droit » *in La libre administration des collectivités territoriales décentralisées,* Paris, Economica, 1980. pp. 622-643.

Thèses et autres documents

- FOUAKEU TATIEZE Steve, « Les régions à statut spécial », *Rapport du MINDDEVEL,* publié le 12 février 2020, 3 p.
- MVAEBEME Éric Stéphane., *La République en droit public camerounais,* Thèse de Doctorat Ph.D en droit public, Université de Yaoundé 2, 2017.

Chapitre 3

Notule sur l'appréhension constitutionnelle des rapports entre le sénat et les collectivités territoriales décentralisées au Cameroun

Par
Pacôme VOUFFO
Docteur/Ph.D en Droit public de l'Université de Dschang
Master de Spécialisation en Droits Humains (UCLouvain-Saint Louis Bruxelles)

Résumé

Tels que définis par la constitution camerounaise, les rapports entre le sénat, et les collectivités territoriales décentralisées, s'apparentent à une sorte de « compromis » entre ces acteurs de la décentralisation ; « compromis » articulé sur les responsabilités réciproques que chacun remplit vis-à-vis de l'autre. Si d'une part, la constitution laisse présager que les collectivités territoriales décentralisées légitiment l'existence du sénat, de telle sorte que la disparition *de jure* comme *de facto* de celles-là pourrait aussi entrainer *ipso facto* la disparition *de jure* comme *de facto* de celui-ci ; elle établit d'autre part une représentation, riche de sens mais controversée et vide de contenu, des collectivités territoriales décentralisées par le sénat.

Mots clés : décentralisation, constitution, collectivités territoriales décentralisées, sénat, rapports.

Abstract: Constitutional understanding of the relationship between the senate and decentralized territorial authorities in Cameroon

According to the definition given by the Cameroonian Constitution, the relationship between the Senate and local authorities appears to be an act of "compromise" between these decentralisation actors; this "compromise" is based on the reciprocal responsibilities that each party fulfils with respect to the other. On the one hand, the constitution leaves open the possibility for local authorities to legitimised the existence of the Senate, such that de *jure* as well as *de facto* disappearance of these could *ipso facto* lead to the *de jure* and *de facto disappearance*. On the other hand, it establishes a richly symbolic but content-void representation of local authorities by the Senate.

Key words: decentralization, constitution, local authorities, senate, relationship.

Introduction

Alexis de Tocqueville est sans doute l'un des premiers théoriciens de la décentralisation pour en avoir posé les prémisses[1]. Non sans nécessairement utiliser le mot pour qualifier l'objet, l'auteur de *De la démocratie en Amérique* fait de la décentralisation non seulement un instrument de liberté pour le peuple, mais aussi « une école de la démocratie »[2]. En des termes en apparence simples mais dotés d'une charge idéologique, l'auteur relève que

> C'est [...] dans la commune que réside la force des peuples libres. Les institutions communales sont à la liberté ce que les écoles primaires sont à la science ; elles la mettent à la portée du peuple ; elles lui en font goûter l'usage paisible et l'habituent à s'en servir. Sans institutions communales une nation peut se donner un gouvernement libre, mais elle n'a pas l'esprit de la liberté[3].

Plusieurs années après, ces idées, campées sur le vécu démocratique et institutionnel en Amérique, apparaissent comme l'un des fondements de la décentralisation comme modèle idéaltype d'organisation de la plupart des États unitaires. En Afrique noire francophone, ce modèle est vécu et le phénomène disséminé presque dans tous les États[4]. Si avant les années 1990, l'idée de la décentralisation pouvait apparaitre comme « impropre »[5] et aurait inspiré Alain Bockel à soutenir que « l'administration locale [...] ne [tienne] pas une grande place dans les États noirs francophones »[6] ; un tel constat n'est plus d'actualité. Quelques années sont passées que la décentralisation, jadis consacrée par certaines constitutions des États africains noirs nouvellement indépendants[7] et perdue ou voilée dans les dédales de leurs mutations constitutionnelles et institutionnelles, bénéficie d'un regain de faveur[8]. Le renouveau constitutionnel des années 1990 l'a charrée. Bien que ne s'exprimant pas sur un « modèle unique et universel »[9], la décentralisation, sous la poussée des mouvements démocratiques des années 1990 en

---

[1] B. FAURE, *Droit des collectivités territoriales décentralisées*, Paris, Dalloz, 2014, p. 3.
[2] J. M. PONTIER, *L'État et les collectivités territoriales décentralisées*, Paris, LGDJ, 1978, p. 18.
[3] A. De TOCQUEVILLE, *De la démocratie en Amérique*, Paris, Institut Coppet, 2012, p. 57.
[4] M. E. SOHOUENOU, « La décentralisation au Bénin », *in* J.-L. PISSALOUX (dir.), *La décentralisation dans les pays francophones d'Afrique de l'Ouest*, Paris, L'Harmattan, 2019, p. 47.
[5] B. FAURE, *Droit des collectivités territoriales décentralisées*, *op. cit.*, p. 8.
[6] A. BOCKEL, « L'administration territoriale et locale », *in* P.-F. GONIDEC et M. GLELE AHANHANZO (dir.), *L'État et le droit, Encyclopédie juridique d'Afrique*, Abidjan- Dakar-Lomé, NEA, 1982, p. 183.
[7] J. F. WANDJI K., « Décentralisation du pouvoir au Cameroun entre rupture et continuité. Réflexion sur les réformes engagées entre 1996 et 2009 », *in Janus*, vol. 5, n° 3, 2011, p. 132.
[8] C. MONEMBOU, « Les paradoxes de la décentralisation camerounaise : De la décentralisation à la recentralisation », *RADSP*, vol. 1, n°1, 2013, p. 162.
[9] M. E. SOHOUENOU, « Contribution à l'élaboration d'une échelle de la décentralisation territoriale en Afrique noire francophone », *in RBSJA*, n°22, 2009, p. 151.

Afrique[1], est aujourd'hui considérée comme « le meilleur moyen de réaliser et d'accentuer la démocratie »[2]. Sa dissémination en Afrique peut davantage s'expliquer par ce syndrome du mimétisme qui anime la plupart des États africains sinon copiant, du moins s'inspirant de l'organisation institutionnelle française[3]. Toutefois, la « greffe » est relativement acclimatée pour tenir compte des réalités avec parfois des déformations donnant finalement naissance aux modèles atypiques[4], mais assortie « d'une réinvention [aboutissant] à la formation de configurations institutionnelles originales »[5].

Au Cameroun, suite aux réformes induites par ce mouvement, la décentralisation va bénéficier d'une onction constitutionnelle en 1996[6]. Elle gagnera ainsi en statut juridique, en valeur normative[7]. La décentralisation s'exprime ainsi désormais à visage découvert dans l'ordre constitutionnel camerounais[8], mieux que sous l'ère de la constitution de 1972, où portée par les communes fonctionnant dans la subordination de la loi de 1974, elle s'exprimait à visage masqué[9]. La forme de l'État révélée par le constituant justifie le statut constitutionnel des collectivités territoriales décentralisées. A la vérité, comme l'écrit Chapus « un lien intime unit l'État aux collectivités territoriales. Leur existence fait apparaitre ce qu'est la structure même du territoire de la République, ce dont il est constitué. Et de ce qu'est leur statut, quant à leurs relations avec l'État, dépend la structure, unitaire ou composée, de l'État »[10]. Ainsi, à partir du moment où le constituant inscrivait la forme décentralisée de l'Etat au fronton de la norme constitutionnelle[11], et instituait le Sénat comme représentants des collectivités territoriales décentralisées[12], on s'attendait à ce qu'il crée ces dernières. Après avoir identifié les régions et

---

[1] M. ONDOA, « Ajustement structurel et réforme du fondement théorique des droits africains postcoloniaux : l'exemple du camerounais », *in RASJ*, vol. 2, n° 1, 2001, pp. 75-118.

[2] P. MAUROY, *Héritiers de l'avenir*, Paris, Stock, 1977, p. 7.

[3] J.-C. ABA'A OYONO, « Libre propos sur le sénat en droit constitutionnel camerounais », *in Revue électronique afrilex* 2015, pp. 1-21.

[4] D. DARBON, « A qui profite le mime ? Le mimétisme institutionnel confronté à ses représentations en Afrique », *in* MENY Y. (dir.), *Les politiques du mimétisme institutionnel. La greffe et le rejet*, Paris, L'Harmattan, 1993, pp. 113-133.

[5] J. CHEVALLIER, « Pour une sociologie du droit constitutionnel », *in L'architecture du droit. Mélanges en l'honneur de Michel Troper*, Paris, Economica, 2006, p. 288.

[6] J. OWONA, *La décentralisation camerounaise*, Paris, L'Harmattan, 2011, p. 9.

[7] B.-R. GUIMDO DONGMO, « Les bases constitutionnelles de la décentralisation au Cameroun. Contribution à l'émergence d'un droit constitutionnel des collectivités territoriales décentralisées », *in RGD,* vol. 29, n° 1, 1998, pp. 79-100.

[8] C. KEUTCHA TCHAPNGA, « Désétatisation et nouvelles configurations du pouvoir dans les Etats d'Afrique subsaharienne », p. 68.

[9] G. PEKASSA NDAM, « La classification des communes au Cameroun », *in RASJ*, vol. 6, n°1, 2009, pp. 229-266.

[10] R. CHAPUS, *Droit administratif général*, 15e éd., t. 1, Paris, Montchrestien, 2001, p. 265.

[11] Loi n°96/06 du 18 janvier 1996 Portant révision de la Constitution du 02 juin 1972, modifiée et complétée par la loi n°2008/001 du 14 avril 2008, art. 1er §1.

[12] Loi n°96/06 du 18 janvier 1996 Portant révision de la Constitution du 02 juin 1972, modifiée et complétée par la loi n°2008/001 du 14 avril 2008, art. 20 § 1.

les communes comme collectivités territoriales décentralisées à son article 55, le constituant prescrit la création d'autre type par la loi[1].

Les collectivités territoriales décentralisées participent de l'administration du territoire de la République une et indivisible[2]. La tutelle dont elles font l'objet[3], est un instrument de préservation de l'unité et de l'indivisibilité de l'État et justifie qu'elles ne soient pas des « États dans l'État »[4] ; quand bien même elles seraient des êtres juridiques distincts de l'État[5]. S'inscrivant dans la logique de séparation verticale du pouvoir[6], les Collectivités territoriales au Cameroun entretiennent avec l'État des rapports nourris[7].

Les termes « collectivité territoriale décentralisée » et « sénat » restent opaques et s'enlisent derrière un apparent cortège d'évidences. Pourtant comme l'observe Sohouenou, « il n'y a peut-être plus de mots simples »[8]. Les collectivités territoriales décentralisées peuvent être comprises comme des groupements humains vivant sur un espace délimité du territoire d'un État, à qui sont reconnues non seulement la personnalité juridique, mais aussi une double autonomie, administrative et financière, en vue de la gestion des compétences à elles transférées par l'État sur des domaines considérés comme nécessaires pour le développement local[9]. Au Cameroun, ces collectivités sont notamment les régions et les communes. Si le statut de la commune[10] paraît relativement équivoque, celui de la région doit être reprécisé au regard de son régime dual, marqueur de ce que Guimdo Dongmo qualifie de « *janus* juridique bicéphale »[11], car elle est d'une part, une collectivité territoriale décentralisée ; et d'autre part, une circonscription administrative

---

[1] B.-R. GUIMDO DONGMO., « La constitutionnalisation de la décentralisation au Cameroun. (L'apport du constituant du 18 janvier 1996 dans la construction d'un droit constitutionnel des collectivités territoriales décentralisées) », *in* S. MELONE, A. MINKOA SHE, L. SINDJOUN (dir.), *La réforme constitutionnelle du 18 janvier 1996 au Cameroun. Aspects juridiques et politiques*, Yaoundé, Fondation Friedrich-Ebert, 1996, p. 297.

[2] G. PROTIERE, « Intérêt public local et politique », *in* N. KADA (dir.), *L'intérêt public local*, Grenoble, PUG, 2009, p. 52.

[3] J.-R. KEUDJEU DE KEUDJEU, *L'autonomie des collectivités territoriales décentralisée au Cameroun*, Droit public, Université de Douala, 2012, p. 548.

[4] B.-R. GUIMDO DONGMO, « La constitutionnalisation de la décentralisation (…) », p. 309.

[5] B. FAURE, *Droit des collectivités territoriales décentralisées*, *op. cit.*, p. 8.

[6] L. FAVOREU, P. GAIA, R. GHEVONTIAN, J.-L. MESTRE, O. PFERSMANN, A. ROUX et G. SCOFFONI, *Droit constitutionnel*, 21e éd., Paris, Dalloz, 2019, pp. 1 et s.

[7] A. DELCAMP, *Le Sénat et la décentralisation*, Economica, 1991, pp. 1 et s.

[8] M. E. SOHOUENOU, « Les formes de régionalisme émergent en Afrique », *in* J. -Cl. NEMERY (dir.), *Quelle organisation pour les grandes régions en France et en Europe ?* Paris, L'Harmattan, 2015, p. 311.

[9] Ibid.

[10] B. MOMO, « Réflexions sur le système communal camerounais : Contribution à l'étude de la décentralisation territoriale au Cameroun », *in Juridis périodique*, n°26, oct.-nov.-déc., 1995, p. 81-92.

[11] B.-R. GUIMDO DONGMO, « La région en droit public camerounais : quel Janus juridique ? », *in RRJ-Droit prospectif*, vol. 1, n°187, 2022, pp. 495-514.

correspondant à la logique de la déconcentration[1]. Il faut recourir notamment aux compétences des autorités de la région, tout comme à leurs qualités respectives, pour distinguer le statut précis de la région dans un cas donné[2].

Quant au « sénat », il n'y a presque pas une définition précise, si ce n'est de le concevoir comme l'une des composantes du « duo institutionnel » parlementaire[3], en l'occurrence, la seconde chambre des parlements bicaméraux. L'histoire de l'avènement du bicamérisme permet d'éclairer son sens. La seconde chambre est en effet historiquement la résultante d'un fait et non d'un principe formel consacré. Elle est apparue « fortuitement » en Angleterre à une époque où les barons et les évêques, sans doute jaloux de leur stature et de leur notoriété, « décidèrent de siéger séparément des élus des communes »[4]. La seconde chambre ainsi créée, était désormais conçue comme celle des *Lords*, des Seigneurs et s'est inscrite désormais dans la vie constitutionnelle de l'État britannique. Plusieurs autres États s'en inspireront, à l'instar de la France qui la désignera par le terme « sénat » en héritage de l'ancien Rome, et la qualifiera de chambre haute, « en souvenir des assemblées aristocratiques qui avaient une prééminence honorifique »[5]. Le fait a ainsi créé le droit. Le sénat est né et s'est diffusé. Sa définition tient ainsi des circonstances historiques de son avènement. Le sénat bénéficie des dénominations diverses en fonction des États et des langues. En Angleterre, on parle de la *House of Lords*[6], en Allemagne du *Bundesrat*. Héritiers d'une certaine tradition constitutionnelle française, la plupart des États africains ont choisi le terme « Sénat »[7] comme dénomination de la seconde chambre.

Les collectivités territoriales décentralisées et le sénat ont au Cameroun quelque chose de commun qui réside dans leur consécration constitutionnelle simultanée lors de la réforme de 1996. Ils ont été tous les deux usinés dans le moule de la Conférence Tripartite[8]. Si les collectivités territoriales avaient déjà connu une consécration constitutionnelle avec la constitution de 1960[9], le sénat est cependant une institution toute nouvelle[10]. Ces rapports se dégagent

---

[1] M. E. SOHOUENOU, « La décentralisation au Bénin », p. 67.
[2] M. E. SOHOUENOU, « Les formes de régionalisme émergent en Afrique », p. 317.
[3] J. -C. ABA'A OYONO, « Libres propos sur le sénat en droit (…) », p. 13.
[4] D. G. LAVROFF, *Le droit constitutionnel de la Ve République*, Paris, Dalloz, 1997, p. 502.
[5] Ibid.
[6] Voir A. ESMEIN, *La chambre des Lords et la démocratie*, Ed. A. Picard et fils, 1910, 86 p ; M. RUSSEL, *Reforming the house of Lords- Lessons from overseas,* Oxford University Press, 2000, pp. 1 et s.
[7] K. SOMALI, Le parlement dans le nouveau constitutionnalisme en Afrique. Essai d'analyse comparative à partir des exemples du Bénin, du Burkina Faso et du Togo, Droit public, Université de Lille, 2008, p. 14.
[8] Sur la Conférence Tripartite, lire M. NGUELE ABADA, « État de droit et démocratisation : contribution à l'étude de l'évolution politique et constitutionnelle au Cameroun », Thèse de doctorat en droit public, Université de Paris I- Panthéon Sorbonne, 12 janvier 1995, 640 p.
[9] J. OWONA, *La décentralisation camerounaise*, p. 20.
[10] A. D. OLINGA, « La régionalisation camerounaise en chantier : acquis constitutionnels et perspectives législatives », *in Juridis périodique*, n° 35, juil.-août-sept. 2013, p. 80.

surtout du matériau normatif constitutionnel[1]. En apparence simples au regard des énonciations constitutionnelles, ces rapports ne sont pas moins chargés d'idéologie, tout comme d'équivoques[2]. Derrière ces énonciations se dissimule une réalité juridique, voire idéologique et politique déterminée de ces rapports. Dès lors, l'étude se donne pour objectifs d'ausculter les articulations constitutionnelles de ces rapports, la manière dont ils sont constitutionnellement définis. La question centrale qui sous-tend la réflexion est celle de savoir comment les rapports entre le sénat et les collectivités territoriales décentralisées sont-ils définis dans la constitution camerounaise ?

À la lecture rigoureuse de la constitution, il se dégage que les rapports entre le sénat et les collectivités territoriales décentralisées sont un élément « d'enchevêtrement des niveaux de préoccupations »[3] de l'étude de la décentralisation. Ces rapports apparaissent comme l'un des critères de qualification de la décentralisation au Cameroun. En effet, la perception de la décentralisation dans sa seule dimension administrative se dilue davantage avec les rapports définis entre le centre et la périphérie par la constitution. Ces derniers sont la traduction d'une décentralisation politique. Si l'on ajoute aux intérêts régionaux et locaux, éléments de caractérisation politique de la décentralisation établis[4], la nature politique de la décentralisation se renforce. Il y a comme une volonté constituante de l'accentuer avec l'établissement d'un lien d'avec les institutions nationales[5], lien nécessairement politique, qui invite à voir les collectivités territoriales au-delà du « simple rouage administratif » ou de simples « outils de gestion »[6]. En valeur théorique, il n'y a donc pas lieu de sous-estimer l'intérêt de l'étude.

La « sociologie des normes » qui embrasse inévitablement celle des acteurs et celles des usages[7], est convoquée comme approche méthodologique. La lecture de la pratique constitutionnelle complète cette approche. L'hypothèse formulée est que la création du sénat au Cameroun est essentiellement consubstantielle à l'institution des collectivités territoriales décentralisées, mais les rapports entre ces deux entités restent ambivalents. Ces rapports s'apparentent à une sorte de « compromis » établi par le constituant entre ces deux entités ; articulé sur les responsabilités réciproques entres elles. Une telle considération procède d'un constat déterminant. Si d'une part, du point de vue

---

[1] B. -R. GUIMDO DONGMO, « Le droit de la décentralisation au Cameroun à l'ère de la démocratisation », *in* Fondation Paul Ango Ela (dir.), *Les politiques de la décentralisation : jeux, enjeux et perspectives*, Collectif, L'Harmattan-Cameroun, 2013, pp. 17-50.

[2] E. NJOH MOUELLE, cité par NGANE S., *La décentralisation au Cameroun*, Africaine d'Edition, 2009, p. 13.

[3] B. FAURE, Droit des Collectivités Territoriales Décentralisées, p. 9.

[4] A. D. OLINGA, *La Constitution de la République du Cameroun*, Yaoundé, *Presses de l'UCAC*, 2013, p. 268.

[5] A. MABILEAU, « Les institutions locales et les relations centre-périphérie », *in* M. GRAWITZ et J. LECA, (dir.), *Traité de science politique*, Paris, *PUF*, 1985, pp. 557-559.

[6] Ibid.

[7] J. CHEVALLIER, « Pour une sociologie du droit constitutionnel », *op. cit.*, p. 283.

de la constitution, les collectivités territoriales décentralisées légitiment l'existence du sénat, de telle sorte que la disparition de droit comme de fait des collectivités territoriales décentralisées pourrait *ipso facto* entamer aussi l'existence de droit comme de fait du sénat **(I)**, elle établit d'autre part une représentation formelle des collectivités territoriales décentralisées par le sénat, mais sans véritable portée **(II)**.

I. La traduction constitutionnelle de la légitimation du sénat par les collectivités territoriales décentralisées

De l'auscultation du matériau constitutionnel, il ressort que l'existence du sénat dans l'architecture institutionnelle camerounaise est arrimée à celles des collectivités territoriales décentralisées. Celles-ci semblent tenir le sénat et constituent conséquemment un élément déterminant de sa légitimation ; ce d'autant que les collectivités territoriales fondent son avènement (A) et lui donne l'onction pour fonctionner (B).

A. La traduction constitutionnelle des collectivités territoriales décentralisées comme caution à l'avènement du sénat

L'énonciation des dispositions constitutionnelles permet d'établir un lien entre l'avènement du sénat et les collectivités territoriales décentralisées ; les secondes apparaissant comme fondement de l'avènement du premier. L'inverse n'est pas possible ; étant donné que certaines collectivités, comme la commune, existaient avant la création du sénat. Le contexte constitutionnel de l'avènement aide davantage à le démontrer.

1. Une énonciation constitutionnelle révélatrice

Selon l'article 20 alinéa 1er de la constitution camerounaise, « [l]e sénat représente les collectivités territoriales décentralisées »[1]. Pareille disposition peut être recensée dans plusieurs constitutions des États unitaires où la décentralisation constitue un mode d'organisation territoriale. Il en est ainsi au Gabon où il est prescrit à l'article 35 alinéa 3 de la constitution que « le sénat assure la représentation des collectivités locales »[2]. En France, suivant l'article 24 de la constitution, le sénat « assure la représentation des collectivités territoriales de la République »[3]. Au-delà de la disparité dans la qualification des collectivités, le sens des dispositions reste le même[4].

---

[1] Voir Loi n°96/06 du 18 janvier 1996 Portant révision de la Constitution du 02 juin 1972, modifiée et complétée par la loi n°2008/001 du 14 avril 2008, art. 1er §1.

[2] Voir Loi n° 001/2018 du 12 janvier 2018 portant révision de la Constitution du Gabon.

[3] Voir Constitution française de 1958.

[4] Voir A. ROUX, « Constitution, expérimentation et décentralisation » *in Constitution et finances publiques, Etudes en l'honneur de Loïc Philip*, Paris, Economica, 2005, p. 207 ; M. VERPAUX, *Les collectivités territoriales*, Paris, La documentation française, 2007 ; E. VITAL-DURAND, *Les collectivités territoriales*, Paris, Hachette 2005.

Cette énonciation n'est cependant en rien, pour emprunter à Ponthoreau[1], « une simple facilité d'exposition » inscrite dans le texte constitutionnel sans une assise idéologique. Les auteurs s'y intéressent avec des vues divergentes, expression d'une énonciation génératrice de controverse. Certains auteurs y voient la consécration de la « garantie pour la libre administration dans la mesure où, par son mode d'élection, le Sénat se considère comme le défenseur des intérêts des collectivités locales »[2] ou le « défenseur constitutionnel de l'autonomie des collectivités territoriales décentralisées »[3]. Bien plus que l'institution d'un défenseur de l'autonomie des collectivités territoriales induite par leur libre administration, cette disposition fonderait pour d'autres auteurs, la reconnaissance constitutionnelle de la participation des collectivités territoriales à « l'exercice de la souveraineté nationale dans son acception la plus élevée, à savoir la protection des lois, par l'intermédiaire du sénat qui assure leur représentation »[4] ; ce d'autant que « cette représentation des collectivités territoriales décentralisées permet à celles-ci de participer à la prise de décision dans l'État »[5]. Cette *« commodité explicative »*, pour reprendre Ponthoreau[6], dans laquelle verse une bonne partie de la doctrine, découlerait de la lettre même de cet énoncé constitutionnel qui fonde selon Guimdo Dongmo « une représentation particulière [des collectivités territoriales décentralisées] dans les institutions de la République à travers le sénat »[7]. En convenant avec Chevallier sur ce que « tout énoncé constitutionnel comporte en effet une pluralité de significations possibles »[8], ces observations n'épuisent pas les significations de la disposition, laquelle est susceptible d'autres interprétations au-delà de la simple lettre.

À moins de vouloir le prendre au pied de la lettre, cet énoncé constitutionnel est bien révélateur de ce que les collectivités territoriales décentralisées sont une caution à l'existence du sénat. Il n'est pas un énoncé anodin. Si l'on se fonde sur le sens propre des termes qui laissent formellement exprimer une représentation des collectivités par le sénat ; il est cependant chargé d'une signification idéologique justificatrice de l'existence du sénat. Son existence s'apprécie alors dans le registre de la décentralisation[9]. Dès lors,

---

[1] M. Cl. PONTHOREAU, « Cultures constitutionnelles et comparaison en droit constitutionnel », *in Mélanges en l'Honneur de Slobodan Milacic. Démocratie et liberté : tension, dialogue et confrontation*, Bruylant, 2008, p. 219.

[2] L. FAVOREU et A. ROUX, « La libre administration des collectivités territoriales est-elle une liberté fondamentale ? », *Les Cahiers du Conseil Constitutionnel*, n° 12, pp. 88-92.

[3] J. -C. ABA'A OYONO, « Libres propos sur le sénat (…) », *op. cit.*, p. 12.

[4] J. -Cl. EKO'O AKOUAFANE, *La décentralisation administrative au Cameroun*, Paris, L'Harmattan, 2009, p. 195.

[5] J. -C. ABA'A OYONO, « Libres propos sur le sénat (…) », *op. cit.*, p. 7.

[6] M. Cl. PONTHOREAU, « Cultures constitutionnelles et comparaison en droit constitutionnel », *op. cit.*, p. 219.

[7] B. -R. GUIMDO DONGMO, « La constitutionnalisation de la décentralisation (…) », p. 307.

[8] J. CHEVALLIER, « Pour une sociologie du droit constitutionnel », *op. cit.*, p. 286.

[9] J. -C. ABA'A OYONO, « Libres propos sur le sénat (…) », *op. cit.*, p. 12.

l'argument de la nécessité de consolider le travail parlementaire par l'institutionnalisation d'une seconde chambre aux côtés d'une Assemblée nationale, ne peut qu'être sinon emphatique du moins découler d'une observation moins rigoureuse. Pareille formulation en rapport avec l'Assemblée nationale n'est identifiée au sein du texte constitutionnel. Le constituant n'a eu nullement besoin de préciser dans une formule que « l'Assemblée nationale représente le peuple », puisqu'il s'agit d'une lapalissade dans tous les États. Le sénat n'est pas moins un représentant du peuple[1], la souveraineté nationale appartenant, suivant l'article 2 de la constitution, au peuple qui l'exerce notamment par l'intermédiaire du Président de la République et des membres du parlement, soit par voie de référendum. Aussi, au-delà de la simple traduction constitutionnelle d'une « représentation particulière » comme l'écrit le professeur Guimdo Dongmo[2], il y a bien une volonté constituante de justifier l'avènement du sénat. Ce dernier n'a donc d'existence que sous le fondement de la représentation des collectivités territoriales décentralisées. Il tire sa réelle existence de celle des collectivités territoriales décentralisées dont il est appelé à assurer la représentation. C'est dans cet élan qu'il peut justifier son poids politique, sa force symbolique et idéologique dans l'architecture institutionnelle suivant l'ordonnancement constitutionnel[3].

Les collectivités territoriales décentralisées lient ainsi le sénat. Dans l'ordre constitutionnel, la décentralisation territoriale camerounaise, dont la création des collectivités territoriales atteste de l'authenticité dans un État[4], apparait dans cette perspective comme la résultante d'un alliage certain entre le sénat et les collectivités territoriales décentralisées qui en constituent des sous-ensembles ; l'existence du premier étant bien subordonnée à celle des seconds. Le contexte de leur constitutionnalisation le démontre davantage.

2- Une création constitutionnelle contextuelle du sénat indicatrice

Il est difficile de lire la constitution en faisant fi de son contexte d'élaboration ; tout comme il serait superficiel d'aborder une institution ou toute question constitutionnelle apparue lors d'une réforme ou par les soins de leur constitutionnalisation par le juge constitutionnel, sans tenir compte du contexte ayant permis de l'inviter parmi les institutions existant dans l'ordre constitutionnel. Comme l'écrit à juste titre Chevallier « le phénomène juridique ne peut être saisi sans que soit prise en compte sa dimension sociale et politique à travers l'étude de sa genèse et d'influence qu'il exerce sur la société […] »[5]. Le contexte d'avènement du sénat, conjugué à la constitutionnalisation de la décentralisation au Cameroun en 1996, est un

[1] A. ROUX, *Droit constitutionnel local*, Paris, Economica, 1995, p. 31.
[2] B.-R. GUIMDO DONGMO, « La constitutionnalisation de la décentralisation (…) », p. 307.
[3] J. -C. ABA'A OYONO, « Libres propos sur le sénat (…) », p. 4.
[4] M. E. SOHOUENOU, « La décentralisation au Bénin », *op. cit.*, p. 43.
[5] J. CHEVALLIER, « Pour une sociologie du droit constitutionnel », *op. cit.*, p. 283.

« véritable support de légitimation »[1] de la subordination de son existence à la décentralisation territoriale au travers des collectivités territoriales décentralisées qui en constituent les repères[2]. Aba'a Oyono écrit justement que « le sénat n'est tout de même pas une génération spontanée, [il] n'est pas une création *ex-nihilo* »[3]. Il constate dans la création du sénat, une exigence d'affermissement de la décentralisation, tant la Seconde chambre du parlement, au regard de sa contexture, serait comme il soutient, non seulement un « acteur », mais aussi un « moteur » de la décentralisation[4].

Au demeurant, la décentralisation camerounaise rénovée par le constituant en 1996 est fille des débats sur la forme de l'État dans la dynamique constitutionnelle postindépendance du Cameroun. Depuis la rupture d'avec l'expérience fédérale au travers de la constitution du 2 juin 1972, la question fédérale est sans cesse renouvelée dans les tribunes démocratiques de discussions et prend parfois, comme dernièrement, une envergure exceptionnelle dans la vie étatique[5]. La réforme constitutionnelle de 1996 était l'occasion pour les tenants du retour au fédéralisme de faire intégrer leur vision de la forme de l'État dans le chapitre des réformes[6]. Mais c'était sans compter avec les défenseurs d'une contexture centralisée de l'État. De la confrontation des deux thèses, il sortira des « usines » de la Tripartite une solution médiane, à savoir, la décentralisation comme technique privilégiée d'organisation de l'État unitaire, qui devenait officiellement décentralisé par les soins du constituant avec un accent mis sur la régionalisation[7] et l'ouverture à l'article 62 de la constitution, de l'éventualité de la reconnaissance « d'un statut spécial » à certaines régions compte tenu de leurs spécificités dans leur organisation et leur fonctionnement.

La décentralisation territoriale est de la sorte le résultat d'un compromis ; et le sénat institué en liaison aux collectivités territoriales n'en est que le corollaire. L'on rapporte d'ailleurs à juste propos que lors de la discussion du projet de la constitution, l'opportunité d'un sénat était un sujet à controverse ; opposant les défenseurs de sa création à ces pourfendeurs[8]. Un vote a dû les départager, aboutissant à l'institution de la décentralisation, solution de compromis acquise sous le poids de l'argument de la représentation des collectivités territoriales par le sénat[9] ; ce d'autant que l'on « a entendu faire

---

[1] Ibid.

[2] A. D. OLINGA, « Esquisse provisoire d'une histoire de la naissance du Sénat », *in* A. D. OLINGA, (dir.), *Le sénat au Cameroun. Regards croisés sur une nouvelle institution*, Yaoundé, Ed. CLE, 2016, p. 7-23.

[3] J. -C. ABA'A OYONO, « Libres propos sur le sénat (…) », *op. cit.*, p. 12.

[4] Ibid.

[5] E. Ch. LEKENE DONFACK, « Le renouveau de la question fédérale au Cameroun », Penant, vol. 108, n° 826, 1998, pp. 30-61.

[6] *Ibid.*, p. 33.

[7] A. D. OLINGA, La Constitution de la République du Cameroun, op. cit., p. 268

[8] Ibid.

[9] Ibid.

du sénat, une chambre des collectivités territoriales décentralisées comme les régions […] »[1], cette catégorie de collectivités territoriales sortie toute aussi de l'« usine » des réformes. La décentralisation territoriale aurait alors emporté la création du sénat. Ngono Tsimi écrit à ce propos que

> L'introduction d'une deuxième Chambre (le Sénat) à côté de la traditionnelle Assemblée nationale au sein du Parlement est un fait inédit dans l'histoire du pouvoir législatif camerounais. La novation ne devrait cependant pas surprendre l'observateur averti. Dans un système de décentralisation territoriale rénovée, il est tout à fait normal que l'on imagine une institution parlementaire représentative des collectivités territoriales (régions) nouvellement créées. Le constituant camerounais a tôt fait de s'inspirer de la tradition française du sénat[2].

Ce propos est justificatif de la subordination de l'existence du sénat aux collectivités territoriales, mais il pourrait laisser croire que la seconde chambre est dans tout système de décentralisation territoriale, une représentation des collectivités territoriales, ou que ces dernières sont toujours représentées au sein des parlements. Pourtant, il n'en est rien. La représentation des collectivités territoriales ne se fait pas toujours au sein du parlement, tout comme le sénat ne représente toujours pas, même dans certains États décentralisés, les collectivités territoriales décentralisées[3]. Généralement, dans les États où la décentralisation territoriale est instituée, l'aménagement des collectivités territoriales qui en constituent la matérialisation, est souvent opéré avec une prise en compte de leur expression au niveau national au travers d'une représentation soit au sein du parlement soit par la création d'un Haut conseil des collectivités comme c'est le cas au Mali[4] ; sans toutefois que le choix de l'une ou de l'autre forme de représentation ne soit une obligation. Certains États, à l'instar du Bénin, n'en expérimentent aucune[5]. Le Cameroun a décidé de créer une seconde chambre et a arrimé implicitement son existence, aux collectivités territoriales, dont les membres constituent le collège électoral chargé de donner l'onction au fonctionnement du sénat.

B. La traduction constitutionnelle des collectivités territoriales décentralisées comme critère de l'onction au fonctionnement au sénat

La dimension démocratique de la décentralisation ne se limite pas aux élections des conseils des communes et des régions. Elle se révèle aussi avec l'onction démocratique donnée par les conseils des collectivités territoriales décentralisées aux sénateurs ; en ce sens qu'ils composent le collège électoral

---

[1] J. Cl. EKO'O AKOUAFANE, *La décentralisation administrative au Cameroun*, *op. cit.*, p. 196.

[2] L. NGONO TSIMI, *L'autonomie administrative et financière des collectivités territoriales décentralisées : l'exemple du Cameroun*, Droit public, Université Paris-Est, 2010, p. 87.

[3] K. A. A. KUAKUVI, *Les secondes chambres du parlement dans les États francophones : le cas du Burundi, de la France, du Gabon et du Sénégal*, Droit public, Université de Grand et Université de Lomé p. 49.

[4] *Ibid.* Lire aussi avec intérêt, M. E. SOHOUENOU, « La décentralisation au Bénin », p. 43.

[5] M. E. SOHOUENOU, « La décentralisation au Bénin », *op. cit.*, p. 69.

chargé d'élire ces derniers. Le symbole de l'élection des sénateurs par un collège électoral constitué des membres des collectivités territoriales décentralisées est fort ; qui traduit au demeurant, le lien consubstantiel entre ces deux entités et témoigne de la légitimation du fonctionnement du sénat par les collectivités territoriales. Ces dernières confèrent aux membres du sénat une légitimité démocratique, même si tous les membres du sénat ne sont pas concernés. Certains sont nommés par le Président de la République. Toujours est-il que cette nomination ne se fait pas sans rapport aux collectivités territoriales décentralisées.

1. Les collectivités territoriales décentralisées, source de légitimité des membres élus du sénat

Le recrutement des membres du sénat par les conseils des collectivités territoriales a une origine lointaine et s'inscrit depuis la décennie 1880 dans la dynamique des débats et des institutions de la République française. Ce mode de recrutement est en apparence une sorte de « tradition républicaine », mais il est bien, de l'observation de la dynamique institutionnelle plutôt comme un « choix par défaut »[1]. Il nait sensiblement dans les années 1875 sous la IIIe République française. Elle sera reprise sous la IVe et la Ve République[2].

On ne peut en dire de même du contexte camerounais, eu égard même à la nouveauté de l'institution sénatoriale dans le paysage institutionnel. Néanmoins, le constituant arrime le corps électoral des sénateurs aux collectivités territoriales décentralisées[3]. Il fait de ces dernières la source de leur légitimité. Suivant l'article 20 de la constitution, des cent sénateurs qui composent la chambre haute, soixante-dix sont élus au suffrage universel indirect, à raison de sept par régions, puisque chacune d'entre elles est représentée au sein de ladite chambre par dix sénateurs. Dans la première mouture du texte constitutionnel, le constituant n'était pas précis sur le collège électoral chargé d'élire les sénateurs. La doctrine est restée ainsi plongée dans le lit des incertitudes quant à l'éventualité de l'inscription des communes dans ce collège électoral[4], jusqu'à la réforme constitutionnelle de 2008 qui viendra préciser les choses. L'article 67 nouveau de la constitution fait des conseillers municipaux, membres du collège électoral sénatorial au même titre que les conseillers régionaux dont on attendait la mise sur pied, laquelle est intervenue en 2021. Le code électoral ne dit pas autre chose[5]. Les conseillers des collectivités territoriales peuvent ainsi se prévaloir du statut de grands

---

[1] T. Le YONCOURT, « Le sénat républicain, représentants des Collectivités territoriales ? », *Pouvoirs*, vol. 4, n° 159, 2016, p. 30.

[2] F. ROBBE, « La représentation des collectivités territoriales par le Sénat », *Annuaire des collectivités locales*, t. 20, 2000, p. 629.

[3] J. -C. ABA'A OYONO, « Libre propos sur le sénat en droit (…) », p. 18.

[4] B.-R. GUIMDO DONGMO, « La constitutionnalisation de la décentralisation au Cameroun. (…) », p. 307.

[5] Loi n° 2012/001 du 19 avril 2012 portant code électoral, modifiée et complétée par la loi n° 2012/017 du 21 décembre 2012, art. 222 § 1.

électeurs tels qu'il se dégage de l'esprit des textes. Dans cette optique, il y a comme une légitimité médiate qui est conférée aux membres du sénat par les collectivités territoriales décentralisées.

Le choix des sénateurs par les conseillers des collectivités territoriales décentralisées tire son fondement du principe de leur représentation par le sénat puisque ce principe a sous un aspect décisif, une « finalité très électorale »[1]. La « représentation des collectivités locales indui[rait] justement pour le sénat une technique de désignation spécifique »[2], adossée au rôle déterminant des collectivités dans l'onction démocratique de leurs représentants. Cette désignation pourrait s'analyser autrement comme un corollaire de la libre administration des collectivités territoriales décentralisées, expression de leur personnalité juridique et de leur capacité juridique. Ce privilège d'autonomie, d'autogestion et d'autorité qu'est la libre administration, leur donne en principe le droit de pouvoir eux-mêmes choisir leurs représentants. En théorie démocratique, la logique de la représentation recommande que le représenté soit en principe la source de légitimité du représentant. Autrement, il y aurait comme une crise de légitimité. La théorie générale de la représentation recommande de lire les relations entre le mandant et le mandataire au travers notamment du lien juridique qui les unit, lien découlant de l'acte ayant servi de moyen d'acquisition de la légitimité, à savoir l'élection dans le cas précis. Une illustration peut être tirée dans ce même domaine de la décentralisation avec le Président de la République qui assure en principe la tutelle sur les collectivités territoriales décentralisées ; ce qui justifie qu'au niveau local, ses représentants qu'il nomme dans les circonscriptions administratives, puissent exercer cette tutelle sur les collectivités territoriales décentralisées, le gouverneur sur les régions et le préfet sur les communes. C'est pourquoi le sous-préfet qui n'est pas le représentant du Président de la République dans sa circonscription - suivant le décret portant organisation des circonscriptions administratives - n'est pas impliqué dans la tutelle. Sous ces considérations, la nomination de certains membres du sénat par le Président de la République apparait comme incongrue parce que « source d'inconfort »[3]. Cette nomination n'est toutefois pas sans rapports aux collectivités territoriales qui en constituent autrement l'un des critères de nomination.

2. Les collectivités territoriales décentralisées, critère de désignation des membres nommés du sénat

Comme dans plusieurs États où l'institution sénatoriale existe, le choix des membres de la seconde chambre est opéré suivant un système mixte[4],

[1] F. ROBBE, « La représentation des collectivités territoriales par le Sénat », p. 630.
[2] Ibid.
[3] J. CHEVALLIER, « Pour une sociologie du droit constitutionnel », p. 282.
[4] J. D. N. ATEMENGUE, « Le régime électoral des sénateurs », *in* A. D. OLINGA, (dir.), *Le sénat au Cameroun. Regards croisés sur une nouvelle institution*, p. 175.

combinant à l'élection d'une partie des sénateurs, la nomination de l'autre par le Président de la République suivant les proportions élaborées par le constituant[1]. Le Cameroun s'est inscrit dans cette dynamique à la création de l'institution sénatoriale lors de la réforme constitutionnelle de 1996. L'article 20 précise les proportions dues à chaque mode de recrutement. De sa lettre, il se dégage que « Chaque région est représentée au sénat par dix sénateurs dont sept sont élus au suffrage universel indirect sur la base régionale et trois nommés par le Président de la République » ; soit soixante-dix sénateurs recrutés par voie électorale et trente par nomination du Président de la République pour un total de cent sénateurs.

La nomination des sénateurs par le Président de la République sonne au sein de la doctrine comme une dilution considérable de la dimension démocratique de leur recrutement et un affaiblissement du principe de la séparation des pouvoirs. Selon Donfack Sokeng

> En réservant au Président de la République la prérogative de désignation discrétionnaire de trente sénateurs sur la centaine que compte cette Assemblée, le constituant de 1996 a considérablement hypothéqué le principe libéral de la séparation des pouvoirs au Cameroun, en conférant notamment au Président de la République un moyen supplémentaire d'inféodation du pouvoir législatif[2].

Dans cet élan critique se profile conséquemment le problème de la légitimité des sénateurs nommés en démocratie ; de surcroît dans un contexte où la représentation dans les Assemblées politiques a généralement partie liée avec les élections, source de la légitimité démocratique[3].

Les différentes critiques sur ce système de nomination des membres du sénat par le Président de la République n'occultent assurément pas la valeur déterminante des collectivités territoriales décentralisées au Cameroun dans la perspective de légitimation du fonctionnement du sénat. En effet, la nomination des sénateurs par le Président de la République est certes discrétionnaire, mais territorialement orientée[4]. Autant le Président de la République devra tenir compte de la condition de l'âge de l'impétrant, soit quarante minimum ; autant il devra s'assurer de nommer pour chaque région considérée trois sénateurs. Une telle condition laisse penser que chaque sénateur désigné dans une région précise n'a de représentées que les collectivités territoriales de la région dans laquelle il est recruté et ne peut que se prononcer sur les sujets en rapport avec ladite région. Cependant, il ne semble que ce ne soit pas le cas ; puisqu'étant aussi des représentants au sens

---

[1] K. SOMALI, *Le parlement dans le nouveau constitutionnalisme en Afrique. Essai d'analyse comparative à partir des exemples du Bénin, du Burkina Faso et du Togo*, p. 211.

[2] L. DONFACK SOKENG, « Existe-t-il une identité démocratique camerounaise ? La spécificité camerounaise à l'épreuve de l'universalité des droits fondamentaux », *RCSP*, vol. 1, n°1, 1996, pp. 1 et s.

[3] K. SOMALI, *op. cit.*, p. 212.

[4] A. MBEYAP KUTNJEM, « La nomination des sénateurs », *in* A. D. OLINGA, (dir.), *Le Sénat au Cameroun. Regards croisés sur une nouvelle institution*, p. 189.

de l'article 2 de la constitution par le seul statut de parlementaire, il exerce un mandat dont les caractéristiques ne sont pas différentes du mandat de la chambre basse ; notamment le caractère national du mandat. En tout état de cause, le Président de la République n'a pas la liberté de nommer les sénateurs en faisant fi de la dimension géographique posée comme une condition de validité de sa nomination. La « discrétionnalité » qui caractérise son pouvoir de nomination des sénateurs est en réalité orientée par l'obligation à lui faite par le constituant de pouvoir nommer en tenant compte de la condition de l'âge, mais surtout de la proportion reconnue pour chaque région.

La nomination est en plus faite « sur la base régionale », bien que la lettre du texte constitutionnel semble ne pas ouvrir la porte à une telle interprétation[1]. Elle laisse entendre que seuls les sept sénateurs sont « élus au suffrage universel indirect sur la base régionale » et que les trois sénateurs ne le seront nullement ; au regard même de l'adjonction de la conjonction de coordination « et » qui sépare la consécration du système d'élection de celle de la nomination[2]. Cependant, du moment où le Président de la République, au moment de nommer, doit tenir compte du nombre constitutionnellement fixé par région, il est possible de conclure qu'il le fait tout aussi « sur la base régionale », à moins que la notion de base régionale corresponde à une autre réalité. Il ne peut alors nommer plus de quatre sénateurs dans une région en réduction *ipso facto* du nombre réservé à d'autres régions. C'est une exigence d'égalité entre les collectivités territoriales décentralisées, notamment les régions[3] qui s'affirment aussi dans l'entreprise de nomination et qui doit être respectée par le Président de la République.

Sous le rapport de cette exigence de prise en compte de l'élément territorial adossé à la région dans la nomination des sénateurs par le Président de la République, les collectivités territoriales décentralisées, précisément les régions, en constituent un critère déterminant. La consubstantialité du sénat aux collectivités territoriales décentralisées se dévoile à nouveau, même dans ce domaine où la « discrétionnalité » du pouvoir de nomination du Président de la République aurait pu atténuer sa portée. Le constituant entend ainsi maintenir un lien insécable entre les collectivités territoriales décentralisées et le sénat, lequel assure leur représentation au sein du parlement.

II. L'établissement constitutionnel d'une représentation des collectivités territoriales décentralisées par le sénat au parlement

Au premier contact des dispositions de l'article 20 alinéa 1 de la constitution, c'est cette idée de la représentation des collectivités territoriales décentralisées qui s'affirme mieux que celle de la légitimation ci-dessus

---

[1] G. NJINGA TCHOUNGNIA, « La fonction de représentation du sénat », *in* A. D. OLINGA, (dir.), *Le Sénat au Cameroun. Regards croisés sur une nouvelle institution*, p. 30.

[2] A. MBEYAP KUTNJEM, « La nomination des sénateurs », *op. cit.*, p. 200.

[3] J. –Cl. EKO'O AKOUAFANE, *La décentralisation administrative au Cameroun*, *op. cit.*, p. 202.

soutenue. La prescription du constituant n'est pas à ce propos, voilée : « Le sénat représente les collectivités territoriales décentralisées. Chaque région est représentée au sénat par dix sénateurs dont sept sont élus au suffrage universel indirect sur la base régionale et trois nommés par le Président de la République »[1]. Cette formule est vécue au sein de la doctrine avec une diversité de vues s'opposant parfois entre elles ; ce qui témoigne de la caractéristique d'une représentation controversée (A) voire une représentation tout simplement symbolique et donc à reconsidérer (B).

A. L'établissement constitutionnel d'une représentation controversée des collectivités territoriales décentralisées par le sénat

La représentation des collectivités territoriales décentralisées par le sénat, telle que définie par le constituant au Cameroun[2], comme dans d'autres États témoignant de la même architecture parlementaire, ne s'affirme pas toujours avec précision. Comme énoncé, l'article 20 ne s'offre pas toujours à l'esprit avec une clarté décisive, notamment sur l'étendue de la représentation des collectivités territoriales décentralisées, parce qu'en apparence exclusive aux régions et exclusive des communes et autres collectivités territoriales suivant une partie de la doctrine sensiblement majoritaire. Cette position doctrinale n'échappe pas à la discussion, tant la représentation des communes par le sénat s'intègre dans celle des régions prises dans sa dimension globale et indivisible.

1. L'apparente exclusion des communes de la représentation des collectivités territoriales décentralisées par le sénat

La représentation des collectivités territoriales décentralisées par le sénat est en droit camerounais un sujet de controverse. À la lecture de l'alinéa 2 de l'article 20 précité, une bonne partie de la doctrine conclut à l'exclusion des communes, et conséquemment des autres collectivités qui peuvent être créées par la loi, du système de représentation des collectivités assuré par le sénat. La plume de la doctrine est à ce sujet très fluide, laissant entrevoir la seule représentation des régions. Pour Olinga[3], le sénat est en réalité une « véritable chambre des régions ». Bien qu'il ne le dise explicitement, l'auteur exclut ainsi ostensiblement les communes de la représentation des collectivités territoriales décentralisées au sein du sénat. Aba'a Oyono[4] s'inscrit dans ce même ordre d'idées lorsqu'il tait la représentation des communes par le sénat.

C'est que l'article 20, de l'analyse de Njinga Tchoungnia[5], donne l'impression de créer un sénat qui a vocation à représenter les collectivités territoriales décentralisées et « plus précisément les régions ». Cela signifie, renchérit l'auteur, « que le sénat a une vocation spécifique à représenter les

---

[1] Article 20 alinéa 1 de la constitution camerounaise.

[2] J. M. NGANG, La représentation constitutionnelle des collectivités territoriales au Cameroun, Droit public, Université de Yaoundé II-Soa, 2009.

[3] A. D. OLINGA, La Constitution de la République du Cameroun, p. 110.

[4] J. -C. ABA'A OYONO, « Libre propos sur le sénat (...) », p. 18.

[5] G. NJINGA TCHOUNGNIA, « La fonction de représentation du sénat », p. 30.

populations en tant qu'elles s'insèrent dans les collectivités locales qui sont des communautés administratives constituées à la fois d'un territoire et d'une population et qui sont gérées par des élus locaux »[1]. Mais en regardant de près, la commune ne témoigne pas moins de tels critères qui constituent des paramètres visibles à son intégration dans la représentation par le sénat organisée au bénéfice des collectivités territoriales. L'exclure de la représentation assurée par le sénat à la suite d'une telle démonstration laisse quelque peu songeur et perd en conjectures. Dans ce même élan doctrinal, Guimdo Dongmo[2] à la lecture de l'alinéa premier du même article 20 précité, constate ceci : Il [l'article 20 alinéa 1] « laisse penser que toutes les catégories des collectivités sont concernées, mais seulement, tous les sénateurs ne sont pas élus, et seule la région est représentée »[3]. Il est ainsi démontré que les sénateurs nommés ne représentent pas les collectivités territoriales décentralisées parce que tenant leur recrutement de la volonté du Président de la République. Rien n'est toutefois précisé à ce niveau. Mais, s'il en est ainsi, l'argument resterait discutable. La nomination des sénateurs, bien que problématique à divers degrés, n'élimine en rien la mission de représentation des collectivités territoriales décentralisées dont sont investis les sénateurs, quel que soit le mode de recrutement. L'idée de la seule représentation des régions est cependant établie et explicitement exprimée par l'auteur.

Cette lecture n'est pas moins inspirée par le rapport d'Hilarion Etong relatif au projet de révision constitutionnelle, selon lequel l'on a bien voulu faire du sénat « la chambre des régions, des chefferies traditionnelles et des grandes catégories sociales et culturelles de la Nation »[4]. À l'analyse, la région n'est pas seule visée dans ce propos. L'idée de la représentation des communes s'en dégage conséquemment. Les communes ne sont pas moins des « grandes catégories sociales et culturelles ». C'est aussi à ce titre qu'elles ont comme les régions, « pour mission de promouvoir le développement économique, social, sanitaire, éducatif, culturel et sportif »[5] qui caractérise des pans entiers de leurs intérêts locaux[6]. Les communes ne seraient alors de toute évidence pas exclues de la représentation au sein du Parlement par le sénat.

2. L'évidente inclusion des communes dans la représentation des collectivités territoriales décentralisées par le sénat

L'exclusion des communes de la représentation des collectivités territoriales décentralisées relève fort justement d'une lecture relativement étriquée, essentiellement arcboutée sur la lettre de la constitution, mieux que sur l'esprit de la Loi fondamentale. Certes, les arguments des auteurs

---

[1] *Ibid.*, p. 31.

[2] B.-R. GUIMDO DONGMO, « La constitutionnalisation de la décentralisation au Cameroun. (…) », p. 307.

[3] Article 20 alinéa 1er de la constitution camerounaise.

[4] A. D. OLINGA, La Constitution de la République du Cameroun, p. 201.

[5] Constitution camerounaise, art. 55 § 2

[6] G. PROTIERE, « Intérêt public local et politique », p. 53.

soutenant cette thèse ne peuvent pas être foulés aux pieds, eu égard même à la lettre qui semble on ne peut plus indicative sur l'orientation de la thèse. Mais, en faisant un effort de systématisation, il est possible d'opposer un argument contraire. L'individualisation des collectivités territoriales est la source du problème. En effet, le principe de la représentation en matière démocratique commande rarement l'individualisation des composantes représentées par les représentants, à moins d'être dans un système de démocratie directe ou de souveraineté populaire avec tout ce que cela comporte comme conséquence.

Dès lors, l'article 20 prescrivant la proportion des sénateurs par région ne serait en rien la consécration officielle de l'exclusion des communes de la perspective de représentation des collectivités territoriales par le sénat. Il pourrait s'apprécier en considération des exigences pratiques de l'aménagement des sénateurs par région. S'il donne à voir l'affirmation d'une décentralisation régionale ou d'une régionalisation[1], il ne désinvestit pas pour autant le sénat de la représentation des communes ; ce d'autant même que la formule retenue est en réalité « dictée par des considérations pratiques, consist[ant] dans une représentation indivisible des collectivités territoriales » non « au sénat »[2], mais par le sénat. Il est d'ailleurs bien plus pratique de consacrer la représentation globale des collectivités territoriales décentralisées en l'exprimant par le truchement des régions comptées à dix imbriquant sans conteste les communes, que l'affirmation d'une représentation individualisée des communes comptées à près de 360 par le sénat[3]. Cette situation est identique à celle de la France et l'observation d'André Roux[4] à ce propos, est *mutatis mutandis* transposable dans le contexte camerounais. Il soutient fort justement que « la représentation sénatoriale des collectivités territoriales présente un caractère global en ce sens que les collectivités territoriales sont considérées comme formant un ensemble entier, indivisible »[5]. Pour Njinga Tchoungnia par contre, cette représentation ne prend pas les collectivités territoriales décentralisées comme un ensemble entier et indivisible, car le sénateur ne saurait en aucune manière être déconnecté de sa base territoriale, laquelle est d'ailleurs juridiquement régionale, même s'il va défendre au Parlement les intérêts communs[6].

Cette position devrait pouvoir être relativisée. L'individualisation des collectivités territoriales décentralisées dans l'aménagement de la représentation n'est pas très bonne conseillère. La région devrait être prise dans ce cas comme un tout indivisible au sein duquel se retrouvent imbriquées les communes ; et la représentation s'offrant inéluctablement au bénéfice de

---

[1] A. D. OLINGA, « La régionalisation camerounaise en chantier : acquis constitutionnels et perspectives législatives », *op. cit.,* p. 94.
[2] J. -Cl. EKO'O AKOUAFANE, *La décentralisation administrative au Cameroun*, p. 201.
[3] Ibid.
[4] A. ROUX, *Droit constitutionnel local, op. cit.*, p. 31.
[5] Ibid.
[6] G. NJINGA TCHOUNGNIA, « La fonction de représentation du sénat », *op. cit.,* p. 33.

toutes les collectivités territoriales décentralisées. La défense des intérêts communs aux collectivités territoriales par le sénat est même un argument de poids pour la prise en compte de la représentation globale des collectivités par le sénat ; puisqu'au-delà des ramifications liées à la base territoriale qui n'est par essence qu'électorale, c'est la finalité de la représentation qui devrait sous-tendre les données du problème. De plus, dans le contexte de l'interdiction du mandat impératif comme celui du Cameroun, la démission éventuelle d'un sénateur du parti qui l'a investi dans une base territoriale donnée, ne peut nullement entrainer sa déchéance de l'institution parlementaire[1]. Le sénateur ne saurait officier en brandissant chaque fois la région comme son seul repère géographique. Ce qui induit la possibilité pour lui de se déconnecter, le cas échéant, de sa base territoriale et d'intervenir dans le sens des intérêts des collectivités territoriales en général et des intérêts de la Nation tout entière[2].

Au-delà, cet énoncé constitutionnel, prescrit techniquement l'exigence d'égalité dans la représentation des collectivités conjuguée au demeurant aux considérations électorales. En réalité la région joue dans ce cas « le rôle d'une circonscription électorale »[3]. Il s'en dégage que la région constitue dans ce cas de figure un critère de répartition des sénateurs par aire géographique adossée sur la dimension régionale. Sous les aspects latents de cette prescription se dissimule une volonté du constituant de parer l'organisation de la représentation régionale des éventuels déséquilibres pouvant découler de la détermination législative voire réglementaire, non sans compter avec les visées politiques, du nombre de sièges, comme c'est le cas avec la représentation nationale, mieux qu'une idée d'exclusion des communes.

Dès lors, les sénateurs « assurent la représentation globale et indifférenciée de l'ensemble des collectivités territoriales »[4]. Aucun sénateur ne peut prétendre n'être que défenseur des intérêts d'une région particulière dans laquelle il a été élu ou nommé ; le cas échéant c'est le caractère national de son mandat qui serait mis à mal. Il est du reste possible de tirer davantage argument de l'implication des conseillers municipaux dans le collège électoral chargé d'élire les sénateurs. La participation des conseillers municipaux pour l'élection des sénateurs fonde la représentation des communes par le sénat. Elle n'est nullement le symbole d'un gadget destiné tout simplement à augmenter dans la petitesse du nombre des conseillers régionaux, le collège électoral pour le choix des sénateurs ou de le compléter. Elle est marqueuse d'une relation inscrite dans la théorie de la représentation où le représentant est en général désigné par le représenté. C'est pourquoi la nomination des sénateurs par le Président de la République apparait davantage inconfortable. Ainsi, dans sa fonction de représentation, le sénat devrait pouvoir s'intéresser

[1] G. NJINGA TCHOUNGNIA, *Le mandat des élus au Cameroun : contribution à l'étude du principe représentatif en droit public,* 2012, Thèse de Doctorat, p. 10.
[2] F. ROBBE, « La représentation des collectivités territoriales par le Sénat », p. 627.
[3] Ibid.
[4] Ibid.

aux sujets liés à toutes les collectivités territoriales décentralisées sans exception ; même si le contenu de cette représentation reste quasiment vide.

B. L'établissement constitutionnel d'une pseudo-représentation affirmée des collectivités territoriales décentralisées par le sénat

La logique de la représentation induit généralement la nécessité d'une défense des intérêts du représenté par le représentant. Cela traduit en conséquence un lien représentatif qui n'est pas tout simplement symbolique, mais qui est en pratique déterminant. De l'analyse du droit camerounais, il y a comme un contenu quasi vide de cette représentation. On aboutit de toute évidence à une pseudo-représentation, doublement marquée par l'introuvable implication particulière du sénat dans des questions liées aux collectivités territoriales décentralisées d'une part, et de la définition de sa participation symbolique sur des questions relativement sporadiques dans lesquelles la portée de ses vues reste symbolique, d'autre part.

1. L'inconsistante implication particulière du sénat dans des questions en rapport avec les collectivités territoriales décentralisées

L'avènement du sénat dans le paysage institutionnel camerounais en tant que fière représentante des collectivités territoriales décentralisées a fait couler beaucoup d'encre au sein de la doctrine, notamment sur sa vocation présumée à défendre les intérêts de ces dernières. D'aucuns y ont vu, un avocat institué pour la défense de la cause des collectivités au sein du parlement, un organe de protection de leur libre administration puisque la représentation instituée selon Eko'o Akouafané, « peut permettre aux collectivités de se prémunir contre une loi qui menacerait leur libre administration »[1]. Le pari a même été lancé par l'auteur sur le fait que le « sénat jouera le rôle de premier plan dans les réformes décentralisatrices et que son opinion sur les lois relatives à l'administration locale sera respectée par tous les acteurs à commencer par le Gouvernement »[2]. Sur quelle base le disait-il d'ailleurs, tant le texte constitutionnel qui l'a instituée n'a réellement pas fait une particularisation des missions du sénat par rapport à celles de l'Assemblée nationale ; quand bien même il s'agirait des questions en rapport avec la décentralisation. De toutes les façons, l'on a été rattrapé par la réalité. L'auteur est allé trop vite en besogne. L'on chercherait quasiment en vain au sein de la constitution les sujets en rapport avec la décentralisation sur lesquels le sénat aurait sensiblement le privilège de traiter de traiter en priorité au nom de sa fonction de représentation. Son rôle de « moteur de la décentralisation », en ce sens qu'il aurait une initiative constitutionnelle ou législative en faveur de la décentralisation[3], est bien plus présumé que consacré et vécu.

---

[1] J. -Cl. EKO'O AKOUAFANE, *La décentralisation administrative au Cameroun*, *op. cit.*, p. 202.

[2] Ibid.

[3] J. -C. ABA'A OYONO, « Libre propos sur le sénat (…) », *op. cit.*, p. 11.

Aba'a Oyono[1] recense les propositions de loi pouvant être introduites par le Sénat, la saisine par lui de juge constitutionnel, son droit d'amendement comme moyen et outils permettant de renforcer le processus de décentralisation au Cameroun. Son analyse laisse penser que l'exercice de telles compétentes est exclusif au sénat en matière de décentralisation. L'emphase entretenue sur la question se donne à voir comme une sorte d'exclusion du sénat des initiatives sur des questions déconnectées du domaine de la décentralisation. Si une telle conception était vérifiée, elle s'avérerait discutable au regard même des dispositions de la constitution et des textes subséquents sensiblement silencieuses sur une répartition précise des domaines d'intervention entre les Assemblées parlementaires. Mis à part quelques faisceaux de compétences exclusives à l'Assemblée nationale en matière de législation comme le vote de la loi de finances, la quasi-totalité des compétences en rapport avec cette fonction de légiférer est aussi exercée simultanément par les deux chambres, quel que soit le domaine[2]. Du reste, dans ses rapports avec l'Assemblée nationale, le sénat témoigne d'une position moins privilégiée qui marque l'inégalité entre les deux chambres, la balance étant déséquilibrée à son détriment sur la quasi-totalité des questions relevant du domaine législatif, et même sur des questions de décentralisation.

Comme souligne Sohouenou en référant à Rivero, « il ne faut pas se mouvoir et s'émouvoir dans l'abstraction en matière de décentralisation »[3]. Ce qui est sûr, c'est qu'en cette matière « sous les marques des énonciations textuelles, la réalité finit par changer le contenu »[4]. C'est le concret qui est traducteur du vécu et de la réalité en cette matière. Quel que soit l'aspect qui retient l'attention en cette matière, il faut avoir à l'esprit que la décentralisation ne devrait pouvoir être une vue de l'esprit. Elle est une traduction matérielle. Pour une traduction matérielle authentique, la décentralisation doit être pratiquement vivante ; la perception du sénat comme un représentant défenseur des idéaux de la décentralisation devrait se donner à voir dans le corpus des compétences que l'institution sénatoriale est spécialement appelée à assurer et dans la pratique par ses vues, interventions et actions en faveur de la décentralisation. Il semble n'en être pourtant rien dans le contexte camerounais où le sénat est conçu comme une « Assemblée nationale bis », car le sénat « s'étiole dans l'obscurité de l'insignifiance institutionnelle »[5] même en matière de décentralisation. Quoi que l'on puisse en dire, c'est une chambre qui fait problème dans l'ordre institutionnel, c'est une chambre à problème. En plus d'être budgétivore, elle est institutionnellement infructueuse, et en matière de décentralisation, son rôle

---

[1] Ibid.

[2] F. ROBBE, « La représentation des collectivités territoriales par le Sénat », *op. cit.*, p. 632.

[3] M. E. SOHOUENOU, « La décentralisation au Bénin », *op.cit.*

[4] B. FAURE, *Droit des collectivités territoriales décentralisées*, p. 11.

[5] J. -C. ABA'A OYONO, « Libre propos sur le sénat en droit constitutionnel camerounais », *op. cit.*, p. 38.

est à rechercher, parce que tout simplement symbolique. Elle est baladée dans les cercles institutionnels de réflexions sur la décentralisation sans un véritable poids décisionnel. La représentation des collectivités territoriales décentralisées par le sénat est progressivement édulcorée au contact de la réalité. Elle est bien plus un idéal, un horizon qu'un vécu. Ainsi, la conception de Robbe ne peut qu'emporter la conviction. Il écrit à juste titre que :

> En dépit de la contribution importante de la seconde chambre au mouvement législatif de décentralisation, il n'est pas possible de dire que le Sénat a pour mission constitutionnelle de défendre les pouvoirs locaux. Le principe de la représentation des collectivités territoriales n'est qu'un principe constitutionnel de droit électoral. Il définit le mode de désignation des sénateurs [...][1].

Au total, la fonction de représentation des collectivités territoriales décentralisées au sein du parlement n'est en réalité que symbolique. Sa participation au traitement de certaines questions en rapport avec la décentralisation le démontre à suffisance.

2. L'insignifiante participation du sénat aux questions relatives aux collectivités territoriales décentralisées

L'implication du sénat dans les questions en rapport avec la décentralisation est sensiblement obscure. Il est difficile d'identifier les domaines de la décentralisation dans lesquelles son implication est significative, mieux déterminante. Le texte constitutionnel n'en donne pas d'indications, à telle enseigne que c'est dans le corpus des normes de valeur infra constitutionnelle qu'il faut en rechercher les détails. Là encore, sa participation est insignifiante, tant le sénat est sensiblement réduit à un simple organe de consultation dont on ne sait la portée de l'avis. Il en est ainsi en matière de prorogation ou d'abrègement du mandat des conseillers municipaux[2]. Suivant l'article 170 alinéa 1 du code électoral camerounais, « les conseils municipaux sont renouvelés intégralement tous les cinq ans à la même date ». L'alinéa 2 de la même disposition ouvre la possibilité à une rallonge de la durée du mandat ou à son abrègement après consultation du Gouvernement et du bureau du sénat.

Sans doute, l'implication dans la procédure de prorogation ou d'abrégement du mandat des conseillers municipaux ne trouve-t-elle son fondement que dans la fonction de représentation des collectivités territoriales qu'il assure. L'argument trouve sa justification dans le cours des réformes atteignant *in vivo* cette question de prorogation ou d'abrègement du mandat des conseillers municipaux. Avant l'avènement du sénat dans l'univers institutionnel camerounais, c'est le bureau de l'Assemblée nationale qui était consulté suivant les dispositions de la loi n° 92/003 du 14 août 1992 modifiant certaines dispositions de la loi n° 74/23 du 5 décembre 1974 portant

---

[1] F. ROBBE, « La représentation des collectivités territoriales par le Sénat », *op. cit.*, p. 632.

[2] P. VOUFFO, *La prorogation des mandats des élus au Cameroun*, 2018, Thèse de Doctorat, Université de Dschang, p. 95.

organisation communale. La substitution du sénat à l'Assemblée nationale n'est alors en réalité que l'affirmation sous un autre angle du principe de représentation des collectivités territoriales décentralisées[1]. Il faut cependant relever qu'une telle implication n'est pas aussi déterminante que l'on peut le penser, car la portée de l'avis émis à ce propos reste à rechercher. Mais à bien observer, il ne s'agit que d'une consultation obligatoire avec avis facultatif, le Président de la République destinataire de l'avis n'étant pas obligé d'en tenir compte, comme ça aurait été avec l'avis conforme. La participation du sénat pourrait alors, toute proportion gardée, s'avérer insignifiante comme dans le cadre du fonctionnement de la communauté urbaine où le sénateur peut intervenir avec une simple voix consultative.

Suivant l'article 244 alinéa 3 du code général des collectivités territoriales décentralisées « les sénateurs de la Communauté urbaine de rattachement peuvent assister à ses travaux avec voix consultative ». Cette disposition symbolise l'implication du sénat dans le fonctionnement des communautés urbaines. Certes, la voix consultative n'a pas moins de poids dans le cadre des travaux, car les avis émis, bien qu'étant des simples points de vue, peuvent contribuer à l'enrichissement des travaux en rapport avec les questions que le parlementaire pourrait éventuellement porter à la connaissance de la représentation sénatoriale. Cependant, cette participation aux travaux n'est que facultative, doublée de l'inexistence de la communauté urbaine sur toute l'étendue du territoire, tant sa création est conditionnée[2].

Dans le cadre de la région, les sénateurs en tant que parlementaires et les maires de la Région participent de plein droit, suivant l'article 347 du code précité, aux travaux de l'Assemblée régionale, en formation réunies, sans voix délibérative. Ils sont ainsi réduits à de simples observateurs sans véritable poids dans la tenue de l'Assemblée. Quoi qu'il en soit ce rapport présente la situation de la région, des matières transférées, de l'activité et du fonctionnement des différents services et organismes de la région. Il indique également les crédits qui leur sont alloués. Il précise enfin l'état d'exécution des délibérations du conseil régional et la situation financière de la région. Il est conformément aux articles 290 alinéa 2 et 349 alinéa 2, transmis au sénat pour information. Il s'agit tout simplement de porter à la connaissance du sénat, l'état du fonctionnement de la région dans la diversité de ses aspects ; en espérant qu'il suscite une attention particulière de la chambre et donne éventuellement lieu à débat. La pratique est cependant quasi vierge de tels débats. De la sorte, le constat est clair : le sénat assure une représentation dont le contenu est, à défaut d'être introuvable, simplement inconsistant.

---

[1] Ibid.

[2] J.-R. KEUDJEU DE KEUDJEU, « Réflexions sur une ambiguïté institutionnelle locale camerounaise : la communauté urbaine », *in Juridis Périodique*, n° 98, 2014, pp. 64-79.

Conclusion

Les rapports entre les collectivités territoriales décentralisées et le sénat sont « génétiquement constitutionnels »[1]. Ils sont ainsi « sous le parapluie constitutionnel »[2] et ne sauraient être remis en cause par une norme infra constitutionnelle. Ces rapports sont consubstantiels, l'existence du Sénat étant inhérente à celle des Collectivités territoriales qui le légitiment, et le sénat assurant leur représentation au parlement On dirait un compromis entre ces deux acteurs de la décentralisation. Cette représentation des collectivités assurée par le Sénat est au Cameroun ambigüe[3]. Elle apparaît comme une simple vue de l'esprit parce qu'inconsistante pour traduire la défense présumée des intérêts des collectivités territoriales. Il y a comme un marché de dupe dans ces rapports tant l'utilité du sénat - au bénéfice réel des collectivités territoriales dont la représentation en est notamment le moyen -, reste recherchée. De toutes les façons, la décentralisation s'inscrit dans une dynamique. Comme le révèle René Chapus, elle a un passé et un présent, mais aussi un avenir. Dans le contexte camerounais, son passé est récent, son présent est davantage « actuel », et son avenir est incertain[4]. Néanmoins inscrite dans le cours de la vie, elle devrait pouvoir se nourrir des évolutions induites par le droit. Dans cette entreprise, les rapports entre le sénat et les collectivités territoriales décentralisées doivent être reconsidérés. Ils doivent être renforcés pour une meilleure représentation non plus symbolique, mais pratique des collectivités territoriales décentralisées. Dans la mesure du possible, cette représentation du sénat devrait traduire la contrepartie véritable de sa légitimation par les collectivités territoriales décentralisées et autrement contribuer à la stabilité de la forme de l'État.

Bibliographie

Ouvrages

- DE TOCQUEVILLE Alexis De, *La démocratie en Amérique*, Paris, Institut Coppet, 2012.
- EKO'O AKOUAFANE Jean -Claude, *La décentralisation administrative au Cameroun*, Paris, L'Harmattan, 2009.
- FAURE Bertrand, *Droit des collectivités territoriales décentralisées*, Paris, Dalloz, 2014, 892 p.
- FAVOREU Louis, GAIA Patrick, GHEVONTIAN Richard, MESTRE Jean-Louis, PFERSMANN Otto, ROUX André et SCOFFONI Guy, *Droit constitutionnel,* Paris, Dalloz 2021, 1055 p.

[1] L. GRARD, « Le devenir constitutionnel du service public », *in Mélanges en l'Honneur de Slobodan Milacic. Démocratie et liberté : tension, dialogue et confrontation*, Bruylant, 2008, p. 87.

[2] *Ibid.*, p. 89.

[3] M.VERPAUX, « Les ambigüités entretenues du droit constitutionnel des collectivités territoriales », *in AJDA* 2011, pp. 99-110.

[4] R. CHAPUS, Droit administratif général, op.cit.

- GONIDEC Pierre -François et GLELE AHANHANZO Maurice (dir.), *L'État et le droit, Encyclopédie juridique d'Afrique*, Abidjan- Dakar-Lomé, *NEA*, 1982, 477 p.
- LAVROFF Dmitri Georges, *Le droit constitutionnel de la Ve République*, Paris, Dalloz 1997.
- MENY Yves (dir.), *Les politiques du mimétisme institutionnel. La greffe et le rejet*, Paris, L'Harmattan, 1993, 285 p.
- NGANE Solange, *La décentralisation au Cameroun*, Yaoundé, Africaine d'Edition, 2008.
- OLINGA Alain Didier (dir.), *Le sénat au Cameroun. Regards croisés sur une nouvelle institution*, Yaoundé, Éd. CLE, 2016, 315 p.
- OLINGA Alain Didier, *La Constitution de la République du Cameroun*, Yaoundé, Les Presses de l'UCAC, 2013, 272 p.
- OWONA Joseph, *La décentralisation camerounaise*, Paris, L'Harmattan 2011.
- ROUX André, *Droit constitutionnel local*, Paris, Economica, 1995.

Articles

- ABA'A OYONO Jean-Calvin, « Libre propos sur le sénat en droit constitutionnel camerounais », *in Afrilex*, Bordeaux, 2015, pp. 1-21.
- CHAPUS René, *Droit administratif général*, t. 1, Paris, Montchrestien, 2001, 1420 p.
- CHEVALLIER Jacques, « Pour une sociologie du droit constitutionnel », *in L'architecture du droit. Mélanges en l'honneur de Michel TROPER*, Paris, Economica, 2006, pp. 281-297.
- DELCAMP Alain, « Principe de subsidiarité et la décentralisation », *in RFDC*, n° 23, 1995, pp. 609-624.
- DONFACK SOKENG Léopold, « Existe-t-il une identité démocratique camerounaise ? La spécificité camerounaise à l'épreuve de l'universalité des droits fondamentaux », *in RCSP*, vol. 1, n°1, 1996.
- GRARD L., « Le devenir constitutionnel du service public », *in Mélanges en l'Honneur de Slobodan Milacic. Démocratie et liberté : tension, dialogue et confrontation*, Bruxelles, Bruylant, 2008, pp. 85-97.
- GUIMDO DONGMO Bernard -Raymond, (2013), « Le droit de la décentralisation au Cameroun à l'ère de la démocratisation », in *Les politiques de la décentralisation : jeux, enjeux et perspectives*, Collectif, Fondation Paul Ango Ela (dir.), Le Harmattan-Cameroun, 2013, pp. 17-50.
- GUIMDO DO*(CAMES)* NGMO Bernard -Raymond, « La constitutionnalisation de la décentralisation au Cameroun. (L'apport du constituant du 18 janvier 1996 dans la construction d'un droit constitutionnel des collectivités territoriales décentralisées) », *in* MELONE Stanislas, MINKOA SHE Adolphe, SINDJOUN Luc (dir.), *La réforme constitutionnelle du 18 janvier 1996 au Cameroun. Aspects juridiques et politiques*, Yaoundé, Fondation Friedrich-Ebert, 1996, pp. 292-317.
- GUIMDO DONGMO Bernard -Raymond, « Les bases constitutionnelles de la décentralisation au Cameroun. Contribution à l'émergence d'un droit constitutionnel des collectivités territoriales décentralisées », *in RGD*, vol. 29, n° 1, 1998, pp. 79-100.
- GUIMDO DONGMO Bernard -Raymond, « La région en droit public camerounais : quel Janus juridique ? », *in RRJ-Droit prospectif*, n°187, 2022/1, pp. 495-514.

- KEUDJEU DE KEUDJEU John -Richard, « Réflexions sur une ambiguïté institutionnelle locale camerounaise : la communauté urbaine », *in Juridis Périodique*, n° 98, 2014, pp. 64-79.
- LE YONCOURT Tiphaine, « Le Sénat républicain représentant des collectivités territoriales », *in Pouvoirs*, vol. 3, n°159, 2016, pp. 27-40.
- LEKENE DONFACK Etienne Charles, « Le renouveau de la question fédérale au Cameroun », *in Penant*, vol. 108, n° 826, 1998, pp. 30-61.
- MAUROY Pierre, *Héritiers de l'avenir*, Paris, Stock, 1977.
- MONEMBOU Cyrille, « Les paradoxes de la décentralisation camerounaise : De la décentralisation à la recentralisation », *RADSP*, vol. 1, n°1, 2013, pp. 161-180.
- NGANDO SANDJE Rodrigue, « Le statut spécial des régions anglophones du Cameroun : chronique d'une exigence de l'Assemblée générale des Nations-Unies », *in Juridis périodique*, n° 123, 2020, pp. 86-96
- OLINGA Alain Didier, « La régionalisation camerounaise en chantier : acquis constitutionnels et perspectives législatives », *in Juridis périodique*, n°35, juil.-août-sept., 2003, pp. 91-103.
- ONDOA Magloire, « Ajustement structurel et réforme du fondement théorique des droits africains postcoloniaux : l'exemple du camerounais », *in RASJ*, vol. 2, n° 1, 2001, pp. 75-118.
- PEKASSA NDAM Gérard, « La classification des communes au Cameroun », *in RASJ*, vol. 6, n°1, 2009 pp. 229-266.
- PONTHOREAU Marie Claire, « Cultures constitutionnelles et comparaison en droit constitutionnel », *in Mélanges Slobodan Milacic. Démocratie et liberté : tension, dialogue et confrontation*, Bruylant, 2008, pp. 219-237.
- PONTIER Jean Marie (1978), *L'État et les collectivités territoriales décentralisées*, Paris, *LGDJ*.
- PROTIERE Guillaume, « Intérêt public local et politique », in N. KADA (dir.), *L'intérêt public local*, Grenoble, *PUG*, 2009, pp. 51-60.
- ROBBE François, « La représentation des collectivités territoriales par le sénat », *Annuaire des collectivités locales*, t. 20, 2000, pp. 625-632.
- SOHOUENOU Marie Epiphane, « Contribution à l'élaboration d'une échelle de la décentralisation territoriale en Afrique noire francophone », *in RBSJA*, n°22, 2009, pp. 143-192.
- SOHOUENOU Marie Epiphane, « La décentralisation au Bénin », in PISSALOUX Jean –Louis (dir.), *La décentralisation dans les pays francophones d'Afrique de l'Ouest*, Paris, L'Harmattan, 2019, pp. 41-89.
- SOHOUENOU Marie Epiphane, « Les formes de régionalisme émergent en Afrique », in NEMERY Jean Claude (dir.), *Quelle organisation pour les grandes régions en France et en Europe ?* Paris, L'Harmattan, 2015, pp. 311-328.

Thèses et Mémoires

- KEUDJEU DE KEUDJEU John -Richard, *L'autonomie des collectivités territoriales décentralisée au Cameroun,* Droit public, Université de Douala, 2012, 699 p.
- KUAKUVI Kodjo Ahlin Avitsinu, *Les secondes chambres du parlement dans les États francophones : le cas du Burundi, de la France, du Gabon et du Sénégal,* Droit public, Université de Grand et Université de Lomé, 370 p.

- NANAKO Cossoba, *La libre administration des collectivités territoriales au Benin et au Niger,* Droit public, Université d'Abomey-Calavi, 2016, 426 p.
- NGONO TSIMI Landry, *L'autonomie administrative et financière des collectivités territoriales décentralisées : l'exemple du Cameroun*, Droit public, Université Paris-Est, 2010.
- NGUELE ABADA Marcelin, *État de droit et démocratisation : contribution à l'étude de l'évolution politique et constitutionnelle au Cameroun,* Thèse de doctorat en Droit public, Université de Paris I- Panthéon Sorbonne, 12 janvier 1995, 640 p.
- NJINGA TCHOUNGNIA Giscard, *Le mandat des élus au Cameroun : contribution à l'étude du principe représentatif en droit public,* Droit public, Université de Douala, 2012, 686 p.
- SOMALI Kossi, Le parlement dans le nouveau constitutionnalisme en Afrique. Essai d'analyse comparative à partir des exemples du Bénin, du Burkina Faso et du Togo, Droit public, Université de Lille, 2008, 491 p.
- VOUFFO Pacôme, *La prorogation des mandats des élus au Cameroun,* Droit public, Université de Dschang, 2018, 805 p.

DEUXIÈME PARTIE

LES ACTEURS DE LA DÉCENTRALISATION ET LEURS RÔLES

Chapitre 4

Élection des exécutifs municipaux au Cameroun : permanence des pratiques de désignation en contexte de démocratie à Nguélémendouka et à Mboma (1992-2020)

Par
Denis ZOUNA BAH, PhD,
Assistant, Université de Yaoundé II, Chercheur associé à l'URPOSSOC, Université de Dschang, **dzounabah@gmail.com**

Résumé
L'étalage des règles normatives du jeu politique masque dans une grande mesure les transactions qui ont abouti à Nguélémendouka et à Mboma, à un monopole municipal de la formation dirigeante. Et parce que le jeu est canalisé à l'intérieur du RDPC, on assiste régulièrement à des « nominations électives » qui sont certes perturbées par la dynamique du jeu politique local, mais qui se confirment. L'importante sculpture de la municipalité à la taille des retraités a ses profits tels que l'expérience administrative et une capacité de lobbying non négligeable. Elle a aussi ses pertes car en dehors de la sénescence des catégories « retraités », une fois qu'ils sont rattrapés par leurs passés de gestionnaires des finances publiques, les maires sont largement perturbés dans leur administration sereine des collectivités locales et le processus de décentralisation se trouve affecté.

Mots clés : décentralisation, exécutif municipal, commune de Mboma, commune de Nguélémendouka, RDPC.

Abstract: Municipal executives' election in Cameroon: permanence of appointment practices in the context of democracy in Nguélémendouka and Mboma (1992-2020)
The display of normative rules of the political game hides to a large extent the transactions that have led to the municipal monopoly of the ruling party in Nguélémendouka and Mboma. The game is channeled inside the CPDM, where we regularly witness elective appointments which are certainly disrupted by the witness of "elective appointments" which are certainly disrupted by the dynamics of the local political game, and confirms the municipal executives. The municipality is largely sculpture to the size of retirees that benefits from such as administrative experience and a significant lobbying capacity; it is lacking for apart from the senescence of the "retired" categories they are caught up in their past as public finance managers and mayors are largely disrupted in their serene administration of local authorities and the decentralization process is affected.

Key words: decentralization, municipal executive, commune of Mboma, commune of Nguelemendouka, CPDM.

Introduction

De la posture gouvernante, la thèse du « suffrage universel contre la démocratie »[1] est gênante. C'est qu'elle débrouille les mécanismes conservateurs enfouis dans la « révolution » électorale. L'urne serait dans cette perspective, une mise en scène trompeuse et les dirigeants envisagés en termes de « choix du peuple » seraient le produit réel d'ententes tacites et de transactions diverses entre les forces dominantes d'un champ électoral. C'est une thèse qui parait excessive de nos jours si l'on tient compte des transformations sociales intenses et de l'éveil des consciences politiques davantage alimentés par les nouvelles infrastructures numériques. En outre, les paradigmes tels que « suffrage universel », « démocratie », « libertés individuelles » génèrent entre autres des réflexes de surveillance des votes et de contestation violente de toutes tentatives de confiscation du pouvoir. Par la magie de la performativité, ces paradigmes engendrent des comportements politiques difficilement maitrisables par la catégorie dirigeante. La démocratie électorale s'érige ainsi en un monstre dévorateur de ses propres créateurs et les dominants semblent être taris ou dépouillés de leur zèle hégémonique.

En filigrane, c'est la problématique du rapport entre l'élection et la démocratie qui est ainsi évoquée. L'élection devient d'une part, une modalité de restauration autoritaire qui en contexte de tensions, fonctionne sous le mode d'une soupape de sureté et génère une « démocratie passive »[2]. D'autre part, elle serait la modalité pertinente de réalisation démocratique car le « peuple » choisit « réellement » ses dirigeants qui accèdent « royalement » au pouvoir d'état.

Mais aussi passionnant que puisse être le débat, refuser ou accepter à l'élection un pouvoir de réalisation de la démocratie ne doit pas être une réflexion de pure théorie. Une telle problématique ne peut être instructive que si elle s'inspire des pratiques d'acteurs dans un système d'interaction et de préférence, au niveau de la collectivité de base. En effet, la commune est de la perspective d'Alexis de Tocqueville, la cellule de base de tout système démocratique : « c'est dans la commune que réside la force des peuples libres. Les institutions communales sont à la liberté ce que les écoles primaires sont à la science ; elles la mettent à la portée du peuple »[3]. De sorte que le processus de décentralisation qui concourt activement à l'autonomisation des communes serait une chance de réalisation de la démocratie locale.

Mais l'établissement d'un lien automatique entre institution communale et démocratie locale peut-il résister au contact du réel camerounais ? Peut-on affirmer avec assurance et au regard du jeu électoral dans les communes de

---

[1] Ph. BRAUD, *Le suffrage universel contre la démocratie*, Paris, PUF, 2010.

[2] J. NJOYA, « Liturgies politiques, constitution d'un imaginaire unitaire et démocratie passive au Cameroun », *RAEPS*, N° 3, 2003, p. 23.

[3] A. DE TOCQUEVILLE, *De la démocratie en Amérique*, Tome 1, Paris, GF-Flammarion, 1981, p.123.

Nguélémendouka et de Mboma depuis la libéralisation du champ politique, que le pouvoir des « peuples libres » s'y est progressivement renforcé ? Et la décentralisation, en quoi ne pourrait-elle pas constituer une « affaire des grands » dans un contexte d'étatisation seigneuriale de la société ? C'est dire, si l'on prend en considération le travail de sculpture hégémonique de la société par l'État, qu'il est possible de voir en la commune une institution de pénétration indirecte et élégante de l'impérialisme central. C'est que, l'État seigneurial est l'œuvre du centre politique qui découpe les collectivités périphériques conformément à ses poussées hégémoniques et y établit des seigneurs locaux qui neutralisent tout « malentendu productif »[1] et tout « désordre inventif »[2]. Il est question au fond, d'une dynamique locale singulière qui met en exergue les transactions collusives entre les acteurs disposant d'une certaine prestance locale et les seigneurs désignés par le centre gouvernant. Ces derniers agissent surtout en instrumentalisant aussi bien leurs positions centrales que la structure para-administrative, le parti au pouvoir.

Les transactions perceptibles dans ces dynamiques commandent la mobilisation de la grille interactionniste qui perçoit l'ordre social comme étant le résultat d'interpénétrations entre les actions posées par des individus en situation d'interdépendance. Ceci suggère au minimum deux choses : d'une part, qu'il s'agit d'un ordre intersubjectif, ce qui est un contournement du débat holisme/individualisme. D'autre part, que cet ordre social est un ordre négocié qui fait l'objet d'une combinaison de jeux[3] et d'une mise en scène permanente[4]. Les données qui nourrissent cette réflexion ont été essentiellement collectées lors des entretiens individuels semi-directifs et des consultations documentaires menées dans les communes de Nguélémendouka et de Mboma dans le département du Haut-Nyong, à l'Est-Cameroun en septembre et octobre 2021.

Les communes de Nguélémendouka et de Mboma n'en constituaient qu'une seule : la commune de Nguélémendouka jusqu'au découpage administratif créant le district de Mboma en 1992 et au décret présidentiel N° 95/82 du 24 avril 1995 créant la commune de Mboma. Analyser les données à partir de cette première moitié des années 1990 permet de voir de quelle manière les « années de braise » ont localement influencé la trajectoire démocratique et le processus de décentralisation constitutionnalisé en janvier 1996. À observer de près et à écouter les discours autochtones, on tendrait d'une part vers une « démocratie des grands décideurs » dans laquelle la

---

[1] J.P. CHAUVAU, J.P. DOZON, « Au cœur des ethnies ivoiriennes… L'État », in TERRAY, E. (dir), *L'État contemporain en Afrique*, Paris, L'Harmattan, p. 234.

[2] L. SINDJOUN, « Le champ social camerounais : désordre inventif, mythes simplificateurs et stabilité hégémonique de l'État », Politique Africaine, N° 62, 1996, p. 59.

[3] M. CROZIER, E. Friedberg, *L'acteur et le système*, Paris, Seuil, 1977.

[4] E. GOFFMAN, La mise en scène de la vie quotidienne. 1 La présentation de soi, Paris, Minuit, 1973.

domination seigneuriale procède de manière élégante (I) ; d'autre part, les transactions des seigneurs locaux sur le processus de sélection des exécutifs municipaux disposent d'un impact sur le réel de la décentralisation (II).

I. La « démocratie des grands décideurs » : une élégance de domination seigneuriale

La « démocratie des grands décideurs » est une expression employée par Sa Majesté Mimbang Mpouamb Elie, chef de troisième degré du village Zoumé dans la commune de Mboma. L'expression atténue la domination des ainés sociaux derrière la notion de « démocratie ». Dans l'explication de Sa Majesté, les « grands décideurs » sont constitués du tandem autorités traditionnelles + élites politico-administratives originaires des villages de la commune de Mboma. Le choix des conseillers municipaux de cette commune dépend non pas des populations à proprement parler, mais des transactions entre chefs et élites. La domination des seigneurs locaux est élégante en ce que les pratiques de domination sont voilées par un certain nombre de principes qui régiraient le choix des conseillers de Nguélémendouka et de Mboma (A). Cette « démocratie des grands » génère au fond, le monopole de la représentation politique légitime du RDPC, le parti au pouvoir (B).

A. Principes et pratiques du choix des conseillers municipaux à Nguélémendouka et à Mboma

Quelle que soit la domination des « seigneurs » dans un champ de compétition périphérique, le choix des magistrats municipaux se base sur un certain nombre de règles adaptées à la configuration sociale de la collectivité. Ces « règles normatives » du jeu politique qui sont au départ, l'expression des rapports de domination deviennent dans une certaine mesure, collectivement constatées, acceptées et intégrées. Elles peuvent encore être court-circuitées par des « règles pragmatiques » qui donnent un avantage significatif à un groupe ou à un individu[1]. Mais, même ces transgressions des normes s'opèrent non sans souci légaliste. L'enthousiasme avec lequel les seigneurs locaux convoquent les règles pour valider certaines candidatures et invalider d'autres est généralement un décor normatif masquant la domination. C'est ainsi qu'à Nguélémendouka et à Mboma, si la représentativité des groupements et des villages est la norme, on assiste régulièrement à des pratiques collusives au cours desquelles le choix populaire est corrigé par le choix élitaire.

- La théorie de la représentativité municipale des groupements et des villages

La commune de Nguélémendouka est composée de trois principaux groupements : Les *Ebesep*, les *Essekonda*.

Tableau 1 : Distribution des Conseillers Municipaux par Groupement à Nguélémendouka

[1] G.F. BAILEY, *Les règles du jeu politique. Étude anthropologique,* Paris, PUF, 1971, p. 22.

Groupements de Nguélémendouka	Nombre de conseillers municipaux
EBESEP	09
ESSEKONDA	11
NGOMEYA	05

<u>Source</u> : Interviews avec les conseillers municipaux de la commune de Nguélémendouka, octobre 2021

Dans les perceptions des acteurs locaux, le groupement *Essekonda* qui dispose 11 conseillers municipaux est le groupe majoritaire alors que les *Ngomeya* sont considérés comme étant le groupe minoritaire de la commune. Ces déclarations ne sont pas basées sur des éléments statistiques mais localement établies comme étant « vraies ». Selon M. Bimémé Augustin, le deuxième adjoint au Maire et Président de la section RDPC de Nguélémendouka, « en superficie, le groupement *Ebesep* est beaucoup plus étendu ; mais en termes de population, il est plus petit que les *Essekonda* ». Cela est possible au regard de l'absence des statistiques crédibles, mais il ne faut pas exclure les jeux d'influence dans cette distribution des places municipales.

Au-delà de la division officielle, il convient de relever une réalité sociologique qui structure les perceptions sociales et les consciences politiques : l'arrondissement de Nguélémendouka est composé de deux grandes ethnies : les *Ebesep* et les *Omvang*. En fait, les *Essekonda* et les *Ngomeya* constituent deux sous-groupes des *Omvang*. Le partage des conseillers municipaux entre *Ébessep* (09), *Essekonda* (11) et *Ngomeya* (05) est le résultat d'un « gerrymandering » hégémonique d'un seigneur local, fils *Omvang* et précisément *Essekonda* longtemps dominateur de la scène politique locale et régionale et même nationale[1].

D'ailleurs, lorsqu'on observe le positionnement géographique de ces groupements, les *Omvang* occupent le sud de l'arrondissement alors que les *Ebesep* sont regroupés au nord et sont éparpillés sur trois grands axes. Faisant référence à la domination des *Omvang*, Sa Majesté Langoul Magloire, Chef supérieur des *Ebesep* et des *Ayong-Yerap* notait : « même les candidats aux élections pour la section RDPC, Il y a Tigna (*Essekonda*) et Bimémé (*Ngomeya*). Ils sont tous *Omvang* et quand ils veulent combattre les Ebessep, ils se réunissent et disent : "nous sommes Omvang" ».

En ce qui concerne la commune de Mboma, elle est composée d'un seul groupement : le groupement *Ayong-Yerap* subdivisé en 03 grandes familles[2] et étalé sur 13 villages. En ce qui est du partage des 25 places municipales, le

[1] ABANDA, Adelot, *La circulation des élites politiques au Cameroun : une sociologie de la trajectoire et des réseaux de construction du leadership politique dans les départements du Lom et Djerem et du Haut –Nyong, (1990-2010),* Thèse de Doctorat en science politique, Université de Yaoundé II, 2015 ;

[2] Les trois grandes familles sont : « Ikak ne ibiel », « Djoumein ne Weind » et « Issam Ndam ne Bouans »

principe d'équité est exhibé car deux des plus petits villages disposent d'une place chacun et les 11 autres villages ont chacun 02 places au conseil municipal. Si dans le principe, la distribution parait « juste », il faut être attentif aux modes de domination de la municipalité par l'une des trois grandes familles telles qu'illustré dans le choix des maires depuis 1992. Mais, il est important avant de voir les modes de correction du choix populaire par le choix élitaire.

- Au cœur des pratiques collusives : la « correction » du choix populaire par le choix élitaire

L'objectif ici est de voir comment le choix des conseillers municipaux s'opère à l'intérieur des groupements et des villages des deux collectivités de base que constituent Nguélémendouka et Mboma.

Tableau 2 : Nombre de villages et de conseillers attribués aux groupements de N'ka

Groupements	Nombre des villages	Nombre des conseillers municipaux
EBESEP	23	09
ESSEKONDA	17	11
NGOMEYA	10	05

Source : Sous-préfecture de Nguélémendouka

La commune de Nguélémendouka est composée de 50 villages. Ce tableau fait ressortir plus clairement la domination du groupement *Essekonda* qui, disposant de 34% des villages, totalise déjà 44% des conseillers municipaux. Et l'ethnie *Omvang* (*Essekonda+Ngomeya*) qui dispose de 54% des villages totalise 64% des conseillers alors que les *Ebesep* qui disposent de 46% des villages ont 36% des conseillers municipaux.

Tel que relevé, 84,62% des 13 villages de la commune de Mboma ont 2 conseillers municipaux chacun. À titre de comparaison, la représentativité municipale des villages est plus élevée dans la commune de Mboma que dans celle de Nguélémendouka.

En principe, le processus de sélection des conseillers municipaux à l'intérieur des villages de Mboma est transparent : une fois le corps électoral convoqué, le chef de village réunit tous ses administrés afin de désigner le (s) représentant (s) du village au prochain mandat. Puis ils décident de la liste dans laquelle vont concourir ses candidats. Selon les récits des élites locales, il s'agit généralement d'une variété de démocratie consensuelle dans laquelle le choix des représentants semble se faire à l'unanimité.

Selon les explications de M. Bimémé Augustin, président de la section RDPC de Nguélémendouka,

> Pour le processus de sélection des conseillers municipaux, lorsqu'on convoque le corps électoral, au sein du parti on fait la présélection compte tenu du militantisme de chacun et les candidats produisent les dossiers qui sont soumis à l'étude de la section en tenant compte de leur état de service au sein du parti. Cette présélection permet de tamiser afin de mettre des militants compétitifs face aux autres formations politiques.

Ce processus montre en filigrane le poids du parti dans le processus de sélection des candidats au conseil municipal. Les raisons politiques, particulièrement le « militantisme », constituent le « tamis » qui distribue les points qualifiant ou disqualifiant les candidats à la municipalité.

Dans les explications de M. Mezogou Mathieu, le doyen des conseillers municipaux de la commune de Mboma, deux critères sont pris en considération dans la sélection des candidats : « l'aspect politique, nous sommes quand même un parti et respectons les règles partisanes de choix de ces candidats ; nous respectons aussi les règles du pays ». La convocation de « l'aspect politique » avant les « règles du pays » par le doyen d'une municipalité n'est pas anodine. Elle met en exergue la prégnance des règles pragmatiques sur les règles normatives. Le militantisme est un construit élitaire qui disqualifie largement le choix populaire. Le parti politique fonctionne ici à la manière d'une oligarchie car, de l'avis de M. Nguélé Pamphile Paul, conseiller municipal de la commune de Mboma,

> Il y a, je dis bien naturellement une influence de l'élite dans le choix des conseillers municipaux… il y a des situations où on se passe même des populations dans le choix des conseillers municipaux.

La « démocratie des grands » qui se fait par la correction du choix populaire a un impact sur le processus de la décentralisation. Si le choix du conseil municipal en tant qu'organe délibérant de la commune est biaisé, l'autonomie de la collectivité en est affectée. C'est dans ce sens que M. Nguélé Pamphile estimait :

> De façon globale, l'élite influence beaucoup le choix des conseillers municipaux. Je suis même en train de vouloir dire que ce sera, avec la décentralisation là, l'affaire des élites-même, parce que les populations ne vont rien comprendre : si on te dit d'aller nous représenter dans tel séminaire, tu ne comprendras rien. Il y a ça. Il y a aussi la précarité financière où les gens sont incapables de payer la caution.

Ici, la confiscation de la décentralisation par les seigneurs locaux est dans une certaine mesure, un contrôle indirect du jeu politique périphérique par le groupe dominant central. C'est à titre de rappel, le « big man » central qui à travers diverses nominations, positionne l'ensemble des seigneurs périphériques et ces derniers veillent au loyalisme central de leurs localités. Aussi, depuis 1992, le parti au pouvoir trône incontestablement en monopolisant la représentation politique.

B. Une « démocratie des grands » génératrice du monopole de la représentation politique

Le « monopole de la représentation politique » ne sous-entend pas forcément la légitimation d'un monopole, « rdpciste »[1] soit-il. Ici, il n'existe pas de règles normatives qui prescrivent la participation et qui imposent la représentation d'une seule formation politique aux élections locales ou

---

[1] Le terme « RDPCISTE », formé à partir du sigle RDPC, le nom du parti au pouvoir, est à la fois un adjectif et un nom qui désigne les militants de ce parti politique.

nationales. Le monopole de la représentation politique ne doit pas aussi sous-entendre une acceptation passive de la représentativité d'un seul parti politique dans les deux municipalités visées. Le pacifisme et l'institutionnalisme facilement attribués aux « gens de l'Est » est un mythe.

Le fait est qu'à Nguélémendouka tout comme à Mboma, et ce depuis l'ouverture à la concurrence, seul le RDPC est resté au pouvoir municipal malgré le système de la représentation proportionnelle appliquée aux élections municipales de 1996, 2002, 2007, 2013 et 2020. Soit au total, 250 conseillers municipaux appartenant uniquement au parti gouvernant, le RDPC.

En réalité, le monopole « rdpciste » dans les deux municipalités est une production de l'histoire. Il faut voir comment les « braises » du début des années 1990, singulièrement vécues dans les deux communes ont laissé des « cendres » qui structurent activement les perceptions politiques locales.

- Des « années de braise » singulières aux arrondissements de Nguélémendouka et de Mboma

Les années de braise au Cameroun n'ont pas eu la même ampleur à l'Est que dans les régions telles que le Littoral, le nord-ouest, le sud-ouest entre autres[1]. Cela ne veut pas dire qu'il n'y a pas eu de désordre à l'Est-Cameroun. Les représentations régionales du *Social Democratic Front* (SDF) avaient essayé une mobilisation subversive qui n'avait pas eu un grand succès du fait de l'intensité régionale du mythe « Anglo-Bami ». Le mythe « Anglo-Bami » était un mythe simplificateur « structuré autour de la position hégémonique du SDF et fondé sur les traits communs de la culture des Grassfields »[2]. La désolidarisation des populations autochtones à cette œuvre subversive « allogène » n'était donc pas synonyme d'un attachement aux institutions. Elle était essentiellement due au construit selon lequel le SDF et son coordonnateur régional, M. Luc Décor charriait les intérêts « Anglo-Bamiléké ».

Mais dans les localités où une formation politique bénéficiait d'une présomption de défense des intérêts régionaux ou locaux, l'engouement autochtone au désordre était avéré. Il en est ainsi dans la commune de Mboma, du front national populaire (FNP) de M. Ngouel Banga Théodore. Ce dernier, président national dudit parti, était un natif de Mboma, précisément du village Zoumé. Concernant cet acteur de l'opposition, deux récits s'opposent : Pour M. Mezogou Mathieu[3], « quand Ngouel Banga arrive, tout le monde le voyait comme un diable qui venait exterminer notre coin ». Le récit de Sa Majesté Élie Mimbang Mpouamb relève plutôt qu' « il faut dire que d'un coup, lorsque

---

[1] P. F. NGAYAP, L'opposition au Cameroun, les années de braise, Paris, L'Harmattan, 1999 ;
[2] L. SINDJOUN, « Le champ social camerounais : désordre inventif, mythes simplificateurs et stabilité hégémonique de l'État », p. 61.
[3] Il faut relever qu'en cette période du début des années 1990, M. Mezogou Matthieu est membre de l'Organisation des jeunes du rassemblement démocratique du peuple camerounais (OJRDPC). Il est alors au cœur de la lutte contre le désordre inventif de ces années.

tout le monde dans l'arrondissement a su que Ngouel Banga avait un parti politique, tout le monde s'est aligné derrière lui ».

La mise en regard des deux déclarations frontales qui pour l'une, « tout le monde le voyait comme un diable » et pour l'autre, « tout le monde s'est aligné derrière lui d'un coup » permet de relever leurs caractères excessifs. Ces déclarations sont en même temps révélatrices du choc qu'avaient généré la présence et l'activisme d'une opposition locale.

Selon le doyen Mezogou Mathieu, les militants de M. Ngouel Banga

> faisaient beaucoup de choses quand ils rencontraient un peu de blocage. Ils étaient prêts même à faire ce que les Anglophones sont en train de faire aujourd'hui[1]. Quand nous sommes allés à Zoumé dans le village de Ngouel Banga, Zé Nguélé était venu pour nous encourager. Ça a été une très grande réussite.

L'arrivée à Mboma du seigneur René Zé Nguélé qui n'est pas fils de Mboma mais de Nguélémendouka révèle le degré de retentissement de l'opposition portée par M. Ngouel Banga. Celle-ci pouvait disposer d'un effet boule de neige sur les arrondissements voisins. D'où le secours porté par ce seigneur, même si ce secours n'était pas suffisant pour endiguer la menace du FNP car les élections municipales du 21 janvier 1996 avaient été annulées dans la commune de Mboma par le jugement N° 25/CE/95-96 du 29 mars 1996. Il semble que la victoire du FNP était incompressible. Mais les élections ne furent plus réorganisées et c'est l'équipe du RDPC qui fut installée dans cette municipalité.

- « Cendres des braises » passées, perceptions présentes et structuration du monopole local

Les développements des années 1990 dans les communes de Mboma et de Nguélémendouka[2] ont laissé d'importants stigmates dans les mentalités politiques locales. Ces stigmates, véritables « cendres des braises », fonctionnent à la manière d'un habitus qui structure les perceptions des acteurs et qui indemnise le monopole politique local, départemental et même régional.

Ce qu'il faut savoir, c'est que le président du FNP n'était pas sorti indemne de son expérience de leader local de l'opposition. De l'avis de Madame Mpok Chantal, 1ère adjointe au maire de la commune de Mboma, « M. Ngouel Banga est bel et bien vivant. Mais en introduisant l'opposition ici, (...) Ça lui a apporté beaucoup de problèmes. Il a d'abord perdu son emploi en tant que cadre des finances, puis il était obligé de partir en exil ».

Ce passé politique fait qu'actuellement, à Nguélémendouka et à Mboma, même les acteurs de l'opposition refusent le statut d'opposant et semblent

---

[1] Remarquons que l'interviewé est parti de la position de « tout le monde le voyait comme un diable qui venait exterminer le coin » à l'acceptation de son influence locale avec « des militants près à tout ».

[2] Pour ce qui est de Nguélémendouka selon le patriarche Zok Dang, « tout l'arrondissement a reçu Bello Bouba ici comme le Chef de l'Etat. Et les gens ont senti que Nguélémendouka allait balancer dans l'UNDP. Ils ont envoyé Zé Nguélé pour dire : allez prier votre frère, il est venu me prier ici, et m'a dit : pour moi, laisse cette affaire »

davantage s'identifier aux rôles de la société civile. Ce qui fait que le rapport des leaders actuels de l'opposition locale au groupe gouvernant n'est véritablement pas envisagé en termes d'alternance au pouvoir.

A Mboma, l'expérience vécue par le leader du FPN est régulièrement prise en exemple pour montrer la capacité que dispose l'élite locale à neutraliser toutes tentatives de renversement du *statuquo*. C'est pour cette raison qu'après les élections municipales de 1996, aucune autre formation politique n'est allée en concurrence contre le RDPC aux élections municipales dans ladite commune. À Nguélémendouka, lorsque l'UNDP se présente à une élection, il s'agit davantage d'une mise en scène de la concurrence avec à l'arrivée, la réification du monopole du parti gouvernemental, le RDPC.

Si l'on se rappelle que les tendances oligarchiques traversent fondamentalement les partis politiques[1], on peut facilement faire l'hypothèse que le monopole de l'un sur une scène municipale va de pair avec des transactions collusives dans la désignation de l'exécutif municipal.

II. Jeux des « seigneurs » dans la désignation des exécutifs municipaux à Nguélémendouka et à Mboma

Le monopole du RDPC sur les scènes municipales de Nguélémendouka et de Mboma n'a rien à voir avec l'unité des dominants locaux de cette formation politique. Et même la discipline partisane est désormais à l'épreuve de la pratique démocratique au Cameroun[2]. En fait, derrière la discipline partisane, on voit insidieusement la main imposante des seigneurs locaux notamment dans le choix des exécutifs municipaux, de sorte que les secousses que subit cette discipline du parti sont synonymes d'une perturbation sérieuse de la domination seigneuriale. Mais les seigneurs agissent de façon à manipuler la hiérarchie nationale, ce qui aboutit à un entre-deux de la perturbation et de la consolidation d'une domination des seigneurs (A). Le règne des *big men* locaux sur les communes est une décentralisation seigneuriale qui a ses pertes et ses profits (B).

A. L'entre-deux de la perturbation et de la consolidation d'une domination seigneuriale

MM. René Zé Nguélé et Marc Aurèle Ava Nguélé sont longtemps restés dominateurs des scènes politiques de Nguélémendouka et de Mboma. Mais l'effet érosif de l'âge sur la vigueur physique va transformer ces deux figures charismatiques en leaders dormants. Ce qui mènera à une perturbation incrémentale des nominations électives des maires dans les deux collectivités, même si un nouveau visage de la démocratie seigneuriale sera perceptible.

[1] R. MICHELS, *Les partis politiques : essais sur les tendances oligarchiques des démocraties*, Presse de l'université de Bruxelles, 2009.

[2] C. KAPTCHOUANG, « La discipline du parti à l'épreuve de la pratique démocratique au Cameroun : vers la révolte des élus ? » SOLON, Vol. 3, N° 10, 2009, p. 311.

Perturbation croissante des nominations électives des Maires de N'ka et Mboma

Le concept de « nomination élective » est l'expression d'une domination sociale qui trouve dans le mythe d'une « désignation populaire » un moyen de fonder sa légitimité. C'est une modalité subtile de ratification des autorités sociales et de l'emprise qu'elles exercent sur les électeurs assemblés. Dans une tentative d'explication du fonctionnement au concret de la désignation du maire de la commune de Nguélémendouka, M. Bimémé Augustin, le Président de la Section RDPC de Nguélémendouka relevait :

> il y a trois élites régulièrement consultées lors du choix des maires : le ministre-sénateur, René Zé Nguélé qui est notre patriarche à nous tous ; madame Nguélé Julie ancienne Secrétaire Générale du CONSUPE ; Etoa Jean Bosco, conseiller technique à la primature

Il faut en premier lieu observer que l'association des trois premières figures au processus de désignation du chef de l'exécutif communal de Nguélémendouka est due au fait qu'elles bénéficient du « décret présidentiel » qui les consacre en seigneurs locaux. En fait, bénéficier de la « confiance présidentielle » au Cameroun est un positionnement intermédiaire qui permet à « l'heureux élu » de parler aux populations au nom du Président de la République et, selon les récits, de porter les doléances des populations locales au niveau central.

Il faut par ailleurs relever la force persuasive de deux discours sur M. René Zé Nguélé : premièrement, il est crédité dans son département d'origine comme étant régulièrement consultée par le Président de la République pour toute nomination des acteurs politiques originaires de l'Est-Cameroun. En deuxième lieu, il y a une violence symbolique derrière le discours qui le consacre étant « notre patriarche à nous tous ». Cette appellation paternaliste confère à son bénéficiaire une ascendance dans la désignation des maires de N'ka. Par conséquent, tous les maires sont, depuis 1992, été des *Essekonda*, groupement d'origine de M. René Zé Nguélé.

Tableau 3 : groupements d'origine des Maires de Nguélémendouka depuis 1988

Mandatures	Maires de la Commune de Nguélémendouka	Groupements d'origine
1988-1996	Engamba Albert	Essekonda
1996-2002	Engamba Albert	Essekonda
2002-2007	Tigna	Essekonda
2007-2013	Nguélé Jean Marie	Essekonda
2013-2020	Nguélé Jean Marie	Essekonda
Depuis 2020	Mimbang Alex	PND, Assimilé à un Essekonda

Source : Auteur à partir des données collectées dans la commune de Nguélémendouka.

La même domination élitaire était perceptible dans la commune de Mboma. De sorte que c'est la grande famille *Djoumein ne Weind* à laquelle appartenait le tout premier maire, M. Ava Nguélé Marc Aurèle et à laquelle appartient l'essentiel de l'élite politico-administrative.

Tableau 4: Familles d'origine des maires de la Commune de Mboma depuis 1993

Mandatures	Maires de la Commune de Mboma	Familles d'origine
1993-1996	Ava Nguélé Marc Aurèle	Djoumein ne Weind
1996-2002	Ava Nguélé Marc Aurèle	Djoumein ne Weind
2002-2007	Ngono Menkoue Françoise	Issam Ndam ne Bouans
2007-2013	Fouda Fouda Frédéric	Djoumein ne Weind
2013-2020	Fouda Fouda Frédéric	Djoumein ne Weind
Depuis 2020	Fouda Fouda Frédéric	Djoumein ne Weind

Source : Auteur à partir des données collectées dans la commune de Mboma.

Seulement, cette domination des seigneurs semble se perturber sous l'effet de la contestation locale.

Même si tous les maires sont restés du groupement « Essekonda », la remise en cause des « ordres » de M. Zé Nguélé procède par le renversement de son protégé, M. Tigna. Ce dernier avait succédé à M. Engamba et avait été renversé par M. Nguélé Jean Marie. Ces développements de Nguélémendouka peuvent également être transposés à Mboma où M. Ava Nguélé Marc Aurèle qui avait longtemps monopolisé la municipalité devait être renversé par madame Ngono Françoise en 2002 après avoir subi l'épreuve du FNP, le parti de M. Ngouel Banga en 1996.

La perturbation de la domination de ces seigneurs de la première génération de l'ère démocratique ne sous-entend pas la fin de l'investissement municipal de l'élite administrative. Au contraire, la domination des seigneurs locaux a tendance à changer de formes et à se renouveler mais elle semble se consolider avec le retour des retraités au village.

- Consolidation de la dominance seigneuriale : l'exécutif municipal, un lit de Procuste des retraités

Si la culture archivistique en périphérie reste embryonnaire au point où il est difficile de trouver des archives de plus de dix ans dans les communes de Mboma ou de Nguélémendouka, il est possible, même à partir des données les plus récentes, de mesurer le degré d'emprise des anciens fonctionnaires sur les équipes exécutives des communes étudiées.

Tableau 5 : profils de l'exécutif municipal de N'ka en 2020-2025

Exécutif municipal de Nguélémendouka	Noms et prénoms	Statut professionnel
Maire	Alex Mimbang	Journaliste en Retraite
1er adjoint au maire	Nanga Delphine	Administrateur du travail en retraite

2e adjoint au maire	Bimémé Augustin	Enseignant proche de la retraite

Source : Commune de Nguélémendouka

Tableau 6 : profils de l'exécutif municipal de Mboma 2020-2025

Exécutif municipal de Mboma	Noms et prénoms	Statut professionnel
Maire	Fouda Fouda Frédéric	Receveur Municipal en retraite
1er adjoint au maire	Mpok Chantal	Opératrice économique
2e adjoint au maire	Tsoao Metek	Commissaire en retraite

Source : Commune de Mboma

Dans chaque commune, 2/3 des membres de l'exécutif municipal sont des fonctionnaires déjà en retraite. En faisant l'hypothèse qu'il n'en était pas ainsi des mandats précédents, cela veut dire qu'on assiste à la consolidation de la domination élitaire sur la scène politique locale. Cette tendance semble se confirmer en observant le profil des maires de Nguélémendouka et de Mboma cette fois ci depuis 1988.

Tableau 7 : profils des maires de la commune de Nguélémendouka depuis 1988

Mandatures	Noms et prénoms des maires	Statut professionnel
1988-1996	Engamba Albert	Militaire retraité
1996-2002	Engamba Albert	Militaire retraité
2002-2007	Tigna	Opérateur économique
2007-2013	Nguélé Jean Marie	Fonctionnaire retraité
2013-2020	Nguélé Jean Marie	Fonctionnaire retraité
Depuis 2020	Mimbang Alex	Journaliste retraité

Source : Auteur à partir des données collectées dans la commune de N'ka, octobre 2021

Tableau 8 : profils des Maires de la commune de Nguélémendouka depuis 1992

Mandatures	Noms et Prénoms des Maires	Statuts Professionnels
1993-1996	Ava Nguélé Marc Aurèle	Enseignant retraité

1996-2002	Ava Nguélé Marc Aurèle	Enseignant retraité
2002-2007	Mpok Françoise	Opératrice économique
2007-2013	Fouda Fouda Frédéric	Receveur retraité
2013-2020	Fouda Fouda Frédéric	Receveur retraité
Depuis 2020	Fouda Fouda Frédéric	Receveur retraité

Source : Auteur à partir des données collectées dans la commune de Mboma, octobre 2021

Dans les deux communes, 5/6 mandats ont été gérés par des fonctionnaires en retraite. Ces statistiques sont typiques de l'appropriation des exécutifs des deux collectivités de base par les élites politiques et administratives. Un seul mandat avait dans les deux communes, échappé aux retraités : celui allant de 2002 à 2007. Parce que la commune est la collectivité territoriale de base, sa gestion régulière par les fonctionnaires retraités est une modalité de décentralisation seigneuriale qui il faut le reconnaitre, a ses pertes et ses profits.

B. Pertes et profits d'une décentralisation seigneuriale à Nguélémendouka et à Mboma

En tant que Collectivités de base, les communes de Nka'a et de Mboma subissent une décentralisation seigneuriale. La décentralisation seigneuriale qui est une modalité insidieuse d'imposition de la volonté des élites politiques et administratives a ses profits qui sont entre autres l'expérience administrative et un important capital relationnel. Mais ces expériences de gestionnaires passés de comptes publics ne sont pas toujours indemnes sur la gestion sereine des collectivités de base.

- Des profits d'une expérience administrative et d'un important capital relationnel…

De façon objective, les conseillers municipaux qui ont un statut de « commerçants, cultivateurs, ménagère » (CCM) dans les communes de Nguélémendouka et de Mboma ne peuvent pas être comparés à ceux des agents de l'administration publique en matière d'expérience administrative et de capital relationnel. Dans la commune de Mboma par exemple, 08 conseillers rentrent dans la catégorie de CCM. Il s'agit là d'acteurs disposant d'une importante notoriété locale parce qu'ils sont tous des résidents et ont une certaine connaissance pratique des difficultés auxquelles sont confrontées les populations locales ; difficultés pratiques que les conseillers non-résidents ne vivent pas au quotidien. Notons tout de même la mise à l'écart de la catégorie CCM de l'exécutif municipal aussi bien à N'ka qu'à Mboma.

Le problème est que les conseillers rentrant dans la catégorie CCM sont très souvent d'un niveau d'instruction assez faible. Parmi les 08 conseillers CCM localisés à Mboma, aucun acteur n'est détenteur d'un brevet d'étude du premier cycle (BEPC) ou d'un diplôme équivalent. Le niveau moyen est le certificat d'étude primaire (CEP) et même, certains ne sont pas détenteurs de ce diplôme. Ce qui amoindrit leur chance de figurer dans l'exécutif et relativise leurs capacités de compréhension des enjeux complexes liés à la décentralisation. Pour M. Bimémé Augustin,

> Il y a une réalité que nous ne devons pas perdre de vue : pour mieux s'approprier la décentralisation, il faut aussi un niveau de compréhension ; un niveau intellectuel ; c'est pour cela qu'il faut faire le brassage entre élites et locaux ; les locaux connaissent les réalités et les élites nous aident à trouver des niches de financement de par leurs relations...L'actuel maire, même comme la décentralisation n'est pas encore effective, lorsqu'il se présente dans un ministère, son nom seulement résonne et on lui ouvre les portes.

Le discours d'une maitrise des lobbyings par les anciens fonctionnaires et gestionnaires des comptes publics est également perceptible chez M. Mezogou Mathieu, à Mboma :

> Notre Maire, M. Fouda est un ancien fonctionnaire et il connait la gestion des finances par ce qu'il était receveur municipal; il a été député ; les relations qu'il a dans ce pays, ceux qui sont là n'ont pas ces relations. On ne gère pas la mairie étant au bureau ; il faut sortir, chercher des financements mais tout le monde n'a pas cette capacité.

Effectivement, on peut observer une transformation progressive des visages urbains et péri-urbains de Nguélémendouka et de Mboma sous les mandats respectifs de MM. Alex Mimbang et Fouda Fouda Frédéric avec le financement et l'entretien des voiries urbaines des deux communes. Spécifiquement, la ville de Mboma qui, depuis près d'une décennie n'avait pas connu de lumière électrique est actuellement éclairée par l'énergie solaire, l'œuvre des lobbyings menés par M. Fouda Fouda Frédéric.

Il convient tout de même de rappeler que si les réalisations sont visibles actuellement, l'invisibilité des résultats passés n'est pas due au fait que la commune était d'abord gérée par des acteurs qui ne comprenaient pas les enjeux du développement local ou qui ne disposaient pas des capacités transactionnelles. Ceci veut dire qu'un exécutif municipal essentiellement composé de fonctionnaires ou d'anciens fonctionnaires n'est pas la garantie du développement au niveau des collectivités décentralisées. Et même, ce passé de responsables administratifs, de gestionnaire des comptes publics peut avoir un impact non négligeable sur une gestion sereine de la collectivité locale.

- Aux pertes d'un passé non indemne sur la gestion sereine des collectivités de base

Avec le décret N° 2020/802 du 30 décembre 2020 portant Harmonisation de l'âge de départ à la retraite des fonctionnaires, nous assistons de façon globale à une augmentation de l'âge de départ à la retraite. Il ne faut pas masquer les aléas et la fragilité de la santé du fait de la sénescence, et même toute absence de pression psychologique. C'est dans ce sens que M. Bak Jean Yves, maire de la commune d'Atok dans le Haut-Nyong critiquait

> Ces gens qui pensent qu'ils peuvent faire sa carrière professionnelle normalement puis au soir de sa vie, il rentre en politique pour gérer une commune... ce genre d'acteur se retrouve à gérer une commune, il n'a plus de pression ! Il n'a plus rien à prouver.

La mort d'un personnage n'est pas forcément liée à l'âge mais il faut prendre au sérieux le facteur « vieillesse » dans l'interruption de la vie, surtout dans un pays comme le Cameroun où l'espérance de vie des hommes tournait autour de 57,66 ans en 2018. C'est ainsi que M. Engamba Albert, militaire à la retraite, était décédé au cours de son deuxième mandat comme maire de la commune de Nguélémendouka.

La commune est un champ de luttes et de forces. Souvent, le passé des retraités, vainqueurs d'une élection municipale peut être instrumentalisé par les perdants ou leurs soutiens pour nuire au gouvernement de la collectivité. C'est une hypothèse mais toujours est-il que le maire de la commune de Nguélémendouka, candidat à sa propre succession, avait été disqualifié de la course. Si des raisons officielles faisaient allusion aux antécédents judiciaires pour fautes de gestion, des informateurs anonymes voyaient la suspension de M. Nguélé Jean Marie comme étant la manœuvre d'un seigneur local, qui prenait ainsi la revanche sur le renversement de son « protégé », M. Tigna.

Le cas le plus actuel est celui du maire de la commune de Mboma réélu en 2020. En détention provisoire (depuis environ un an, selon les informations du terrain en Septembre 2021), « M. Fouda était receveur municipal et il semble que les problèmes qu'il traine aujourd'hui sont liés à cette ancienne gestion. Politiquement, vous savez que les problèmes gérés par le TCS [tribunal criminel spécial NDLR] sont des dénonciations anonymes » (Mezogou Mathieu, Doyen des Conseillers Municipaux de Mboma).

À écouter et à observer les visages des conseillers municipaux de Mboma, M. Fouda Fouda Frédéric a impulsé de façon positive le développement local. Mais, sans rentrer dans les transactions invisibles, sa détention, elle-même liée à son passé de gestionnaire des finances publiques, est un handicap sérieux à la poursuite d'un développement local serein. Si, comme le révèlent les exemples de Nguélémendouka et de Mboma, l'exécutif municipal au Cameroun devient un lit taillé à la mesure des retraités, la gestion sereine des collectivités de bases subira des secousses perturbatrices du processus de décentralisation territoriale.

Conclusion

Les communes de Nguélémendouka et de Mboma sont emblématiques de la dynamique des forces politiques en compétition dans les collectivités de base au Cameroun. Dès le début des années 1990 et contrairement au discours institutionnel, la commune de Nguélémendouka n'était pas épargnée du désordre des années de braise. L'engouement autochtone au désordre était surtout avéré dans la localité de Mboma où une formation de l'opposition, le FNP bénéficiait d'une présomption de défense des intérêts locaux. Dès lors, l'ordre central allait procéder à un travail de sculpture hégémonique créant la commune de Mboma en 1995, pour éviter toutes contaminations révolutionnaires. C'est ainsi que Mboma et Nguélémendouka deviennent deux communes autonomes où l'on verra une pénétration indirecte et élégante de l'impérialisme central. L'élection municipale douloureuse de 1996 va obliger à un ajustement de l'intelligence tactique des seigneurs locaux, satellites de la formation dirigeante. Ils devaient procéder à une démocratie des grands décideurs qui allait permettre une restauration autoritaire et, partant, un monopole de la représentation politique légitime du RDPC. Objectifs atteints, la conquête municipale va désormais s'opérer à l'intérieur du seul parti au pouvoir. Mais le poids du parti dans le processus de sélection des candidats va devenir un « tamis » discriminant les candidats à la municipalité. La démocratie des grands va magistralement opérer par le monopole du RDPC. La dynamique du jeu local va à un moment donné conduire à perturbation de l'hégémonie des seigneurs de la première génération de l'ère compétitive. Mais cela ne va pas conduire à la fin de l'investissement municipal de l'élite. Au contraire, la domination des seigneurs locaux va se renouveler et se consolider avec le retour des retraités au village qui vont s'accaparer des exécutifs municipaux. La direction des mairies par les retraités va mettre en exergue un certain nombre d'avantages et révéler ses fragilités. Envisager les soucis judiciaires des maires comme étant l'une des répercussions des batailles politiques locales est possible. Mais un fait demeure : ces tribulations des chefs d'exécutifs municipaux perturbent largement le processus de décentralisation territoriale.

Bibliographie :

- ABANDA Adelot, La circulation des élites politiques au Cameroun : une sociologie de la trajectoire et des réseaux de construction du leadership politique dans les départements du Lom et Djerem et du Haut –Nyong, (1990-2010), Thèse de Doctorat en science politique, Université de Yaoundé II, 2015 ;
- BRAUD, Philippe, *Le suffrage universel contre la démocratie*, Paris, PUF, 2010.
- CHAUVAU Jean Pierre, DOZON Jean Pierre, « Au cœur des ethnies ivoiriennes… L'État », in TERRAY, E. (dir), L'État contemporain en Afrique, Paris, L'Harmattan ;
- KAPTCHOUANG Célestin & ZOUNA Denis, « La dialectique pouvoir/opposition à l'Est-Cameroun : une reproduction périphérique du jeu politique central » in MEDOU NGOA F.J., La vie politique camerounais à paraitre.
- KAPTCHOUANG Célestin, « La discipline du parti à l'épreuve de la pratique démocratique au Cameroun : vers la révolte des élus ? » SOLON, Vol. 3, N° 10, 2009 ;
- MICHELS Roberto, Les partis politiques : essais sur les tendances oligarchiques des démocraties, Presse de l'université de Bruxelles, 2009 ;
- NGAYAP Pierre Flambeau, *L'opposition au Cameroun, les années de braise*, Paris, L'Harmattan, 1999 ;
- NJOYA Jean, « Liturgies politiques, constitution d'un imaginaire unitaire et démocratie passive au Cameroun », *RAEPS,* N° 3, 2003 ;
- SINDJOUN Luc, « Le champ social camerounais : désordre inventif, mythes simplificateurs et stabilité hégémonique de l'État », *Politique Africaine,* N° 62, 1996TOCQUEVILLE, A. (1981). De la démocratie en Amérique, Tome 1, Paris, GF-Flammarion ;
- ZOUNA BAH Denis, « La réciprocité inversée comme pilier du rayonnement hégémonique au Cameroun », *EFUA,* Coll. Thèse Synthèse, Vol. 1, N° 2, 2021 ;

- ZOUNA BAH Denis, *Les entrepreneurs politiques de l'Est et les transactions politiques au Cameroun depuis l'indépendance. Essai sur une réciprocité inversée,* Thèse de doctorat en science politique, Université de Dschang, 2022.

Chapitre 5

Chefferie traditionnelle et décentralisation au Cameroun : réflexion sur le rôle paradoxal d'une institution complexe

Par
Achille Magloire NGAH
PhD en droit public. Chargé de Cours à la FSJP de l'Université de Yaoundé II
Chercheur au CEDIC

Résumé

La décentralisation semble être considérée par les discours officiels comme une panacée contre tous les maux dont souffre le Cameroun. Pour ce faire, le constituant et le législateur ont voulu réparer les frustrations en libéralisant l'arène politique nationale et locale et en propulsant sur ces scènes, les autorités traditionnelles. C'est ainsi que la création du sénat et des exécutifs régionaux, au sein desquels les chefs traditionnels siègent, est intervenue. La curiosité, cependant, est que toutes ces innovations ont été faites sans une réforme préalable du statut de la chefferie traditionnelle qui baigne toujours dans un flou juridique entretenu par le décret de 1977. Cette étude se veut une lecture positiviste et sociologique du paradoxe que révèle le rôle complexe des autorités traditionnelles, socle de la vraie légitimité locale, mais visiblement maintenues en marge des défis qu'impose la décentralisation.
Mots-clés : décentralisation, chefferie traditionnelle, collectivités territoriales décentralisées, principe de subsidiarité.

Abstract: Traditional Chieftaincy and Decentralization in Cameroon: Reflecting on the Paradoxical Role of a Complex Institution

Decentralization is seen through official speeches as a panacea for all the ills that Cameroon suffers. To do this, the constituent and the legislator sought to repair the frustrations by liberalizing the national and local political arena and pushing the traditional authorities into the scene, leading to the creation of the Senate and regional executive bodies, in which traditional leaders sit in. The curiosity, however, is that all these innovations were made without a prior reform of the status of the traditional chiefdoms, which is still battles in a legal blur of the 1977 Decree. This study seeks a positivist and sociological reading of the paradox revealed by the complex role of traditional authorities, the foundation of true local legitimacy, but visibly kept on the sidelines of the challenges imposed by decentralization.
Key words: decentralization, traditional chiefdoms, decentralised territorial communities, subsidiarity principle.

Introduction

Depuis 1996, année de la modification historique, sous fond de réécriture, de sa Constitution de 1972, le Cameroun est rentré dans la sphère séduisante des « État[s] unitaire[s] décentralisé[s] »[1]. Dans cet élan, un nombre important de textes a été adopté[2] comme preuve manifeste d'« une volonté affirmée, une volonté visible et lisible des pouvoirs publics d'inscrire dans le socle du concret ce processus»[3] de modernisation de l'État. Ainsi le paysage institutionnel camerounais s'est accommodé à l'existence du Sénat[4] qui est même déjà rendu à sa deuxième législature ; à l'existence des conseils régionaux et des exécutifs y relatifs d'une part ; tandis que l'administration des communes par des conseils municipaux et des maires élus à tous les niveaux[5] est devenue une réalité d'autre part. Le tout auréolé d'une loi portant Code général des collectivités territoriales décentralisées votée en décembre 2019, et qui mentionne dans deux articles redondants[6] que les organes délibérants de ces collectivités territoriales doivent refléter les différentes composantes sociologiques, en assurant notamment la représentation de la population autochtone[7]. Mais alors de quelle représentation des autochtones s'agira-t-il ? Car même si le principe démocratique semble gouverner la désignation des organes directeurs des collectivités territoriales, il n'en demeure pas moins vrai que les populations autochtones ont très souvent une organisation institutionnelle traditionnelle en marge des institutions démocratiques modernes. En effet, « dans la plupart des pays africains, la rapidité des transformations sociales a souvent entraîné des formes d'évolution politique conflictuelles. Nulle part ailleurs dans le tissu social ce phénomène ne se manifeste mieux que dans les interactions complexes qui existent entre les institutions politiques modernes et traditionnelles.»[8] Ce visage dichotomique, voire schizophrénique, que présente les sociétés africaines, partagées entre deux ou trois pouvoirs parfois concurrents[9], mais

---

[1] Article premier (2) de la Constitution Camerounaise du 18 janvier 1996.

[2] - La Constitution Camerounaise du 18 janvier 1996, les lois de 2004 et la loi N° 2019/024 du 24 décembre 2019 portant Code général des Collectivités Territoriales Décentralisées

[3] D.J. ZAMBO ZAMBO, J.J. BIOCK, G. MVODO MBOGSI et A. MAHAMAT, « Les relations de coopération entre les autorités traditionnelles, les pouvoirs étatiques (Services de l'administration) et les représentants des communes et leurs implications sur le processus de décentralisation en cours », https://www.ifeas.uni-mainz.de consulté le 31 août 2021.

[4] L'article 20 de la constitution camerounaise du 18 janvier 1996 dispose que « le Sénat représente les collectivités territoriales décentralisées »

[5] Voir article 243 du Code général des CTD.

[6] Article 166 pour ce qui est des Conseils municipaux et l'article 276 pour ce qui est des Conseils régionaux

[7] Idem

[8] O. VAUGHN, « Les chefs traditionnels face au pouvoir politique », *Politiques Africaine*, 1988, pp 44-56, préc. P.44 disponible sur http:/www.politique-africaine.com/numeros/pdf/032044.pdf consulté le 25/08/2021

[9] En Afrique chaque individu émarge généralement sur trois registres : le registre traditionnel, le registre religieux et enfin le registre étatique

nécessairement en phase dans la quête du relèvement du niveau de vie ou du développement des peuples dont ils ont la charge, pousse à réflexion notamment sur la possibilité d'une conjugaison des deux pouvoirs les plus évidents, à savoir le pouvoir étatique et le pouvoir traditionnel.

Ceci étant, soulignons que la chefferie traditionnelle est perçue comme « une organisation sociale qui fonctionne selon les coutumes, les traditions et les mœurs d'une communauté donnée. Elle est relativement autonome et se caractérise par le très fort sentiment d'appartenance de ses membres à une même identité sociologique, historique et culturelle.»[1] Tandis que l'on peut appréhender la décentralisation comme l'institution ou la reconnaissance juridique « de collectivités, ou entités administratives, distinctes de l'État pris en tant que personne morale ; ces entités sont dotées comme l'État de la personnalité morale et agissent selon le principe de l'autonomie. »[2] Ceci dit, l'on constate qu'autant la chefferie traditionnelle que les collectivités territoriales décentralisées sont considérées comme des institutions ou des entités locales faisant coexister sur l'espace public local deux types d'autorité. En effet, il ressort que « La scène politique locale [du Cameroun] a donc de tout temps été marquée par la lutte entre les acteurs de la vie sociopolitique et économique locale que sont : les chefs traditionnels, les chefs religieux, la mairie, les élites ... cette lutte vise in fine le pouvoir et le contrôle des ressources naturelles locales, soit pour l'intérêt général, soit pour l'intérêt individuel. »[3] Pour ce qui est de la chefferie traditionnelle qui est au cœur de la présente contribution, l'on remarque bien que, dans certaines régions du Cameroun telles que l'Ouest, le Nord-Ouest et les trois régions septentrionales, cette institution traditionnelle jouit d'une respectabilité qui fait parfois ombrage à l'administration étatique[4]. Or, la logique républicaine et développementaliste actuelle prône un changement de paradigme dans les rapports entre les autorités modernes et les autorités traditionnelles, de sorte qu'« au-delà même de la cohabitation entre les deux pouvoirs, aux assises dissemblables, voire antinomiques, c'est la question de leur mise en contact et d'un processus d'incorporation réciproque qui est aujourd'hui à l'ordre du jour »[5]. D'où la question de savoir quel est l'impact ou quel peut être

---

[1] L. NGONO TSIMI, *L'autonomie administrative et financière des collectivités décentralisées : l'exemple du Cameroun*, thèse, Université de Paris-Est, 2010, p. 37.

[2] H. KOUIMEGNE NOUBISSI, *Décentralisation et centralisation au Cameroun*, Paris, L'Harmattan,2020, 495p, préc. p. 21.

[3] D.J. ZAMBO ZAMBO, J.J. BIOCK, G. MVODO MBOGSI et A. MAHAMAT, « Les relations de coopération entre les autorités traditionnelles… » *op cit.* p. 5.

[4] Voir C. NACH MBACK, « Chefferie traditionnelle au Cameroun : ambiguïtés juridiques et dérives politiques », *Africa Développement*, vol. XXV, N°3 et 4, 2000, p, 81.

[5]C.H. PERROT, « Les autorités traditionnelles et l'Etat moderne en Afrique subsaharienne au début du XXIe Siècle », *Cedernos de Estados Africanos* ; 2009, http://journalopenedition.org , p. 17 cette approche inclusive qui est la nôtre n'est pas de l'avis de certains chercheurs tels que Hubert M.G. OUEDRAOGO qui pense que la décentralisation est une opportunité donnée aux africains pour leur permettre « de s'émanciper de l'emprise de pouvoirs traditionnels tournés

l'implication des chefferies traditionnelles dans le processus de décentralisation en cours au Cameroun ? La lecture de la législation en vigueur à l'épreuve des faits sociaux révèle que la chefferie traditionnelle est pour le moment instrumentalisée par les acteurs de la décentralisation (I), alors même que les impératifs socioéconomiques appellent une nécessaire inculturation de la décentralisation (II).

I. L'instrumentalisation de la chefferie traditionnelle par les acteurs de la décentralisation

« Au lendemain des indépendances, les nouvelles élites africaines voyaient dans les rois et les chefs les reliques d'un passé, passé qu'il leur appartenait d'abolir »[1], le vent de démocratisation des années 1990 et certaines révolutions ont suscité un regain d'intérêt pour un retour aux sources prôné par la doctrine et les bailleurs de fonds[2]. L'on vit désormais une certaine reviviscence de l'authenticité africaine[3]. Le Cameroun ne fait pas exception. Sauf que sa stratégie voile à peine l'instrumentalisation des gardiens de la tradition par les pouvoirs publics d'une part et le politique d'autre part.

A. L'instrumentalisation de la chefferie traditionnelle par les pouvoirs publics

Les pouvoirs publics ont fait du chef traditionnel un courtier de l'administration, ceci en rupture totale avec sa vocation de représentation de ses sujets.

1. Le Chef traditionnel courtier de l'administration

Au Cameroun, dire que la chefferie traditionnelle est instrumentalisée par les pouvoirs publics est un euphémisme, dans la mesure où il est de notoriété publique que les chefs traditionnels sont des auxiliaires de l'administration publique. Pour Charles NACH MBACK, le chef est « un agent auxiliaire déconcentré »[4] de l'administration, « il s'agit par conséquent d'un agent

---

vers le passé et de réaliser la révolution d'une citoyenneté tournée vers l'avenir », voir H.M.G.OUEDRAOGO, « Décentralisation et pouvoirs traditionnels : Le paradoxe des légitimités locales », *Monde en développement*, 2006/1, N° 133, pp ; 9-29, préc. p. 29.

[1]C.H. PERROT, « Les autorités traditionnelles et l'Etat moderne en Afrique subsaharienne au début du XXIe Siècle », *op cit.* p. 17

[2]Lire C.H. PERROT et F.X. FAUVELLE-AYMAR (dir.), Le retour des rois : Les autorités traditionnelles et l'Etat en Afrique contemporaine, Paris Karthala, 2003, 568 p.

[3] Ces replis identitaires ont été observée par des revendications culturelles telles que l'adoption par certains chefs d'Etats d'un style vestimentaire et des rhétoriques des autorités traditionnelles. Au rang de ces hommes d'Etats on peut citer, les anciens Chef d'Etat Ghanéens NKWAME NKRUMAH, Jerry RAWLINGS, le Congolais MEBUTU SESEKO. Toutes choses qui ont poussé un auteur à se demander s'il s'agissait d'« une traditionalisation du pouvoir politique moderne ou bien d'une modernisation de la tradition ? » Voir FOUCHER (V.) et SMITH (E.), « Les aventures ambigües du pouvoir traditionnel dans l'Afrique contemporaine », *Revue internationale et stratégique*, N°81, 2011, p. 37

[4] C. NACH MBACK, « Chefferie traditionnelle au Cameroun : ambiguïtés juridiques et dérives politiques », *op cit.* p.88

public de l'État et son étroite subordination à l'administration peut s'apprécier à travers trois éléments : son mode de désignation, son traitement rémunération et son régime disciplinaire »[1]. Pour parvenir à cette conclusion, l'auteur a fait une lecture froide du Décret N°77/245 du 15 juillet 1977 portant organisation des chefferies traditionnelles au Cameroun. À son avis, ce texte démontre que « dans l'exercice de ses fonctions, le chef [traditionnel] relève de la totale discrétion de l'administration de l'État »[2] qui le fait et le défait à sa guise. Cette instrumentalisation juridiquement consacrée par un décret n'est qu'une prolongation de l'instrumentalisation que le colon avait lui-même faite de ces autorités traditionnelles comme l'illustrent les termes d'une circulaire coloniale : « Le chef indigène n'est qu'un instrument, un auxiliaire. Il est vrai que cet auxiliaire n'est pas qu'un simple agent de transmission et qu'il met au service du commandant de cercle non seulement son activité et son dévouement, mais encore sa connaissance du pays et l'influence réelle qu'il peut avoir sur les habitants de ce pays. Le chef indigène ne parle, n'agit jamais en son nom, mais toujours au nom du commandant de cercle et par délégation formelle ou tacite de celui-ci ». Bref, entre l'administration française et les populations indigènes s'« il doit y avoir un truchement : c'est le chef qui est ce truchement. »[3] Ainsi, la méthode coloniale française d'assimilation ou d'administration directe ne pouvait réussir que dans un cercle vicieux de « despotismes décentralisés »[4] exercé par l'entremise des proches des populations indigènes. Les meilleurs instruments à cet effet étaient les chefs traditionnels du haut de leur légitimité coutumière. En effet, en inféodant la chefferie traditionnelle dans son administration[5], le colonisateur réussissait ainsi d'abord à neutraliser cette institution séculaire « comme force politique parallèle »[6] tout en la maintenant comme un simple courtier pour atteindre ses fins auprès des populations. Les États modernes font pareil, ce en marge du rôle originel de la chefferie qui était la représentation de ses sujets.

2. Le Chef traditionnel en rupture avec son contrat de représentation de ses sujets

Chemin faisant, à la suite du colonisateur, l'administration dite moderne a toujours cherché à réduire la chefferie traditionnelle à sa plus simple

---

[1] *Idem* p. 89

[2] *ibid.* p. 88

[3] Circulaire du Gouverneur Général de l'Afrique Occidentale Française J. Van Vollenhoven du 15 aout 1917 citée par B. SALIFOU, *Les chefs traditionnels et leur participation au pouvoir politique en Afrique : les cas du Burkina Faso et du Niger*, Thèse, Université de Reims-Champagne- Ardenne, 2007, 350p, préc. p. 13

[4] V. FOUCHER et E. SMITH, « Les aventures ambigües du pouvoir traditionnel dans l'Afrique contemporaine », *op. cit.* p. 34

[5] L'autre raison qui avaient conduit à cette inféodation de la chefferie traditionnelle dans l'administration coloniale est l' « étendue du territoire à administrer et la faiblesse numérique des administrateurs des colonies », voir H. KOUIMEGNE NOUBISSI, *Décentralisation et centralisation au Cameroun, op cit.* p. 359

[6] Idem

expression, à défaut de la faire disparaitre. En prenant la relève, les nouveaux États africains, pour garantir l'autorité et le pouvoir sans partage des gouvernants, ont pensé qu'il était nécessaire de dompter le pouvoir coutumier du chef traditionnel. La stratégie a donc consisté à priver ce dernier « de son auréole sacrée »[1] en procédant non seulement à la nomination des chefs traditionnels[2], mais aussi en leur brandissant la menace de la destitution[3], en cas de refus d'obtempérer ou de rébellion[4]. Ceci dans le but de le rendre docile, domptable et malléable[5] de sorte qu'au Cameroun, le statut actuel du chef traditionnel ne semble pas appréhender cette institution « en termes d'apport des cultures africaines à l'édification du nouvel État, il n'est bon que dans son État corvéable. »[6] Dans cette optique, le décret de 1977 portant organisation de la chefferie traditionnelle énonce, sans ambages, en son article 20 que les chefs traditionnels sont des « auxiliaires de l'Administration ». Ce texte traduit en fait une sorte de ruse de l'État camerounais nouvellement indépendant qui a voulu pallier son déficit en personnel administratif et les défaillances d'autorité du pouvoir central en se servant des chefs traditionnels aux dépens des populations qu'ils étaient censés représenter[7]. Pour Zelao, « Dans un

---

[1] *In idem*, p.96

[2] L'article 15 du Décret N°77/245 du 15 juillet 1977 portant organisation des chefferies traditionnelles stipule que « les chefs de 1er degré sont désignés par le Premier Ministre ; ceux de 2ème degré par le Ministre de l'Administration Territoriale et ceux du 3ème degré par le Préfet. »

[3] Selon Charles MBACH NACK, « l'asservissement du chef traditionnel à l'administration est désormais total, conditionné qu'il est par le pouvoir de destitution qu'elle dispose à son égard », voir C. NACH MBACK, « Chefferie traditionnelle au Cameroun : ambiguïtés juridiques et dérives politiques », *op cit.* p. 92

[4] Article 29 du Décret N°77/245 : « En cas de faute dans l'exercice de leurs fonctions, en cas d'inefficacité, d'inertie ou d'exactions à l'égard des populations, les chefs traditionnels encourent les sanctions suivantes : - rappel à l'ordre : - avertissement ; - blâme simple ; - blâme avec suspension pendant 3 mois au plus de la totalité des allocations ; destitution… »

[5] Cet avilissement de la chefferie traditionnelle n'est pas une exception camerounaise, c'est une réalité générale en Afrique francophone, comme le démontre cette belle métaphore Claude-Hélène Perrot, « Lorsque les autorités traditionnelles ont survécu, les positions qu'elles occupent sont marquées de signes différents. Qu'y a-t-il de commun entre d'une part un chef togolais réduit à la portion congrue, et qui, sauf exception, fait preuve d'une parfaite docilité à l'égard du pouvoir en place, un sarkin haoussa du Niger qui vit dans une extrême pauvreté, les uns et les autres étant sans prestige et sans influence, et d'autre part l'Asantehene (roi des Asante), un chef bamileke, un roi yorouba, ou encore le kabaka du Buganda » in C.H. PERROT, « Les autorités traditionnelles et l'Etat moderne en Afrique subsaharienne au début du XXIe Siècle » *op. cit.* p.18.

[6] C. NACH MBACK, « Chefferie traditionnelle au Cameroun : ambiguïtés juridiques et dérives politiques », *op cit.* p. 92.

[7] Commentant le décret de 1977 ALAWADI ZELAO laisse entendre que ce texte confère aux autorités traditionnelles le statut « d'auxiliaires d'administration » chargés qu'ils sont désormais de véhiculer l'idéologie de l'État-nation en construction et d'inciter leurs sujets à l'acquisition de la citoyenneté de l'État du Cameroun. Voir A. ZELAO « Autorités traditionnelles et désir d'hégémonie dans le champ politique au Nord-Cameroun », *Studia Politica: Romanian Political Science Review*, 2017, 17(2), pp. 355-376, prec. 356.

contexte sociopolitique marqué par une forte hétérogénéité ethnoculturelle, l'État ne disposait pas alors des moyens adéquats pour pénétrer l'arrière-pays et surtout insuffler l'idéologie de l'unité nationale à l'ensemble des composantes sociologiques du pays. C'est alors que les détenteurs du pouvoir traditionnel ont été mis à contribution pour remplir la fonction de domestication étatique du local »[1]. Toutes choses qui, constate Hilaire Kouomegne, ont conduit à une véritable « rupture du contrat de représentation »[2] dont jouissaient les chefs traditionnels avant la colonisation. Ces derniers ayant été tour à tour réduits à de simples instruments de participation au déploiement de l'action des pouvoirs publics. Par pouvoirs publics ici, il faut entendre, aussi bien le pouvoir gouvernemental central que les autorités déconcentrées et décentralisées des collectivités territoriales, car comme le soutient Monsieur Kouomegne, « les rapports entre les chefs et les autorités locales décentralisées n'ayant pas été organisés par les textes, le pouvoir réglementaire met ainsi largement les chefs traditionnels à la disposition des autorités étatiques »[3].

Comme on peut le constater, la « corvéabilité » du chef traditionnel camerounais au profit de l'administration est criarde. Certes, il est légitime que ce dernier, de par sa posture de leader d'une communauté humaine serve d'interface entre sa communauté et les pouvoirs publics, car « il reste à admettre aujourd'hui qu'en dépit des transformations plus ou moins structurelles subies, les chefferies traditionnelles continuent de jouir d'une certaine influence sur les sociétés locales et même sur le pouvoir moderne »[4], de sorte qu'il est indéniable que sur certains sujets d'intérêt national, « ce sont elles qui sont écoutées alors que les autorités nationales feignent de décider »[5]. Mais profitant de cette aura des chefs traditionnels, les pouvoirs publics camerounais l'ont cantonné à un rôle d'exécutant des tâches que lui assigne l'administration auprès de ses populations, tout en l'affaiblissant de tout pouvoir de représentation ou de défenseur des droits des populations auprès de la même administration. Or, le rôle du chef traditionnel ne saurait être à sens unique du centre vers la périphérie, ce rôle devrait servir dans les deux sens, c'est-à-dire le chef traditionnel devrait aussi être le porte-parole, et même le représentant de sa communauté auprès des pouvoirs publics. Une réforme de la chefferie traditionnelle au Cameroun est donc plus que nécessaire, car comme cela se vit ailleurs en Afrique[6] ou même dans les faits

[1]A. ZELAO, « Autorités traditionnelles et désir d'hégémonie dans le champ politique au Nord-Cameroun », *op cit.* pp. 355-356.
[2] H. KOUIMEGNE NOUBISSI, Décentralisation et centralisation au Cameroun, op. cit., p. 359.
[3] Idem.
[4]A. ZELAO, « Autorités traditionnelles et désir d'hégémonie dans le champ politique au Nord-Cameroun », *op cit.* p. 356.
[5]Institut de recherche et de débat sur la gouvernance (IRG), « Les sources de légitimité du pouvoir en Afrique centrale : une « diversité concurrentielle », *Rapport des débats 2008*, disponible sur www.institut-gouvernance.org consulté le 08/07/2021.
[6] Cas du Ghana et du Mozambique

au Cameroun, les relations des autorités traditionnelles avec l'État moderne « sont à présent marquées par un jeu subtil d'initiatives réciproques, chacun des deux partenaires cherchant le moyen d'accéder au terrain occupé par l'autre. L'État moderne cherche à atteindre les communautés locales en s'adressant à leurs chefs pour faire passer ses messages et ses directives [...] Quant à la chefferie, elle s'emploie, lorsqu'elle en a la capacité et le dynamisme, à occuper l'espace indéfini, aux contours incertains, qui la sépare de la sphère étatique, estimant qu'elle a un rôle éminent à tenir dans la "délicate phase de transition vers la modernité". »[1] Ce potentiel apport de la chefferie traditionnelle à l'édification du monde moderne est indéniable, son activisme en politique politicienne en est la preuve.

B. L'instrumentalisation politique de la chefferie traditionnelle

En Afrique, les relations entre autorités traditionnelles et État moderne n'impliquent pas que ces deux partenaires. Dans la zone de tension entre les deux pouvoirs se glissent de nouveaux acteurs qui ont un pied dans les deux mondes. Ce sont entre autres les fonctionnaires et les politiciens[2]. Les uns et les autres ont compris que l'ascension sociale en Afrique passait aussi, mieux, depuis l'avènement de la démocratie, par la légitimité traditionnelle ou coutumière, qui elle-même se prête au jeu de sa politisation.

1. Une chefferie traditionnelle se découvrant faiseuse de rois en politique

En effet, la démocratie, avec l'avènement du multipartisme qui est son corollaire, fait partie des voies qui ont contribué à la résurrection de la chefferie traditionnelle. Les différents acteurs politiques, notamment l'État central et les politiciens eux-mêmes, pour conquérir soit l'adhésion des populations aux joutes électorales, soit leur vote, ont compris qu'il fallait également se servir des chefs traditionnels pour faire passer le message. C'est ainsi que très vite, les chefs et les rois africains sont passés du déni dont ils étaient victimes à des faiseurs de rois. Ceci du fait que l'on baigne désormais « dans un contexte pluraliste animé par les logiques de la compétition électorale, l'institution de la chefferie traditionnelle apparaît comme une ressource politique importante, susceptible d'être mobilisée par les partis politiques comme par les chefs traditionnels eux-mêmes. Les partis politiques nouent avec les chefs traditionnels des alliances qui relèvent en dernière analyse du clientélisme politique...»[3] Cette peinture de la scène politique africaine est une réalité indéniable au Cameroun. Comme le constate fort opportunément Christian Bios Nelem lorsqu'il affirme que

---

[1] C.H. PERROT, « Les autorités traditionnelles et l'Etat moderne en Afrique subsaharienne au début du XXIe Siècle » *op. cit.* p. 20.

[2] Idem.

[3] S.C. FORQUILBA, « Chefferie traditionnelle et décentralisation au Mozambique : discours, pratiques, dynamiques locales », *Politiques Africaines*, N°117, 2010, pp. 45-61, préc. 55.

dans un contexte social traversé par un ensemble de transformations tant au niveau politique, économique que socioculturel, le pouvoir traditionnel va à nouveau chercher à s'organiser, à se repositionner et tenter de retourner à son avantage les nouvelles règles du jeu politique[1].

Sauf que dans ce jeu les chefs traditionnels donnent plus qu'ils ne reçoivent, car s'ils offrent, par leur influence, des assises politiques en termes d'électorat à un camp ou à un homme politique aux dépens de l'autre, ce qu'ils reçoivent en retour ne se limite généralement qu'à quelques avantages alimentaires individuels pour sa personne et peut être ses notables. Les populations dont ils ont la charge et dont ils sont censés défendre les intérêts peinent à ressentir les retombés de la nouvelle influence des chefs traditionnels. Cette tendance nombriliste qui caractérise certains leaders coutumiers est davantage manifeste par leur appétit grandissant à briguer les mandats électifs, même dans des contextes où ils sont censés faire montre de neutralité politique, comme le fait remarquer Hubert M. G. Ouedraogo pour le cas du « Burkina, par exemple, les chefs coutumiers sont passés de l'ancienne stratégie de neutralisation des institutions villageoises modernes à une stratégie plus agressive d'investissement direct de la scène politique à la faveur de la nouvelle alliance entre la chefferie traditionnelle et l'État. Dans de nombreux cas, ils se sont fait élire comme maires de leur commune, bravant les scrupules de certains membres de leur entourage, pour qui le chef coutumier doit être au-dessus de la mêlée. »[2]

Le jeu politique qui implique les chefs traditionnels ici reste un jeu de dupes, car les intérêts des populations restent toujours marginaux au profit de l'élite politique qui tire juste les ficelles dans la réhabilitation de l'aura des chefs traditionnels pour conquérir par leur entremise ou leur entreprise des espaces politiques. Claude-Hélène PERROT souligne cette réalité en faisant remarquer que, le fait « Que les agents de cette troisième force soient des individus ou des associations, ils ne servent ni les intérêts de l'État ni ceux des chefs. Ils travaillent pour eux-mêmes, entendant bien tirer grand bénéfice de leur prise de contact avec un vivier électoral. L'avènement du multipartisme a de toute évidence accentué cette tendance. »[3] D'où la montée en puissance de la corruption électorale dans un pays comme le Cameroun où l'on observe souvent un marchandage criard des votes qui a aussi pour conséquence le « nomadisme politique »[4] des chefs traditionnels qui, pour le moins, a eu pour

---

[1] C. BIOS NELEM, « Le pouvoir traditionnel en contexte pluraliste au Cameroun : la déconstruction des liens familiaux entre« frères » Bamoun à partir des clivages politiques », *Sociologies*, 2018, disponible sur https://doi.org/10.4000/sociologies.8023 consulté le 07/08/2021.

[2] H.M.G. OUEDRAOGO, « Décentralisation et pouvoirs traditionnels : le paradoxe des légitimités locales », *Monde en développement*, 2006/1, N° 133, pp ; 9-29, préc. p. 22.

[3] C.H. PERROT, « Les autorités traditionnelles et l'État moderne en Afrique subsaharienne au début du XXIe Siècle » *op. cit.* p. 21.

[4] S. C. FORQUILBA, « Chefferie traditionnelle et décentralisation au Mozambique : discours, pratiques, dynamiques locales » *op cit.* p. 60.

conséquence de souvent faire balancer l'électorat soumis à leur aura d'un camp à l'autre au gré des intérêts. Ces changements sont importants de sorte que l'on a l'impression que « La reviviscence de la chefferie traditionnelle s'est opérée par l'impact du militantisme des chefs traditionnels »[1], comme si ces derniers ne sont bons qu'à faire des rois en politique. Or, ce jeu n'est pas sans risque sur l'avenir des chefs eux-mêmes.

2. Une politisation de la chefferie traditionnelle attentatoire à sa légitimité

Le multipartisme a indéniablement été l'un des leviers de la résurrection de la chefferie traditionnelle. Cependant, les acteurs politiques ont fait d'elle, moins qu'un partenaire au développement de leurs contrées, comme cela se devrait d'être, mais un instrument pour faire de la politique politicienne. Ce en dépit « des discours sur la décentralisation et la participation locale. Le développement d'une lutte pour la conquête de l'espace politique local [...] se manifeste notamment par la mobilisation de la chefferie traditionnelle comme ressource politique »[2]. Cela est d'autant plus vrai que ces élites ne se contentent plus seulement d'acheter les consciences des gardiens des traditions pour des votes, ils ont également réussi à infiltrer ces cercles des initiés en allant eux-mêmes à la conquête des chefferies. En effet, « Alors que dans les années 1960 les nouvelles élites se détournaient des aristocraties illettrées, on remarque aujourd'hui, non sans étonnement, que les rois et chefs sont à présent presque toujours issus de celles-ci, et que leur parcours antérieur s'est effectué loin du lieu de leur investiture, dans les services publics, l'administration, la diplomatie ou l'université, à moins que ce ne soit dans des entreprises privées »[3]. Pareille infiltration ou assimilation ne peut être un fait de hasard. Elle a pour but de fragiliser la chefferie traditionnelle en lui retirant l'auréole sacrée et mystique sur lequel repose le respect des sujets vis-à-vis des personnes qui les incarnent, à savoir les chefs traditionnels. Cela s'est fait en sécularisant leur statut avec leur complicité de sorte qu'il apparait clairement que « les chefs ont donc participé à l'« assimilation réciproque des élites », bénéficiant de places dans la pyramide clientélaire de l'État.

Dans certains pays, comme le Cameroun et le Nigeria, les dignités traditionnelles sont devenues une étape, et parfois un point de départ, dans le cursus honorum des élites postcoloniales, se combinant avec des titres universitaires, des mandats politiques et des positions économiques. Les titulatures parfois très riches des monarchies traditionnelles ont été sollicitées pour faciliter les alliances entre segments de l'élite. Cette rémanence de la

---

[1] S.C. AMOUGOU MVENG, La chefferie traditionnelle Bene a l'ère de la libéralisation politique au Cameroun et de ses ressorts : le cas de l'arrondissement de Nkol-Metet, Mémoire de DEA, Université de Yaoundé II, 2009.

[2] S.C. FORQUILBA, « Chefferie traditionnelle et décentralisation au Mozambique : discours, pratiques, dynamiques locales » *op cit.* p. 45

[3] C.H. PERROT, « Les autorités traditionnelles et l'Etat moderne en Afrique subsaharienne au début du XXIe Siècle » *op. cit.* p. 19

chefferie a été documentée même là où elle était une pure création coloniale. »[1]. En effet, d'après Sylvain Charles Amougou Mveng citant une étude faite par Ibrahim Mouiche, « l'auteur met en exergue l'effet ambivalent du multipartisme à l'issue des élections municipales de 1996 ; soit qu'elle a permis de conforter les assises politiques de certains chefs ; soit alors elle a contribué à leur déchéance sur le plan politique »[2], compromettant ainsi leurs relations avec leurs sujets. Pourtant pour un développement vraiment participatif et inclusif comme celui que prône la nouvelle donne portée par la décentralisation, cette aura des chefs traditionnels devrait plutôt être mise à contribution pour garantir une efficacité certaine des politiques de décentralisation. Pour réussir ce pari, une réflexion sur le retour à la neutralité politique des chefs traditionnels est nécessaire. En effet, comme c'est le cas au Ghana où il est interdit aux chefs traditionnels de militer dans un parti politique, et de faire une carrière politique[3], bien qu'ils soient des acteurs naturels du système de décentralisation du pays[4], il serait loisible de s'en inspirer au Cameroun, si l'on veut garder la légitimité coutumière immaculée, ce dans l'ambition d'une réforme allant dans le sens de l'intégration de la chefferie parmi les acteurs de la décentralisation.

II. L'inculturation nécessaire de la décentralisation par l'intégration de la chefferie traditionnelle parmi les acteurs de la décentralisation

Considérant l'état des lieux des sociétés africaines en générale et camerounaises en particulier qui fait montre de sociétés fortement rurales et très attachées à leurs coutumes, et dont le chef traditionnel en est généralement le garant, il s'avère alors indispensable, pour toute politique de décentralisation qui se veut efficace, d'intégrer cette autorité coutumière parmi les acteurs de la décentralisation d'une part (A). Ce d'autant plus que le principe de subsidiarité qui est le mécanisme de réalisation de la décentralisation territoriale rend cette intégration opportune d'autre part (B).

A. Une intégration justifiée par les réalités économiques et anthropologiques de l'Afrique

La diversité culturelle des peuples d'Afrique qui font aussi face à des disparités économiques peuvent être une richesse à exploiter avec le concours

[1]V. FOUCHER et E. SMITH, « Les aventures ambigües du pouvoir traditionnel dans l'Afrique contemporaine », *op. cit.* p. 38.

[2] S. C. AMOUGOU MVENG, La chefferie traditionnelle Bene a l'ère de la libéralisation politique au Cameroun et de ses ressorts : le cas de l'arrondissement de Nkol-Metet, *op. cit.*.

[3]Article 276 de la constitution ghanéenne du 16 décembre 1996 « A Chief shall not take part in active party politics; and any Chief wishing to do so and seeking election to Parliament shall abdicate his stool or skin ».

[4] voir K. A. TOVENIM, *Les chefferies traditionnelles africaines face à la dynamique des réformes territoriales : Contribution à l'étude des processus de décentralisation, op cit.* p. 86.

des chefs traditionnels pour réussir le pari de la décentralisation de l'Afrique en général et du Cameroun en particulier.

1. La diversité culturelle à pérenniser avec le concours de la chefferie traditionnelle

L'observation des sociétés africaines montre l'établissement en hameaux ou en villages et au gré des reliefs, des sociétés multiformes et multiculturelles au point où les vocables ou syntagmes nominaux tels que « tradition », « coutume » ou « culture africaine » (ou camerounaise) souvent utilisés au singulier pour qualifier les habitudes des peuples d'Afrique semblent être un abus de langage. En effet, comme le remarquent Vincent Foucher et Étienne Smith « l'abus du singulier (« la tradition », « le pouvoir traditionnel ») oblitère la diversité des formes politiques dans l'histoire du continent africain »[1]. L'Afrique fait état d'une diversité culturelle avérée. Une diversité culturelle qui ne se confond pas aux clivages des frontières étatiques, car autant il est possible qu'une identité culturelle traverse les frontières[2], autant il est remarquable qu'à l'intérieur d'une même région d'un pays, on trouve des cultures diverses, parfois entre villages voisins dans une même circonscription territoriale[3]. Comme le démontrent Foucher et Smith pour qui « Historiens et anthropologues ont bien montré l'extraordinaire variété des formes politiques en Afrique, des pouvoirs à vocation impériale sur de vastes étendues à des confédérations villageoises décentralisées, en passant par des royaumes relativement centralisés et militarisés, des cités-États indépendantes, des sociétés nomades, des théocraties électives, des républiques oligarchiques, des chefs autocrates ou des rois-prêtres au rôle purement rituel. Différents régimes politiques, degrés d'étatisation et imaginaires du pouvoir se sont toujours confrontés à travers le continent. »[4] Dans cette mouvance, un pays comme le Cameroun par exemple, qui est traditionnellement qualifié d'Afrique en miniature et il est connu comme un pays aux cultures aussi variées que les nombreuses langues nationales qu'on y parle[5]. Et même si dans cette diversité culturelle la chefferie traditionnelle ne jouit pas d'un pouvoir identique partout, il n'en demeure pas moins vrai que c'est une institution que l'on retrouve un peu partout dans ce pays ; quand bien même certains peuples n'avaient pas connu une longue tradition de chefs,

---

[1]V. FOUCHER et E. SMITH, « Les aventures ambigües du pouvoir traditionnel dans l'Afrique contemporaine », *op. cit.* p. 32.

[2] C'est le cas du peuple bə̠ti-faŋ que l'on retrouve à la fois au Cameroun, au Gabon et en Guinée équatoriale.

[34] C'est le cas l'arrondissement de Santchou, département de la Menoua à l'Ouest du Cameroun, où cohabitent les MBO (originaires de la région du Littoral et les Bamiléké originaires de la région de l'Ouest du Cameroun. Voir I. MOUICHE, « Chefferies traditionnelles, autochtonie et construction d'une sphère publique locale au Cameroun » *op cit.* p. 64.

[4] V. FOUCHER et E. SMITH, « Les aventures ambigües du pouvoir traditionnel dans l'Afrique contemporaine », *op. cit.* p. 32.

[5] On estime à environ 239, le nombre de langues parlées au Cameroun. Voir https://fr.unesco.org/news/promotion-langues-nationales

l'administration étatique s'est chargée d'en instituer ; et au fil du temps, les populations se sont accoutumées. Comme tout chef traditionnel, cette catégorie de chefs nommés, souvent taxés de « chefs administratifs », constitue aussi l'interface entre l'administration et les populations. À ce titre, ils peuvent comme tous les autres chefs traditionnels jouer un rôle important dans le processus de décentralisation.

Dans ce cas, il est nécessaire que les chefs traditionnels ne se limitent plus à n'être que des auxiliaires de l'administration. Ils doivent désormais aussi devenir les porte-paroles de leurs communautés et les promoteurs de leur culture auprès ou au sein des pouvoirs publics, et même dans l'arène de la mondialisation. Le fait est que la promotion de la culture locale fait partie des compétences transférées aux collectivités territoriales et qu'il a souvent été soutenu que la diversité culturelle était une richesse. Or dans la pratique, cette tâche est souvent l'apanage des chefs traditionnels. Les célébrations telles que le Ngon chez les Bamoun, le Ngondo chez les Sawa ou les fantasias chez les Peuls en sont une illustration. Par conséquent, aucune autorité décentralisée de ces contrées ne peut se hasarder à s'approprier l'organisation de l'un de ces évènements sans le concours du chef traditionnel représentant ses sujets et porte-parole de ces derniers. Ce rôle de porte-parole est d'autant plus utile qu'il leur permettrait de porter à la connaissance des pouvoirs publics les problèmes, les revendications de leur communauté, car autant les cultures sont diverses, autant les attentes et les besoins des populations sont nombreux.

Cette approche consistant à chercher des « solutions africaines aux problèmes africains »[1] pourrait permettre une prise en compte des réalités propre à chaque localité. Pour ce faire, le rôle de porte-parole des chefs traditionnels devrait être suivi de leur intégration au sein des organes délibérants des collectivités territoriales décentralisées, ne fusse qu'à titre consultatif. Certes, cette intégration est en amorce au Cameroun avec la participation des représentants du commandement traditionnel au sein des organes délibérants des conseils régionaux, mais en les associant également dans les conseils communaux, même à titre consultatif, garantirait plus d'efficacité et de cohésion dans la conduite de leurs actions. En effet, ce n'est pas un secret de reconnaitre que « L'aire politique locale est une arène essentiellement et permanemment dynamique. Dynamique que nourrit une volonté constante, quoiqu'échelonnée dans le temps, de transformation sociale fondée sur la recherche de meilleures conditions de vie, pour l'offre desquelles se battent les leaders locaux. »[2].

Or, cette bataille ne s'est toujours pas faite à armes égales, et pour les mêmes fins, car l'on a souvent observé qu'il y a toujours une lutte entre « les

---

[1]V. FOUCHER et E. SMITH, « Les aventures ambigües du pouvoir traditionnel dans l'Afrique contemporaine », *op. cit.* p. 39.

[2]D.J. ZAMBO ZAMBO, J.J. BIOCK, G. MVODO MBOGSI et A. MAHAMAT, « Les relations de coopération entre les autorités traditionnelles, les pouvoirs étatiques… », *op. cit.* p. 5.

acteurs de la vie sociopolitique et économique locale que sont : les chefs traditionnels, les chefs religieux, la mairie, les élites … cette lutte vise in fine le pouvoir et le contrôle des ressources naturelles locales, soit pour l'intérêt général, soit pour l'intérêt individuel. »[1] Pour juguler cet état des choses qui est du fait de l'exclusion des chefs traditionnels de la sphère de la prise de décisions, alors même que ceux qui prennent les décisions, comme on l'a vu, les ont utilisés pour leur promotion sociale, il serait judicieux de les associer juridiquement dans ce processus. Le nouveau Code général des collectivités territoriales décentralisées du Cameroun de 2019 amorce une réhabilitation timide, mais remarquable des autorités coutumières en ce sens, avec notamment la création d'une *House of Chiefs*[2] comme deuxième chambre des Assemblées régionales dans les deux régions anglophones. Cette institution qui est composée « des membres issus du commandement traditionnel élus »[3] n'exerce que des fonctions cantonnées à donner des avis conformes sur des questions relatives au statut de la chefferie traditionnelle et toutes les questions en rapport avec les évènements et monuments culturels et la préservation des valeurs traditionnelles. Mais ce texte ne reconnait pas clairement au commandement traditionnel des attributions pouvant impacter la gouvernance locale de leurs localités respectives.

De plus, le fait que l'inculturation de l'organe délibérant régional spécialement bicaméral[4] ne soit que l'apanage des régions anglophones du Cameroun fait problème. La raison est que la chefferie traditionnelle innerve toutes les régions du Cameroun, avec des légitimités relatives, certes ; cette situation étant due aux nominations de certains chefs traditionnels par l'administration. Mais l'accoutumance des populations à cette institution de manière générale, et surtout en zone rurale, devrait militer en faveur de sa prise en considération dans l'organisation institutionnelle de toutes les régions du Cameroun. Ce d'autant plus que les pouvoirs publics et les bailleurs de fonds la sollicitent de façon quasi identique comme leur relais auprès des populations. Par conséquent, une réforme du statut du chef traditionnel est donc nécessaire afin qu'il puisse exercer valablement comme partenaire et interlocuteurs des pouvoirs publics, et même des bailleurs de fonds et autres partenaires au développement dans la lutte contre la pauvreté et pour le développement économique de ses sujets ou de sa contrée.

2. Les disparités de développement des collectivités à juguler avec l'implication des chefferies traditionnelles

Parmi les leitmotivs de la décentralisation se trouve la lutte contre la pauvreté et la résolution de l'équation des disparités de développement

---

[1] Idem.

[2] Article 332.

[3] Article 336.

[4]Nous entendons par là, l'inculturation du bicamérisme qui prend en compte les réalités sociologiques, traditionnelles et culturelles de chaque région.

économique entre les communes ou les régions d'un même État. Cet objectif ne peut qu'être opportun en Afrique en général et au Cameroun en particulier, qui est aussi une Afrique en miniature de par son climat richement varié du nord au sud, de l'est à l'ouest. Cette diversité climatique entraine nécessairement une disparité dans le développement local qui, loin d'être un handicap, est une richesse à exploiter par l'entremise des chefs traditionnels comme acteurs à part entière de la décentralisation. La contribution de la chefferie traditionnelle à cet effet se justifierait par l'optique de la concrétisation de l'un des enjeux de la décentralisation qui est « la promotion du développement durable, qui est une incitation des populations à prendre des initiatives sur le plan local, et à s'investir dans la recherche des solutions idoines auxquelles elles sont confrontées ; mieux, cet enjeu a pour avantage, une meilleure adaptation des politiques publiques »[1]. Or qui d'autre mieux que le chef traditionnel pour diagnostiquer les attentes des populations d'une part et susciter en ces dernières l'adhésion nécessaire aux différentes initiatives mises en place pour leur développement d'autre part ?

L'observation de la scène politique africaine montre que plus de 60 ans après les indépendances, les États peinent encore à jouir d'une véritable légitimité interne[2], car il n'est pas rare que l'intérêt du clan, de l'ethnie ou de la tribu l'emporte sur celui de l'État pour la simple raison que « les liens de sang et de vassalité l'ont très souvent emporté sur la fixation territoriale pour identifier les sociétés politiques africaines »[3] ; ce en dépit du modernisme et de l'urbanisation. Le fait est que les jeunes nations africaines en construction et en quête d'identité ont sans doute commis une grosse erreur en combattant, au lendemain des indépendances, les chefferies traditionnelles ; elles qui sont pourtant porteuses d'identité culturelle à côté de la citoyenneté nationale en voie de consolidation. Aussi, au lieu de la consolider en s'appuyant sur les chefferies traditionnelles, les États se fourvoient davantage en recherchant de manière effrénée une hypothétique légitimité internationale qui les oblige à imposer, sur le plan local, des politiques de développement importées ailleurs. Pourtant, il apparait de plus en plus impérieux que les États composent avec ces autorités traditionnelles dont le pouvoir symbolique sur leurs sujets dans certaines régions n'est pas à démontrer. C'est le cas de l'Ouest-Cameroun, où « la prégnance des chefferies est très forte et il apparait inconcevable aux yeux d'un Bamiléké, même exilé en ville de ne pas dépendre d'une chefferie. C'est pourquoi, même urbanisé, il participe à la vie de sa chefferie avec ce que cela suppose de présence physique aux associations et dépenses financières ; sa

---

[1] S.C. AMOUGOU MVENG, La chefferie traditionnelle Bene à l'ère de la libéralisation politique au Cameroun et de ses ressorts : le cas de l'arrondissement de Nkol-Metet, op. cit. p. 14.

[2] Institut de recherche et de débat sur la gouvernance (IRG), « Les sources de légitimité du pouvoir en Afrique centrale : une « diversité concurrentielle » *op cit.* p. 21-22

[3] C. NACH MBACK, « Chefferie traditionnelle au Cameroun : ambiguïtés juridiques et dérives politiques », *op cit.* p. 81.

réussite sociale n'étant complète que si elle se solde par la détention d'un titre vénal dans l'une des sociétés de notables. Il contribue, ce faisant, aux opérations de développement de sa région, dont il a fréquemment l'initiative au gré des voyages et d'échanges incessants, tout en y diffusant de nouvelles façons de manger, d'habiter et de se vêtir. »[1] Par conséquent, à travers cet attachement à la figure du chef traditionnel dans cette région, des initiatives de développement plus abouties sont possibles et l'action de l'État plus visible, car généralement relayée ou portée par un chef traditionnel acteur à part entière du développement de sa localité parce qu'ancré dans une communauté dont il maitrise les sensibilités et les réalités. N'est-ce pas cela la subsidiarité ?

B. Une intégration à raviver pour l'implémentation efficace et efficiente du principe de subsidiarité

Les Occidentaux, dès le siècle des Lumières, ont vu en la commune « le premier socle » du système institutionnel, sa « collectivité politique de base »[2], au point de comparer son importance dans la formation sociale et démocratique du citoyen à celle qu'on reconnait aux « écoles primaires » dans la formation scientifique de tout homme. La réalité des sociétés africaines bat en brèche ce postulat en faisant de la chefferie traditionnelle le premier socle ou la collectivité politique de base des États africains. Ces communautés comprenaient de nombreuses familles qui s'étendaient parfois sur plusieurs villages. Elles avaient à leur tête un chef, héritier, ou conquérant des territoires, et qui incarnait l'autorité et le pouvoir. »[3] Au fil du temps, en dépit des tentatives de réduction du pouvoir de ces autorités traditionnelles, leur influence sur leurs sujets, là où elles subsistent encore, fait généralement concurrence au pouvoir étatique, ce, du fait de la présomption de l'essence surnaturelle de leur pouvoir. Dans cette optique, le postulat de proximité qui gouverne l'idéal de la réalisation de la décentralisation aux moyens du principe de subsidiarité – qui consiste à déplacer le centre de gravité décisionnel au plus près du citoyen[4] – gagnerait à inclure la chefferie traditionnelle comme point d'ancrage de ce principe.

---

[1] I. MOUICHE, « Dénomination et territorialité urbaines, chefferies traditionnelles et question identitaire en pays bamiléké au Cameroun », *Presses de Sciences Po*, 2013/1 N° 64 | pp. 37-54, préc. 39.

[2] A. DE TOCQUEVILLE, *De la démocratie en Amérique*, cité par BOMBOIS (T.), « Le principe de subsidiarité territoriale Vers une nouvelle répartition des compétences entre le central et le local ? », *Annales de Droit de Louvain*, vol. 61, 2001, nos 2-3, pp. 365-388, préc. 387.

[3] L. NGONO TSIMI, L'autonomie administrative et financière des collectivités décentralisées : l'exemple du Cameroun, Thèse, Université de Paris-Est, 2010, pp. 37-38.

[4] T. BOMBOIS, « Le principe de subsidiarité territoriale Vers une nouvelle répartition des compétences entre le central et le local, *op. cit.* p. 387.

1. La chefferie traditionnelle comme terreau de définition du principe de subsidiarité

S'il est un mal dont souffre le principe de subsidiarité, c'est l'approximation de sa définition. Bien que pouvant être considéré comme un principe populaire, il paye justement le prix de sa popularité[1]. Ce qui a pour conséquence, chacun y va de son interprétation au point où comme un serpent de mer, tout le monde en parle, mais sans jamais le saisir. La première cause de cet état des choses est due à l'escamotage du mot « principe » du concept juridique « principe de subsidiarité ». En effet, il est courant que l'on se contente de parler de « subsidiarité », alors même que « principe de subsidiarité » et « subsidiarité » ne traduisent pas la même chose. De façon laconique, subsidiarité traduit la complémentarité, la suppléance[2], l'accessoire ou ce qui est secondaire[3]. Jean Marie POINTIER relève la polysémie de ce mot avec précision en puisant dans son origine latine « subsidium », d'où est évidemment issu le mot subsidiarité, [qui] comporte trois sens différents. Le premier est celui de "réserve", et les auteurs parlent de "troupes de réserve". Il n'aide en rien la compréhension de la subsidiarité. Le deuxième sens est déjà beaucoup plus intéressant, c'est celui de renfort, de secours (subsidio mittere, envoyer des renforts). Le troisième sens est celui d'aide, de soutien, d'assistance. La subsidiarité conserve de cette origine l'idée qu'elle est destinée à aider dans l'organisation du groupe social, à faciliter, tout en donnant une orientation, les rapports au sein de la société. »[4] Cette troisième connotation de la subsidiarité est celle que consacre le Centre National de Ressources Textuelles et Lexicale français, qui considère que ce qui vient en « renfort », ou est « auxiliaire » à quelque chose ou encore ce « qui vient en aide à quelque chose de principal »[5]. On le voit bien, pris isolément, le mot « subsidiarité » revêt des significations complexes qui ne permettent pas de rendre compte de l'importance du concept juridique, mieux du principe de droit dit « principe de subsidiarité ». Parce que c'est un principe juridique désormais, il ne peut mieux se concevoir qu'en le prenant tel quel : c'est-à-dire un principe[6].

Pour ce faire, il faut remonter à sa conceptualisation dans la doctrine sociale de l'Église catholique romaine développée depuis Thomas d'Aquin jusqu'à des encycliques plus contemporaines comme celle de Pie XI en 1931,

---

[1] Voir J.M. POINTIER, « Le principe de subsidiarité au profit des collectivités territoriales », *RJOI (Revue Juridique de l'Océan Indien, Association « Droit dans l'Océan Indien »)* 2003, pp. 27-42, préc. 27.

[2] Comité directeur des autorités locales et régionales (CDLR) du Conseil de l'Europe, « Définitions et limites du principe de subsidiarité », *Communes et régions d'Europe*, n°55.

[3] A. VULBEAU, « Contrepoint- subsidiarité et décentralisation », *Caisse nationale d'allocations familiales « Informations sociales »* 2010/6 n° 162 | p. 85.

[4] J.M. POINTIER, « Le principe de subsidiarité au profit des collectivités territoriales », *op cit.* p. 27-28.

[5] https://www.cnrtl.fr/etymologie/subsidiaire.

[6] J.M. POINTIER, *op cit.* p. 28.

notamment l'encyclique Quadragesimo anno rédigée à l'occasion des quarante ans d'une autre encyclique *Rerum Novarum* de Léon XIII. L'économie de la doctrine du Pontife se résume en ceci que l'autorité supérieure devrait abandonner « aux groupements de rang inférieur le soin des affaires de moindre importance ». En des termes un peu plus clairs, il ressort que l'esprit du principe de subsidiarité traduit l'idée même de justice sociale[1], car « de même qu'on ne peut enlever aux particuliers, pour les transférer à la communauté, les pouvoirs qu'ils sont en mesure d'exercer de leur seule initiative et par leurs propres moyens. Ainsi, ce serait commettre une injustice, en même temps que troubler d'une manière très dommageable l'ordre social, que de retirer aux groupements d'ordre inférieur, pour les confier à une collectivité plus vaste et d'un rang plus élevé, les fonctions qu'ils sont en mesure de remplir eux-mêmes. »[2] Ainsi considéré, le principe de subsidiarité induit deux acceptions indissociables, premièrement, c'est une règle qui « tend à confier au niveau le plus bas ce qui ne pourrait pas être mieux fait ou plus efficacement par le niveau immédiatement supérieur »[3]. Deuxièmement, ce principe commande que « les compétences soient exercées le plus près possible du citoyen »[4]. Au regard de ces deux acceptions indissociablement complémentaires, qui mieux que le chef traditionnel africain, autorité éminemment symbolique de l'identité fondamentale des sociétés africaines pour concrétiser cet idéal ? À cette fin, il est important de retenir la définition de la subsidiarité donnée par Mbongo Otango Otango d'après qui celle-ci renvoie à « un principe d'organisation administrative de l'État unitaire décentralisé tendant, d'une part à garantir à la collectivité territoriale de base tous les pouvoirs et compétences qu'elle est en mesure d'exercer efficacement et, d'autre part, à contraindre la collectivité supérieure de suppléer aux carences éventuelles de la collectivité inférieure. »[5] Dans cette quête d'efficacité à laquelle sont suspendus les projets de décentralisation en Afrique, il n'est pas exclu que la cause de l'enlisement actuel soit la dénaturation de la chefferie traditionnelle. Pourtant, un nombre important d'études[6] montre qu'« elle [la chefferie traditionnelle] est incontestablement

[1] voir *Quadragesimo anno*, p. 203, § 126.
[2] *Idem*
[3] Comité directeur des autorités locales et régionales (CDLR) du Conseil de l'Europe, « Définitions et limites du principe de subsidiarité », *op cit.* p. 29.
[4] *Idem*
[5] G. C. MBONGO OTANGO OTANGO, « L'applicabilité du principe de subsidiarité en doit africain de la décentralisation (cas du Gabon, du Cameroun et du Burkina-Faso) », RTSJ, 2011, cité par C. MONEMBOU, « Le pouvoir règlementaire des collectivités locales dans les Etats d'Afrique noire francophone (les cas du Cameroun, du Gabon et du Sénégal) », *op cit.* p. 80.
[6]L. NGONO TSIMI, *L'autonomie administrative et financière des collectivités décentralisées : l'exemple du Cameroun,* thèse, Université de Paris-Est, 2010, 561 p ; H. KOUIMEGNE NOUBISSI, *Décentralisation et centralisation au Cameroun*, Paris, L'Harmattan,2020, 495 p ; B. SALIFOU, *Les chefs traditionnels et leur participation au pouvoir politique en Afrique : les cas du Burkina Faso et du Niger*, Thèse, Université de Reims-Champagne- Ardenne, 2007,

la meilleure prédisposition à l'instauration de l'institution communale »[1], le socle par excellence de l'exercice du principe de subsidiarité si cher à la décentralisation.

2. La Chefferie traditionnelle comme terrain idéal d'expression du principe de subsidiarité

Parlant de la réalisation concrète de la décentralisation dans les États modernes, il est soutenu que celle-ci ne saurait se faire sans le principe de subsidiarité. Ce dernier « est même considéré à certains égards comme la condition sans laquelle toute décentralisation serait illusoire »[2]. Dans cette dynamique même si la collectivité locale ou territoriale renvoie ici d'abord aux communes et leur direction renvoyant le cas échéant à leurs exécutifs et organes délibérants, il faut quand même relever que l'Afrique, depuis fort longtemps, connait déjà à la base une organisation sociale bien enracinée que sont les chefferies traditionnelles[3]. Celles-ci sont à proprement parler les institutions socles de ces sociétés. Par conséquent, considérant le rôle de courroie de transmission que joue le chef traditionnel dans le système institutionnel d'un pays comme le Cameroun, où il sert à la fois les intérêts de l'État central ou mieux, des pouvoirs publics centralisés, décentralisés et déconcentrés auprès des populations, et vice versa. Il est évident donc au regard du foisonnement des intérêts que les chefs traditionnels servent, que les collectivités dont ils ont la charge migrent de plus en plus vers ce qu'on peut qualifier d'espace public. Car, comme le démontre fort à propos Ibrahim MOUICHE, « dès l'instant où les logiques lignagères sont transcendées au profit de l'intérêt général du village, il est légitime de raisonner en termes d'espace public. »[4] Ce d'autant plus qu'au Cameroun, la plus petite chefferie, c'est-à-dire celle de 3e degré « correspond au village en milieu rural, et au quartier en milieu urbain »[5]; et en tant que telle, elle dépasse le cadre des familles ou de la lignée pour couvrir parfois des sujets hétéroclites, notamment en milieu urbain. Or, si le but du principe de « subsidiarité » est que les

---

350p ; K.A.TOVENIM, *Les chefferies traditionnelles africaines face à la dynamique des réformes territoriales : Contribution à l'étude des processus de décentralisation*, Paris, L'Harmattan, 2019, 222 p.

[1]L. NGONO TSIMI, L'autonomie administrative et financière des collectivités décentralisées : l'exemple du Cameroun, *op. cit.* p. 38.

[2]C. MONEMBOU, « Le pouvoir règlementaire des collectivités locales dans les Etats d'Afrique noire francophone (les cas du Cameroun, du Gabon et du Sénégal) », *Revue CAMES/SJP*, N°002/2015, P.79-111, Prec. 79.

[3]« Les sociétés traditionnelles ont préexisté à l'État colonial et sont parfois des institutions au passé pluriséculaire », C. NACH MBACK, « Chefferie traditionnelle au Cameroun : ambiguïtés juridiques et dérives politiques », *op cit.* p. 80.

[4] I. MOUICHE, « Chefferies traditionnelles, autochtonie et construction d'une sphère publique locale au Cameroun », *L'anthropologue africain*, Vol 15, Nos. 1&2, 2008, pp. 61-100, préc. p .64.

[5] Article 3 du Décret N°77/245 du 15 juillet 1977 portant organisation des chefferies traditionnelles.

décisions soient prises le plus près possible des citoyens et dans l'intérêt de ces derniers, il ressort donc que le chef traditionnel est à considérer comme un maillon non négligeable, voire fondamental de ce mode opératoire si cher à l'implémentation concrète de la décentralisation. Pour la simple raison que non seulement il peut « servir de liaison entre les organes locaux de l'État et les communautés locales »[1] pour l'implémentation de certaines de leurs politiques, mais aussi, en faisant de cette autorité traditionnelle un acteur de la décentralisation, son implication personnelle pourrait jouer « un grand rôle en termes de dilution des revendications »[2] de ses sujets d'une part, et de « représentation effective, si non exclusive des populations autochtones...et comme palliatif à la marginalisation progressive de ces populations »[3] dont il assurera valablement la protection des intérêts.

La particularité camerounaise qui consacre une certaine territorialité de la chefferie traditionnelle, même si elle ne constitue pas encore une circonscription administrative pourrait servir d'amorce à l'intégration de leaders coutumiers parmi les acteurs de la décentralisation. Ainsi, le fait de quasiment faire coïncider ou concorder les circonscriptions administratives avec les collectivités locales d'une part et dans une certaine mesure certaines chefferies traditionnelles[4] d'autre part, devrait être un atout pour la réalisation de cette harmonie qu'on pourrait qualifier de décentralisation inclusive qui associerait les autorités légales rationnelles et les autorités traditionnelles. En effet, s'il est souvent observé des collisions permanentes entre pouvoir traditionnel et pouvoir moderne (déconcentré et décentralisé), c'est que les pouvoirs modernes ont tendance à manifester une certaine indifférence, voire un certain mépris vis-à-vis du pouvoir traditionnel dans l'entreprise des prises des décisions. Ce dernier n'étant sollicité que comme un instrument de leur pouvoir. Pourtant, « au regard de la montée en puissance de certains comportements transgressifs des normes sociales, le retour vers les pouvoirs traditionnels peut apparaître comme une solution. Cette lecture justifierait par le fait que les traditions sont censées véhiculer des valeurs justes et équitables [...], plus portées vers la cohésion sociale, la solidarité du groupe, le respect de l'autre, et mois ouvert à l'insécurité. »[5] Dans cette optique, la chefferie traditionnelle reste le partenaire idéal pour pallier les insuffisances de légitimité et les incertitudes sécuritaires qu'entraine souvent l'élection des pouvoirs locaux. En effet, lorsqu'on sait la virulence des batailles politiques

[1] S.C. FORQUILBA, « Chefferie traditionnelle et décentralisation au Mozambique : discours, pratiques, dynamiques locales », p. 46.
[2] C. NACH MBACK, « Chefferie traditionnelle au Cameroun : ambiguïtés juridiques et dérives politiques », *op cit.* p.104.
[3] *Idem* p. 107.
[4] L'article 3 du décret de 1977 ci-dessus cité. C'est le cas du sultanat Bamoun à l'ouest Cameroun.
[5] C. BIOS NELEM, « Le pouvoir traditionnel en contexte pluraliste au Cameroun : la déconstruction des liens familiaux entre « frères » Bamoun à partir des clivages politiques », *op cit.*

qui précèdent les élections en Afrique et les conséquences en ce qui concerne la dislocation de la cohésion sociale qu'elles ont souvent entraînée. Ceci du fait du défaut de légitimité dont souffrent certains élus, il pourrait être bénéfique de juguler ces crises de légitimité à travers l'introduction de la chefferie traditionnelle parmi les acteurs locaux de la décentralisation, étant donné qu'elle jouit naturellement de cette légitimité.

Ce d'autant plus que pour le cas du Cameroun, cela constituerait une revivification de l'*indirect rule* qu'appliquait l'administration britannique dans la partie orientale pendant la colonisation. De l'avis de TOVENIM, « l'avantage de ce mode d'administration est qu'il permet d'asseoir un mode de gestion des populations locales basé sur leurs propres institutions, leurs propres habitudes de pensée, leurs us et coutumes, le tout adapté aux nouvelles conditions.»[1] Pour Ibrahim MOUICHE, « les chefferies traditionnelles sont porteuses d'identités à côté de la citoyenneté nationale. »[2] Ceci induirait qu'« une politique de décentralisation qui s'appuiera sur ces personnes n'aura en effet pas de difficultés majeures à s'affirmer. Les personnes directement concernées par cette délocalisation du pouvoir [étant à la fois] les initiatrices et les premières bénéficiaires »[3]. Cependant, si l'on peut craindre dans cette proposition la naissance de l'ethnocentrisme et du communautarisme, il n'en demeure pas moins vrai que le modèle jacobin de la décentralisation importé de la France peine à prendre corps au Cameroun, certainement du fait de son parachutage au sein des sociétés à l'instinct communautaire fort. Conséquence, la décentralisation n'existe que dans les textes.

À partir d'une expérience réussie au Ghana qui, après avoir pendant longtemps combattu la chefferie traditionnelle, prit conscience, au milieu des années 80, que les organisations communautaires se révélaient être de véritables outils de développement local face à l'état de décroissance du pays. Vu que, comme cela a été indiqué plus haut, les autorités traditionnelles apparaissent partout, comme celles qui « sont mieux placées pour fournir les services de base aux communautés, car elles portent mieux les aspirations profondes des populations et elles sont souvent plus légitimes pour gouverner que les administrations étatiques. (…). Mieux, leur autorité peut s'avérer, dans le meilleur des cas, indispensable pour mobiliser les ressources financières et humaines nécessaires pour le bien-être communautaire ou la mise en œuvre d'un projet de développement. »[4] Par conséquent, la Constitution ghanéenne

---

[1] K.A. TOVENIM, Les chefferies traditionnelles africaines face à la dynamique des réformes territoriales : Contribution à l'étude des processus de décentralisation, *op. cit.,*. p. 57.

[2]I. MOUICHE, « Chefferies traditionnelles, autochtonie et construction d'une sphère publique locale au Cameroun », *op. cit.*. p. 92.

[3] K.A. TOVENIM, Les chefferies traditionnelles africaines face à la dynamique des réformes territoriales : Contribution à l'étude des processus de décentralisation, *op. cit.*. p. 57.

[4] M. K. VODOUNNON TOTIN et F. AFFO, « La chefferie traditionnelle dans l'exercice du pouvoir local à l'ère de la décentralisation au Benin : Quels acteurs pour quel rôle ? », *Annales des lettres et sciences sociales de l'Université de Parakou*, Janvier 2018, vol. 1, N°1, pp 85-100, préc. 90.

de 1996 a consacré « le retour à l'organisation politique traditionnelle des collectivités locales »[1] de sorte que le Ghana fait figure aujourd'hui d'exemple réussi de décentralisation[2] en Afrique.

Conclusion

Tel un phénix qui renait toujours de ses cendres, ainsi apparait la chefferie traditionnelle dans la vie institutionnelle des États africains. Cette métaphore, en relation avec cet animal mythique et même mystique, traduit la réalité de la résilience au sein de la chefferie traditionnelle, institution pluriséculaire qui est ataviquement liée au vivre ensemble de la grande majorité des peuples d'Afrique noire. En effet, il n'est pas superfétatoire de rappeler que «les chefferies traditionnelles ont fortement imprégné les logiques sociologiques et continuent à influencer les systèmes de signification et de référence des populations »[3] africaines, car elles ont réussi à traverser les âges avec ses fortunes diverses faites de gloire précoloniale, puis de persécutions coloniales et d'instrumentalisation postcoloniale pour se révéler maintenant de plus en plus comme des partenaires idoines pour la concrétisation effective des réformes de gouvernance décentralisée des États. De manière plus précise, il est temps de reconnaître que « les questions juridiques relatives à l'administration locale ne peuvent être efficacement résolues qu'en tenant compte de la réalité sociologique de l'existence des chefferies traditionnelles »[4]. En ce sens, il convient de noter que « l'inclusion des autorités traditionnelles dans la gouvernance locale devrait servir et renforcer ces objectifs »[5]. Or le Cameroun, en dépit de quelques « mesures cosmétiques »[6] telles que la cooptation de quelques chefs traditionnels parmi les membres nommés du Sénat, ou la participation de certains de leurs représentants dans les exécutifs régionaux ou encore la résurgence de *la house of chiefs* qui jouissent d'un statut spécial dans le nouveau Code des CTD, sans toutefois reconnaitre à cette instance « cheffale » de réelles compétences dans la politique de la décentralisation proprement dite laissent songeur ; encore que le fait de ne pas étendre le bicamérisme inculturé[7] des assemblées régionales à toutes les dix régions prouve que l'esprit jacobin qui anime les dirigeants

---

[1] K.A. TOVENIM, Les chefferies traditionnelles africaines face à la dynamique des réformes territoriales : Contribution à l'étude des processus de décentralisation, *op. cit.*. p. 64.

[2]Lire K. A. TOVENIM, *Les chefferies traditionnelles africaines face à la dynamique des réformes territoriales : Contribution à l'étude des processus de décentralisation, op. cit.*.

[3] H. KOUIMEGNE NOUBISSI, *Décentralisation et centralisation au Cameroun, op cit.* P.339.

[4] Idem.

[5] M. K. VODOUNNON TOTIN et F. AFFO, « La chefferie traditionnelle dans l'exercice du pouvoir local à l'ère de la décentralisation au Benin : Quels acteurs pour quel rôle ? », *op. cit.* p. 90.

[6] Crisis Group Briefing Afrique, « Cameroun : l'aggravation de la crise anglophone requiert des mesures fortes, Rapport, Nairobi/Bruxelles, 19 octobre 2017, N°130, PP. 1-16, disponible sur www.crisisgroup.org consulté le 20 juin 2021.

[7] L'inculturation du bicamérisme.

camerounais a la peau dure. Pourtant, la nécessité de promouvoir un développement participatif à travers une décentralisation inclusive est plus qu'une urgence. Une véritable réforme globale de la décentralisation est donc tout aussi nécessaire que celle de la chefferie traditionnelle.

Bibliographie

Ouvrages

- BADIE Bertrand, L'État importé : l'occidentalisation de l'ordre politique, Paris, Fayard, 1992, 334 p.
- GUILLIEN Raymond ET VINCENT Jean (dir.), *Lexique des termes juridiques*, Paris, Dalloz, 14ème éd., 2003, 620 p.
- KOUIMEGNE NOUBISSI Hilaire, Décentralisation et centralisation au Cameroun, Paris, L'Harmattan, 2020, 495 p.
- PERROT Claude-Hélène et FAUVELLE-AYMAR François-Xavier (dir.), *Le retour des rois : Les autorités traditionnelles et l'Etat en Afrique contemporaine*, Paris, Karthala, 2003, 568 p.
- TOVENIM Koko Adiki, Les chefferies traditionnelles africaines face à la dynamique des réformes territoriales : Contribution à l'étude des processus de décentralisation, Paris, L'Harmattan, 2019, 222 p.
- VOUNDOU Marcel, L'authenticité africaine, nouvelles perspectives : Essai d'interprétation de la théorie et de la praxis de l'''authenticité'', Lile, ANRT, 1996, 334 p.

Articles

- BIOS NELEM Christian, « Le pouvoir traditionnel en contexte pluraliste au Cameroun : la déconstruction des liens familiaux entre « frères » Bamoun à partir des clivages politiques », *Sociologies*, 2018, disponible sur https://doi.org/10.4000/sociologies.8023.
- BOMBOIS Thomas, « Le principe de subsidiarité territoriale Vers une nouvelle répartition des compétences entre le central et le local ? », *Annales de Droit de Louvain*, vol. 61, 2001, nos 2-3, pp. 365-388.
- FORQUILHA Salvador Cadete, « Chefferie traditionnelle et décentralisation au Mozambique : discours, pratiques, dynamiques locales », *Politiques Africaines*, N°117, 2010, pp. 45-61.
- FOUCHER Vincent et SMITH Etienne, « Les aventures ambigües du pouvoir traditionnel dans l'Afrique contemporaine », *Revue internationale et stratégique*, N°81, 2011, pp. 30-43.
- MONEMBOU Cyrille, « Le pouvoir règlementaire des collectivités locales dans les Etats d'Afrique noire francophone (les cas du Cameroun, du Gabon et du Sénégal) », *Revue CAMES/SJP*, N°002/2015, p. 79-111.
- MOUICHE Ibrahim, « Chefferies traditionnelles, autochtonie et construction d'une sphère publique locale au Cameroun », *L'anthropologue africain*, Vol 15, Nos. 1&2, 2008, pp. 61-100.
- MOUICHE Ibrahim, « Dénomination et territorialité urbaines, chefferies traditionnelles et question identitaire en pays bamiléké au Cameroun », *Presses de Sciences Po*, 2013/1 N° 64 | pp. 37-54.

- NACH MBACK Charles, « Chefferie traditionnelle au Cameroun : ambiguïtés juridiques et dérives politiques », *Africa Développement*, vol. XXV, N°3 et 4, 2000, pp. 77-118
- OUEDRAOGO Hubert M. G., « Décentralisation et pouvoirs traditionnels : Le paradoxe des légitimités locales », *Monde en développement*, 2006/1, N° 133, pp. 9-29.
- PERROT Claude-Hélène, « Les autorités traditionnelles et l'Etat moderne en Afrique subsaharienne au début du XXIe Siècle *», Cedernos de Estados Africanos*, 2009, pp.15-33
- POINTIER Jan Marie, « Le principe de subsidiarité au profit des collectivités territoriales », *RJOI (Revue Juridique de l'Océan Indien, Association « Droit dans l'Océan Indien »)* 2003, pp. 27-42.
- VAUGHN Olufemi, « Les chefs traditionnels face au pouvoir politique », *Politiques Africaine,* 1988, pp 44-56, disponible sur http:/www.politique-africaine.com/numeros/pdf/032044.pdf.
- VODOUNNON TOTIN Marius Kpinkponsou et AFFO Fabien, « La chefferie traditionnelle dans l'exercice du pouvoir local à l'ère de la décentralisation au Benin : Quels acteurs pour quel rôle ? », *Annales des lettres et sciences sociales de l'Université de Parakou,* Janvier 2018, vol. 1, N°1, pp 85-100.
- VULBEAU Alain, « Contrepoint- subsidiarité et décentralisation », Caisse nationale d'allocations familiales « Informations sociales » 2010/6 n° 162.
- ZAMBO ZAMBO Dominique Junior et alii, « Les relations de coopération entre les autorités traditionnelles, les pouvoirs étatiques (Services de l'administration) et les représentants des communes et leurs implications sur le processus de décentralisation en cours », https://www.ifeas.uni-mainz.de
- ZELAO Alawadi, « Autorités traditionnelles et désir d'hégémonie dans le champ politique au Nord-Cameroun », Studia Politica: Romanian Political Science Review, 2017, 17(2), PP. 355-376.

Thèses et mémoires

- AMOUGOU MVENG Sylvain Charles, La chefferie traditionnelle Bene à l'ère de la libéralisation politique au Cameroun et de ses ressorts : le cas de l'arrondissement de Nkol-Metet, Mémoire de DEA, Université de Yaoundé II, 2009
- NGONO TSIMI Landry, L'autonomie administrative et financière des collectivités décentralisées : l'exemple du Cameroun, thèse, Université de Paris-Est, 2010, 561p
- SALIFOU Bertrand, Les chefs traditionnels et leur participation au pouvoir politique en Afrique : les cas du Burkina Faso et du Niger, Thèse, Université de Reims-Champagne- Ardenne, 2007, 350 p.

Chapitre 6

Le rôle du juge dans le cadre de la décentralisation au Cameroun

Par
Éric Samuel KOUA
Magistrat au Tribunal administratif de Bafoussam
Enseignant associé à l'Université de Douala et à l'Université catholique d'Afrique centrale (UCAC)

Résumé

Le juge joue un rôle protéiforme dans le cadre de la décentralisation au Cameroun. Ce rôle est à certains égards de nature contentieuse, et à d'autres d'ordre non contentieux. La question qui sous-tend la présente étude est celle de savoir comment s'articule le rôle du juge en matière de décentralisation au Cameroun ? Le recours à la méthode juridique et à la sociologie du droit a permis de constater l'existence de plusieurs missions juridictionnelles à des égards perfectibles en cette matière, dont le contenu varie en fonction de l'ordre juridictionnel d'appartenance. Ainsi, l'on note le rôle quasi-exclusivement contentieux du juge administratif et la fonction des juges constitutionnel, judiciaire et des comptes, qui a un volet contentieux et une dimension non contentieuse.
Mots clés : collectivités territoriales décentralisées, juge, rôle, décentralisation, tutelle.

Abstract: The role of the judge in the context of decentralization in Cameroon

The judge plays a protective role in the context of decentralization in Cameroon. This role is contentious and non-contentious. The underlying question in this study is what role does the judge play in Cameroonian decentralization process? The use of the legal method and the sociology of law has revealed the existence of several legal missions that can be improved in this area, the content of which varies depending on the jurisdictional order of membership. Thus, we note the exclusively contentious role of the administrative judge and the function of the constitutional, judicial and accounting judges, which has a litigious aspect and a non-contentious dimension.
Key words: local authorities, judge, role, decentralization, custody.

Introduction

Aux termes de l'article 1er de la Constitution camerounaise du 18 janvier 1996 (Constitution) : « [l]a République du Cameroun est [...] un Etat unitaire décentralisé ». Cette disposition définit la forme de l'Etat et constitue une des bases constitutionnelles de la décentralisation au Cameroun[1]. On peut définir la décentralisation comme un

> système d'administration consistant à permettre à une collectivité humaine (décentralisation territoriale) ou à un service (décentralisation technique)[2]de s'administrer eux-mêmes sous le contrôle de l'Etat, en les dotant de la personnalité juridique, des autorités propres et des ressources[3].

Cette définition pourrait nourrir deux commentaires. *Primo*, il en ressort l'existence de deux types de décentralisation, à savoir, la décentralisation technique et la décentralisation territoriale exclusivement concernée par cette étude. Au Cameroun, la décentralisation territoriale se déploie à travers les collectivités territoriales décentralisées (CTD) que sont la commune[4], la communauté urbaine[5] et la région[6], alors que la décentralisation technique se réalise au moyen des établissements publics[7]. Roger Bonnard distingue, en référence au mode de désignation des autorités locales, deux types de décentralisation (territoriale) : la décentralisation autoritaire et la décentralisation démocratique[8]. *Secundo*, on fera observer que les conditions d'existence de la décentralisation territoriale sont : l'élection des autorités locales[9], la reconnaissance d'une personnalité juridique[10] propre aux CTD, l'autonomie financière[11] de celles-ci, la tutelle et les affaires locales.

L'intérêt de la présente réflexion est double. Premièrement, cet intérêt est théorique, cette étude étant une modeste contribution à la doctrine juridique camerounaise relative au droit processuel de la décentralisation. L'on signale

---

[1] Voir B.R. GUIMDO DONGMO, « Les bases constitutionnelles de la décentralisation au Cameroun. Contribution à l'étude de l'émergence d'un droit constitutionnel des collectivités territoriales décentralisées », *RGD*, vol. 29, n°1, 1998, pp. 79-100.

[2] P. DUEZ et G. DEBEYRE, *Traité de droit administratif*, Paris, Dalloz, 1952, p. 79, et M. HAURIOU, *Principes de droit public*, Paris, Dalloz, 2010, p.725.

[3] T. DEBARD, et S. GUINCHARD, *Lexique des termes juridiques*, 28e éd. Dalloz, 2010, p. 79.

[4]En ce sens, l'article 55 (1) de la Constitution dispose que : « [l] *es collectivités territoriales de la République sont la commune et la région* ».

[5]Alors que la commune et la région ont été créées par la Constitution en son article 55 (2), la communauté urbaine constitue une création législative (article 240 et suivants du CGCTD).

[6] Voir B-R. GUIMDO DONGMO, « La région en droit public camerounais : quel janus juridique ? », *Afrilex*, décembre 2021, disponible à afrilex.u-bordeau.fr/2021/12 (consulté le 2 mai 2023).

[7]Sur le statut de ces entités en droit camerounais, voir Loi n°2017/10 du 12 juillet 2017 portant statut général des établissements publics.

[8]. Voir R. BONNARD, *Précis de droit administratif*, 4e édition, Paris, LGDJ, 1943, p. 192.

[9] Voir notamment les articles 199 (1) et 307 (1) du CGCTD.

[10] Voir B-R. GUIMDO DONGMO, « Les bases constitutionnelles de la décentralisation au Cameroun. Contribution à l'étude de l'émergence d'un droit constitutionnel des collectivités territoriales décentralisées », *op.cit.*, p. 86.

[11] G. VEDEL, *Droit administratif*, 5e éd., Paris, PUF, 1973, p. 640.

que la dimension processuelle de la décentralisation demeure peu explorée par cette doctrine[1]. Ainsi, il s'agit, par la présente réflexion, de contribuer à l'étude d'une question jusque-là peu explorée en droit camerounais de la décentralisation[2], mais cruciale, étant donné que la protection des droits des administrés face à l'activité de la tutelle et des CTD, est largement tributaire de l'efficacité du contentieux de la décentralisation. En effet, les ouvrages[3] sur le contentieux administratif camerounais se révèlent peu prolixes au sujet du volet processuel susmentionné et du reste n'y accordent même pas d'intérêt particulier. L'absence dans ces ouvrages d'un intérêt spécifique pour le contentieux de la décentralisation s'expliquerait par son assimilation au contentieux administratif ordinaire[4]. Pourtant, le contentieux administratif de la décentralisation recèle à certains égards des spécificités par rapport au contentieux administratif général. L'assimilation du contentieux administratif de la décentralisation territoriale au droit du contentieux administratif commun annihilerait donc toute tentative d'analyse de la spécificité du contentieux impliquant les CTD[5]. Bertrand Edoua Bilongo ne s'est pas intéressé aux volets dudit contentieux relevant de la compétence du juge judiciaire et de la juridiction des comptes, comme si ceux-ci n'en étaient point concernés, ainsi qu'à sa spécificité[6] par rapport au contentieux administratif général. Ainsi, le volet théorique de l'intérêt de cette étude réside dans sa mise en exergue de l'intervention de l'ensemble des juridictions nationales dans la résolution du contentieux de la décentralisation. En outre, l'intérêt de cette étude est pratique en ce sens qu'elle renseigne sur les différentes procédures de résolution des différends en rapport avec la décentralisation.

Dès lors, comment s'articule le rôle du juge dans le cadre de la décentralisation au Cameroun ? Le recours à la méthode juridique qui alterne la dogmatique et la casuistique sous-tendra l'examen notamment des dispositions de la Constitution et de la loi n° 2019/024 du 24 décembre 2019 portant Code général des collectivités territoriales décentralisées (CGCTD), pour étayer les contours du rôle du juge en matière de décentralisation au Cameroun. Quant à la jurisprudence, elle servira de base d'illustration. En

---

[1]B. EDOUA BILONGO, « Le contentieux de la décentralisation territoriale dans les Etats unitaires décentralisés africains : le cas du Cameroun », *RADP*, Vol. XI, n°27, juillet-décembre 2022, pp.155-191 (spéc., p. 127).

[2]*Ibid.*, p. 133.

[3]Les ouvrages d'ABANE ENGOLO Edgard, *Traité de contentieux administratif au Cameroun*, L'Harmattan, 2019, 402 p., de Célestin KEUTCHA TCHAPNGA, *Précis de contentieux administratif* au Cameroun. Aspect de l'évolution récente, L'Harmattan Cameroun, 2013, 330 p., et de Joseph OWONA, *Le contentieux administratif de la République du Cameroun*, L'Harmattan, 2011, 222 p., n'évoquent et n'abordent pas de manière spécifique le Contentieux administratif de la décentralisation.

[4]J. BOURDON, J-M., PONTIER et J-C., RICCI, *Droit des collectivités territoriales décentralisées*, PUF, 2e éd., 1998, p. 202.

[5]B. EDOUA BILONGO, *op..cit.*, p. 128.

[6]Cette spécificité est mise en exergue *infra* (au B du I de la présente étude).

outre, le recours à la sociologie du droit permettra de comprendre le comportement des acteurs de la décentralisation en ce qui concerne la résolution des différends y afférents.

Du moins, la combinaison des deux méthodes sus indiquées permet de constater l'existence d'un rôle pluriel impliquant l'intervention de juges[1] appartenant à des ordres de juridictions différents[2]. L'on relève particulièrement, qu'en matière de décentralisation au Cameroun, que, d'une part, le rôle du juge administratif est exclusivement contentieux[3] et d'autre part, l'exercice par la juridiction constitutionnelle, le juge judiciaire et le juge des comptes, en plus d'un rôle contentieux, d'une fonction non contentieuse. Par voie d'implication, il convient de s'appesantir sur le rôle exclusivement contentieux à deux volets de la juridiction administrative (I) et celui dual des juges des comptes, constitutionnel et judiciaire (II).

I. Le rôle exclusivement contentieux à deux volets du juge administratif

En son sens matériel, le contentieux de la décentralisation renvoie à l'ensemble des litiges résultant de la violation des règles qui encadrent le transfert[4] et l'exercice des compétences transférées[5]. Lorsque ces litiges résultent de l'activité administrative de la tutelle ou des CDT ainsi que des excroissances institutionnelles de ces dernières[6], et sont réglés par la juridiction administrative ou des voies alternatives[7], on est en présence du contentieux administratif ordinaire[8] (de la décentralisation). Pour l'étayer, il

---

[1] Voir B. EDOUA BILONGO, *op.cit.*, p. 141.

[2]Pour une étude relative aux ordres juridictionnels au Cameroun, voir O. FANDJIP et J TOUKAM KOUAHOU, « Contribution à l'étude de la nature du système de contrôle juridictionnel de l'administration au Cameroun », *Les Annales de droit*, vol. 16, 2022, pp. 83-119

[3] Y. LAIDIE, « La fonction consultative des Tribunaux administratifs », 19 p., disponible à http://www.u-picardie.fr/yan_laidie (visité le 23 novembre 2023). F. DARGENT, Chapitre II : Une singularisation possible, *in* : *La consultation en droit public interne*, Aix-en-Provence, DICE Edition, 2020, pp. 193-242 (spéc., p. 200), O. FANDJIP, *Les juridictions administratives et le temps* : *cas du Cameroun et du Gabon*, Université de Dschang, Mémoire de DEA, 2009, p. 30, C. NDJOKE, « Juridiction administrative : une réforme inachevée », *Juridis périodique*, vol. 74, 2008, n° 2, pp. 49-63.

[4]Articles 156 et suivants du CGCTD.

[5] B. FAURE, *Droit des collectivités territoriales*, Paris, Dalloz, 2e ed., 2011, p. 592. Voir aussi en ce sens G. VEDEL, *Droit administratif*, 5e ed., Paris, PUF, 1973, p. 640.

[6] Voir les articles 94, 104 et suivants du CGCTD.

[7]E. KOUA, « La réforme du contentieux administratif du 29 décembre 2006 au Cameroun : regard rétrospectif d'un auditeur de justice administrative », *RASJ*, n°2, 2016, p. 149. Voir également E. NGANGO YOUMBI, « Les modes alternatifs de résolution des litiges administratifs en Afrique noire francophone », *RIDE*, 2019, n°4, pp.449-476.

[8]Il faut noter que le contentieux administratif peut aussi résulter de l'activité administrative des personnes privées exerçant une mission de service public sur délégation des personnes publiques. C'est ainsi que le juge administratif est compétent pour connaître des recours dirigés contre des actes administratifs pris par des associations sportives (affaire *Aigle royale de*

sied d'examiner la résolution par la juridiction administrative du contentieux administratif ordinaire (A) et du contentieux administratif spécial de la décentralisation (B).

A. La résolution du contentieux administratif ordinaire de la décentralisation

Le contentieux administratif ordinaire de la décentralisation recouvre les contestations relatives à l'action de la tutelle et à l'exercice des compétences transférées aux CTD, mais résolues selon la procédure administrative contentieuse de droit commun. Tout en restant circonscrit dans les deux limites sus-évoquées (action de la tutelle et exercice des matières transférées), le contentieux administratif ordinaire de la décentralisation peut être vertical (1) ou horizontal (2).

1. La résolution du contentieux administratif vertical de la décentralisation

En règle générale, c'est la personne privée qui est la requérante en contentieux administratif[1]. En vertu du principe du privilège du préalable, l'administration n'a pas à demander au juge ce qu'elle a à mettre en œuvre par elle-même[2]. Il en résulte alors que l'administration n'aura pas, la plupart du temps, la qualité de requérant en première instance en contentieux administratif[3]. Toutefois, ce principe est contournable lorsque le litige oppose deux personnes publiques, l'une d'elle étant nécessairement la requérante en première ressort[4]. Le contentieux administratif vertical de la décentralisation, initié par une personne publique, en est une illustration nette.

L'on précise que le contentieux administratif vertical de la décentralisation oppose une personne privée/publique à une personne morale de droit public qui lui est supérieure dans l'ordre institutionnel national. Ce contentieux peut se déployer selon plusieurs cas de figures. Il pourrait d'abord s'agir d'un contentieux de l'annulation opposant la CTD à l'Etat, lié à la contestation par l'autorité locale d'une décision de la tutelle relative aux matières visées dans les articles 75 et 76 du CGCTD. Ce premier cas de figure peut résulter de la saisine de la juridiction administrative par la CTD aux fins de condamnation de l'Etat à lui allouer des dommages-intérêts du fait des agissements de la

---

Dschang c. Fédération camerounaise de football, op.cit., ou des ordres professionnels (arrêt *Bernard Auto roche, op.cit.,*), exerçant une activité de service public sur délégation de l'Etat.

[1]Voir P. CAILLE, *Contentieux administratif*, Première partie, Titre II, Chapitre I, Les parties à l'instance, *RGD*, disponible à revuegeneraledudroit.eu/blog/p258889 (visité le 15 juin 2021), p. 200.

[2]*Ibid.*, CE, 30 mai 1913, Préfet de l'Eure, req. n°49241, Rec., p. 583 et ss, 1915, p. 39 (note M. HAURIOU).

[3]P. CAILLE, *Contentieux administratif*, note précitée, p. 100.

[4]Ibid.

tutelle. L'affaire *Commune de Bélel c. Etat du Cameroun* (*Préfet de la Vina*)[1] en tient lieu d'exemple. En l'espèce, le juge administratif, après avoir considéré que l'abstention de la tutelle à accuser réception de la délibération n°16/DM/CB/SG/2018 du 6 décembre 2016 du Conseil municipal, autorisant le maire à solliciter un appui financier auprès du FEICOM afin d'effectuer, dans l'intérêt de la Commune de Bélel, un voyage de coopération au Canada et aux Etats-Unis, avait causé un préjudice à cette dernière, a condamné le défendeur à lui allouer des dommages-intérêts chiffrés à 30 millions de FCFA. S'agissant encore du premier cas de figure susmentionné, on a l'hypothèse où la CTD demande à la juridiction administrative d'annuler la décision de l'autorité de tutelle portant refus d'approbation des actes de la collectivité locale[2]. Il en est de même lorsque la CTD intente une action aux fins d'annulation d'un acte de la tutelle, motif pris de l'empiètement de l'Etat sur une matière transférée[3].

Accessoirement, l'on retiendra que, par crainte des représailles, l'autorité locale peut s'abstenir de contester les agissements de la tutelle devant le juge administratif. En effet, l'autorité tutélaire peut refuser de valider la délibération portant adoption du budget d'une CTD, pour le fallacieux motif de sa non-conformité à la loi, alors même que la vraie raison c'est le recours que la CTD aura antérieurement intenté contre sa décision.

Le deuxième cas de figure du contentieux administratif vertical de la décentralisation oppose à l'Etat un particulier ou un groupe d'administrés contestant la légalité de l'acte de la tutelle. L'affaire *Commune de Banwa*, à l'Ouest du Cameroun, en est une parfaite illustration. En l'espèce, le Conseil municipal, au cours d'une session extraordinaire du 23 juillet 2020, vote une résolution démettant le maire de ses fonctions, du fait d'une gestion présumée chaotique de fonds de cette commune. Puis, dans une décision du 30 novembre 2020, le Ministre de décentralisation et du développement local rapporte cette résolution, motif pris de la tenue de cette session en violation de l'article 172[4] du CGCTD. Cette décision tutélaire fera l'objet d'une demande de sursis à exécution introduite par 22 conseillers de la Commune de Banwa[5]. Parallèlement à cela, le maire sus évoqué a demandé à la juridiction administrative d'annuler la résolution précitée, et a obtenu gain de cause, la

[1]Voir le jugement n°35/2020/TA/NGD/2020 du 08 octobre 2020, *Affaire Commune de Bélel c/Etat du Cameroun* (*Préfet de la Vina*).

[2]Voir article 78 (1) du CGCTD.

[3]En vertu du principe de l'exercice exclusif par la CTD des compétences transférées, l'Etat ne saurait intervenir pour les exercer que dans deux hypothèses (article 17 du CGCTD).

[4]Cette disposition prévoit que les sessions extraordinaires du conseil municipal se tiennent en présence du préfet.

[5]Voir la requête aux fins de sursis à exécution de la lettre n° 004582/L/MINDDEVEL/SG/DAJ du 30 novembre 2020.

session s'étant effectivement tenue en violation de l'article 172 susmentionné du CGCTD[1].

Quant au troisième cas de figure du contentieux administratif vertical de la décentralisation, il repose sur la contestation par un administré devant le juge administratif de la légalité de l'acte de la CTD pris dans le cadre de la gestion des compétences transférées. L'affaire *Migue Frida c. Ville de Yaoundé*[2], où le Tribunal administratif de céans a annulé l'arrêté n°1539/11/CABSDLG/CUD/YD du 17 mai 2004 édicté par le maire de cette ville en méconnaissance de la délibération n°11/2003/CU/YDE du 21 août 2023 du Conseil de la Communauté urbaine de Yaoundé et des règles de la décentralisation foncière, en constitue un exemple.

Cela dit, de l'exploitation de la jurisprudence administrative camerounaise, il ressort qu'en matière de contentieux de l'excès de pouvoir, chaque fois que le juge administratif est saisi[3], il

> s'assure toujours que le requérant a un intérêt personnel à agir »[4]. Comme l'a indiqué le jugement Mbouendeu Jean de Dieu : « le recours pour excès n'est pas un instrument objectif de défense de la légalité mis à la disposition de tous les citoyens, ou pour parodier Monsieur le Commissaire du Gouvernement Chemot, il ne s'agit pas d'une « action populaire » ouverte à n'importe qui[5].

Dans la même veine, l'article 80 du CGCTD s'inscrit dans le sillage de l'aphorisme « [n]*ul ne plaide par procureur* », en ce sens qu'elle subordonne l'action tendant à l'annulation d'un acte administratif à la démonstration de l'intérêt à agir[6]. Seulement, selon la jurisprudence administrative camerounaise, la justification de son intérêt à agir contre l'acte administratif, « suppose que le requérant ait subi du fait de cet acte, une lésion particulière »[7] et que sa situation devrait se retrouver améliorer si ledit acte est annulé[8]. L'on doit admettre qu'il ne sera pas toujours certains que la démonstration de l'intérêt à agir emporte toujours la conviction du juge administratif, l'appréciation de cette « lésion particulière » relevant de la subjectivité de ce dernier. En outre, au regard de la jurisprudence, l'intérêt collectif ne peut être

---

[1]Cette disposition prévoit que les sessions extraordinaires du conseil municipal se tiennent en présence du préfet, ce qui n'a pas été le cas en l'espèce. Voir TA Bafoussam, affaire *KAMENI Charles c. Commune de Banwa*, recours n° 313/2021, extrait du plumitif de l'audience du 12 juin 2023.

[2]Jugement n°363/2020/TA-YDE du 06 octobre 2020, Affaire *Migue Frida c/Ville de Yaoundé.*

[3]Voir L. ECHEMOT, *La procédure administrative contentieuse au Cameroun*, Paris, Edition Manaibuc, 2019, p. 107 ; CS/CA, jugement, 1er février 1985, *SENDE Joseph c. Etat du Cameroun.*

[4]*Ibid.*

[5]CS/CA, jugement n°8/CS/CA du 29 novembre 1979, Mbouendeu Jean-de-Dieu, 3e rôle.

[6]Voir P. CAILLE, *Contentieux administratif*, Première partie, Titre II, Chapitre I, Les parties à l'instance, *RGD*, *op.cit.*, p. 100.

[7]Affaire *Mbouendeu Jean-de-Dieu*, *op.cit.*, 3e rôle.

[8]CS/CA, jugement n° 51/CS/CA du 29 mars 1979, Baba Youssoufa c. Etat du Cameroun et jugement *Mbouendeu Jean-de-Dieu* (4e rôle), op.cit.

établi que par des groupements tels que les associations et les syndicats[1]. De ce fait, en l'absence d'organisations de sociétés civiles de protection de droits collectifs au sein de la CTD (concernée), des requêtes en annulation d'une décision de celle-ci portant pourtant atteinte auxdits droits, introduites par des individus, seront déclarées irrecevables.

Ainsi, si la démonstration de l'intérêt agir est une exigence conforme aux conditions générales d'accès à la justice[2], destinée à prévenir l'engorgement du prétoire, il n'en demeure pas moins que ladite exigence n'est pas en cohérence avec la philosophie qui gouverne la décentralisation[3].En fait, le citoyen (local) est au cœur de la décentralisation, puisque c'est lui qui vote les élus locaux[4], en plus de ce que son bien-être soit la finalité de cette dernière. Il s'ensuit alors que, aux fins de garantie dudit bien-être, on devrait assurer audit citoyen, en assouplissant notamment le régime de l'exigence de la démonstration de l'intérêt à agir, la possibilité de contester l'action administrative lorsqu'elle met en péril ce bien-être, dans le cadre du contentieux administratif de la décentralisation vertical ou horizontal.

2. La résolution du contentieux administratif horizontal de la décentralisation

De l'exploitation des minutes des 10 tribunaux administratifs que compte le Cameroun, il ressort que depuis leur entrée en fonction en 2013, aucun d'eux n'a connu une affaire relative à la gestion des matières transférées, opposant des CTD. Trois facteurs pourraient expliquer cela. En premier lieu, on a le fait que l'arbitrage de la tutelle permet généralement de régler ce type de différends. En effet, les autorités locales considèrent que le règlement des différends par voie tutélaire est plus souple, moins couteux, et prend moins de temps que la procédure juridictionnelle[5].

En deuxième lieu, l'état susmentionné des minutes s'explique par la solidarité partisane. En effet, pour prévenir des situations conflictuelles entre CTD, qui pourraient s'avérer infâmantes au détriment de leur parti politique, des autorités locales préfèrent rechercher un arrangement à l'amiable, le plus souvent sous l'égide de la hiérarchie de ce dernier, que de saisir le juge administratif. En troisième lieu, il y a que les capacités du personnel de certaines CTD ne sont pas toujours de nature à leur permettre de dénicher des poches de contentieux. Pourtant il en existe, notamment en ce qui concerne le contentieux administratif horizontal de la décentralisation.

---

[1] Arrêt n° 216/CS/CA du 31 mars 1977, *Syndicat national des administrateurs civils c. Etat du Cameroun.*

[2]S. AMOUGOU EBELA, « Le contrôle juridictionnel de la décentralisation en droit camerounais », *Revue de l'ENA* (Tchad), n°1, 2023, p. 297.

[3]*Ibid.*

[4]*Ibid.*

[5]Le règlement juridictionnel suppose d'abord l'introduction d'un recours gracieux auprès de la CTD présumée fautive par la CTD plaignante, conformément à l'article 17 de la loi n°2006/022.

Ce dernier est ainsi qualifié parce que ses protagonistes, dans l'ordre institutionnel national, sont placés sur le même palier, aucun n'étant au-dessus de l'autre. Le contentieux administratif horizontal de la décentralisation oppose donc deux ou plusieurs CTD, ou des établissements publics locaux entre eux (exemples des syndicats de communes[1]), qui se disputent l'exercice d'une ou de compétences transférées. Aussi le CGCTD a-t-il prévu que les conflits d'attributions entre la communauté urbaine et la commune d'arrondissement doivent être portés à la connaissance du juge administratif par le maire de la ville ou celui de la commune d'arrondissement[2].

L'autre poche notable du contentieux administratif horizontal de la décentralisation concerne les litiges opposant une CTD à un syndicat de communes. Ce dernier, disposant d'une personnalité juridique, peut valablement ester en justice aux fins de préservation des intérêts locaux dont il a la charge, contre une autre personne publique locale qui en constitue une menace. En outre, comme tout établissement public, l'action du syndicat de communes est régie par le principe de spécialité. A cet égard, la légalité de l'acte posé par le syndicat de communes peut être contestée devant le juge administratif par une CTD qui est partie à la convention l'ayant établi, si cette collectivité locale estime que cet établissement public a outrepassé le champ d'action à lui assigné. Dans ce cas de figure, la qualité et l'intérêt de la CTD sont établis du simple fait qu'elle soit partie à cette convention. En tout état de cause, si le contentieux administratif ordinaire de la décentralisation est résolu selon les règles applicables au procès administratif de droit commun, tel n'est pas le cas en ce qui concerne le contentieux administratif spécial de la décentralisation.

B. La résolution du contentieux administratif spécial de la décentralisation

Le contentieux administratif spécial de la décentralisation renvoie aux contestations nées de la violation des règles encadrant cette dernière, résolues selon une procédure dérogatoire à la procédure administrative contentieuse de droit commun. Le contentieux administratif spécial de la décentralisation a deux volets, à savoir le contentieux de fond (1) et le contentieux d'urgence (2).

1. La résolution du contentieux administratif spécial de la décentralisation de fond

Le contentieux administratif spécial de fond de la décentralisation comprend deux pendants, l'un non fiscal et l'autre fiscal. Relativement au volet non fiscal, il porte sur la contestation d'une décision de l'autorité locale déférée par la tutelle à la juridiction administrative qui doit statuer dans un

[1] Voir les articles 104 à 114 du CGCTD.

[2] Voir article 241 du CGCTD.

délai d'un mois[1]. En effet, après réception de la décision renvoyée à sa censure par l'autorité locale, conformément aux articles 74 à 77 du CGCTD, la tutelle peut déférer cette décision au juge administratif si elle estime qu'elle est illégale.

La spécificité du contentieux administratif spécial de la décentralisation, par rapport au procès administratif de droit commun, peut être établie sur les plans matériel et procédural. Sur le plan matériel, cette spécificité tient à ce que le contentieux administratif spécial de la décentralisation porte sur les actes limitativement visés dans les articles 75 et 76 du CGCTD. Ces actes peuvent être subdivisés en deux catégories. Il s'agit, d'une part, des actes transmis pour approbation préalable de la tutelle avant leur entrée en vigueur ; et d'autre part, ceux qui lui sont certes communiqués, mais dont l'application n'est pas soumise à cette approbation.

Sur le plan procédural, la spécialité du contentieux administratif non fiscal de la décentralisation tient d'abord à la qualité du demandeur qui est, en la matière, l'Etat (l'autorité de tutelle). Ce qui contraste avec la configuration traditionnelle du contentieux administratif où l'Etat est défendeur. Ensuite, cette spécialité repose sur l'absence de subordination de la recevabilité de la requête aux exigences[2] auxquelles doit se conformer, à peine d'irrecevabilité, la demande en contentieux administratif générale. Du reste, dans le contentieux administratif spécial de la décentralisation, le requérant, en l'occurrence la tutelle, n'est tenu ni au versement de la consignation, ni au timbrage de la requête, ni à l'introduction préalable du recours gracieux et de son rejet pour la saisine de la juridiction administrative. En outre, dans ledit contentieux, l'autorité de tutelle n'est pas tenue d'établir sa qualité pour agir, celle-ci se déduisant de plein droit de sa fonction[3].

La spécificité en examen est aussi liée à la précision textuelle du délai imparti au juge administratif pour statuer, soit un mois[4]après sa saisine par la tutelle aux fins d'annulation d'une décision de la CTD portant sur l'une des matières visées dans les articles 75 et 76 sus évoqués. En contentieux administratif général de fond, si la juridiction administrative est tenue d'agir dans les délais raisonnables, il reste que la loi ne lui impartit pas expressément un délai pour vider sa saisine.

S'agissant du volet fiscal du contentieux spécial de fond de la décentralisation, avec cette dernière, de nouvelles poches de litiges en rapport avec l'impôt, dont les règles de résolution dérogent au procès administratif

---

[1]Article 77 (1) du CGCTD.

[2]Ces exigences sont prévues par les articles 17, 35 et 36 de la loi n°2006/022.

[3]M. HAURIOU, *in* Léon BEQUET, *Répertoire du droit administratif*, Tome 9, Paris, Hachette Livre, 1891, Ed., 1882-1881, p. 482.

[4]Article 77 (2) du CGCTD. C'est vrai aussi que cette disposition n'est pas assortie de sanction en cas de non-respect par le juge administratif dudit délai. Ce délai sera-t-il alors vraiment respecté dans la pratique du contentieux de la décentralisation ?

ordinaire de l'assiette[1], émergent au niveau local. Il existe dorénavant « *des règles singulières du contentieux* »[2]administratif fiscal local. Le contentieux administratif fiscal local relatif à l'assiette présente une double particularité matérielle et procédurale, comparé au contentieux administratif fiscal ordinaire dont la procédure de résolution recèle déjà des spécificités[3] à l'égard du procès administratif de droit commun.

L'originalité du contentieux administratif fiscal local a une dimension matérielle, un aspect formel et un volet procédural. Sur le double plan matériel et formel, cette originalité repose respectivement sur la nature des impositions concernées, qu'on appelle usuellement impôts locaux, et leur consécration par la loi n°2009/019 du 15 décembre 2009 portant fiscalité locale[4] et non dans le Code général des impôts du Cameroun[5] où sont prévus les impôts étatiques. Certes, le titre 3 dudit code est réservé à la fiscalité locale, mais juste pour en fixer les grandes orientations.

Quant à la dimension procédurale de la spécificité du contentieux fiscal local, elle se situe dans sa phase administrative. En effet, dans le contentieux de l'imposition nationale, la réclamation préalable est adressée aux responsables compétents du fisc (chefs de centres des impôts, responsables des grandes entreprises, directeur général des impôts, selon le cas, et au ministre des Finances). Or, en matière de contentieux de l'assiette locale, c'est le chef de l'exécutif local qui est le destinataire de la réclamation préalable[6]. En cas de rejet de ce recours par l'organe exécutif local, le requérant l'adresse à la tutelle. Après avis du service fiscal de l'Etat territorialement compétent, si les arguments du requérant sont reconnus fondés, la tutelle recommande au chef de l'exécutif local le dégrèvement partiel ou total de l'imposition litigieuse[7].Le refus de celui-ci d'exécuter les recommandations de la tutelle, ou le silence gardé par celle-ci dans les 90 jours suivants la réclamation, vaut rejet implicite de la requête et ouvre droit à la saisine de la juridiction administrative par le requérant dans les 30 jours qui suivent[8]. Il convient d'indiquer que cette saisine pourrait être précédée par un recours d'urgence.

---

[1]Le contentieux de l'assiette porte sur la contestation du bien-fondé et du montant de l'impôt à payer.

[2]C. MEURANT, « Le contentieux de la fiscalité locale entre personnes publiques », *GFP*, n°2020, n°2, 2020, p. 23.

[3]La spécificité du contentieux fiscal vis-à-vis du contentieux administratif général tient essentiellement à la procédure de résolution du premier. En effet, alors que le second débute par la réclamation préalable (voir les articles 126 et suivants du Code de procédures fiscales), le second est amorcé par le recours gracieux (voir article 17 de loi n°2006/022. Seulement, en matière de contentieux administratif fiscal ordinaire, la réclamation préalable adressée au ministre des Finances vaut recours gracieux. Voir Article L. 126 du Livre de procédure fiscale.

[4]Voir, entre autres, l'article 116 loi n°2009/019 du 15 décembre 2009 portant fiscalité locale.

[5]Disponible à www.impots.cm.

[6]Voir article 138 (1) de loi n°2009/019 du 15 décembre 2009 portant fiscalité locale.

[7]Article 139 (1), loi n°2009/ 019 du 15 décembre 2009 portant fiscalité locale.

[8]Alinéa 2, *ibid.*

2. La résolution du contentieux administratif spécial de la décentralisation d'urgence

Le contentieux administratif spécial d'urgence de la décentralisation est relatif à la procédure de sursis à exécution initiée par la tutelle et au sursis ordonné par la juridiction administrative[1] de sa propre saisine.

Relativement au premier cas de figure, l'article 78 (1) dispose que l'autorité de tutelle peut assortir le recours par lequel il défère au juge administratif[2] un acte visé par l'article 75 ou 76 du CGCTD, « d'une demande de sursis à exécution lorsque les moyens invoqués dans la requête paraissent, en l'état de l'instruction, sérieux et de nature à justifier l'annulation de l'acte attaqué ». Au point de vue matériel, la spécificité de cette demande tient à ce qu'elle ne peut porter qu'à une catégorie précise d'actes administratifs, à savoir ceux relatifs aux matières visées aux articles 75 et 76 du CGCTD. Or, dans le procès administratif ordinaire, tous les actes administratifs, à l'exception de ceux qui concernent l'ordre public[3] (cas notamment des mesures de police administrative), peuvent faire l'objet d'une demande de sursis à exécution. Sur le plan procédural, outre le fait que la procédure d'urgence de l'article 78 précité soit initiée par la tutelle, sa particularité est adossée sur l'absence d'exigence de la production de la preuve[4] du dépôt préalable du recours gracieux pour sa recevabilité, et la non-subordination de l'ordonnance qui s'ensuit aux conclusions[5] du ministère public[6].Il convient d'indiquer que cette ordonnance doit être rendue dans un délai de 48 heures[7]par la juridiction administrative, après sa saisine. En contentieux administratif général, la juridiction administrative a un délai de 5 jours, suivant la production des conclusions du ministère public[8], pour rendre l'ordonnance de sursis à exécution.

Il faut dire que, lorsque la recevabilité de sa demande est établie, pour que cette dernière ne soit pas rejetée, suivant l'article 78 (1) du CGCTD, la tutelle doit démontrer au juge administratif le caractère sérieux du moyen invoqué,

[1]Il s'agit ici de la juridiction administrative présidentielle incarnée par le président du tribunal administratif ou le magistrat qu'il a délégué. Voir les articles 27 et 30 de la loi n°2006/022.

[2]Le déféré administratif est l'acte par lequel le représentant de l'Etat auprès de la CTD renvoie à la censure de la juridiction administrative compétente l'acte présumé illégal pris par une autorité locale.

[3] Voir l'article 30 de la loi n°2006/022.

[4]De la lecture combinée des articles 17, 18 et 30 de ladite loi, il ressort que cette dernière subordonne la recevabilité de la demande du sursis à exécution à la production par le requérant de la preuve du dépôt du recours gracieux.

[5] L'article 30 de la loi n°2006/022 subordonne l'ordonnance du sursis à exécution à la communication préalable au juge administratif des conclusions du ministère public.

[6] A cet égard, le sursis à exécution de l'article 78 du CGCTD se démarque de celui du procès administratif de droit commun où l'article 30 de la loi n°2006/022 précitée subordonne l'ordonnance à la communication préalable au juge administratif des conclusions du ministère public.

[7]Voir article 48 (2) du CGCTD.

[8]Voir l'article 30 de la loi n°2006/022.

la nature de ce dernier à justifier l'annulation de la décision attaquée, et la contrariété entre cette dernière et une liberté publique ou individuelle.

La première condition suscitée recouvre logiquement l'exigence de risque de préjudice irréparable (à l'intérêt local ou national) en cas d'exécution de la décision attaquée, prévue dans le régime de droit commun du sursis à exécution[1], la démonstration de ce risque permettant logiquement d'établir ce caractère sérieux. Sous ce rapport, la spécificité du régime du sursis à exécution de l'article 78 (1) du CGCTD reposerait supplémentairement sur deux éléments. Le premier renvoie à la contrariété entre la mesure attaquée et l'exercice d'une liberté publique ou individuelle, qui ne figure pas parmi les conditions du sursis à exécution de l'article 30 de la loi n°2006/022.Quant au second élément, il tient à ce que, après instruction, le moyen invoqué par la tutelle doit être de nature à justifier l'annulation de la décision attaquée. Autrement dit, la tutelle, aux fins d'obtention du sursis à exécution de l'article 78 (1) du CGCTD, doit démontrer qu'il y a de sérieuses raisons de penser que la décision attaquée est illégale. Cette condition ne figure pas parmi celles exigées pour l'obtention du sursis à exécution en contentieux administratif ordinaire. Néanmoins, la question est de savoir, si, en fondant son ordonnance de sursis à exécution de l'article 78 (1) du CGCTD à l'illégalité de la mesure attaquée, le juge administratif ne sera pas en train de tendre à préjudicier au fond ?[2]

S'agissant de la deuxième procédure d'urgence spéciale (prévue par l'article 78 (3) du CGCTD, elle est celle par laquelle la juridiction administrative ordonne de sa propre initiative le sursis d'un marché public dont la légalité est contestée devant elle par la tutelle[3].Si la loi ne définit pas expressément les conditions de fond de ce sursis, il reste que le juge administratif pourrait le fonder sur l'urgence ou le risque de préjudice irréparable en cas d'exécution du marché attaqué.

Si le juge administratif, par son office contentieux, joue un rôle essentiel pour la bonne marche de la décentralisation, la résolution du contentieux y afférent ne constitue pas son apanage.

II. Le rôle dual des juges des comptes, constitutionnel et judiciaires

En matière de contentieux de la décentralisation, le rôle des juges des comptes, constitutionnel et judiciaires est qualifié de dual, parce qu'il peut être subsumé en deux volets, nonobstant la pluralité des missions y incluses. A ce compte, il importe de mettre en relief le rôle à deux volets de la juridiction des comptes à des égards dévoyé(A), ainsi que celui des juges constitutionnel et judiciaire éprouvé (B).

---

[1]Article 30, *ibid.*

[2] Voir en ce sens O. STAES, *La juridiction provisoire*, *in* : *Pierre Hébraud, doctrine vivante* ? Toulouse, Presses de l'Université de Toulouse Capitole, 2018, p. 95.

[3]Voir article 78, *ibid.*

A. Le rôle à deux volets du juge des comptes à des égards dévoyés

Pour accommoder l'organisation juridictionnelle nationale à la décentralisation, la Constitution a institué les juridictions inférieures en matière des comptes[1], dénommées tribunaux régionaux des comptes (TRC)[2].Appelé chambre régionale des comptes en France[3], le TRC est chargé à l'échelle de la région de contrôler[4] les comptes des comptables publics locaux[5]. Au Cameroun, en attendant l'entrée en fonction des TRC, c'est la Chambre des comptes de la Cour suprême, à travers sa section spécialisée chargée (en instance) de contrôler et de juger les comptes des CTD et de leurs établissements publics, et sa formation des sections réunies (intervenant en appel), qui assure les missions assignées à ces juridictions financières inférieures[6]. Du reste, dans le cadre de la décentralisation, le juge des comptes est chargé du jugement des comptes publics locaux et des fautes de gestion commises au niveau des CTD (1) et du contrôle non juridictionnel (2).

1. Le jugement des comptes publics locaux et des fautes de gestion commises au niveau des CTD

Le jugement de l'ensemble des comptes des comptables public des CTD et des établissements publics locaux[7] est la mission originelle d'une juridiction régionale des comptes[8]. Cette mission consiste à vérifier l'exactitude et la régularité des écritures du compte et à s'assurer que le comptable public a effectué toutes les diligences qui lui incombent avant d'effectuer la dépense. Le contrôle exercé par le juge des comptes sur les comptes du comptable public (local), qu'il soit juridictionnel ou non, est un contrôle de régularité, le contrôle d'opportunité lui étant interdit[9] en vertu du principe de la séparation entre la justice et l'administration active.

A l'issue du contrôle juridictionnel exercé sur le compte produit par le comptable public local, le juge des comptes peut déclarer ledit compte soit

---

[1]Voir Art. 41, Constitution.

[2] Voir loi n°2006/017 du 29 décembre 2006 fixant l'organisation et le fonctionnement des tribunaux régionaux des comptes (Loi n° 2006/017).

[3]M. VERPEAUX, C. RIMBAULT et F. WASERMAN, *Les collectivités territoriales et la décentralisation*, 10e éd., 2017, Paris, La documentation française, p. 195.

[4]En ce sens, l'article 9 de la loi n°2006/017 précité dispose que « [l]e Tribunal régional des comptes est compétent, sous réserve des attributions de la Chambre des comptes, pour contrôler et statuer sur les comptes publics des collectivités territoriales décentralisées de son ressort et de leurs établissements publics »[5].

[5] Notons que « *le Ministère Public près le Tribunal régional des comptes est exercé par le Procureur général près la* Cour *d'appel* [et près le tribunal administratif de la région concernée] » (article 11, *ibid.*).

[6]Voir les articles 475, 476 et 485 du CGCTD.

[7]Il convient d'indiquer que le syndicat de communes constitue un établissement public local au Cameroun (article 105 (1) du CGCTD), tout comme en France.Voir M. VERPEAUX, C. RIMBAULT et F. WASERMAN, *Les collectivités territoriales et la décentralisation*, *op. cit.*, p. 150.

[8]*Ibid.*, p. 196.

[9]*Ibid.*, p. 198.

quitte[1], soit en avance[2], soit en débet[3]. Dans la première hypothèse, le compte est correct, il ne recèle aucune irrégularité et est effectivement conforme au principe de la partie double, c'est-à-dire que son débit est égal à son crédit. Dans la deuxième hypothèse, le crédit est supérieur au débit du compte parce qu'au moment où le comptable public l'a déféré au juge des comptes, une ressource inscrite au crédit n'était pas encore consommée pour que le montant équivalent soit inscrit au débit et qu'en conséquence le compte soit conforme au principe de la partie double. C'est pourquoi, lorsque le compte est en avance, le juge des comptes sursoit[4] à la décharge du comptable concerné, en attendant sa régularisation pour sa conformité audit principe. Or, dans la troisième hypothèse, la tenue du compte est irrégulière et partant expose le comptable public (local) en cause au débet[5].

L'on notera que le juge des comptes peut, au titre de la comptabilité de fait, infliger un débet à l'autorité exécutive locale qui s'est immiscée dans les fonctions du comptable public patent. A cet égard, la Chambre des comptes a constitué KODJI SENI comptable de fait pour le montant de 1.500.000 FCFA, celui-ci, pourtant maire (de la Commune rurale de Mogobe), ayant débloqué de l'argent (fonction incombant au comptable) pour le paiement des frais de secrétariat et de réception du conseil municipal. La Chambre des comptes a considéré que par « *cette opération, le maire s'est immiscé dans le maniement des deniers public* »[6].

L'on signalera néanmoins la mansuétude pratiquée de manière systématique par le juge des comptes camerounais à l'égard du comptable public, consistant à ne pas sanctionner ce dernier la première fois qu'il a relevé des irrégularités dans son compte, mais à l'avertir juste des sanctions qu'il encourra s'il produisait à nouveau des comptes irréguliers. Cette pratique, appelée l'injonction pour l'avenir, est de nature à encourager le manquc de diligence dans la tenue des comptes par des comptables qui savent qu'ils ne seront pas sanctionnés la première fois que la juridiction des comptes y établira des irrégularités.

Dans le cadre de sa mission juridictionnelle, le juge des comptes est compétent pour statuer aussi sur les fautes de gestion commises par des ordonnateurs[7] et des surveillants de crédits des administrations locales. Le

---

[1] Cas où le compte ne recèle aucun grief.

[2]Cas où le crédit est supérieur au débit.

[3]Article 48 de la loi n°2006/017.

[4] Article 26 (4), *ibid.*

[5]Le débet est une somme d'argent qu'une personne est condamnée par le juge des comptes, le CDBF ou le ministre des Finances (débet administratif) à verser au Trésor public en compensation du préjudice financier que ces fautes ont causé à la personne publique dans la chaîne d'exécution du budget. Voir article 86 (3) du RFEP.

[6] Voir CS/CC, arrêt n°79/P/GF/S2, 6 sept. 2012, *Compte de gestion de la Commune rurale de Mogobe* (3e rôle).

[7]Il s'agit notamment du maire, du président du conseil régional, du maire de la ville et des ordonnateurs des établissements publics locaux.

juge des comptes tient cette compétence de l'article 86 de la loi n°2018/12 du 11 juillet 2018 portant Régime financier de l'Etat et des autres entités publiques (RFEP) qui a étendu[1] ses compétences. Seulement, dans la pratique actuelle du contrôle des finances publiques au Cameroun, le juge des comptes subi une forme de concurrence déloyale exercée à son détriment par le Conseil de discipline budgétaire et financière (CDBF) qui continue, malgré l'entrée en vigueur du RFEP, à statuer sur les fautes de gestions des ordonnateurs et des surveillants de crédits publics[2]. Dès lors, on se demande, entre le CDBF et la juridiction des comptes, qui a véritablement qualité pour statuer sur ces fautes de gestion. On doit y répondre sans hésitation en soulignant que c'est la juridiction des comptes. Car

C'est du RFEP de 2018 (la loi) que cette dernière a reçu la compétence pour statuer sur les fautes de gestion présumées des ordonnateurs, tandis que, antérieurement, cette compétence avait été attribuée au CDBF par un règlement qui doit s'incliner devant la loi, en application du principe de la hiérarchie des normes juridiques[3].

Il y a aussi que l'absence d'un texte indiquant expressément la procédure de jugement des fautes de gestion des ordonnateurs et des contrôleurs financiers pourrait empêcher le juge des comptes d'exercer pleinement ses compétences. L'on se demande alors si, en raisonnant par analogie, le juge des comptes pourrait adosser cette procédure sur celle relative au contrôle juridictionnel des comptes de gestion[4] ? Cela dit, le deuxième volet du rôle du juge des comptes à l'égard des CTD est non juridictionnel.

2. La mission non juridictionnelle à l'égard des CTD et des établissements publics locaux

Cette mission du juge des comptes consiste à évaluer[5] les politiques publiques locales à l'effet d'établir qu'elles sont performantes ou non, à renforcer[6] les capacités du personnel des CTD impliqués dans le maniement des fonds publics, à concourir à la certification des comptes publics locaux et

---

[1]G. PEKASSA, A. AKONO OLINGA et S. BATIA EKASSI, « L'enjeu de l'élargissement de la compétence matérielle du juge des comptes par la faute de gestion en Afrique centrale : le cas du Cameroun », *RFFP*, n°157, février 2022, p. 76.

[2]Voir Y-DJEYA KAMDOM, « Réflexion sur l'ambigüité institutionnelle du Conseil de discipline budgétaire et financière au Cameroun », *GFP*, n°2, 2016, pp. 89-94.

[3]E.S. KOUA, « La réforme du contrôle parlementaire des finances publiques dans la loi du 11 juillet 2018 portant régime financier de l'Etat et des autres entités publiques », *RAFIP*, vol.12, n°2, 2022, p. 264.

[4]Appellation du compte du comptable public, tandis que celui de l'ordonnateur est dénommé compte administratif.

[5]A travers ce type de contrôle encore appelé contrôle de gestion, le juge des comptes voudrait s'assurer de l'économie, de l'efficacité et de l'efficience des dépenses effectuées au niveau local.

[6]Il s'agit là d'un autre volet du rôle pédagogique du juge des comptes à côté de la formulation des avis dans ses rapports, et de la procédure de l'injonction pour l'avenir.

enquêter/auditer sur la gestion des deniers des collectivités locales[1] ainsi que de leurs excroissances institutionnelles.

Si le contrôle juridictionnel exercé par le juge des comptes débouche sur une décision dotée de l'autorité de la chose jugée, celui de type non juridictionnel est sanctionné par l'établissement d'un rapport recensant des irrégularités relevées lors des investigations, assorti de recommandations pour améliorer la gestion de l'entité contrôlée. A travers ces recommandations, le juge des comptes joue un rôle pédagogique appréciable de nature à prévenir les mauvaises pratiques managériales au niveau local et à provoquer l'adoption des lois s'inscrivant dans ce sillage. Bien entendu, ces lois sont susceptibles de recours devant le juge constitutionnel pour inconstitutionnalité.

B. Le rôle dual des juges constitutionnel et judiciaire éprouvé

Dans le cadre de la décentralisation au Cameroun, tout comme le rôle du juge des comptes, la fonction à parfaire assignée au juge constitutionnel (1) et celle du juge judiciaire (2) sont duales.

1. Le rôle dual à parfaire du juge constitutionnel

De la lecture de la Constitution, le juge constitutionnel a deux fonctions, l'une contentieuse et l'autre de nature consultative.

La fonction contentieuse a pour objet la résolution du contentieux constitutionnel. En son sens restreint, le contentieux constitutionnel renvoie aux contestations résultantes de la violation des règles constitutionnelles, réglées par le juge constitutionnel[2]. Sous ce rapport, le contentieux constitutionnel de la décentralisation désigne l'ensemble des litiges nés de la violation des règles constitutionnelles relatives au transfert de compétences aux CTD, à leur exercice et à l'action de la tutelle.

Comme l'a indiqué Hans Kelsen, l'idée de régularité s'applique à chaque degré de l'ordre juridique dans la mesure où il est une reproduction du droit vis-à-vis du degré supérieur[3]. Par voie d'implication, les textes infra-constitutionnels relatifs à la décentralisation, notamment la loi et le traité, doivent être conformes à la Constitution. A cet égard, la violation par le législateur d'une disposition constitutionnelle relative à la décentralisation constitue une base du déclenchement du contentieux constitutionnel y afférent.

Dans ce sillage, on peut déceler une première poche du contentieux constitutionnel de la décentralisation dans l'article 55 (4) de la Constitution, qui dispose que : « [l]'Etat veille au développement harmonieux de toutes les collectivités territoriales décentralisées sur la base de la solidarité nationale,

---

[1]Voir Art. 285 (2), CGCTD.

[2] L. FAVOREU et *Alii*, *Droit constitutionnel*, 21 éd., Paris, Dalloz, 2019, pp. 263-273.

[3]H. KELSEN, « La garantie juridictionnelle de la constitution », *Revue du Droit public et de Sciences politiques*, T. XLLV, 1925, p. 200.

des potentialités régionales et de l'équilibre interrégional ». Cette disposition constitutionnelle consacre le principe de la péréquation dont la répartition trimestrielle des centimes additionnels communaux (CAC) est le principal mécanisme de mise en œuvre au plan fiscal[1].

Si les communes constituent les bénéficiaires des CAC, il n'en demeure pas moins que les autorités communales ne sauraient, conformément à l'article 48 (2), saisir le juge constitutionnel aux fins d'annulation d'une loi présumée inconstitutionnelle du fait qu'elle ait par exemple diminué la quote-part des CAC revenant aux petites entités communales, à l'effet d'augmenter celle de grandes communes.

Néanmoins, des parlementaires, c'est-à-dire un tiers de députés ou de sénateurs, ou le président d'une assemblée parlementaire, peuvent attaquer la loi présumée inconstitutionnelle devant la juridiction constitutionnelle, en invoquant notamment son incompatibilité avec le principe de la péréquation, liée à cette diminution[2]. Le président du conseil régional, s'il apparaît que cette diminution constitue une menace aux intérêts de la région, ou le président de la République, en sa qualité de garant du respect de la Constitution[3], peut aussi déférer le texte en cause au juge constitutionnel.

La deuxième poche contentieuse relative au contentieux constitutionnel de la décentralisation concerne la contestation de l'inconstitutionnalité présumée d'une loi portant suppression du pouvoir reconnu aux CTD de moduler l'assiette fiscale locale. La contrariété entre ce texte et le principe constitutionnel de l'autonomie financière[4] des CTD, dont ce pouvoir est une des implications, constitue un moyen qui peut être invoqué à l'appui du recours.

La troisième poche contentieuse constitutionnelle en matière de décentralisation découle de l'article 47 (1) de la Constitution, qui relève que le Conseil constitutionnel statue sur les « conflits d'attributions [...] entre l'Etat et les régions ; entre les régions ». Nonobstant l'existence de cette disposition constitutionnelle, il ne faut surtout pas croire que tous les conflits d'attributions entre une région et une autre ou avec l'Etat, peuvent être réglés par le juge constitutionnel. Car, ce dernier n'est pas compétent pour connaître de la légalité de l'acte administratif (édicté par la région), lequel peut être pourtant à la base d'un conflit d'attributions opposant celle-ci à une autre ou à l'Etat, dont le contentieux est du ressort de la juridiction administrative[5].

---

[1]La péréquation fiscale est aussi consacrée par l'article 5 de la loi n°2009/019 du 15 décembre 2009 portant fiscalité locale.

[2] En vertu du principe de la péréquation, aux fins de promotion de l'unité et de la solidarité nationales, l'on devrait répartir les richesses nationales de sorte à assurer à toutes les CTD un niveau de développement harmonieux, ce que peut compromettre le fait de diminuer la quote-part des petites communes au profit de grandes entités communales.

[3]Voir article 5 de la Constitution.

[4]Voir article 55 (2), *ibid.*

[5]Voir l'article 2 de la loi n°2006/022 du 29 décembre 2006 fixant l'organisation et le fonctionnement des tribunaux administratifs.

Tout porte donc à croire que c'est lorsque que l'Etat empièterait, à travers la loi, sur le domaine de compétence d'une région au profit d'une autre ou de lui-même, que le juge constitutionnel serait compétent pour régler le conflit d'attributions subséquent, sur saisine du président du conseil régional, ou des autres organes visés dans l'article 48 (2)[1] de la Constitution.

Pour établir la quatrième poche contentieuse en matière de décentralisation, relevant de la compétence du juge constitutionnel, de prime abord, il faut noter que, conformément à l'article 47 de la Constitution, le Conseil constitutionnel contrôle la constitutionnalité des traités. Au terme du contrôle, si le Conseil constitutionnel est convaincu par exemple de ce que le traité en cause porte atteinte à un ou plusieurs droits reconnus aux CTD par la Constitution[2], il prononce son annulation.

Toutefois, il faut dire que la protection par le juge constitutionnel des droits des CTD face aux accords internationaux est limitée par la supériorité matérielle de ceux-ci sur la Constitution, établie par son article 44. Selon cet article [s]i le Conseil constitutionnel a déclaré qu'un traité [...] comporte une clause contraire à la Constitution, l'approbation en la forme législative ou la ratification de ce traité [...] ne peut intervenir qu'après la révision de la Constitution ». Une telle révision peut déboucher sur la déconstitutionnalisation du droit de la CTD qu'enfreignait le traité.

Relativement à la fonction consultative du juge constitutionnel dans le cadre de la décentralisation, selon les termes de l'article 59 (2)[3] de la Constitution, le président de la République peut, après avis du juge constitutionnel, dissoudre le conseil régional si ce dernier accomplit des actes contraires à la Constitution, portant atteinte à la sécurité de l'Etat ou à l'ordre public ou mettant en péril l'intégrité du territoire. Pour les mêmes motifs et selon une procédure identique, le chef de l'Etat peut destituer le président et le bureau du conseil régional. Cependant, étant donné, au vu du libellé de l'article 59 (2) de la Constitution, que ce n'est pas un avis conforme qui est sollicité, on ne peut que conclure à la faible portée de l'avis émis, le chef de l'Etat n'y étant pas lié.

Ce faisant, l'exclusion de la quasi-totalité des autorités locales du champ de saisine du juge constitutionnel ne lui permet pas d'assurer pleinement le contrôle de la constitutionnalité des lois relatives à la décentralisation. En matière de contentieux constitutionnelle, le président du conseil régional est l'unique autorité locale qui a qualité pour saisir le juge constitutionnel[4]. De ce

---

[1]Il s'agit notamment le président de la République qui peut se fonder sur l'article 5 (2) de la Constitution, qui l'a érigé en garant du respect de la loi fondamentale et du fonctionnement régulier des institutions, pour saisir le juge constitutionnel.

[2]La Constitution reconnaît aux CTD plusieurs droits subjectifs tels que l'autonomie financière, la libre administration, la péréquation et le droit à la personnalité juridique. Voir article 55 de la Constitution.

[3]Voir aussi en ce sens l'article 297 du CGCTD.

[4]Article 47 (2) de la Constitution.

fait, en l'absence d'une des saisines visées par l'article 47 (2) de la Constitution, des textes inconstitutionnels contraires aux intérêts des CTD ne seront pas déférés à la juridiction constitutionnelle. Ces textes demeureront alors en vigueur, nonobstant cette inconstitutionnalité, jusqu'à leur abrogation.

De même, l'absence d'un canal formel de dialogue entre et les juges ordinaires et le juge constitutionnel[1] n'est pas de nature à permettre à ce dernier de garantir véritablement la constitutionnalité des lois. Les juges ordinaires camerounais, étant incompétents pour statuer sur des exceptions d'inconstitutionnalité soulevées devant eux[2], faute de pourvoir, du fait de l'absence du canal précité, déférer les textes en cause à la censure du juge constitutionnel, vont, nonobstant leur inconstitutionnalité, les appliquer pour régler le contentieux de la décentralisation[3]. Ainsi, pour prévenir l'application des lois inconstitutionnelles, il serait souhaitable de réviser la Constitution pour instituer au Cameroun une procédure similaire à la question prioritaire de constitutionnalité (QPC) en France ou à l'*amparo*[4] en Espagne.

Il y a tout de même que l'article 14 (2) de la loi n°2006/022 semble avoir offert au juge administratif une pirouette qui lui permettrait de contrôler la constitutionnalité des lois. Mais, rien n'est encore sûr tant que la jurisprudence administrative n'a pas encore donné sa position quant à l'interprétation à retenir de cette disposition. Cette dernière mériterait qu'on s'y attarde en la citant : « les tribunaux administratifs doivent, lorsqu'ils se trouvent devant une difficulté d'interprétation ou d'appréciation de la légalité d'un acte législatif ou d'un acte règlementaire, surseoir à statuer et renvoyer la question devant la Chambre Administrative ». La question est alors de savoir si le juge administratif pourrait se fonder sur cette disposition pour effectuer le contrôle de constitutionnalité des lois ?

---

[1]Par rapport au juge constitutionnel, les juges ordinaires sont : le juge administratif, le juge judiciaire et le juge des comptes.

[2]Il est de jurisprudence constante qu'au Cameroun, le juge ordinaire est incompétent pour statuer sur des exceptions d'inconstitutionnalité. En effet, estimant qu'il n'a pas reçu de la Constitution le pouvoir de statuer sur la constitutionnalité des lois, la juridiction administrative ou le juge judiciaire se déclare systématiquement incompétent pour statuer sur des exceptions d'inconstitutionnalité. Lire, pour s'en convaincre, arrêt n°4/A du 28 oct. 1970, *Société générale des grands travaux de l'Est (SGTE) c. Etat fédéré du Cameroun oriental* (concernant l'incompétence du juge administratif) ; et arrêt n°9/Crim. du 5 mai 1973, Cour d'appel de Garoua, affaire *des Bandits de coffres-forts* (s'agissant de l'incompétence du juge judiciaire).

[3]En droit camerounais, les dispositions du règlement intérieur de l'Assemblée nationale, qui autorisent cette instance à valider le mandat des députés, alors même que la Constitution en son article 47 a confié cette mission au Conseil constitutionnel, avaient été déclarées inconstitutionnelles en 2002. Cependant, ces dispositions demeurent jusqu'à ce jour en vigueur. Voir M. NGUELE ABADA, « Un progrès de l'Etat de droit au Cameroun : le contrôle de constitutionnalité des règlements intérieures d'assemblées », *Petites affiches* n° 154, 2004, p. 15.

[4]C-R., MIGUEL, « Concept, genèse et évolution de *l'amparo* : le modèle espagnol », *Cahier de la Recherche sur les Droits Fondamentaux*, vol. 15, 2017, pp. 133-152.

Dans tous les cas, saisie, sur la base de l'article 14 (2) précité, d'une question d'appréciation de la constitutionnalité d'une loi, la Chambre administrative (juridiction de cassation en contentieux administratif au Cameroun)[1], va, soit révolutionner sa jurisprudence, soit faire montre de conservatisme. Si elle adopte une attitude réformatrice, elle va considérer que la Constitution, bien qu'ayant prévu le contrôle par le Conseil constitutionnel de la constitutionnalité des lois avant leur entrée en vigueur, n'a pas expressément exclu le pouvoir du juge administratif de l'effectuer après leur promulgation, et conclure à sa compétence pour apprécier la constitutionnalité du texte législatif en cause. En cas d'attitude conservatrice, elle conclura, conformément à sa jurisprudence[2], à son incompétence à apprécier cette constitutionnalité, en soutenant l'exclusivité du juge constitutionnel et l'inexistence du contrôle par voie d'exception en la matière.

Quoi qu'il en soit, l'extension du contrôle de la constitutionnalité aux lois déjà entrées en vigueur, à travers l'instauration d'une procédure identique à la QPC au Cameroun, permettrait, non seulement de protéger les droits des administrés face à l'action administrative, mais aussi de garantir les droits fondamentaux des CTD contre l'arbitraire éventuel de la tutelle. Si, le cas échéant, après le renvoi préjudiciel d'une loi devant le juge constitutionnel, son inconstitutionnalité est établie, non seulement il y aura éviction de cette loi de l'ordre juridique national ; mais, y tirant les conséquences de droit, le juge administratif va annuler la décision attaquée. Mais, ça sera sans compter sur les limites[3] de la QPC. Dans tous les cas, en l'état actuel du droit camerounais, lorsque les textes présumés inconstitutionnels sont entrés en vigueur, leur violation peut être sanctionnée par le juge pénal.

2- Le rôle dual éprouvé du juge judiciaire

De prime abord, il convient de relever que l'expression juge judiciaire recouvre la juridiction civile et la juridiction répressive. Quoique son contenu soit protéiforme, le rôle du juge judiciaire en matière de décentralisation au Cameroun comporte deux volets : l'un répressif et l'autre non répressif.

Ensuite, il faut noter que le premier volet porte essentiellement sur la répression des infractions contre l'intérêt local. C'est ainsi que, afin de permettre à l'autorité locale de gérer avec sérénité les affaires locales, le juge judiciaire, conformément à l'article 129 du CGCDT, doit assurer sa protection contre des infractions telles que les menaces (sans ou sous condition), la violence, les injures, les outrages et la diffamation. Toujours dans le registre de la protection de l'intérêt local, il incombe au même juge de réprimer les

[1]Sur cette posture de la Chambre administrative au sein de l'organisation juridictionnelle au Cameroun, voir E. KOUA, « La réforme du contentieux administratif du 29 décembre 2006 au Cameroun : regard rétrospectif d'un auditeur de justice administrative », *op.cit.*, p. 155.
[2]Confère *supra*, notes 127 et 128.
[3]Sur ces limites, confère S-H., VAUCHEZ et L. MARGUET, « La QPC et « les droits et libertés que la Constitution garantis » », *Revue des droits de l'homme*, n°20, 2021, disponible à https://doi.org/10.4000/revdh.12388 (visité le 24 mai 2023).

actes de prévarication de la fortune publique commis par des autorités locales, des comptables publics locaux et leurs collaborateurs[1] respectifs. Si la consécration des infractions contre l'intérêt local est louable, il n'en demeure pas moins que le juge, parfois, peut éprouver des difficultés à les réprimer, notamment lorsque le mis en cause est couvert d'immunité. En effet, conscient de ce qu'il a commis des actes de prévarication des finances publiques locales, l'agent concerné peut poser sa candidature pour devenir parlementaire afin d'être couvert par l'immunité qui empêchera, sous réserve de sa levée éventuelle, des poursuites judiciaires contre lui.

Enfin, on signalera, en ce qui concerne le volet non répressif du rôle du juge judiciaire dans le cadre de la décentralisation, en premier lieu, qu'il consiste à ordonner la réparation en matière de voie de fait administrative[2]ou d'emprise[3] liée à l'action des CTD ou de la tutelle, après constatation par le juge administratif, notamment la Chambre administrative[4] de la Cour suprême[5]. Il y a aussi que, l'article 77 (4) du CGCTD reconnait à l'autorité de tutelle le pouvoir de qualifier un acte de la CTD d'emprise ou de voie de fait administrative, sous réserve de la saisine de la juridiction administrative par la collectivité locale concernée[6]. Dans ce cas de figure, la qualification de la voie de fait par le juge administratif ne s'opère pas, comme c'est le cas classiquement, sur renvoi préjudiciel du juge judiciaire, mais suite à la saisine de la juridiction administrative par la CTD en cause aux fins d'annulation de la décision tutélaire fondée sur l'article 77 (4) précité. Deuxièmement, au sujet du rôle non répressif sous analyse, on retiendra que son second volet recouvre le pouvoir d'interprétation des actes administratifs et d'appréciation de leur légalité par le juge judiciaire. Il convient de préciser que, au regard de l'article

---

[1]Ces infractions sont la corruption, le détournement des fonds publics, l'abus d'autorité, le refus d'un service dû, l'atteinte à la sureté de l'Etat, etc. Sur la question, voir M. LOBE LOBA, « Gestion de la commune et risque pénal : Etude de droit comparé », *Juridis Périodique*, n° 3, 2012, pp. 101-103.

[2] Voir CS/CA, Ena *Mballa c. Communauté urbaine de Yaoundé.*

[3] Voir le jugement n°15/CFJ/CAY du 23 mars 1971, *Medou Gaston c/ République fédérale du Cameroun* ; et CS/CA, jugement n° 30, 4 février 2003, Pellamié Joseph c. Communauté urbaine de Douala.

[4]Voir article 3 (2) de la loi n°2006/022 du 22 décembre 2006 fixant l'organisation et le fonctionnement des tribunaux administratifs.

[5] Un exemple concret de voie de fait administrative liée à l'action d'une CTD est fourni par l'affaire *TagatsingTankouFidèlecontreCommunauté urbaine de Bafoussam* (PTPI/Bafoussam, Ord. n° 119/REF/H-H/2016 du 19 septembre 2016). En l'espèce, le juge judiciaire des référés, après une descente sur les lieux, a conclu que : « [c]*onstatonsqu'ilyavoiedefaitadministrativedelaCommunautéUrbainedeBafoussamaupréjudicedeTagatsingTankouFidèleàtraverslafermetureabusiveavecscellédelaboutiquedénommée ' la citadelle'* » (PTPI/Bafoussam, Ord. N° 119/REF/H-H/2016 du 19 septembre 2016, 3e rôle). Toutefois, il est à noter que, dans le cas d'espèce, c'est le juge judiciaire qui a constaté la voie de fait administrative, alors que cette compétence a été attribuée au juge administratif par l'article 38 de la loi n°2006/016 du 29 décembre 2006 fixant l'organisation et le fonctionnement de la Cour suprême.

[6]Article 77 (4) du CGCTD.

2 (2) de la loi n°2006/022, seul le juge pénal, en vertu de la plénitude de juridiction dont il est bénéficiaire, peut interpréter un acte administratif ou apprécier sa légalité[1]. Ainsi, l'exception d'illégalité d'un acte administratif soulevée devant le juge civil doit automatiquement donner lieu au renvoie de la question préjudicielle y afférente à la juridiction administrative compétente[2].

En tout état de cause, l'office du juge judiciaire, tout comme celui du juge administratif, face aux CTD et à la tutelle, peut être effiloché par l'inexécution administrative des décisions juridictionnelles. En l'occurrence, cette inexécution peut être favorisée par l'article 126 du Code pénal camerounais, qui interdit aux magistrats d'intimer des ordres à l'autorité administrative, sous peine de poursuites judiciaires.

Conclusion

L'existence d'un contentieux protéiforme lié à la décentralisation démontre que le juge est considéré par les différents acteurs concernés comme l'arbitre des intérêts publics dont lesdits acteurs ont la charge[3]. Les juges des comptes, administratif, constitutionnel et judiciaire jouent donc chacun, dans sa sphère de compétence, un rôle non négligeable, mais encore perfectible, pour la réussite de la décentralisation. Si le juge administratif a, dans le cadre de la décentralisation une fonction exclusivement contentieuse, il n'en n'est pas le cas en ce qui concerne les juges des comptes, judiciaire et constitutionnel. Le juge des comptes exerce une mission juridictionnelle portant sur la sanction des fautes de gestion et des irrégularités comptables, et une fonction non juridictionnelle hétérogène. En ce qui concerne le juge judiciaire, il lui incombe d'ordonner la réparation des préjudices en rapport avec l'activité des autorités locales et de la tutelle, au profit de ceux-ci ou non, de réprimer les infractions contre l'intérêt local ainsi que, conformément à la loi, d'apprécier la légalité des actes administratifs et de les interpréter. Toutefois, il urge de réformer la justice afin que cette dernière puisse contribuer de manière optimale à la régulation de la décentralisation au Cameroun. En ce sens, il conviendra notamment d'instaurer le dialogue entre la juridiction constitutionnelle et les juges ordinaires. Ce dialogue permettra alors de mieux préserver les droits des CTD et du citoyen local, constitutionnalisés. Il est aussi souhaitable d'instaurer un canal de dialogue entre le juge administratif et le juge des comptes. En l'état actuel du droit camerounais, dans les rapports entre juges ordinaires, seuls la juridiction

---

[1]Car, selon cet article 2 (2), en matières non répressives, c'est-à-dire administrative et civile, l'appréciation de la légalité des actes administratifs et leur interprétation relèvent de la compétence du juge administratif.

[2] CS/CA, jugement n° 4, 31 octobre, 1985, *Onambele Ela Raphael c. Etatdu Cameroun* ; et CAL/CIV, arrêt n° 134, 20 juillet 2012, *Communauté urbaine de Douala c. Famille Yamelo.*

[3]C. MEURANT, « Le contentieux de la fiscalité locale entre personnes publiques », *op. cit.*., p. 23.

administrative et le juge judiciaire (civil) peuvent dialoguer[1]. Pourtant, il n'est pas exclu qu'une exception d'illégalité d'un acte administratif soit soulevée devant le juge des comptes ou que ce dernier soit confronté à une difficulté d'interprétation dudit acte.

Bibliographie

Ouvrages

- BOURDON Jean, PONTIER Jean Marie et RICCI Jean Claude, *Droit des collectivités territoriales décentralisées*, PUF, 2e éd., 1998, 679 p.
- DEBARD Thierry et GUINCHARD Serges, *Lexique des termes juridiques*, 28e éd., Dalloz, 2010, 858 p.
- DUEZ Paul et DEBEYRE Guy, *Traité de droit administratif*, Paris, Dalloz, 1952, 984 p.
- FAURE Bertrand, *Droit des collectivités territoriales*, Paris, Dalloz, 2e ed., 2011, 750 p.
- FAVOREU Louis et *Alii*, *Droit constitutionnel*, 21 éd., Paris, Dalloz, 2019, 1134 p.
- HAURIOU Maurice, « Droit administratif », *in* Léon BEQUET, *Répertoire du droit administratif*, Tome 9, Paris, Hachette Livre, 1891, Ed., 1882-1881, pp. 482-512.
- HAURIOU Maurice, *Principes de droit public*, Paris, Dalloz, 2010, 734 p.
- VEDEL Georges, *Droit administratif*, 5e éd., Paris, PUF, 1973, 902 p.

Articles

- BIPELE KEMFOUEDIO Jean, « L'administration camerounaise dépouillée de ses prérogatives de puissance publiques devant le juge judiciaire : regard sur la jurisprudence en matière d'emprise et de voie de fait administrative », *Les Annales de droit*, *Varia*, 12/2018, pp. 31-52.
- DJEYA KAMDOM Yves, « Réflexion sur l'ambigüité institutionnelle du Conseil de discipline budgétaire et financière au Cameroun », *GFP*, n°2, 2016, pp. 89-94.
- EDOUA BILONGO Bertrand., « Le contentieux de la décentralisation territoriale dans les Etats unitaires décentralisés africains : le cas du Cameroun », *RADP*, Vol. XI, n°27, juillet-décembre 2022, pp.155-191.
- FANDJIP Olivier et TOUKAM KOUAHOU Jerry Landry, « Contribution à l'étude de la nature du système de contrôle juridictionnel de l'administration au Cameroun », *Les Annales de droit*, vol. 16, 2022, pp. 83-119.
- GUIMDO DONGMO Bernard Raymond, « Les bases constitutionnelles de la décentralisation au Cameroun (Contribution à l'étude de l'émergence d'un droit constitutionnel des collectivités territoriales décentralisées », *RGD*, vol. 29, n°1, 1998, pp. 79-100.
- KELSEN Hans, « La garantie juridictionnelle de la constitution », *Revue du Droit public et de Sciences politiques*, T. XLLV, 1925, pp. 197-257.

[1]Comme l'indique à ce propos la jurisprudence, un recours incident en appréciation de la légalité n'est recevable que sur renvoi d'un tribunal de l'ordre judiciaire, mais uniquement en matière non répressive (Cour fédéral de justice/Chambre administrative de Yaoundé, arrêt n° 89, 30 septembre, 1969, *Messono Atenen Pierre c. Etat du Cameroun*).

- KOUA Eric Samuel, « La réforme du contrôle parlementaire des finances publiques dans la loi du 11 juillet 2018 portant régime financier de l'Etat et des autres entités publiques », *RAFIP*, vol. 12, n°2, 2022, pp. 256-280.
- KOUA Eric Samuel, « La réforme du contentieux administratif du 29 décembre 2006 au Cameroun : regard rétrospectif d'un auditeur de justice administrative », *RASJ*, n°2, 2016, pp.149-169.
- LOBE LOBA Marie, « Gestion de la Commune et risque pénal : Etude de droit comparé », *Juridis Périodique*, n°3, 2012, pp. 101-103.
- MEURANT Cédric, « Le contentieux de la fiscalité locale entre personnes publiques », GFP, 2020, n° 2, pp. 22-28.
- MINIATO Lionel et THERON Julien, *Pierre Hébraud, Doctrine vivante* ? (Chapitre 2 : *Procédures spéciales*), Presses de l'Université de Toulouse Capitale, 1995, pp. 91-104.
- NGANGO YOUMBI Éric, « Les modes alternatifs de résolution des litiges administratifs en Afrique noire francophone », *RIDE*, 2019, n°4, pp.449-476.
- PEKASSA Gérard, AKONO OLINGA André et BATIA EKASSI Sandrine, « L'enjeu de l'élargissement de la compétence matérielle du juge des comptes par la faute de gestion en Afrique centrale : le cas du Cameroun », *RFFP*, n°157, février 2022, pp. 75-81.

Jurisprudence

- Arrêt n°50/CFJ/CAY, 27 janvier 1968, *Bernard Autoroche*.
- CFJ/Chambre administrative de Yaoundé, arrêt n° 89, 30 septembre, 1969, *Messono Atenen Pierre c. Etat du Cameroun*).
- CS/CA, affaire Aigle royale de Dschang c. Fédération camerounaise de footbal, jugement n° 48, 25 mai 1989.
- -CS/CA, jugement n° 30, 4 février 2003, Pellamié Joseph c. Communauté urbaine de Douala.
- CS/CC, arrêt n°79/P/GF/S2, 6 septembre 2012, Compte de gestion de la Commune rurale de Mogobe.
- Jugement n°15/CFJ/CAY du 23 mars 1971, Medou Gaston c/ République fédérale du Cameroun.
- Jugement n°35/2020/TA/NGD/2020 du 08 octobre 2020, Affaire Commune de Belel c/Etat du Cameroun (Préfet de la Vina).
- -Jugement n°363/2020/TA-YDE du 06 octobre 2020, Affaire *Migue Frida c/Ville de Yaoundé* ;
- PTPI/Bafoussam, Ord. n° 119/REF/H-H/2016 du 19 septembre 2016.
- PTPI/Bafoussam, Ord. N° 21/ORD, 8 décembre 2011.

Chapitre 7

La nomination des cadres communaux au Cameroun

Par

Henri DONFACK
Docteur Ph.D en droit public, Université de Dschang
Email : donfackhenri@yahoo.fr

Résumé

Il est clair que l'idée de la nomination des cadres communaux à l'heure du triomphe de la décentralisation territoriale est un gage du développement local. La nomination est une opération par laquelle une autorité ou un ensemble d'autorités prend un acte investissant une personne dans une fonction donnée. La nomination des cadres communaux au Cameroun s'effectue suivant la position de la fonction du cadre allégué. Le régime de nomination des cadres communaux, fort de l'audace du législateur, s'avère inachevé. Cette imperfection cause des incohérences, conflits d'autorité, conflits de compétence et désaccord. L'ingérence de l'État dans les communes est une violation de l'esprit de la décentralisation et de la libre administration des collectivités territoriales décentralisées. Il faut activer la fonction publique locale gouvernée et administrée exclusivement par les élus locaux.

Mots clés: Nomination, Commune, Personnel communal, Cadres, Cadres communaux.

Abstract: Appointment of municipal executives in Cameroon

It is clear that the idea of appointing local executives at the triumph of decentralization is a guarantee of local development. Appointment is an operation by which an authority or a set of authorities takes an act investing a person in a given position. The appointment of municipal executives in Cameroon is based on the position of the function in the alleged framework. The system of appointment of municipal executives, stands in the boldness of the legislator, but remains unfinished. This imperfection cause inconsistencies, authority conflicts, competence conflicts and disagreements. State interference in the communes is a violation of the spirit of decentralization and free administration of local territories. The local public service, governed and administered exclusively by the local elected, must be activated.

Key words: Nomination, Municipality, Municipal staff, Municipal cadres.

Introduction

La décentralisation ne peut se concrétiser au niveau local que si elle est accompagnée d'une bonne gouvernance ; ce qui exige une administration locale performante, animée par des ressources humaines bien structurées, compétentes, motivées et attachées aux principes de rigueur, de probité, d'excellence ; capable de porter les projets de développement local. Il s'agit là d'un pari qui ne saurait être gagné sans l'élaboration et la mise en œuvre d'une politique cohérente et efficace du recrutement des ressources humaines des communes. L'insuffisance et la mauvaise qualité des ressources humaines et financières ont entraîné la médiocrité de la quasi-totalité des municipalités face aux tâches à entreprendre pour renforcer le développement local. Cette situation affecte gravement l'administration municipale camerounaise et provoque la « crise de la commune »[1] et la « crise de la décentralisation territoriale »[2].

Au gré de l'insuffisance des textes et de l'absence du statut réglementant le recrutement du personnel communal, il est exposé à toutes les dérives. Cette crise du statut du personnel communal est caractérisée par la précarité de sa situation. Cela génère alors des insuffisances de performance et d'autres problèmes dus à l'absence de son statut toujours attendu[3]. Un recrutement réussi du personnel est indispensable au bon fonctionnement des communes et une condition de leur efficacité dans le but d'impulser le développement à partir de la base. Le recrutement est en effet un élément clé dans la gestion des compétences et dans l'optique de satisfaction des besoins d'intérêt général. Chaque entité administrative, quelle que soit sa forme, a besoin d'un personnel qui lui soit propre pour accomplir sa mission d'intérêt général dont le recrutement pose un certain nombre de problème[4]. On constate que certains membres de personnel communal sont nommés par l'État et affectés dans les communes. Ce sont les cadres dits communaux. Ainsi, le mode de recrutement de ces cadres communaux retient notre attention dans la présente étude. Il est nécessaire de définir au préalable des notions clés.

La nomination est un titre qui confère à celui qui en bénéficie le droit d'exercer les fonctions afférentes au corps de recrutement[5]. Communément

---

[1] B-R. GUIMDO DONGMO, *Le personnel communal au Cameroun : contribution à la compréhension de la crise de l'Administration communale camerounaise*. Thèse de doctorat 3e cycle en droit public, Université de Yaoundé II, 13 juillet 1994. p. 9.

[2] D. TCHEUGOUÉ TCHOUAPOU, *La crise de la décentralisation territoriale au Cameroun*, Mémoire de maitrise en droit public, Université de Yaoundé II, 1988, 96 p.

[3] M. FINKEN, Commune et gestion municipal au Cameroun : institutions municipales, Finances et budget, Gestion locale, Interventions municipales, Yaoundé, Presses du groupe saint François, janvier 1996, p. 229.

[4] Pour poursuivre la réflexion sur les problèmes que posent le recrutement du personnel communal, lire : H. DONFACK, « La problématique du recrutement du personnel communal au Cameroun » In IMJST, Novembre 2020, Vol. 5, 16 p.

[5] J. L. MOREAU, *Lexique de la fonction publique, Paris*, Dalloz, 1990, p. 72.

appelée intégration, la nomination est un acte juridique, administratif unilatéral de l'autorité compétente par lequel une personne est désignée pour occuper une fonction[1] ou un emploi public permanent. Ainsi, on retient que la nomination est une opération par laquelle une autorité ou un ensemble d'autorités prennent un acte investissant une personne dans une fonction donnée. À l'analyse, est cadre communal toutes personnes bénéficiant d'une certaine expérience. Elles sont prises soit dans le corps des fonctionnaires ou dans le corps des contractuels de l'administration publique où ils exerçaient au préalable. Ce sont des personnes choisies parmi le personnel communal régi par le code du travail et qui sont au moins de la catégorie 10 au sens du décret de 1978[2]. Elles sont nommées comme collaborateurs directs des exécutifs pour les aider dans les questions techniques concernant la gestion communale.

La commune, en tant qu'une CTD est composée d'hommes et de femmes et la prise en compte de ce facteur humain est essentielle. En matière d'organisation et de fonctionnement des CTD au Cameroun, le personnel communal est regroupé en plusieurs types[3]. Est concerné spécifiquement, le personnel permanent de l'État nommé pour occuper des postes d'encadrement et de conception[4]. Ce personnel nommé[5] qui bénéficie de la confiance de l'État assure un rôle de cadre conseillé pour limiter les disparités techniques entre les communes.

La problématique de l'entrée en fonction du personnel communal a suscité des débats informés par des avis d'experts et d'acteurs et nourris des leçons qui retient que le développement local est un chantier permanent qui leur tend la main[6]. L'actualité de cette thématique, l'absence du statut du personnel ou la mixture du statut du personnel communal au Cameroun prouve de l'originalité particulière de cette étude. Les cadres communaux occupent une place importante dans cette démarche vue le caractère particulier de leur recrutement qui est la nomination. Pour ce faire, ce type de personnel est souvent l'objet de plusieurs polémiques dans les milieux du personnel communal, des élus locaux et de la population locale. Le personnel

---

[1] G. CORNU, *Vocabulaire juridique*, Association Henri Capitant, Dernière édition mise à jour. 2018, p. 684.

[2] Voir l'alinéa 1 de l'article 17 du décret n° 78/584 du 9 novembre 1978 fixant les dispositions communes applicables aux agents de l'État relevant du code de travail, modifié par le décret n°85/100 du 3 Mars 1982.

[3] H. DONFACK, *Le recrutement du personnel communal au Cameroun*, Mémoire de Master recherche droit public, Université de Dschang, année 2019-2020, 115p.

[4] M. BEYNA, « Les coûts de la décentralisation », in *La décentralisation en Afrique de l'Ouest*, p. 271.

[5] L'article 4, alinéa 1 du statut général de la fonction publique définit la nomination comme l'ensemble des tâches, attributions et responsabilités exigeant des connaissances et aptitudes particulières et préalablement prévues au budget.

[6] J. CLAUZEL, « Les journées de la commune africaine », *Magazine Africité* 98, Programme de développement municipal (PDM), Abidjan, du 26 au 30 janvier 1998, pp. 131-135.

communal souhaite avoir un statut homogène. Les élus locaux voient en la nomination des cadres une manifestation du refus d'implémentation de la décentralisation. La population locale souhaite voir choisir tous les animateurs de la scène locale, pour jouer un rôle central dans le développement local. Cette polémique est justifiée encore par un désordre au niveau des textes par exemple sur la désignation de l'autorité de nomination.

La particularité de l'analyse de la nomination des cadres communaux se trouve dans le fait que cette étude se fait d'abord après la mise en place de la loi constitutionnelle de 1996[1], qui consacre de manière définitive la décentralisation camerounaise. Ensuite de la loi portant code général des CTD de 2019[2] qui est désormais le texte de référence en matière de décentralisation territoriale. Et enfin, le décret sur la comptabilité publique de 2020[3], qui réglemente l'accès à la fonction d'une partie du personnel communal qui est recruté par le mode de nomination. Lorsque l'élaboration d'un statut du personnel communal est attendu, il est curieux dans un contexte de décentralisation, que l'État procède à une nomination du personnel communal.

La présente étude interroge la procédure de nomination des cadres communaux au Cameroun. Pour être traitée avec toute la rigueur, cette étude suggère de se poser la question suivante : comment s'effectue la nomination des cadres communaux au Cameroun ? Comme on peut le constater à la lumière des précisions susmentionnées, cette question renferme des intérêts scientifiques et pratiques. La question en étude a été insuffisamment abordée par la doctrine publiciste camerounaise. À l'absence d'un statut du personnel communal, une telle analyse contribuera à enrichir la doctrine ou susciter plus de débats dans la mesure où elle permettra de mesurer le niveau d'effectivité de la décentralisation, en même temps qu'elle permettra de la matérialiser.

Il est utilisé essentiellement la méthode juridique, car la présente étude lit le droit, écoute la jurisprudence et se fait parfois l'écho de la pratique, du fait de l'opérationnalisation du sujet. Elle a permis de constater que la nomination des cadres communaux au Cameroun s'effectue à travers la mise à disposition du personnel de l'État central aux communes. Cette mise à disposition s'opère par la technique du détachement des fonctionnaires au sein des communes et l'affectation au sein des communes des agents étatiques relevant du Code du travail. Ainsi la recherche sur l'enrichissement en besoin du personnel des communes donne la possibilité à l'État d'envisager leurs nominations alors qu'ils sont fonctionnaires **(I)** ou alors quand ils sont travailleurs de l'État relevant du Code de travail **(II)**.

---

[1] Loi constitutionnelle n°96/06 du 18 janvier 1996 portant révision de la constitution du 2 juin 1972.

[2] La loi n°2019/024 du 24 décembre 2019 portant CGCTD.

[3] Le décret n°2020/375 du 07 juillet 2020 portant règlement général de la comptabilité publique.

I. La technique du détachement des fonctionnaires au sein des communes

La nomination des fonctionnaires dans les communes s'effectue à travers le détachement. Ce détachement peut faire suite à la disponibilité sur demande du fonctionnaire[1]. Le détachement concerne spécifiquement les fonctions de secrétaires généraux des communes qui sont des collaborateurs directs de l'exécutif municipal, des receveurs municipaux qui sont des comptables chargés d'effectuer les opérations de recettes et de dépenses communales conformément à la loi et des fondés de pouvoir[2]. Le fonctionnaire ainsi concerné par le détachement[3] perdra sa qualité d'agent public, une fois ses fonctions expirées[4]. Cette situation juridique de nomination est qualifiée de « statutaire et réglementaire »[5] ou selon le statut général de la fonction publique de « légale et réglementaire »[6]. Cette nomination obéit aux conditions préalables et procédures générales (A) suivant certaines procédures spécifiques et conditions substantielles (B) que nous préciserons.

A. Les conditions préalables et procédures générales

La nomination des fonctionnaires, vue de façon générale, n'est valide que lorsqu'elle respecte certaines conditionnalités préalables. Ainsi pour bénéficier de la nomination comme personnel cadre-communal, il faut répondre aux conditions préalables et aux procédures générales.

1. Les conditions préalables

Pour être détaché dans une commune au Cameroun, il faut avoir rempli les conditions préalables. Ainsi, il faut être en principe du corps de la fonction publique de l'État. Le statut général de la fonction publique et le décret du 13 décembre 2000 fixant le régime général des concours administratifs encadrent le corps de la fonction publique et le régime des concours administratifs. Selon Chapus, « la fonction publique est constituée par l'ensemble des personnels qui occupant à titre professionnel un emploi salarié dans les services des personnes publiques, sont soumis à un statut de droit public »[7].

L'appartenance au corps de la fonction publique est subordonnée à la réussite à un type de concours administratif. L'ouverture de l'accès à la

---

[1] Article 81 alinéa 1 et 82 alinéa 1 et article 84 du décret n°94/199 précité.

[2] Article 12 du décret N°94/232 du 05 décembre 1994 précisant le statut et les attributions des receveurs municipaux.

[3] Section II, article 70 du décret n°94/199 du 07 octobre 1994 portant statut de la fonction publique.

[4] J. CHEVALLIER, *Science administrative*, 1re édition, Paris, PUF, 1986, p. 337.

[5] R. CHAPUS, *Droit administratif général*, Tom 2, 12ème édition, Paris, Montchrestien, 2001, p. 61.

[6] Article 78 alinéa 1, article 3 alinéa 1 et article 3 alinéa 2 du décret n°94/199 précité.

[7] R. CHAPUS, *Droit administratif général*, *op. cit.*, p. 10.

fonction publique donne lieu à l'admissibilité et à l'admission au concours[1] administratif direct comme mode principal à la majorité, pour avoir droit au statut de fonctionnaire. Le concours est le meilleur procédé qui assure l'efficacité du recrutement du fonctionnaire. Nous faisons fi des problèmes d'organisation des concours qui ne nous semblent pas de grande portée ici.

L'admissibilité à un concours administratif est le passage de la phase écrite à l'épreuve de l'oral, acquise pour un total de point correspondant à une moyenne supérieure ou égale à 10/20. Elle doit se faire sans note éliminatoire[2]. L'admission quant à elle est la dernière modalité à remplir par le candidat, ultime phase qui se situe entre l'étape orale et la formation dont les modalités sont précisées[3]. Ainsi, il existe plusieurs types de concours[4] qui ne seront pas précisés dans le cadre de ce travail.

Ces conditions de forme visent le respect du principe d'égalité des citoyens exprimé dans la constitution du Cameroun[5], inscrit dans la déclaration des droits de l'homme de 1789 et affirmé dans les textes internationaux. En France, cette règle de non-discrimination[6] a valeur d'un principe général républicain de droit et consacré par une disposition du préambule de la constitution de 1958. Cette situation est pratiquement identique à celle du TCHAD[7]. Les candidats au concours administratif doivent justifier de la nationalité camerounaise, de l'aptitude à l'emploi et de la vacance d'emploi et de la limite d'âge qui varie généralement entre 17 et 35 ans[8] avec de nombreuses exceptions[9]. L'obligation pour un candidat de justifier de la nationalité camerounaise est expressément formulée à l'article 13, alinéa 1 du statut général de la fonction publique de l'État en ces termes : « Nul ne peut être recruté en qualité de fonctionnaire s'il ne possède la nationalité camerounaise ». Cette exigence est également formulée en France dans la loi du 13 juillet 1983 et aussi dans l'ordonnance du 22 décembre 1958[10].

---

[1] « Le concours peut être défini, comme un examen professionnel, en principe périodique parce qu'appelé à se dérouler chaque année, dont l'objet est de présenter à l'autorité hiérarchique des candidats dont l'aptitude et la formation ont été dûment contrôlées par les instances appropriées, désignées à cet effet ». Voir A. PLANTEY, Traité pratique…. p. 54.

[2] Article 53, alinéa 1 du décret n°2000/ PM du 13 Septembre 2000 fixant le régime général des concours administratifs.

[3] Article 54, alinéa 2 du même décret.

[4] Article 56, alinéa 2 du même décret.

[5] Voir la constitution du 04 mars 1960, 1er Septembre 1961, 02 juin 1972 et 18 janvier 1996.

[6] Article 53 de la loi du 17 juillet 1978 et la loi du 8 décembre 1983 en France.

[7] En effet, l'article 36 de la loi tchadienne n°017/PR/2001 du 31 décembre 2001 portant statut général de la Fonction Publique au Tchad, énumère et explique les conditions d'admission dans le corps de la Fonction Publique.

[8] Voir article 13, alinéa 1 du statut général de la fonction publique

[9] Article 13, alinéa 2 du même statut (lire à ce sujet G.J. TEKAM, *Fonction publique camerounaise*, p. 11, CS/CA, jugement n°46/02-03 du 27 Mars 2003, NJONG MBOCK Guillaume c/État du Cameroun.

[10] Voir pour la France, article 5 de la loi du 13 juillet 1983 et l'article 16 de l'ordonnance du 22 décembre 1958.

Les candidats doivent également justifier de leurs aptitudes morales et physiques aux fonctions postulées[1], c'est-à-dire de jouir ses droits civiques[2] qu'on doit conserver toujours sans lesquels par la suite, on perd la qualité de fonctionnaire[3] ; et enfin l'on doit être de « bonne moralité »[4]. Ces conditions sont d'une extrême importance au regard du rôle des attributions à accomplir par ces cadres. Barthélemy Kom Tchuente recommandait expressément une implication plus effective des secrétaires généraux des communes dans leur poste : « L'implication du Secrétaire Général de mairie dans la gestion quotidienne de la municipalité devra être plus effective. Il s'avère nécessaire de préciser clairement le statut de ce personnel, principal collaborateur du maire et qui est chargé, sous l'autorité du maire de l'instruction des affaires de la commune. Il reçoit délégation de signature à cet effet »[5].

Il va falloir préciser ensuite que le recrutement est aussi subordonné à l'existence d'un poste de travail. Il peut s'agir d'un poste vacant qui justifie le recrutement sans lequel le recrutement ne serait pas possible[6]. À côté des conditions préalables de nomination des fonctionnaires de l'État dans les communes, nous avons les procédures générales qui doivent être respectées.

2. Les procédures générales

Reconnue comme actrice principale du développement local, la commune pour atteindre ce noble objectif doit disposer d'un personnel de qualité, chapeauté par des cadres communaux à même de conduire cette mission d'intérêt général. Ces cadres ne peuvent être nommés de manière anarchique. C'est pourquoi, en dehors des conditions préalables à respecter, les autorités de nomination doivent être subordonnées aux procédures générales.

La subordination de la validité de la nomination au respect de la procédure est très importante, voire contraignante pour l'autorité compétente. Cette formalité vise à garantir le respect des droits fondamentaux des administrés afin qu'ils ne soient pas sacrifiés sur l'autel du procédé purement discrétionnaire d'intervention en matière de nomination. La procédure est entendue ici comme un mécanisme de sauvegarde des droits des administrés face à l'arbitraire de l'administration. L'autorité compétente est donc soumise à la procédure consultative en matière de nomination.

L'autorité compétente est soumise aux règles de procédures consacrées par plusieurs textes. Ainsi, elle a l'obligation de consulter au préalable d'autres autorités. La procédure consultative fait appel aux différents avis que doit requérir l'autorité administrative avant la prise de l'acte. C'est le cas de la

---

[1] Il faut préciser l'aptitude professionnelle qui est recommandée.

[2] Article 16 du statut général de la fonction publique.

[3] Article 121 alinéa 1 du statut général.

[4] Article 13 alinéa 1 et article 19 alinéa 1 nouveau du même statut.

[5] B. KOM TCHUENTE, *Développement communal et gestion urbaine au Cameroun. Les enjeux de la gestion municipale dans un système décentralisé*, Edition CLE, Yaoundé, Imprimerie Saint Paul, Janvier 1996, p. 215.

[6] Article 85 alinéa 1 du statut général de la fonction publique.

nomination des secrétaires généraux des communes qui se fait sur proposition du maire[1]. Il est donc acquis que la consultation du chef de l'exécutif communal puisse jouer un rôle déterminant sur le choix du candidat à nommer, donc sur la décision de l'autorité compétente. On peut alors avoir des nominations « sur proposition ou après avis ». L'obligation de consulter en faisant participer plusieurs personnes à la nomination a pour but de rechercher l'objectivité ou une certaine effectivité et impartialité dans la pratique des nominations opérées dans la fonction publique locale ou dans les communes.

Dans cette procédure, l'acte de nomination doit également revêtir une certaine forme : être écrit, signé et publié. Néanmoins, pour le détachement à la commune, il va falloir respecter un certain nombre de conditions substantielles et procédures spécifiques.

B. Les conditions substantielles et procédures spécifiques

Le fonctionnaire peut être détaché dans une commune dans le respect des conditions substantielles (1). Ce détachement de fonctionnaire dans la commune du Cameroun est soumis au respect des procédures spécifiques (2).

1. Les conditions substantielles

Les conditions substantielles de détachement du fonctionnaire concernent son ancienneté, sa qualification en lien avec le poste disponible et sa discipline au poste antérieur.

C'est ainsi que le statut général de la fonction publique de l'État camerounais précise qu'aucun fonctionnaire ne peut être détaché s'il ne respecte les conditions suivantes :

Premièrement, le fonctionnaire ne peut être détaché « s'il ne justifie d'un minimum de cinq (5) ans d'expérience professionnelle »[2]. Autrement dit, un jeune fonctionnaire de moins de cinq (5) ans dans sa fonction comme fonctionnaire ne peut prétendre être détaché. Cette condition protège le corps de la fonction publique de certains jeunes fonctionnaires qui y sont entrés juste comme un tremplin pour se retrouver ailleurs.

Deuxièmement, le fonctionnaire ne peut être détaché « s'il ne justifie des qualifications techniques et des habiletés requises pour occuper le poste à pourvoir »[3]. En effet, le poste à pourvoir dans la collectivité publique locale requiert une compétence nécessaire en matière de la décentralisation et des métiers relatifs au développement local. Le secrétaire général, le receveur municipal ou le fondé de pouvoir à nommer doit être habile dans ces postes. Il doit avoir de ce fait une qualification nécessaire à ces postes. Malheureusement on a souvent constaté que le détachement de fonctionnaire devient comme un service d'ami, de la famille, des camarades et autres... Les

---

[1] Article 214 du CGCTD.
[2] Article 74 alinéa (a) du décret n°94/199 précité.
[3] Article 74 alinéa (b) du décret n°94/199 précité.

fonctionnaires souvent détachés n'ont aucune connaissance dans le domaine, d'où les plaintes récurrentes à l'endroit des autorités de nomination traduisant leurs insatisfactions quant au rendement des personnes nommées.

Troisièmement, le fonctionnaire ne peut être détaché « s'il est sous le coup des poursuites disciplinaires ou s'il n'a été réhabilité à la suite d'une sanction disciplinaire »[1]. Dans ce cas, il ne peut utiliser le détachement comme prétexte pour échapper à des sanctions disciplinaires susceptibles d'être prononcées contre lui ou pour échapper à l'exécution d'une sanction déjà prononcée dont il fait l'objet. Cette condition protège la collectivité d'accueil contre les indisciplinés de la fonction publique.

Les conditions substantielles ainsi présentées doivent être respectées suivant certaines procédures auquel l'acte de détachement est soumis.

2. Les procédures spécifiques

Le statut général de la fonction publique a prévu un certain nombre de procédures à respecter en cas de détachement d'un fonctionnaire dans une collectivité locale. Concernant ces procédures spécifiques, il y a lieu de retenir les procédures relatives aux autorités de nomination ainsi que les dates de prise d'effet du détachement :

La décision du détachement de tout fonctionnaire relève de l'acte de l'autorité ministérielle utilisatrice. Cet acte du ministre utilisateur est précédé de l'accord de l'organisme d'accueil du fonctionnaire détaché[2]. C'est ce qui explique que dans le cas du détachement des comptables publics auprès des collectivités locales que sont les communes, c'est par arrêté conjoint du ministre des finances et celui de la décentralisation et du développement local que le détachement est constaté.

L'acte de détachement, dans le cas d'espèce qui est l'arrêté ministériel, pour être pris en compte, doit être adressé au ministre chargé des finances par l'autorité compétente. Cet acte doit également être adressé au ministre de la Fonction publique[3]. La prise d'effet du détachement est constatée à compter de la date de signature de l'acte de détachement. La date de publication de l'acte de nomination est aussi un moyen de constatation de la prise d'effet de la nomination.

Les conditions préalables ainsi que les procédures générales du détachement du fonctionnaire en même temps que les conditions substantielles et les procédures spécifiques doivent être respectées pour que le détachement d'un fonctionnaire dans les communes soit valide.

La nomination ou le détachement des fonctionnaires dans les communes pose un certain nombre de problèmes. Parmi ceux-ci, on note le manque de respect envers les élus locaux et le service approximatif rendu par ces fonctionnaires qui confondent le service de l'État où ils étaient habitués à un

---

[1] Article 74 alinéa (c) du décret n°94/199 précité.

[2] Article 71 alinéa 1 du décret n°94/199 précité.

[3] Article 73 alinéa 2 du décret n°94/199 précité.

minimum d'engagement à un service de développement local qui exige plus d'engagement. Ils ont tendance à servir la tutelle qui les a nommés que la localité qui les utilise pour des missions de développement local. La quasi majorité des maires se plaignent du comportement irrespectueux des secrétaires généraux et des receveurs nommés par la tutelle. Certains receveurs municipaux refusent de donner la situation financière aux maires qui en font la demande avec insistance. C'est à la base des plaintes des maires mentionnant les difficultés de collaboration avec les secrétaires généraux et qui demandent à récurrence le changement de ces personnes dans leurs communes que le ministère de la décentralisation et du développement local (MINDDEVEL), excédé, a fait un message-fax, le 11 avril 2022, à l'endroit de tous les maires pour les instruire d'engager un dossier disciplinaire contre ces cadres véreux et de lui en faire copie[1].

La nomination dans la commune concerne les fonctionnaires. Mais il arrive que le choix de la nomination soit plutôt porté sur les travailleurs relevant du Code du travail.

II. L'affectation dans les communes des agents étatiques relevant du Code du travail

Le personnel de l'État est en réalité celui consacré par le Code du travail comme travailleur[2]. Les travailleurs de l'État dans un sens général sont des contractuels de l'administration qui ne sont pas soumis au statut général de la fonction publique[3]. La nomination des travailleurs de l'État relevant du Code du travail se fait par la technique de l'affectation d'une commune à une autre de la République. Les conditions générales de recrutement du personnel communal, notamment ceux relevant du code de travail étant précisées, il convient de présenter la situation de ceux qui sont nommés parmi le personnel relevant du Code du travail. Il s'agit spécifiquement de ceux pris parmi le personnel des communes et élevés à la dignité des nommés par acte gouvernemental. Il est question d'examiner d'une part, l'affectation des secrétaires généraux de commune (A), et d'autre part de l'affectation des receveurs municipaux et fondés de pouvoir (B), tous relevant du Code du travail.

A. L'affectation des secrétaires généraux dans les communes

L'affectation des secrétaires généraux se fait par acte gouvernemental. En effet, c'est le ministre chargé des collectivités territoriales décentralisées selon le CGCTD qui nomme les secrétaires généraux. Le ministre chargé des CTD est aujourd'hui le MINDDEVEL.

---

[1] Message-Fax N°000115/MF/MINDDEVEL/CAB, intitulé : remplacement des secrétaires généraux des mairies, mention : urgent, de GEORGE ELANGA OBAM, Ministre de la décentralisation et du développement local, À tous les maires avec copie aux préfets, du 11 Avril 2022.

[2] Article 4 alinéa 1 du Code du travail camerounais.

[3] J. OWONA, *Droit de la fonction publique camerounaise*, l'Harmattan, Paris, 2011, p. 38.

Le secrétaire général, au sein de la commune, est un cadre de l'administration communale qui assiste l'exécutif communal[1]. Il dispose d'une bonne expérience en matière de management du développement local, anime les services de l'administration municipale. D'ailleurs, les secrétaires généraux des communes sont nommés sur proposition des maires des communes[2]. L'exigence de l'expérience du secrétaire général est une condition *sine qua non*. Il assure, sous l'autorité du maire dont il est le principal collaborateur, l'instruction des affaires et l'exécution des décisions prises par celui-ci. Il reçoit à cet effet les délégations de signature nécessaires[3].

Le secrétaire général est le principal assistant de l'exécutif municipal, nommé par le ministre de la Décentralisation et du Développement local. Il est le premier conseiller du maire dont la délégation des signatures fait de lui un cadre communal. Il est un cadre d'une très grande importance à la suite de l'exécutif[4]. Ainsi sa nomination au poste bénéficie de la mise en place des procédures.

Le secrétaire général de la communauté urbaine est l'appellation donnée au cadre qui occupe les fonctions du secrétaire général auprès de la communauté urbaine. Jadis nommé par le Président de la République, il assure le même rôle que ceux des autres communes[5]. Le CGCTD ne fait aucune précision sur l'autorité de nomination des secrétaires généraux des communautés urbaines. On peut lire entre les lignes que c'est désormais le ministre chargé des CTD qui en assure la nomination comme pour ceux des autres communes. Néanmoins cette omission du législateur peut conduire à diverses formes de confusion et d'amalgame chez certaines personnalités de pouvoir qui peuvent s'en saisir pour se prévaloir de ces prérogatives. Il semble que le législateur à travers son silence considère que l'autorité de nomination des secrétaires généraux ne souffre l'ombre d'aucun doute parce que l'utilisateur est le MINDDEVEL. Dans ce cas de figure, il est important de préciser les principes pour éviter toute ambigüité.

Parmi le personnel généralement nommé dans la commune, en dehors du secrétaire général, il y a le receveur municipal et le fondé de pouvoir qui occupent le poste comptable autonome détenant l'exclusivité de ses opérations financières.

B. L'affectation des receveurs municipaux et des fondés de pouvoir par acte conjoint du MINDDEVEL/MINFI

Conformément à l'article 438 du CGCTD, le poste comptable est assuré par un comptable public de la collectivité territoriale locale qui prend la dénomination de « receveur régional » ou « receveur municipal ». Le

---

[1] Article 213 alinéa 1 du CGCTD.
[2] Voir l'article 214 alinéa 1 du CGCTD.
[3] Voir article 213 alinéa 2 du CGCTD.
[4] Lire l'alinéa 1 de l'article 213 du CGCTD.
[5] Article 242 du CGCTD.

« receveur régional » est le comptable de la région récemment mis en place. Tandis que le « receveur municipal » est le comptable principal des communes ordinaires, d'arrondissement et de la communauté urbaine. Choisis au sein du personnel des services civils et financiers de l'État, ils sont nommés par arrêté conjoint du ministre chargé des CTD et le ministre chargé des finances[1]. Selon l'article 5 alinéas 2 et 4 du décret de 2020[2], « Les comptables publics assurent la direction des postes comptables. Ils sont nommés par le ministre chargé des finances ». Ainsi le receveur nommé (1) est assisté d'un ou de plusieurs fondés de pouvoir (2).

1. L'affectation des receveurs municipaux

Il est créé au sein de chaque commune au Cameroun par arrêté du ministre chargé des finances, un poste comptable autonome détenant l'exclusivité de ses opérations financières[3]. Ce poste comptable est placé sous l'autorité d'un comptable public, comptable principal[4], qui s'occupe du recouvrement des recettes et le paiement des dépenses locales[5] et qui porte le nom de receveur municipal[6].

En principe, conformément au CGCTD, le receveur municipal est choisi au sein du personnel des services civils et financiers de l'État et nommé par arrêté conjoint du ministre chargé des finances et du ministre chargé des collectivités locales[7]. Ce sont les autres responsables du poste comptable qui sont choisis et nommés parmi le personnel des communes[8]. Mais, dans la plupart des cas, les receveurs tout comme les autres responsables des postes comptables sont nommés parmi le personnel des CTD[9], ainsi que le précisait clairement l'instruction ministérielle[10]. Ces receveurs et autres responsables choisis parmi le personnel des communes relèvent du Code du travail et sont pris totalement en charge par les collectivités territoriales locales concernées.

Si la nomination des secrétaires généraux ne pose pas beaucoup de problèmes, celle des receveurs municipaux nous expose ces derniers temps à une situation complexe quant à la confusion sur l'autorité compétente de leur nomination dans les trois cent soixante communes. Au lendemain de la promulgation du CGCTD, des langues se sont déliées pour, entre autres lui reprocher une sorte de disparité relative à l'article 439 alinéa 3 qui, appliqué à la rigueur de la loi, pose un sérieux problème dans l'orthodoxie budgétaire

---

[1] Article 439 du CGCTD.

[2] Décret n°2020/375 précité.

[3] Article 437 alinéa 1 du CGCTD.

[4] Alinéa 2 de l'article 437 du CGCTD.

[5] Article 10 du décret N° 94/232 du 05 décembre 1994 précisant le statut et les attributions des receveurs municipaux.

[6] Article 438 du CGCTD.

[7] Alinéa 2, de l'article 439 du CGCTD et l'article 4 du décret n° 94/232 précité.

[8] Voir l'article 439, alinéa 2 du CGCTD et l'article 4 et 6 du décret n° 94/232 précité.

[9] Voir alinéa 3 et 4 de l'article 439 du CGCTD.

[10] Lire l'instruction ministérielle n° 00000214/I/MINFI du 17 septembre 2010 sur la reddition des comptes de gestion des CTD B-2.

et comptable. En effet, l'alinéa 1 de cet article désigne l'autorité de nomination des receveurs de la communauté urbaine comme étant le ministre des finances et le ministre en charge de la décentralisation et des collectivités locales tandis que l'alinéa 3 donne autorité de nomination des receveurs des communes d'arrondissement au seul MINDDEVEL. Ainsi, le fait d'écarter complètement le ministre des Finances dans la gestion des postes comptables dont il est le créateur[1], est une situation anormale. En effet, c'est le ministre des finances qui crée par arrêté les postes comptables dans les communes. Il apparait anormal que la nomination des receveurs municipaux échoie à la seule compétence du ministre chargé des CTD. Cette compétence exclusive du MINDDEVEL fait entorse au principe de compétence sectorielle car le ministère des Finances (MINFI) est compétent en matière financière, monétaire, budgétaire et fiscale ; ce qui n'est aucunement la compétence du MINDDEVEL. Encore que le même CGCTD en son alinéa 6 stipule que les statuts et les attributions des comptables des communes sont fixés par un texte règlementaire. L'alinéa 1 précise en plus qu'un texte règlementaire fixe l'organisation et le fonctionnement des postes comptables. Il ne fait l'ombre d'aucun doute que ces compétences sont celles reconnues au ministre chargé des finances qui en est le créateur et le technicien en cette matière de façon exclusive. Il reste également le texte règlementaire concernant la comptabilité publique qui viendra complexifier la situation.

Il se trouve que dans cette situation d'attente des textes règlementaires, que le 06 juillet 2020, le MINDDEVEL a pris un arrêté nommant les receveurs municipaux d'arrondissement de Yaoundé 6e et 7e. Le 07 juillet le Président de la République prend le décret n°2020/375 du 07 juillet 2020 portant règlement général de la comptabilité publique qui stipule en son article 4 que les comptables publics sont nommés par le ministre chargé des finances. Il s'ensuit qu'il y a une double violation du CGCTD. Le MINDDEVEL n'a pas attendu le texte règlementaire comme le prescrit la loi[2]. Le décret du Président de la République n'est pas conforme aux prescriptions du CGCTD. Ainsi à qui incombe finalement la prérogative de nomination des receveurs municipaux au Cameroun ? La question mérite d'être posée au regard de ces incohérences, conflits d'autorité, conflits de compétence et désaccord. S'il faut s'en tenir à la hiérarchie des normes, ce sont les dispositions de la loi portant CGCTD qui doivent être appliquées dans ce cas, au détriment du décret qui lui est inférieur. Mais, il se trouve que le CGCTD lui-même présente des lacunes en la matière. Il semble plus cohérent que les receveurs soient nommés par arrêté conjoint du MINDDEVEL et MINFI eut égard au fait que le premier est l'utilisateur direct et le second est le patron des deniers publics. Cette position a été exploitée par les deux ministres qui se sont accordés en 2021 pour nommer par arrêté conjoint les receveurs municipaux.

[1] Article 437 du CGCTD.
[2] Article 6 du CGCTD.

Il faut signaler qu'en procédant ainsi, ils ont tout de même violé le CGCTD et les décrets en vigueur[1]. C'est là que le parlement doit intervenir soit pour faire annuler le décret, soit pour modifier le CGCTD afin de clarifier le fonctionnement des postes comptables dans les communes.

Les receveurs municipaux, en tant que personnels-cadres des communes, sont considérés comme des comptables principaux. Ils sont cependant secondés par des fondés de pouvoir nommés dans les communes du Cameroun.

2. L'affectation des fondés de pouvoir dans les communes

Généralement et partout où il y a un receveur municipal, on trouve un ou plusieurs fondés de pouvoir. Le fondé de pouvoir à côté du receveur municipal assure avec celui-ci le rôle de conseiller financier de l'ordonnateur de la commune, comme le précise l'instruction ministérielle n° 00000214/I/MINFI du 17 septembre 2010 sur la reddition des comptes de gestion des CTD.

Au bénéfice du décret de 1994, il est dit précisément au sujet du fondé de pouvoir que: « Pour l'accomplissement de leurs missions, les receveurs municipaux peuvent en tant que de besoin être assistés de fondés de pouvoir et disposer de services dont l'organisation et les modalités de fonctionnement sont les mêmes aux postes comptables du trésor »[2]. On notera que ces fondés de pouvoir sont nommés dans les mêmes conditions que les receveurs municipaux selon les dispositions de l'alinéa 2 du même décret du Président de la République du Cameroun[3].

Il faut également préciser que les fonctions de comptables publics, assumées par le receveur municipal et le fondé de pouvoir qui est son assistant, peuvent être doublées de celle de contrôleur financier, qui s'ajoute au statut et attributions de ceux-ci dans les collectivités territoriales ne disposant pas de contrôleur financier[4].

Au sens du CGCTD, il y a une précision sans faille concernant la nomination des receveurs municipaux, en tenant compte bien sûr des réserves portées plus haut sur la confusion des textes en la matière. Seulement une autre situation révèle une ambiguïté qu'il va falloir analyser. Si le CGCTD précise que les receveurs municipaux sont nommés par arrêté conjoint du MINDDEVEL et du MINFI, le législateur entretient un flou quant au fondé de pouvoir qui, comme nous l'avons précisé plus haut, était nommé dans les mêmes conditions que les receveurs municipaux[5]. En effet, aucune précision n'est faite sur l'autorité de nomination du fondé de pouvoir. Si on s'en tient à l'alinéa 4, il est dit : « les autres responsables des postes comptables des communes sont nommés au sein du personnel des collectivités territoriales par

---

[1] Le décret n°2020/375 du 07 juillet 2020 précité.

[2] Article 12 alinéa 1 du décret n° 94/232 précité.

[3] Alinéa 2 de l'article 12 du décret n° 94/232 précité.

[4] Article 441 alinéa 7 du CGCTD.

[5] Article 2 de l'article 12 du décret n° 94/232 précité.

arrêté du ministre des collectivités territoriales ». La question est de savoir à qui renvoie l'adjectif indéfini « autres » employé par le législateur. Ce terme qui prouve l'indétermination peut donner lieu à de nombreuses interprétations puisque l'indéfini se caractérise par la difficulté à délimiter ou à circonscrire la chose dont on parle. Encore que seul le receveur municipal dans le cas d'espèce est responsable du poste comptable. C'est ce qui a permis à certains exécutifs municipaux de nommer directement, au mépris du principe du parallélisme de forme, d'autres fondés de pouvoir en remplacement de ceux qui sont encore en poste ; Ces derniers ayant été nommés au préalable par arrêté conjoint du MINDDEVEL et MINFI. Trois ans après la mise en place du CGCTD, un seul maire dans la République a osé nommer un fondé de pouvoirs dans sa commune. Il faut avouer que l'acte conjoint de nomination du 6 juillet 2022, n'a pas reconnu la prétendue nomination des fondés de pouvoirs par les maires[1]. Les autres chefs d'exécutifs constituant la très large majorité restent confus sur cette question. Le MINDDEVEL non plus n'apporte aucune clarification dans le but d'orienter les maires par rapport à ce poste pourtant d'une grande importance. Sommes-nous en droit de nous demander quel est le sort des fondés de pouvoir au Cameroun, notamment ceux-là qui avaient été nommés par le MINDDEVEL ? Quel est leur statut aujourd'hui ? Ont-ils un statut précaire ? C'est fort heureusement que l'article 439, alinéa 5 du CGCTD précise que l'organisation de la fonction de comptable des CTD est fixée par voie règlementaire. Le récent arrêté du MINFI du 05 juillet 2021[2], tout en déclinant les attributions du fondé de pouvoir, principal collaborateur du receveur municipal et assurant son intérim, n'a pas toujours clarifié l'autorité de nomination de celui-ci.

En dehors de cette situation floue de désignation de l'autorité de nomination du fondé de pouvoir, la nomination par l'État des personnes occupant des postes clés de l'administration communale et de la gestion des finances ne répond pas au principe de l'autonomie des collectivités territoriales décentralisées. En effet, cette façon de procéder, pour le recrutement des personnes sur qui repose le développement local, a des conséquences sur la gestion communale, d'autant plus que quelquefois, les personnes nommées n'ont rien à voir avec la compétence recherchée par la collectivité locale en question. La nomination, avec tous les reproches qu'on lui fait, notamment sur le pouvoir discrétionnaire, n'est pas toujours la voie royale célébrée pour l'entrée en fonction du personnel communal. Il est aussi reproché aux autorités de nomination de ne pas préférer le personnel communal formé à l'école de la magistrature communale (NASLA). Si au départ la nomination dans les communes aux postes clés de secrétaire général,

[1] Arrêté conjoint N° 00000018/MINDDEVEL/MINFI du 6 juillet 2022 portant nomination des responsables de postes comptables dans les communes, les communes d'arrondissement et les communauté Urbaines.

[2] Article 10 alinéa 1 et 2 de l'arrêté N° 00000016/MINFI du 05 Juillet 2021 portant organisation et fonctionnement des recettes régionales et des recettes municipales.

de receveur et de fondé de pouvoir, exigeait des cadres, la pratique ce dernier temps a montré que les nominations ont perdu davantage leur caractère sacré pour voir nommer simplement des copains, des frères, des amis politiques ou des personnes ayant fait usage de toute autre voie peu orthodoxe, souvent des personnes qui ne sont aucunement des cadres.

Ainsi, la recherche sur l'enrichissement en besoin du personnel des communes donnes possibilité à l'État d'envisager l'attribution des moyens humains aux communes à travers le détachement des fonctionnaires dans les communes, l'affectation des agents publics relevant du Code du travail dans les communes. Conseillers précieux des élus, certains s'occupent de l'organisation générale de l'administration communale[1], et ont des statuts distincts. En effet, certains sont des fonctionnaires, tandis que d'autres sont des agents contractuels de l'État ou des agents communaux. S'il est relativement admis que les personnes nommées dans les communes répondent aux besoins de la cause, le principe de nomination dans les communes s'oppose fondamentalement au processus de la décentralisation, donc au respect de l'autonomie des CTD. Il n'est pas bon que l'État ait une impulsion aussi forte dans une entité décentralisée. Les nominations par l'État du personnel cadre des communes compromettent la décentralisation territoriale dans son principe d'autonomie. Il serait souhaitable que le pouvoir de nomination soit transféré aux autorités locales dans une fonction publique locale administrée par ceux-ci avec des moyens de contrôle pour éviter les abus divers à l'endroit des élus locaux.

Conclusion

Des analyses qui précèdent, il convient de relever que l'appui de l'État dans la gestion communale a amené celui-ci à doter les communes des personnes mieux outillées. Il s'agit des personnes sélectionnées dans le corps des fonctionnaires ou dans les communes possédant une expérience notable. Ce sont les secrétaires généraux, les receveurs et fondés de pouvoir qui sont recrutés par voie de nomination. Ces cadres sont donc nommés suivant certaines procédures et dans le respect des conditions prescrites par la règlementation en vigueur dans le but d'assister les élus locaux dans la mission de développement local. Le détachement des fonctionnaires comme cadres des communes relèves indubitablement du droit de la fonction publique camerounaise qui occupe une place essentielle dans notre droit public. Il s'agit d'un abondant droit écrit et codifié grâce au statut général de la fonction publique. C'est aussi un droit abondamment dit par la Cour suprême, très haute juridiction administrative camerounaise qui a connu une mutation éclatante grâce au juge administratif qui au fil de ses décisions parfois strictes, s'est assuré de l'observation par l'autorité de nomination de la règlementation

[1] J. HOURTICQ, « Le secrétaire général de mairie », *Rev. Adm.*, 1968, pp. 360-361.

établie[1]. Toutefois, cette nomination, détachement ou affectation connait des influences des relations personnelles, familiales et politiques ou reste dans le carcan de secret, le pouvoir discrétionnaire. On note de ce fait avec inquiétude une présence trop forte de l'État dans une organisation décentralisée. La nomination par l'État aux postes stratégiques (administration générale et la tenue des ressources financières) est une violation grave du principe de la libre administration communale. Ce recrutement est contraire à l'esprit de la décentralisation territoriale car il amenuise les pouvoirs de l'exécutif municipal. Cette intrusion de l'État dans le recrutement du personnel communal vient davantage semer le trouble au sein de ce personnel dont le mode de recrutement n'est déjà pas harmonisé. On a fait le constat que le reste du personnel communal est recruté par des modes mixtes. Ces modes de recrutement sont assez souvent conclus par des échecs et dont les conséquences peuvent être fortement dommageables pour la commune, même si la méthode de recrutement « miracle » n'existe pas. D'autant que l'efficacité de la commune résulte de la valeur de son organisation, elle devrait rester maître de l'organisation de son institution et dans ce sillage, fixer librement ses objectifs et recruter en fonction de ceux-ci. Elle est donc libre de recruter qui elle veut car elle propose aux salariés les types de contrats en fonction de ses objectifs et stratégies. Pour tenter de lui administrer une « thérapie » afin de connaître des jours meilleurs, l'on suggère l'uniformisation des méthodes de recrutement. La fonctionnalité de la fonction publique locale est la solution à condition qu'elle soit exclusivement gouvernée et administrée par les élus locaux.

Bibliographie

Ouvrages et articles

- CHAPUS René, *Droit administratif général*, Tome 2, 15ème édition, Paris, Montchrestien, 2001, 798 p.
- CHEVALLIER Jacques, Science administrative, Paris, PUF, 1986, 337 p.
- CORNU Gérard, Dictionnaire du vocabulaire Juridique, 12eme édition mise à jour, Paris, PUF, 2018, 1101 p.
- DONFACK Henri, « La problématique du recrutement du personnel communal au Cameroun », *in IMJST,* Novembre 2020, Vol. 5, 16 p.
- FINKEN Martin, Gouvernance communal en Afrique et au Cameroun, l'Harmattan, 2011, 324 p.
- HOURTICQ Joël, « Le secrétaire général de mairie », *Rev. Adm.,* 1968, pp. 360-361.
- KOM TCHUENTE Barthélemy, Développement communal et gestion urbaine au Cameroun. Les enjeux de la gestion municipale dans un système décentralisé, Edition CLE, Yaoundé, Imprimerie Saint Paul, Janvier 1996, 219 p.
- MOREAU Jean Louis, *Lexique de la fonction publique*, Paris, Dalloz, 1990, 98 p.
- NACH MBACK Charles, « Un siècle de communalisation au Cameroun, les misères de la démocratie urbaine », Colloque WWICS-IGU, Dakar, décembre 2004, 22 p.

[1] CS/CA, BWENBA MOUKOURI C/État du Cameroun, Cameroun, jugement du 25 mars 1982, N°24.

- OWONA Joseph, *Droit de la fonction publique camerounaise*, l'Harmattan, Paris, 2011, 256 p.

Thèses et Mémoires

- ALIYOU Sali, *Le transfert des compétences aux collectivités territoriales décentralisées au Cameroun*, Thèse de Doctorat Ph.D en droit public, Université de Dschang, juin 2016, 765 p.
- DONFACK Henri, *Le recrutement du personnel communal au Cameroun,* Mémoire de master recherche en droit public, Université de Dschang, année 2019-2020, 115 p.
- FOTSO KENGNE Marcellin, *L'égal accès à la fonction publique au Cameroun*, Mémoire de Master Droit Public recherche, Université de Dschang, Juillet 2019, 95 p.
- GUIMDO DONGMO Bernard-Raymond, *Le personnel communal au Cameroun : Contribution à la compréhension de la crise de l'administration communale camerounaise*, Thèse de doctorat de 3e cycle en droit public, Université de Yaoundé II, 13 juillet 1994, 375 p.
- KEUDJEU DE KEUDJEU John-Richard, *L'autonomie des collectivités territoriales au Cameroun*, Thèse de doctorat Ph.D de Droit public, Université de Douala, 2012, 769 p.
- TCHEUGOUÉ TCHOUAPOU Dominique, La crise de la décentralisation territoriale au Cameroun, Mémoire de maitrise en droit public, Université de Yaoundé II, 1988, 96 p.
- TIDO BATIO René, La nomination des agents publics en droit positif camerounais, Thèse de master II en droit public, Université de Dschang, année 2010-2011. 255 p.
- TONGUE Yves Thomas, La gestion des ressources humaines dans les collectivités territoriales décentralisées : un gage au développement du Cameroun. Cas de la commune de Dibombari, Mémoire de Master en Ressources Humaines, INEAD Vitrolles-France, 2015, 106 p.

Jurisprudence

- CS/CA, BWENBA MOUKOURI C/État du Cameroun, Cameroun, jugement du 25 mars 1982, N°24.

TROISIÈME PARTIE

Les expériences de la décentralisation territoriale au Cameroun et ailleurs

Chapitre 8

Les Pygmées à l'ère de la décentralisation : analyse historique d'une présence/absence (le cas des Baka du Sud-Est Cameroun)

Par
Nathanaël ASSAM OTYA'A (PhD)
ENS de Bertoua/CERDYM
Tel : 694 909 483
Email : nathanaelassam@yahoo.com

Résumé

Les lois du 18 janvier 1996 portant révision de la Constitution du 02 juin 1972 et celle du 24 décembre 2019 portant Code général des collectivités territoriales décentralisées inaugurent une ère nouvelle dans la vie sociopolitique camerounaise. En effet, elles consacrent respectivement la protection des Populations Autochtones et la perspective d'une plus grande implication des populations locales dans la gestion des territoires. Pourtant, l'environnement sociopolitique camerounais continue de compter peu ou pas de représentants pygmées dans les gouvernements locaux au sein des trente-sept communes abritant les Peuples Pygmées au Cameroun. Les facteurs contributifs de cet état de fait sont pluriels et complexes, à l'image de leur agencement dans les arcanes de l'histoire coloniale camerounaise.

Mots clés : Pygmées – décentralisation – gouvernance territoriale – Cameroun – autochtones.

Abstract: The Pygmies in the era of decentralization: historical analysis of presence/absence (case of the Baka people in South-east Cameroon)

The laws of 18 January 1996 revising the Constitution of 2 June 1972 and that of 24 December 2019, instituting the General Code of Regional and Local Authorities inaugurates a new era in Cameroonian socio-political life. Indeed, they dedicate the protection of indigenous populations and the prospects of greater involvement of local populations in the management of their communities respectively. Nevertheless, the Cameroonian socio-political environment continues to have little or no representation of pygmies in local governments within the thirty-seven councils that host the Pigmean Peoples in Cameroon. The factors contributing to this state of affairs are plural and complex, in the image of their arrangement in the arcane of Cameroonian colonial history.

Keywords: Pygmy, decentralization, territorial governance, Cameroon Aboriginal.

Introduction

Avec sa forte diversité sociologique, le Cameroun est un pays dont la gouvernance exige une arithmétique particulière tant il est vrai que l'idéal de l'unité nationale trouve son fondement dans une gestion harmonieuse et salvatrice pour les plus de deux cent cinquante groupes ethniques que compte le pays. En effet, la juxtaposition territoriale et la superposition idéologique de groupes sociologiquement distincts, sous l'emprise d'une dynamique d'intégration nationale vieille de près d'un siècle et demi appellent à interroger les facilités et les dispositions régulièrement prises pour garantir aux populations socialement vulnérables à l'instar des Peuples Pygmées, une visibilité politique digne[1]. Les contraintes inhérentes à ce contexte nécessitent un examen des lois du 18 janvier 1996 portant révision de la Constitution du 02 juin 1972 et celle du 24 décembre 2019 portant code général des collectivités territoriales décentralisées, et permettent de questionner la faible présence des groupes pygmées dans les exécutifs communaux. Car, en offrant une protection spécifique aux Peuples Pygmées (Baka, Bakola, Bagyeli et Bedzan), et puisque la décentralisation est un processus par lequel se construit l'amplification du rôle des populations locales à la gestion des collectivités territoriales décentralisées, ces lois devraient permettre une meilleure implication des Pygmées baka dans la conduite des territoires.

Pourtant, en dépit de toutes ces dispositions réglementaires, l'environnement politique camerounais peine encore à voir de la part des Baka une grande mobilisation. Quelles peuvent être les raisons de cette présence mitigée des Baka sur la scène politique camerounaise ? Prendre en charge cette problématique induit un intérêt de la présente analyse déductible du souci de clarification d'une question longtemps restée incomprise par les acteurs de la scène politique camerounaise à savoir les résistances des Peuples Pygmées en général et des Baka en particulier au développement. Ainsi, à partir d'une approche inductive, la présente étude se propose de montrer que la faible participation des Baka à la gestion des affaires publiques au niveau local n'est pas la conséquence d'une conjoncture sociopolitique, mais la résultante d'une construction historique fondée sur le décalage d'une histoire coloniale différenciée ainsi que sur les manifestations de logiques identitaires entre les Pygmées et le « peuple camerounais ». Pour ce faire, l'analyse s'attèle tout d'abord à déterminer les conditions par lesquelles les Pygmées baka et le reste des Camerounais se démarquent dans deux types d'agencements relationnels sous-tendus par le rapport à la colonisation. Ensuite, il est question d'étayer, par la saisine du facteur culturel et le déterminant d'une réaction de défense, comment les Baka manifestent leur réticence aux « apports » et « offres » de

[1] La complexité de cette sociologie des identités plurielles caractéristique du Cameroun est brillamment mise en évidence dans M. E. OWONA NGUINI et E. VII MBALLA ELANGA (Dir.), *Le fédéralisme communautaire est-il soluble dans la République du Cameroun ?* Douala, Pygmies, 2023, p. 9.

développement dont la participation politique n'est qu'une variable. Enfin, il est question d'examiner comment se module et se décline par l'exemple des chiffres, le faible ancrage politique et l'endossement d'une implication citoyenne structurellement fragile des Baka bien que ceux-ci soient favorisés par une législation motivante.

I. Les Baka et le « peuple camerounais » : sociohistoire de deux évolutions

Étudier l'évolution différenciée des Pygmées et des non-Pygmées depuis l'époque coloniale revient à examiner les conditions ayant concouru à construire les bases d'une participation politique décalée entre, d'une part, les Pygmées en général et les Baka en particulier et, d'autre part, les autres communautés camerounaises[1]. L'enjeu est d'autant plus important que cette question, même si elle fait l'objet de mentions parcellaires aussi bien dans les textes généraux que dans les écrits spécialisés, n'est, jusqu'à ce jour, relevée par les auteurs que sous la forme de simples évocations[2]. Il en ressort que la centralité de ce volet d'histoire reste un élément marginal dans la compréhension du système inégalitaire auquel se réfère l'absence des Baka dans les sphères de gestion et de gouvernance territoriale à l'échelle locale.

A. Les Baka et la colonisation : une affaire de distanciation

Qu'advient-il des Pygmées du Cameroun entre 1884 et 1960 ? L'historiographie camerounaise reste à ce jour passablement muette quant à proposer une réponse satisfaisante à cette interrogation fondamentale. Pour combler le vide que pose cette préoccupation dans l'histoire générale du Cameroun, la prescription de raison demande une collaboration interdisciplinaire entre les sciences sociales. Un sursaut épistémologique est nécessaire dans l'optique de mobiliser une démarche transversale pour saisir dans sa globalité ce sujet qui, jusqu'ici, semble avoir échappé à l'attention des

---

[1] Nous entendons par « les autres communautés camerounaises » celles dont le contact avec la colonisation introduit des modifications suffisamment substantielles dans leurs structures sociopolitiques, et celles dont l'héritage colonial explique la démarcation d'avec les groupes pygmées en général (exception faite des Mbororo). Les éléments mobilisés pour établir cette comparaison étant le positionnement international des peuples pygmées comme étant un Peuple Autochtone (voir inventaire GITPA 2013 et Convention n° 169 sur les Peuples Indigènes et tribaux), la mise en place du Plan de Développement des Peuples Pygmées (PDPP) en 2007, et l'abondante littérature scientifique ayant établit ce fait. Lire à titre illustratif S. BAHUCHET, « Les Pygmées d'aujourd'hui en Afrique centrale », *Journal des Africanistes, Société des Africanistes*, 1991, P. BIGOMBE LOGO, *Les Pygmées du Cameroun méridional forestier : mythes et réalités de l'ajustement à la modernité*, Yaoundé, PUCAC, 1999.

[2] Lire utilement sur ce sujet, S. BAHUCHET, « Les Pygmées d'aujourd'hui en Afrique centrale », *Journal des Africanistes, Société des Africanistes*, 1991, C. ABE, « Rapports inégalitaires entre pygmées et bantous : discrimination et inégalités scolaires au sud Cameroun », *Presses de Sciences Po « Autre part »*, n° 59, 2011/3 et N. ASSAM OTYA'A, « Les disparités bantou-pygmées au Cameroun : analyse des déterminants historiques et socioculturels (1884-2019), Thèse de doctorat en histoire, Université de Douala, 2020.

nombreux spécialistes tant du *sujet pygmée* que de l'histoire coloniale du Cameroun. L'une des difficultés majeures qu'il revient aux chercheurs de surmonter est la mise en perspective des éléments combinés intégrant les trois moments de l'histoire camerounaise que sont la période précoloniale la plus récente, la période coloniale (1884-1960) et la période postcoloniale[1]. Dans cette logique, un effort d'éclairage est proposé depuis quelques années pour fournir une clé d'explication au problème en examen, en relevant les conditions non aléatoires d'un retard des groupes pygmées qui ne peut être expliqué sans tenir en ultime considération les faits survenus dans l'intervalle colonial[2].

Les travaux fragmentaires en rapport avec la période coloniale des Baka du Cameroun rend compte de ce que ces derniers restent à l'écart des transformations multisectorielles que connaissent les populations camerounaises soumises au régime colonial. S. Bahuchet explique que par contrecoup, les groupes pygmées qui n'avaient jamais été victimes directement du régime colonial (ni réquisition, ni travail forcé), du fait de leur nomadisme, subirent les pressions de leurs alliés villageois pour les aider à répondre aux besoins des colons[3]. Si cette affirmation a le mérite de soutenir de manière catégorique la non-participation des Baka au système colonial, elle avance le nomadisme comme facteur explicatif ; une explication partielle dans la mesure où le nomadisme bien que inscrit dans la culture et les logiques de l'exploitation forestière des Baka, ne saurait constituer un obstacle objectivement rédhibitoire aux intentions pourtant manifestes de réquisition et de subordination de toutes les populations aux travaux forcés imposés par le régime colonial[4]. Les groupes pygmées n'auraient donc pas pu se soustraire aux contraintes du régime colonial par le simple fait du nomadisme classique qu'on leur connaît.

Bien plus, au-delà du cas camerounais qui est loin d'être une exception africaine, les intentions des puissances occidentales d'intégrer les Pygmées dans l'exploitation coloniale est incontestable. Au Congo belge par exemple, un examen spécifique des violences coloniales subies par les (Pygmées) Babinga révèle une politique coloniale intentionnellement « apprivoisante ». Ainsi dès 1933, deux objectifs prioritaires sont poursuivis : le recensement démographique systématique et une assistance sanitaire qui doit se concrétiser

---

[1] La computation systématique de ces trois périodes étant absolument indispensable pour appréhender la situation caractéristique de la précarité pygmée en général et notamment leur absence dans la vie politique camerounaise.

[2] À titre de recommandation, voire entre autres et du même auteur N. ASSAM OTYA'A, « L'impact de la colonisation dans les relations Bantou/Pygmées Baka de l'Est-Cameroun (1960-1996) », Mémoire de Master en Histoire, Université de Douala, 2017, et « Les disparités bantou-pygmées », 2020.

[3] S. BAHUCHET, « Les Pygmées d'aujourd'hui », *op. cit.*, p. 15.

[4] Lire à ce propos, et E. MVENG, *L'Église Catholique au Cameroun. Cent ans d'évangélisation*, Yaoundé, Conférence Épiscopale du Cameroun, 1990.

par des tournées d'agents sanitaires dans les régions forestières habitées par les Pygmées[1].

Même si les sources historiques camerounaises ne permettent pas, à l'heure actuelle, de statuer sur les mesures prises par les puissances coloniales allemande et française pour intégrer les Pygmées dans l'économie coloniale, il reste que les affirmations des auteurs faisant état tantôt d'un refus des colons de s'intéresser aux Pygmées[2] tantôt des Pygmées n'ayant guère subis des réquisitions et/ou des travaux forcés restent fort discutables. L'un des éléments irrévocables de ces arguments est rapporté dans l'exploitation faite des travaux de J. Sinang[3]. En effet, de précieux témoignages récoltés auprès des Baka, soulignent plusieurs tentatives de réquisitions des Pygmées dans le Sud-Est Cameroun par le pouvoir colonial.

Mais une autre source propose une lecture plus circonscrite dans le champ des investigations historiques se rapportant à la non-participation des Pygmées a l'effort colonial. Issue des profondeurs des sociétés de l'oralité, la source révèle de manière catégorique que d'un bout à l'autre de la forêt, les Pygmées auraient identifié la colonisation dès les premiers instants de son établissement en sol camerounais, comme un phénomène susceptible de vouer au péril de l'extinction leur civilisation[4]. Ils vont dès lors mettre en place des stratégies visant à les tenir à l'écart conformément au modèle de régulation des relations avec l'extérieur.

Figuration schématique du système de représentation des Pygmées Baka

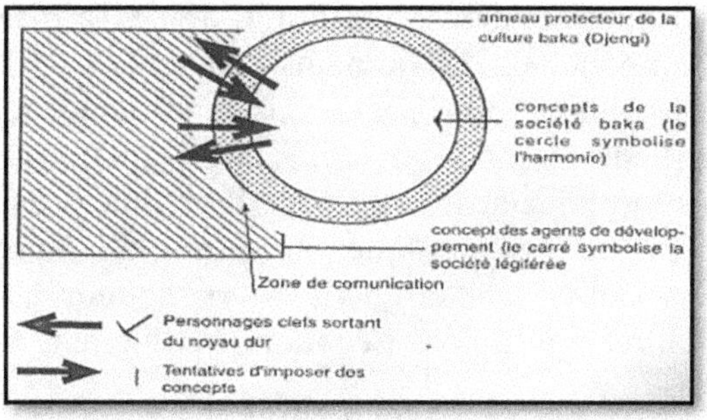

Source : S. C. ABEGA, *pygmees baka. le droit a la différence*, Yaoundé, inades-formation 1998, p. 47.

[1] J-M. DELOBEAU, « Les Pygmées dans la colonisation », *Afrika Zamani, Revue d'Histoire Africaine*, Yaoundé, n° 14 et 15, juin 1984, p. 123.

[2] P. BIGOMBE LOGO (dir), *Les Pygmées du Cameroun méridional forestier : mythes et réalités de l'ajustement à la modernité*, Yaoundé, PUCAC, 1999, p. 148.

[3] J. JULES SINANG, « Contribution de l'oralité à l'étude des relations entre les Pygmées Baka et les Bantou dans le Sud-Est Cameroun, des origines à 1960 », Mémoire de Maîtrise en Histoire, Université de Yaoundé I, 2005, p. 78.

[4] Entretien avec S.M. ASSOUMOU ENGO, Chef traditionnel de 3e degré, Ebolowa, le 18 novembre 2019. Lire également un examen plus étendu de cette question dans N. ASSAM OTYA'A, « Les disparités bantou-pygmées au Cameroun », pp. 96-137.

Dans cette organisation qui fixe les contours exclusifs régissant les relations extérieures et l'emprunte forestière des Baka, il y a lieu d'associer le sens attribué à la place du chien comme unique animal domestique dans la civilisation pygmée[1]. En effet, le chien est le seul animal domestique à posséder deux caractéristiques qui épousent parfaitement les contraintes de la *civilisation du départ* : premièrement il est un partenaire efficace pour la chasse, activité fondamentale de l'économie sociale baka. En second lieu, c'est le seul animal dont la faculté olfactive lui permet de suivre et de retrouver la trace de son maître même en dehors des conditions normales du système de mobilité des Pygmées. Ces deux particularités font du chien l'une des preuves irréfutables que les réticences des Baka d'intégrer l'ère moderne actuelle traduit l'essence d'une vie conçue comme exclusivement forestière.

Enfin, le lien atavique avec la forêt marque un univers baka où la forêt est le commencement et la fin de tout ; une projection exclusive qui explique le rythme du mouvement cyclique qui caractérise toute la civilisation pygmée. Cette forme d'ancrage avec la forêt est à distinguer avec celle observée chez les autres populations forestières. Pour les Baka, la forêt constitue le domaine des vies : vie religieuse, vie économique, vie sociale, vie politique soit la totalité des domaines par lesquels une civilisation s'édifie à travers les âges. En décrivant cette communauté relationnelle entre les Baka et la forêt, Bahuchet souligne que l'organisation religieuse des trois groupes pygmées présente des similitudes : Dieu créa le monde, c'est-à-dire la forêt, puis ayant créé les premiers couples (incestueux), il se désintéressa des affaires du monde ; un esprit suprême, dieu de la Forêt, agit à sa place, régnant sur le monde des mânes, médiateurs des humains vivants[2].

Si, d'une part, les faits examinés ci-dessus expriment le recul et l'évitement des Baka du système colonial et ses transformations sur les sociétés camerounaises, ils impliquent, d'autre part, le maintien dans une trajectoire historique qui, en même temps qu'elle garde sauf la culture pygmée, crée le décalage avec les autres camerounais alors soumis à la frénésie des changements structurels qu'impose l'économie coloniale.

B. Le peuple camerounais : sociogenèse d'une communauté d'origine coloniale

Lorsqu'on parle d'une communauté d'origine coloniale pour décrire le peuple camerounais, l'idée est de souligner l'ascendance historique du fait colonial dans la naissance d'une communauté se reconnaissant comme étant un peuple et une nation. Il s'agit également de relever que la modalité opératoire qui a conduit à cimenter les fondamentaux structurants de l'idée de peuple dans l'imaginaire des Camerounais trouve son origine dans le contact

[1] S. BAHUCHET, « Les Pygmées d'aujourd'hui », p. 7.
[2] Ibid. p. 10.

entre le colonialisme et toutes les communautés locales du pays, à l'exception des groupes pygmées[1].

Organe et institution de souveraineté absolue dans la manifestation de la démocratie, le Peuple est loin d'être d'une origine spontanée. Il résulte d'une construction en conformité avec les spécificités qui rythment la trajectoire de l'histoire et de la sociologie humaine[2]. Tantôt considérée comme une idéologie ou un état d'esprit, le peuple renvoie certes à une idéologie mais aussi un état d'esprit, un sentiment par lequel une population donnée revendique une identité commune, se reconnaît comme appartenant à une « nation », un sentiment national en marge de ses manifestations institutionnelles ou matérielles (État, langue, circonscriptions administratives)[3].

Ainsi au Cameroun, la notion de « peuple » obéit à des règles de formation empiriques et vérifiables[4]. Sa constitution offre une lisibilité logique qui permet de déceler les procédés par lesquelles le peuple parvient à son aboutissement et ce qui le détermine comme une force agissante[5]. Dans ce contexte, le peuple camerounais apparaît comme l'expérience vivante d'un ensemble hétérogène dont la colonisation constitue le terreau. Car, c'est à travers la colonisation que se dégagent les trois axes de sa constitution à savoir son ancrage historique, son cadrage politique et son maillage idéologique[6]. Pour le peuple camerounais, la colonisation est le catalyseur historique qui crée le cadre dans lequel le peuple camerounais prend vie et entame sa maturation à la faveur d'une idéologie de groupes aux aspirations qui, bien que communes, cachent mal une sociologie cosmopolite. En effet : « La fonction idéologique du peuple explique par là même sa sociologie éclatée : au plan sociologique en effet, le peuple résulte d'une interaction de facteurs, objectifs et subjectifs parce-que, au plan idéologique, elle produit l'unité grâce à laquelle les individus membres du groupe, deviendront les éléments conscients d'une politique »[7]

C'est dire que si le peuple est mu par des mécaniques de formation et de structuration de l'unité, les autres Camerounais, de par leur contact avec la

---

[1] A. OWONA, « La naissance du Cameroun (1884-1914) », *Cahiers d'études africaines,* n° 49, 1973, p. 17.

[2] N. ASSAM OTYA'A, « Les disparités bantou-pygmées », p. 65.

[3] A. NGUELIEUTOU., « Le peuple dans la vie politique camerounaise post-coloniale », Thèse de doctorat en sciences politiques, Université de Yaoundé II, 2004, p. 3.

[4] Cela signifie que le « peuple » camerounais à l'instar de tout peuple dans l'absolu, dérive d'une construction historique plus ou moins longue, avec des conditions précises, identifiables et constatables ayant conduit à son avènement. Et le cas particulier du Cameroun l'atteste par une lecture de la colonisation qui se révèle dans un séquençage à deux variables : celle d'un ensemble communautaire qui « subit » des transformations substantielles, et celle d'un autre ensemble communautaire sur lequel l'empreinte coloniale reste particulièrement faible.

[5] N. ASSAM OTYA'A, « Les disparités bantou-pygmées », p. 66.

[6] Ibid.

[7] A. NGUELIEUTOU, *Le peuple dans la vie politique camerounaise*, p. 11.

colonisation, constituent l'incarnation d'entités inscrites sur l'échiquier sociologique des groupes qui se trouvent engagés dans la constitution du peuple camerounais et ce depuis les premiers temps de la colonisation. En d'autres termes, les communautés locales à l'exception des Pygmées jouissent tout au long de la colonisation, des éléments historiques qui façonnent la structure organique permettant l'aboutissement de l'ensemble de personnes qui se voient, s'identifient et se reconnaissent dans le peuple camerounais. Sur la base de ces considérations, les résistances à la pénétration coloniale, la scolarisation, l'évangélisation, la participation démocratique et politique, le travail, le système sanitaire et les nouveaux imaginaires appartiennent tous au lot des transferts culturels qui résultent du contact entre les non-Pygmées et la colonisation[1]. Mais dans cette multiplicité des legs coloniaux, la participation démocratique et politique est le domaine par lequel la fibre politique va être aiguisée chez les non-Pygmées ; celle-ci est, dans le champ opératoire qui la mature, la résultante d'une intense activité d'imprégnation et d'apprentissage dont les Camerounais en colonie vont tirer d'importants bénéfices.

L'animation de la vie politique dans le territoire dont héritent les Camerounais s'inscrit dans l'ordre des libertés auxquelles accèdent les peuples colonisés d'Afrique dans les années 1940[2]. Et si le syndicalisme qui lui précède s'intéresse à la condition ouvrière[3], la politique quant à elle s'articule autour d'une prétention de conquête et d'exercice du pouvoir. Fort de cela, la vie politique prend corps graduellement, à travers des phases successives d'apprentissage dans des formations politiques. C'est ainsi que voit le jour, en 1938, la Jeunesse camerounaise française (JEUCAFRA), un mouvement dont la vocation première est d'étouffer les élans de sympathie observés chez les indigènes à l'endroit des Allemands[4]. Cependant, l'engagement des populations camerounaises dans la vie politique prennent les allures d'une tendance manifeste et radicalement tournée vers l'indépendance. Et dès lors, le territoire et les personnes se lancent dans un autre théâtre où les héritages de l'apprentissage et du contact avec la colonisation impriment auprès des autres Camerounais la démarcation nette d'avec les peuples pygmées. Cette démarcation va notamment se structurer au sein de la JEUCAFRA, comme le relève A. EYINGA : « Évènement sans précédent, les Camerounais […] se trouvaient ainsi encouragés par le colonisateur lui-même à prendre une position politique alors qu'ils ne

---

[1] Je propose une analyse systématique passablement exhaustive des formes et contenus des acquis multisectoriels des autres camerounais dans tous ces domaines. Voir à toutes fins utiles N. ASSAM OTYA'A, « Les disparités bantou-pygmées », pp. 50-95.

[2] A. EYINGA, *Démocratie de Yaoundé. Syndicalisme d'abord, Tome I, 1944-1946.* Paris, L'Harmattan, 1985, p. 69.

[3] J. EKWALLA EPEE, *Les syndicats au Cameroun : génèse, crises et mutations*, Paris, L'Harmattan, 2007, pp. 7-9.

[4] F. NICODEME BIKOÏ., « L'aventure Ambiguë d'un Pays Bilingue. Le cas Du Cameroun », *Documents Pour L'histoire Du Français Langue Etrangère Ou Seconde*, N° 40/41, 2008, P. 3.

jouissaient pas de libertés démocratiques. C'est en effet à des Camerounais que revint la tâche de porter à travers le pays le message anti-hitlérien de la JEUCAFRA et de mobiliser les masses en conséquence »[1]. L'auteur renforce son point de vue sur le rôle structurant que joua la JEUCAFRA dont Paul Soppo Priso fut le premier président auprès des populations camerounaises ; il montre comment une création coloniale se mit au service de la formation politique des indigènes. En effet, écrit-il :

> Étant le seul cadre autorisé au sein duquel les Camerounais pouvaient discuter et commenter librement l'actualité politique, la JEUCAFRA a fini par attirer [...] une grande partie de l'intelligentsia de l'époque. On peut affirmer sans risque de beaucoup se tromper, qu'en 1945 la quasi-totalité des fonctionnaires en poste à Douala et Yaoundé appartenaient à la JEUCAFRA ou entretenaient avec elle des rapports variés[2].

L'appartenance à la JEUCAFRA introduit les Camerounais colonisés dans un environnement fait d'échanges des idées, de débats contradictoires et de développement de la sensibilité politique et démocratique. Tant d'éléments qui, sans doute, forgent pour l'avenir les aptitudes démocratiques dont jouissent les indigènes et leur permettent de bâtir une culture politique et démocratique dans leur pays. C'est donc sans surprise qu'à une organisation où prime la sensibilité de protection des intérêts français, la JEUCAFRA change tour à tour d'appellation, passant de l'Union camerounaise française (UNICAFRA) au tout premier mouvement d'inspiration nationale, le Rassemblement camerounais (RACAM) dont le but, précisé à l'article 3 de sa charte, dit tout sur l'état d'avancement de la perception que les Camerounais ont d'eux-mêmes et de leur territoire :

Affermir la volonté de participer à l'œuvre d'émancipation des populations autochtones dans le cadre des lois internationales ; être le seul trait d'union entre le territoire et ses représentants aux assemblées métropolitaines et locales ; travailler par tous les moyens et tous les domaines au relèvement politique, économique et social des autochtones[3].

C'est dans cette mouvance et pour parvenir aux objectifs sus-indiqués que l'UPC voit le jour le 10 avril 1948 à Douala. Les conditions et circonstances de sa création sont la preuve de l'expérience et de la maturité des douze Camerounais qui fondent le mouvement : aucune annonce, aucune déclaration, aucun communiqué[4]. Toutefois, l'article 1er des statuts stipule :

> Il est créé au Cameroun un mouvement dénommé « Union des Populations du Cameroun » qui a pour but de grouper et d'unir les habitants de ce territoire en vue de permettre l'accession des peuples du Cameroun à la

[1] A. EYINGA, *L'U.P.C. Une révolution manquée ?,* Paris, Chaka, 1991. p. 15.

[2] En effet, cela participe d'une manœuvre silencieuse de diversion. Car depuis le changement d'appellation de la JEUCAFRA en UNICAFRA, le pouvoir colonial manifeste une animosité envers toutes les activités politiques initiées par les indigènes. Animosité appuyée par une surveillance accrue de certaines personnalités. Lire à ce sujet A. EYINGA, *L'U.P.C. Une révolution manquée ?* p. 18.

[3] Ibid.

[4] Ibid., p. 15.

> formation d'une fédération par la réalisation d'un programme politique de démocratisation rapide, d'émancipation des populations exploitées par les trusts coloniaux et d'élévation de leur standard de vie[1].

L'annonce qui est faite trois jours plus tard, le 13 avril 1948, appelle l'adhésion des populations autour d'un programme d'action qui se résume en un seul mot d'ordre : « union de tous les Camerounais quelles que soient leurs conceptions philosophiques ou religieuses, pour la lutte contre le colonialisme »[2].

Peu avant la création de l'UPC, des évènements inscrits dans l'ordre de l'agenda international eurent des impacts notables dans la vie politique camerounaise. En effet, en 1946, le Cameroun entre par la constitution française dans la catégorie des « États associés » ; il est par ce fait intégré à l'union française et doit pour cela envoyer des délégués à l'Assemblée nationale française de même qu'un sénateur au Conseil de la République[3]. Avec ces mesures, l'apprentissage politique et démocratique des indigènes atteint des dimensions considérables. Avec ces mesures également, la pratique de la démocratie va s'articuler autour d'une valeur que les indigènes se donnent le loisir d'apprendre : la représentativité. D. ABWA raconte :

> Sur le plan local, la France devait créer une Assemblée Représentative ou l'élite autochtone devait faire son apprentissage politique. C'est ce qu'elle fit sur la base du décret n° 43-2676 du 25 octobre 1946 [...] Au Cameroun, ces élections eurent lieu le 22 décembre 1946 et le 19 janvier 1947, quarante conseillers y furent élus au double collège dont vingt-quatre Camerounais et seize Français[4].

Cette Assemblée représentative camerounaise (ARCAM) qui voit le jour le 22 décembre 1946 a la particularité d'être l'une des institutions au sein de laquelle le tout premier Premier ministre camerounais fit son apprentissage aussi bien des élections que de la politique ; il s'agit d'André MARIE MBIDA, qui milite alors dans le Bloc démocratique camerounais (BDC)[5]. Par la suite, ce dernier brigue son premier mandat de Conseiller à l'Assemblée territoriale camerounaise (ATCAM) lors de l'échéance élective du 30 mars 1952. L'ATCAM est quant à elle remplacée par l'Assemblée législative camerounaise (l'ALCAM) le 10 mai 1957 et, le 10 avril 1960, en Assemblée Nationale.

De par ces évolutions institutionnelles, les non-Pygmées acquièrent des connaissances multiples dans les domaines politique et démocratique. Ces acquis vont constituer par la suite des organes républicains où, parvenu à l'indépendance en 1960, le peuple camerounais va devoir assurer la

---

[1] Ibid., p. 25.

[2] Ibid.

[3] D. ABWA ., *André-Marie Mbida premier Premier Ministre du Cameroun (1917-1980)*, Paris, L'Harmattan, 1993, p. 23.

[4] Ibid. p. 23.

[5] Le BDC est créé par Louis Paul Aujoulat en 1951.

continuité, après son indépendance, d'un effort collectif en dépit de son hétérogénéité ethno-tribale.

Au terme des évènements ci-dessus décris, le Cameroun indépendant présente le visage d'un pays formé de deux groupes : le groupe des ex-colonisés et celui des non-colonisés. Toutefois, en plus de ces deux groupes, il y a lieu de noter l'apparition d'une entité dont le rôle s'avère majeur dans la conduite des affaires de la Nation. Il s'agit de l'État. Entre ces partenaires vivant dans le cadre national camerounais, il s'établit une relation triangulaire intégrant respectivement l'État qui, de par ses missions de gouvernance et de développement, définit et décide sur le devenir des groupes, des ex-colonisés et des non-colonisés dont les Baka. Dans cette relation, les groupes pygmées subissent les contrecoups d'un retard historique dû à leur non-participation[1] à la colonisation, retard que l'État et les ex-colonisés se donnent le devoir de combler dans tous les domaines d'activité.

II. L'État et le peuple Baka : les déterminants d'une cohabitation conflictuelle

La cohabitation entre, d'une part, l'État et les ex-colonisés, et, d'autre part, les Pygmées baka, donne de la sociologie camerounaise l'image d'une arène, théâtre d'une bataille entre deux civilisations. Ici en effet, deux identités s'opposent dans l'affirmation et la contenance d'une volonté d'être de deux civilisations non comparables et non superposables. C'est également la conséquence d'une forme d'hégémonie identitaire qui s'impose de manière rigide et sans concession sur les groupes pygmées. Dans ce contexte, le rapport dominant/dominé opposant les ex-colonisés et les non-colonisés repose sur deux déterminants : le développement et son déni de l'identité baka par le "Peuple camerounais" et l'État, et les manifestations de la résistance baka.

A. La culture baka face au développement : entre déni et « déficit »

Le déni de la culture baka est un principe de politique publique non officielle, mais subtilement formelle[2]. Pour s'en rendre compte, il faut scruter de près les mécanismes par lesquels est formulé le développement dans les

[1] L'idée qui donne force à la notion de « participation » ici est dirigée par une implication dédoublée des Camerounais : implication victimaire et implication collaborative. Ces deux niveaux d'implication sont constatables dans les rubriques mettant en perspective les indigènes soumis aux travaux forcés ; et les mêmes indigènes se faisant remarqués dans différents soutiens apportés aux colonisateurs aussi bien lors de la conquête du territoire que dans les batailles politiciennes.

[2] Comme éléments pour établir ce déni, l'imposition de la sédentarisation aux Baka par des politiques publiques avec des réactions de rejet observées et documentées, une législation du secteur forestier rendant difficile l'activité cynégétique et l'accès aux produits forestiers non ligneux, la subordination à un système scolaire qui ne tient pas compte du mode de vie baka et aucune mesure de préservation de la langue baka. Lire S. C. ABEGA et P. BIGOMBE LOGO, *La marginalisation des Pygmées d'Afrique Centrale*, Paris, Afrédit, 2006, H. MANGA NDJIE BINDZI MBALLA, *Les Pygmées face à l'école et l'Etat. Les Baka de l'Est du Cameroun*, Paris, L'Harmattan, 2009.

milieux pygmées. En effet, de par la charge anthropologique qui se dégage du statut de Peuple Autochtone dont les groupes pygmées sont les bénéficiaires, le développement apparaît comme une offre de civilisation au ressort historique profondément marqué. En effet, à travers les objectifs qu'il se fixe, les modalités opérationnelles qu'il applique sur les groupes humains et l'histoire de son avènement dans l'espace africain en général et camerounais en particulier, le développement porte des attributs que revêt la « mission civilisatrice » au 19e siècle[1]. Attributs au premier rang desquels trône l'anthropologie primitiviste qui irrigue toute l'Afrique et alimente l'action coloniale. En adoptant le développement comme offre de civilisation et en l'appliquant trait pour trait sur les Pygmées en général et les Baka en particulier, l'État place par ce fait les Baka dans une situation d'inconfort caractérisée par la conjoncture d'une culture inadaptée et incompatible avec les valeurs du développement[2].

En contexte de développement, le déficit culturel des Baka est indéniable et total. Total dans la mesure où il est articulé autour d'un ensemble incapacités politique, économique, sociale et culturelle. Ce déficit est d'autant plus total qu'il installe les Baka dans une posture de déstructuration sociale qui crée un contraste profond entre la société baka "archaïque" et celle des ex-colonisés moderne et "développée"[3]. Dans ce contexte, le déficit de la culture baka entrainent une pénibilité d'adaptation aux contraintes et exigences de la vie moderne.

Pris au dépourvu d'une société dominante tournée vers le développement et la modernité, les Baka peinent à suivre le rythme frénétique de changements sociaux. Ils peinent par exemple à s'adapter au modèle scolaire promu par la société de développement[4], tout comme ils ont du mal à suivre les contraintes et exigences d'une économie sociale basée sur une vie d'agriculture[5]. Ils perdent le contrôle sur un régime de consommation d'alcool et des drogues dures qui contribuent à déliter leur tissu social[6]. Ils éprouvent des difficultés

---

[1] J. E. PONDI, « Repenser le développement à partir des spécificités africaines », in Jean-Emmanuel Pondi (dir), *Repenser le développement à partir de l'Afrique*, Yaoundé, Afrédit, 2015, pp. 479-499.

[2] H. G. MBENG NDANG, N. ASSAM OTYA'A, « Colonisation et modernisation des Pygmées sous le paravent de l'exploitation forestière au Cameroun : le cas des Baka de Ndjibot, Mayos, Kendjo et Cyrie dans la Région de l'Est », in A-M. MANGA, *Education postcoloniale au Cameroun*, Douala, Edi-CAD, 2018, pp. 65-94.

[3] Ce contraste, décliné par le surgissement des inégalités multisectorielles entre Pygmées et non-Pygmées, apparaît comme la marque générée par l'incompatibilité de deux cultures antagonistes.

[4] H. MANGA NDJIE BINDZI MBALLA, *Les Pygmées face à l'école et l'Etat. Les Baka de l'Est du Cameroun*, Paris, L'Harmattan, 2009, p. 17.

[5] C. LECLERC, *L'adoption de l'agriculture chez les Pygmées Baka du Cameroun*, Paris, Editions Quae, 2012.

[6] S. C. ABEGA, *Pygmees Baka*, p. 118.

structurelles à maîtriser l'outil de l'argent dans un système où tout se vend et tout s'achète et donc tout a un prix[1].

Dans cet environnement où tout est nouveauté et où il faut tout apprendre et assimiler, les Baka se trouvent dans l'angoisse et le tourment d'une société où les hommes et les femmes vivent dans des *univers parallèles*[2] ; une somme d'angoisses incontrôlées, accentuées par le désir d'un groupe pygmée soucieux et déterminer à sauvegarder son patrimoine culturel.

B. La réaction des Baka : entre refus, résilience et adaptation

Dans la mesure où le développement porte en lui tous les indices de la colonisation, il est un acte violent qui s'impose aux groupes pygmées en général et aux Baka en particulier[3]. Dans ce contexte, comme tout acte violent, le développement suscite des réactions chez ceux qui le subissent. Ainsi pour comprendre la réaction des Baka, il importe de situer celle-ci dans le prolongement d'une histoire pygmée marquée par une volonté de maintenir une distance de sécurité entre l'identité pygmée d'une part, et la modernité et le développement d'autre part[4]. Dans ce contexte, il convient de relever que la communauté baka donne l'image d'un groupe dont la réaction est située entre la résilience et l'adaptation au développement et à la modernité.

Quantité d'auteurs ayant analysé la réaction des Pygmées face au développement montrent une détermination à résister à ce que ceux-ci considèrent comme un phénomène dangereux pour leur culture[5]. Une attitude

---

[1] S. BAHUCHET, « Les Pygmées d'aujourd'hui », p. 23.

[2] Cette expression vise à traduire l'ambiguïté d'une société baka tiraillée par la double pression inhérente au double paradigme du développement et celui d'une culture pygmée multimillénaire. Le sociologue et futurologue américain Alvin TOOFLER examine les conditions de déphasage qu'un changement trop brutal et trop violent peut créer chez une population, en créant les repères de plusieurs cartes sociétales s'entrelaçant. Se faire une idée sur cette question en lisant A. TOOFLER, *Le choc du futur*, Paris, DENOËL, 1970.

[3] Bien que le développement véhicule l'idée de progrès qui elle-même est contenue dans l'expérience civilisation elle africaine, l'énoncé des avatars colonialistes du développement chez les Pygmées trouve sa substance dans la projection, par le développement, des lignes directrices que revêt la « mission civilisatrice » en Afrique à savoir, la domination de l'Homme et des espaces, l'imposition d'un modèle culturel comme référence absolue de morale et d'éthique, la création d'une économie de la précarité qui consacrent le « colonialisme interne ». Sur le développement comme une colonisation des peuples autochtones lire utilement P. Gonzales CASANOVA, « Sociétés plurales, colonialisme interne et développement »,_*Tiers-Monde*, tome 5, n°18, 1964.

[4] Cette thèse entend trancher dans le débat portant sur les facteurs explicatifs du faible contact que les Baka entretiennent avec la colonisation. En démontrant que cette distance avec la colonisation relève d'une décision prise par les Baka, cette hypothèse se démarque de celles attribuant tantôt cette responsabilité aux colons tantôt aux Bantou. Lire les développements y relatifs dans Nathanaël ASSAM OTYA'A *Les disparités bantou-pygmées au Cameroun : analyse des déterminants historiques et socioculturels (1884-2019)*, thèse de doctorat en histoire, Université de Douala, 2021, pp. 96-134.

[5] À toutes fins utiles, lire S. BAHUCHET, « Les Pygmées d'aujourd'hui », p. 1999, et D. BOURSIER, « Réflexions sur l'évangélisation des Baka », *Revue vivant univers*, n° 396, Novembre-décembre 1991.

qui s'inscrit dans une logique de préservation identitaire et qui marque également le point de départ d'une réaction pygmée qui ne cessera d'évoluer dans le temps. Ayant analysé cette attitude des Pygmées face au développement, Serge Bahuchet écrit :

> Les Pygmées se comportent actuellement vis-à-vis de l'administration ou des projets de développement, comme ils se sont toujours comportés vis-à-vis de leurs patrons villageois : un acquiescement de façade, quelque chose que l'on pourrait appeler « le oui du refus » : dire oui et ne rien faire, sinon se sauver. Il s'agit là d'une réelle stratégie, même si nul leader ne l'organise[1].

Cette stratégie du « oui du refus » révélée et documentée par nombre de spécialistes traduit une réalité fondamentale. En effet, elle marque la pertinence d'une analyse baka portée sur le rapport de force en leur défaveur dans la lutte les opposant à la majorité dominante de l'Etat du Cameroun, ainsi que la continuité caractéristique qui consacre les Pygmées comme une humanité profondément pacifique. Dans son étude du milieu baka, D. BOURSIER fait les mêmes observations et abouti aux mêmes conclusions que Serge BAHUCHET :

> Le Pygmée est l'homme de la fuite en avant. Il ne dit jamais non en face. Il dira oui à son interlocuteur, sans réaliser ce qu'il dit [...]. Il faut interpréter cette attitude comme un code social [...] Devant une domination plus ou moins voilée, l'opposition du Pygmée consistera souvent à « faire croire », « faire semblant » d'aller dans le sens où on veut le conduire, en essayant au passage de tirer avantage de la situation [...] Le Pygmée est chasseur qui sait, pour l'expérimenter chaque jour, que la ruse est plus efficace que la force[2].

Cette méthode de « la fuite en avant » est mise en exergue par un comportement collectif rigoureusement cohérent et redoutablement efficace. En faisant croire et en faisant semblant d'aller dans le sens qui leur est exigé, cette attitude des Pygmées introduit, d'une part, les développeurs dans une logique du dilatoire, une démarche temporisatrice avec des effets qui atténuent l'ardeur de ceux qui se donnent pour ambition d'introduire les Baka dans l'ère de la modernité. D'autre part, en reconnaissant dans cette attitude des Pygmées les manifestations d'un « code social », cela impose d'intégrer dans cette lecture la composante psychosociologique d'un mécanisme comportemental bien ancré dans les mœurs communautaires baka[3]. Des

---

[1] S. BAHUCHET , « Les Pygmées d'aujourd'hui », p. 29.

[2] D. BOURSIER, « Réflexions sur l'évangélisation des Baka », *Revue vivant univers*, n° 396, Nov-décembre 1991, p. 28.

[3] En effet, en psychosociologie, il est admis qu'un comportement de groupe puisse être érigé en code social lorsque trois critères sont réunis : la normalisation, le conformisme et l'obéissance. La combinaison de ces trois critères quant à elle ne peut être envisageable sans un impact temporel suffisamment important. Lire Kamilla KHAMZINA, *Conformisme ou dissidence ? Les implications psychologiques de l'incongruence entre les attitudes personnelles et la norme collective*, thèse de doctorat en psychologie, Université Clermont Auvergne, 2019, pp. 19-23.

dispositions renvoyant à des formes d'adaptation et de résilience au développement sont également relevées sur le terrain des communautés baka[1].

C'est dans la trajectoire d'une histoire coloniale décalée entre Pygmées d'une part et non-Pygmées d'autre part, ainsi qu'à la suite des manifestations d'une réaction des Pygmées articulée autour de leur détermination à maintenir vivante et sauve leur identité culturelle qu'il faut lire la présence/absence[2] des Baka dans les instances décisionnelles camerounaises au niveau local. Et à travers la généralité de ces deux pôles de causalité, cette présence/absence s'entend de manière directe dans un contexte camerounais déterminé par une ligne gouvernante qui fait de la condition pygmée un état d'inégalité structurelle[3].

III. La présence/absence des Baka dans la décentralisation : marquages d'une inégalité structurelle

Les conséquences d'une histoire coloniale différenciée et les déterminants d'une culture de l'identité entrainent sur le vécu baka les avatars d'une participation politique plus que limitée. Outre le poids de l'histoire comme cause racine de cette situation critique, il faut voir dans la présence/absence des Baka dans les exécutifs communaux la double marque de politiques publiques faiblement soucieuses d'une application stricte des dispositions légales exigeant la reconnaissance des peuples autochtones et celle d'un effort inconsistant des Baka à s'impliquer dans la vie politique camerounaise.

A. Les lois du 18 janvier 1996 et du 24 décembre 2019 : leurres et lueurs d'une reconnaissance de l'autochtonie pygmée au Cameroun

Dès leur adoption le 18 janvier 1996 et le 24 décembre 2019, les deux lois portant d'une part révision de la Constitution du 02 juin 1972 et Code général des collectivités territoriales décentralisées d'autre part, font naître l'espoir d'une réelle prise en compte des besoins et des spécificités pygmées, dont celles des Baka[4]. Les attentes exprimées sont alors basées sur une meilleure

---

[1] J. P. NGUEDE NGONO, « Résilience des Baka face aux mutations socio environnementales (Cameroun) », Thèse de Doctorat/Phd en anthropologie sociale et ethnologie, Paris, Ecole des hautes études en sciences sociales de Paris et Université de Yaoundé I, 2016.

[2] Par l'expression « présence/absence », nous exprimons une présence des Baka dans les exécutifs communaux qui, n'étant pas seulement insuffisante au regard des exigences légales, mais demeure plombée par des facteurs objectifs de non considération des représentants autochtones. La conjugaison de ces facteurs donne une impression d'être là et en même temps de ne pas être là.

[3] Ce régime des inégalités structurelles entre Pygmées et non-Pygmées du Cameroun est analysé avec une matrice qui impute à la situation coloniale la production d'inégalités multisectorielles caractéristiques entre les colonisateurs et les colonisés. Lire cette analyse dans N. ASSAM OTYA'A, *Les Pygmées du Cameroun : chroniques d'une colonisation*, Yaoundé, D&L, 2022, 228 pages.

[4] Voir Préambule de la Constitution du 18 janvier 1996 ainsi que l'Art. 166 de la loi n° 2019/024 du 24 décembre 2019 portant Code général des collectivités territoriales décentralisées.

implication, une plus grande participation politique de la minorité pygmée, à la traine dans la totalité des domaines d'activités conventionnelles[1].

Pris çà et là, les témoignages d'une non-reconnaissance des Baka dans la gestion des exécutifs communaux apparaissent plus nettement dans des secteurs hautement stratégiques. À titre d'exemple, le domaine de la gestion de l'espace ainsi que celui des ressources sur lesquelles est indexée la vie des groupes pygmées permettent de voir que l'avènement de la décentralisation ne constitue pas une planche de salut pour les Baka, mais plutôt un engrenage où se manifestent une exclusion et une discrimination larvées des Pygmées, comme l'observe un auteur :

Malgré les opportunités qu'offre la libéralisation du secteur forestier par l'État en matière de gestion des ressources et de renforcement des solidarités entre groupes sociaux, il se dégage qu'à l'état d'équilibre et de complémentarité dans les rapports entre Baka et Nzimé se sont substituées une discrimination dans les modes d'accès et de gestion de l'espace, une réorganisation du milieu de vie et des revendications basées sur l'antériorité et le brandissement des titres d'autochtonie[2].

Ici, les dispositions réglementaires semblent n'avoir aucun impact sur des habitudes communautaires profondément portées sur la mise à l'écart des Baka dans les circuits d'attribution et de facilitation d'accès aux ressources et aux espaces. Cette réalité est également appréhendée dans la composition des équipes engagées dans la conduite des affaires politiques. L'absence de visibilité des Baka est ici relevée comme un des manquements aux lois consacrant la distinction des peuples autochtones[3].

Pour comprendre les errements des acteurs gouvernants sur la question d'un respect scrupuleux des lois entérinant la protection et la représentation des peuples autochtones dans les sphères de gestion politique au Cameroun, il faut se rapporter au *débat doctrinal*[4] opposant les tenants de l'illégitimité de la protection des minorités et des peuples autochtones, et ceux de la légitimité de la protection des peuples autochtones[5].Ce qui questionne ici, est la

---

[1] J. MOUANGUE KOBILA, *La protection des Minorités et des Peuples Autochtones au Cameroun*, Paris, Dianoïa, 2009, p. 12.

[2] A. YAMO, « Les Pygmées et la décentralisation de la gestion des ressources forestières au Cameroun : entre émancipation et exclusion », in S. C. ABEGA et P. BIGOMBE LOGO, *La marginalisation des Pygmées d'Afrique Centrale*, Paris, Afrédit, 2006, p.198.

[3] Lire l'interview d'AMBAN NKORO Catherine Fleur, Pygmée et candidate au Conseil Municipal de la commune de Lolodorf en 2013 (http://www.cameroon-info.net/stories/0,49480,@,cameroun-municipales-et-legislatives-2013, consulté le 25 juillet 2015), et à la suite voir tableau 2.

[4] L'expression est empruntée à J. MOUANGUE KOBILA, in *La protection des Minorités*, p. 124.

[5] J. MOUANGUE KOBILA analyse cette bataille d'intellectuels et situe les antagonismes autour, d'une part, de ce qui apparaît, pour les tenants de l'illégitimité de la protection des Autochtones, comme une « bizarrerie voire une hérésie du droit constitutionnel camerounais » et, d'autre part, les défenseurs de la légitimité, cette dernière étant la garantie d'une démocratie

difficulté à débrider les mentalités et les imaginaires arc-boutées sur les préjugés d'une primitivité des Pygmées, et donc d'une volonté de ne voir en eux qu'une humanité devant être prise en charge par les « civilisés ». Dans ce contexte, ce sont les dispositions réglementaires qui se trouvent sabordées aussi bien par ceux qui dominent et fixent les règles, que par ceux qui sont tenues de les appliquer.

B. Les Pygmées dans les exécutifs communaux : quelques chiffres d'une présence/absence

Les données reprises ici sont tirées d'une communication présentée par M. Emini Timothée Aurélien Morientes lors du Dialogue national sur les droits des peuples autochtones et l'accès à la citoyenneté au Cameroun, du 10 au 12 décembre 2018. Cette rencontre a réuni à Yaoundé, les leaders autochtones des forêts, regroupés au sein de la plateforme *Gbabandi*. Plateforme à laquelle appartient l'Association *Okani*. En effet, entre 2015-2016, l'Association *Okani* a réalisé une étude sur la représentativité des peuples autochtones des forêts au sein des mairies et même au parlement camerounais. Cette étude a été menée dans 14 communes abritant une forte population autochtone dans les régions de l'Est et du Sud[1].

Tableau 1 : Illustration du niveau de participation et de représentativité des Baka à la vie politique-Inscription sur les listes électorales (de 2016 à juillet 2017)

Bureaux ELECAM (Antennes par arrondissement)	Nombre d'hommes Baka inscrits	Nombre de femmes Baka inscrites	Inscriptions générales par bureau de vote
Bureau ELECAM de Djoum	125	171	296/2021
Bureau ELECAM de Mintom	163	163	326/1361
Bureau ELECAM de Ngoyla	186	160	346/1664
Bureau ELECAM de Mindourou	357	434	791/4873
Bureau ELECAM de Messok	437	539	976/3026
Bureau ELECAM de Lomie	612	574	1186/3039
Bureau ELECAM de Dimako	122	163	285/325
Bureau ELECAM de Doumé	70	30	100/900
Bureau ELECAM d'Abong-Mbang	52	52	104/1843
TOTAL GENERAL	1991	2205	4410/19052

Les initiatives d'incitation des Baka à la chose politique, bien que rares, permettent cependant de relever quelques données relatives au faible engouement observé dans ce registre. Le tableau ci-dessus présente ainsi l'état des inscriptions sur les listes électorales des Pygmées baka entre 2016 et 2017.

bâtie sur l'hétérogénéité de la société. Lire J. MOUANGUE KOBILA, *La protection des Minorités,* pp. 127-137.

[1] Communication de M. T. A. MORIENTES lors du Dialogue National sur les Droits des Peuples Autochtones et l'accès à la citoyenneté au Cameroun, du 10 au 12 décembre 2018.

Tableau 2 : Proportion des Conseillers Municipaux Baka dans les communes du Sud-Est Cameroun

Communes	Nombre de conseillers municipaux	Nbre de conseillers municipaux Autochtones		
		Hommes	Femmes	Total
Djoum	25	00	01	01/25
Mintom	25	01	00	01/25
Ngoyla	25	03	01	04/25
Messok	25	00	01	01/25
Lomié	25	02	00	02/25
Abong-Mbang	25	00	01	01/25
Doumé	25	01	00	01/25
Dimako	25	02	00	02/25
Diang	25	01	00	01/25
Mouloundou	25	01	00	01/25
Salapoumbé	25	02	00	02/25
Akom II	25	01	00	01/25
Bipindi	25	00	00	00/25
Lokoundjé	25	00	00	00/25
Yokadouma	25	01	00	01/25
Mindourou	25	01	00	01/25
Total Général	400	16	03	19/400

Au niveau des exécutifs communaux, la représentativité des Baka est tout autant faible qu'elle l'est sur les listes électorales. Des décalages importants permettent de constater que sur 400 conseillers municipaux, seuls 19 sont d'appartenance autochtone[1]. Les raisons, elles sont multiples. En effet, en restant conforme à la loi du 24 décembre 2019 portant code général des CTD ainsi que la loi du 19 avril 2012 portant Code électoral en son article 171 alinéa 3, le respect scrupuleux de la réglementation devrait permettre au peuple baka d'avoir une meilleure présence. Les exigences de forme appelant à l'intégration de la variable inclusion et Genre devrait permettre une présence se chiffrant minimalement à 32 représentants autochtones (soient 16 hommes et 16 femmes) suivant la couverture territoriale du Plan de développement des Peuples Pygmées (PDPP) dans la zone étudiée.

Conclusion

Parvenu au terme de notre analyse, il ressort que la faible représentation dans des Baka dans les sphères de gouvernance au niveau local, n'est qu'un aspect de la somme variée des disparités comparativement établies entre les Pygmées et les non-Pygmées du Cameroun. De l'analyse, il ressort que cet état de fait constitue moins la conséquence d'une conjoncture liée à la production d'acte d'état civil que la résultante d'une longue construction historique. À cette construction historique, s'ajoutent les éléments structurants

[1] Voir Article 171 Alinéa 3 de la loi n° 2012/001 du 19 avril 2012 portant Code électoral..

d'une affirmation culturelle pygmée. Dans ces conditions, les efforts des pouvoirs publics pour intéresser les Baka à la participation politique se heurtent, au fil des décennies, à une somme de facteurs bloquants dont la démarche inductive présentée ici puise les causes racines dans les arcanes de l'histoire coloniale camerounaise. La quête des Baka pour apparaître dans les exécutifs communaux étant soumise à la condition d'intégrer les réflexes et les exigences citoyennes de la vie politique nationale, vie nationale reposant sur les principes inhérents à la modernité et à l'idéal de développement, les Pygmées tentent tant bien que mal à s'adapter aux attentes qui leur sont formulées. Visiblement à bout de force dans la bataille de sauvegarde de leur civilisation, les Baka sont visibles tant sur les listes électorales qu'au sein des conseils municipaux. Les chiffres plus que ridicules reflètent cependant une participation extrêmement fragile, qui mérite d'être rehaussée.

Bibliographie

Ouvrages

- ASSAM OTYA'A Nathanaël, Les Pygmées du Cameroun dans l'État-Nation : chroniques d'une colonisation, Yaoundé, D&L, 2022, 228 p.
- BABASSANA Hilaire., *Travail forcé, expropriation et formation du salariat en Afrique noire*, Grenoble, Presses Universitaires de Grenoble, 1978, 255 p.
- ABWA Daniel, *André-Marie Mbida premier Premier Ministre du Cameroun (1917-1980)*, Paris, L'Harmattan, 1993, 275 p.
- ABEGA Séverin Cécile, *Pygmées Baka. Le droit à la différence*, Yaoundé, INADES-FORMATION 1998, 151 p.
- BIGOMBE LOGO Patrice (dir), Les Pygmées du Cameroun méridional forestier : mythes et réalités de l'ajustement à la modernité, Yaoundé, PUCAC, 1999, 270 p.
- EKWALLA EPEE Joseph, *Les syndicats au Cameroun : genèse, crises et mutations*, Paris, L'Harmattan, 2007, 142 p.
- EYINGA Abel, *L'U.P.C. Une révolution manquée?* Paris ? Chaka, 1991, 196 P.
- LECLERC Christian, L'adoption de l'agriculture chez les Pygmées Baka du Cameroun, Paris, Editions Quae, 2012, 244 p.
- MANGA André-Marie., *Education postcoloniale au Cameroun*, Douala, Edi-CAD, 2018, 294 p.
- MANGA NDJIE BINDZI MBALLA Henriette, *Les Pygmées face à l'école et l'Etat. Les Baka de l'Est du Cameroun*, Paris, L'Harmattan, 2009, 378 p.
- MOUANGUE KOBILA James, La protection des Minorités et des Peuples Autochtones au Cameroun, Paris, Dianoïa, 2009, 296 p.
- MVENG Engelbert, *L'Eglise Catholique au Cameroun. Cent ans d'évangélisation*, Yaoundé, Conférence Episcopale du Cameroun, 1990, 432 p.
- OWONA NGUINI Mathias Eric et MBALLA ELANGA VII Edmond (Dir.), *Le fédéralisme communautaire est-il soluble dans la République du Cameroun ?* Douala, Pygmies, 2023, 326 p.
- PONDI Jean-Emmanuel (dir), *Repenser le développement à partir de l'Afrique*, Yaoundé, Afrédit, 2015, 637 p.
- TOOFLER Alvin, *Le choc du futur*, Paris, DENOËL, 1970, 541 p.

Articles

- ABE Claude., « Rapports inégalitaires entre pygmées et bantous : discrimination et inégalités scolaires au sud Cameroun », Paris, *Presses de Sciences Po,* 2011, pp. 145-159.
- BAHUCHET Serge., « Les Pygmées d'aujourd'hui en Afrique centrale », *Journal des Africanistes, Société des Africanistes*, 1991, pp. 5-35.
- BIKOÏ Nicodème, « L'aventure Ambiguë d'un Pays Bilingue. Le cas Du Cameroun », *Documents pour l'histoire du français langue étrangère ou seconde*, N° 40/41, 2008, pp. 231-240.
- BOURSIER Daniel, « Réflexions sur l'évangélisation des Baka », *Revue vivant univers*, n° 396, Nov-décembre 1991, pp. 14-28.
- DELOBEAU Jean-Michel, « Les Pygmées dans la colonisation », *Afrika Zamani,* Revue d'Histoire Africaine, Yaoundé, n° 14 et 15, juin 1984, pp. 115-133.
- Gonzales CASANOVA Pablo, « Sociétés plurales, colonialisme interne et développement », *Tiers-Monde*, tome 5, n°18, 1964, pp. 291-295.
- MBENG NDANG Hanse Gilbert, ASSAM OTYA'A Nathanaël, « Colonisation et modernisation des Pygmées sous le paravent de l'exploitation forestière au Cameroun : le cas des Baka de Ndjibot, Mayos, Kendjo et Cyrie dans la Région de l'Est », in Manga A.-M., *Education postcoloniale au Cameroun*, Douala, Edi-CAD, 2018, pp. 62-74.
- OWONA Adalbert, « La naissance du Cameroun (1884-1914) », *Cahiers d'études africaines,* n° 49, 1973, pp. 16-36.

Mémoires et thèses

- ASSAM OTYA'A Nathanaël, *Les disparités bantou-pygmées au Cameroun : analyse des déterminants historiques et socioculturels (1884-2019),* Thèse de doctorat en histoire, Université de Douala, 2021, 325 p.
- ITONG A GOUFAN Emmanuel, *Relation sociale et négociation des conflits entre groupes : le cas des majorités bantous et des minorités pygmées du Sud-Cameroun,* Thèse de doctorat, Psychologie sociale, Université de Douala, 2008, 526 p.
- NGUEDE NGONO Jean Pierre, *Résilience des Baka face aux mutations socio environnementales (Cameroun)*, thèse de Doctorat en anthropologie sociale et ethnologie, l'École des hautes Études en sciences sociales de paris et l'Université de Yaoundé I, Décembre 2016, 386 p.
- NGUELIEUTOU Auguste, *Le Peuple Dans La Vie Politique Camerounaise Post-Coloniale*, thèse de doctorat en sciences politiques, Université de Yaoundé II, 2004, 860 p.
- SINANG Joseph Jules, *Contribution de l'oralité à l'étude des relations entre les Pygmées Baka et les Bantou dans le Sud-Est Cameroun*, des origines A 1960, Mémoire de maîtrise en histoire, Université de Yaoundé I, 2005, 136 p.
- KHAMZINA Kamilla, *Conformisme ou dissidence ? Les implications psychologiques de l'incongruence entre les attitudes personnelles et la norme collective*, Thèse de doctorat en psychologie, Université Clermont Auvergne, 2019, 262 p.

Chapitre 9

Gestion actuelle des forêts, accès aux ressources thérapeutiques dans le massif forestier de Deng Deng et décentralisation territoriale

Par
William Carter KENNE DJUATIO
Sociologue, Ph.D, Université de Dschang, FLSH, Cameroun
Augustin ESSOH
Dr/ Ph.D en Management, Université Charisma, Îles Turques-et Caïques
&
Jean-Emet NODEM
Sociologue, Professeur, Université de Dschang, FLSH, Cameroun

Résumé

Le présent travail analyse les effets pervers de la gestion actuelle des forêts sur les modalités d'accès aux ressources médicinales dans le massif forestier de Deng Deng et ses implications sur l'atteinte des objectifs de la décentralisation territoriale. A partir d'une démarche qualitative, adossée sur l'analyse stratégique et la théorie de la quotidienneté, on parvient à la conclusion que la gestion actuelle des forêts, de par son caractère déterministe, rompt avec les modalités spécifiques d'accès aux ressources thérapeutiques dans le massif de Deng Deng, compromettant ainsi la capacité des populations à accéder aux ressources thérapeutes dont dépend la satisfaction de leurs besoins de santé. Toute chose qui est contraire à l'esprit de la décentralisation territoriale qui promeut le développement local.

Mots clés : gestion des forêts, dynamique territoriale, accès, ressources thérapeutiques, Deng Deng.

Abstract: Current forest management, access to therapeutic resources in Deng Deng massif forest and territorial decentralisation

This study analyses the perverse effects of current forest management on access to medicinal resources in the Deng Deng Forest massif and its implications for achieving the objectives of territorial decentralisation. Using a qualitative approach based on strategic analysis and the theory of everyday life, we conclude that the deterministic nature of current forest management coupled with the specific ways in which people access therapeutic resources in the Deng Deng Forest, is compromising their ability to access the therapeutic resources on their health needs depend. This is contrary to the spirit of territorial decentralisation, which promotes local development.

Key words: Forest management, territorial dynamics, access, therapeutic resources, Deng Deng.

Introduction

Le « développement » est un terme qui inspire les discours politiques, les titres d'ouvrages, les thématiques pour des colloques et journées scientifiques. L'éventail des mesures adoptées par les États pour l'atteindre attestent de son ampleur en tant que préoccupation politique, sociale et économique. L'évocation de ce terme au Cameroun rappelle l'ensemble des programmes élaborés et mis en œuvre pour la cause : les plans quinquennaux, le Document de stratégie pour la réduction de la pauvreté (DSRP), Document de stratégie pour la croissance et l'emploi (DSCE) et plus récemment la Stratégie nationale de développement 2020-2030 (SND 30). Ceux-ci sont couplés à d'autres programmes internationaux, notamment les Objectifs de développement durable, l'Agenda 2063 de l'Union africaine entre autres. L'un des consensus qui se dégagent de la plupart de ces programmes est celui de la décentralisation territoriale postulée comme une voie du salut vers le développement local[1].

Comme le réitère l'article 147 de la loi n° 2019/024 du 24 décembre 2019 portant code général des (CTD), les CTD ont la « mission générale de développement local et d'amélioration du cadre de vie et des conditions de vie de ses habitants ». Dans cette optique, les compétences transférées concernent entre autres, le développement sanitaire et social. L'amélioration du cadre de vie et des conditions de vie passe ainsi par la dotation en moyens que les individus ou les groupes se donnent pour le réaliser, se produire et exister[2]. Les populations du massif forestier de Deng Deng, principalement celles vivant en périphérie du Parc national de Deng Deng (PNDD) et du Barrage hydro électrique de Lom Pangar (BHLP), se démarquent pour ce qui est du domaine de la santé. Cette localité souffre des effets pervers de la logique distributive des Formations sanitaires (FOSA) au Cameroun.[3] Assise sur une approche pyramidale, la carte sanitaire concentre les FOSA au plateau technique élevé en zone urbaine. Les zones rurales se contentent de celles au plateau technique faible et une offre de soins limitée. Le massif forestier de Deng Deng, principalement dans la zone périphérique au PNDD et au BHLP n'échappe pas à cette réalité. Les observations empiriques montrent que, pour un ensemble de 19 villages, on dénombre 03 centres de santé intégrés, 04 cases de santé parmi lesquelles, 02 sont non fonctionnelles et 02 fonctionnelles dans les villages Mansa et Ouami. On compte donc des communautés qui ne disposent d'aucune FOSA comme démontré sur la carte suivante :

[1]Voir J-C. DEBERRE, « Décentralisation et développement local », *in Afrique contemporaine*, 2007/1, n° 221, p. 45-54. DOI : 10.3917/afco.221.0045 ; MINEPAT, Stratégie nationale de développement 2020-2030.

[2]Voir C. FRETIGNE, *Sociologie de l'exclusion,* Paris, L'Harmattan, 1999 ; J-M. ELA, Afrique *: l'irruption des pauvres*, Paris, L'Harmattan, 1994.

[3]J-E. NODEM, Vente de médicaments à la sauvette à l'Ouest-Cameroun, Paris : L'Harmattan, 2009, 87 p.

Carte 1 : Localisation des FOSA dans le massif forestier de Deng Deng

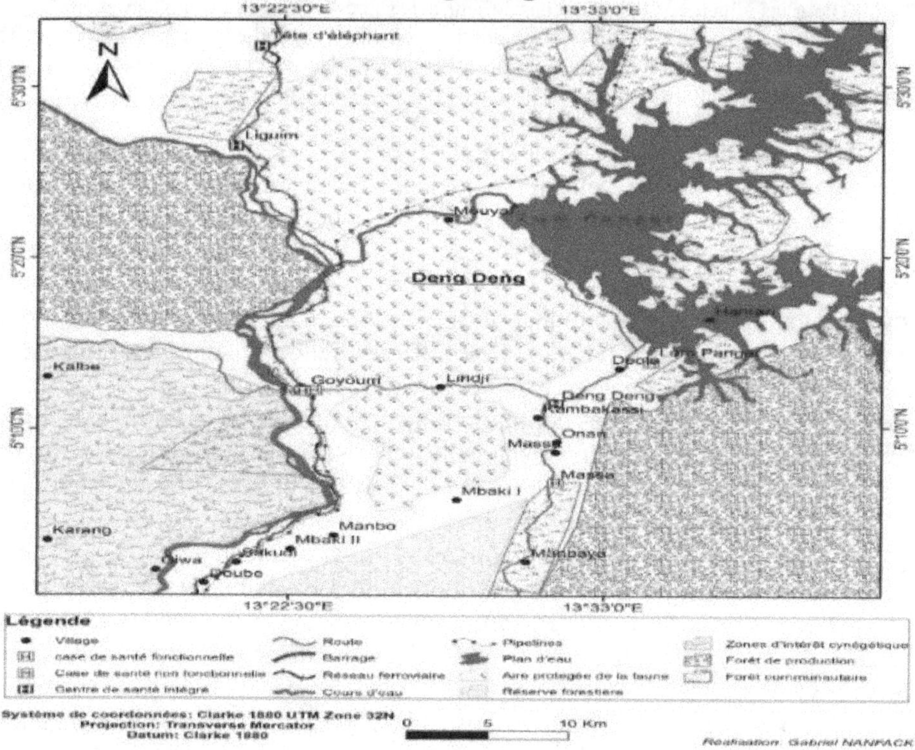

Source : KENNE DJUATIO (2022)

Selon le Ministère des forêts et de la faune (MINFOF)[1] et Oréade Brèche[2], les FOSA existantes manquent de moyens de fonctionnement. Le plateau technique du CSI de Deng Deng est jugé faible et peu équipé en ressource humaine qualifiée. Il compte en effet 01 infirmier diplômé, 07 auxiliaires et 01 aide-soignant. L'équipement se limite au matériel de base et trois lits d'hospitalisation. Dans ce contexte, les populations du massif forestier de Deng Deng, limitées par le nombre insuffisant de FOSA au plateau technique important, sont volontairement ou involontairement réduites à l'usage des thérapies traditionnelles notamment celles que leur offre la forêt.

En cas de maladie, qu'elle soit d'ordre anthropologique, social, cosmique ou biologique, des acteurs au sein de la communauté, détenant les capacités de soigner se servent des ressources de la forêt pour répondre aux besoins de santé. Ce constat n'est d'ailleurs pas le premier du genre. Le Centre technique

[1]Voir MINFOF, Plan d'aménagement du parc national de Deng Deng et sa zone périphérique, 2015.

[2]Voir ORÉADE BRÈCHE, Projet hydroélectrique de Lom Pangar : évaluation environnementale et sociale, étude de faisabilité du plan de gestion des ressources archéologiques, 2011a.

de la forêt communale (CTFC) dans son rapport daté de 2015 le relevait d'ores et déjà en ces termes :

> Pour les villages ne disposant pas de centre de santé, les malades vont se soigner à Deng Deng, Bélabo et Bertoua selon la gravité de la maladie et/ou la distance de ces villages par rapport à l'une de ces localités ; dans ces zones, la rareté des structures sanitaires pourrait expliquer le fait que la médecine traditionnelle soit intensément pratiquée et la pauvreté qui s'y installe[1].

Étant entendu que ces populations n'ont pas accès aux services à la médecine dite moderne, leur survie dépend de la pratique de la médecine traditionnelle (MT) et des ressources thérapeutiques forestières. Qu'il s'agisse donc des maladies infectieuses, des maladies non transmissibles, des épidémies, des pandémies, il revient à ces communautés, de s'organiser, suivant les ressources thérapeutiques forestières qu'elles disposent, pour prendre en charge leurs malades. Une telle résilience se veut bénéfique dans la perspective de la décentralisation territoriale. Dans la logique de cette dernière, la participation des populations aux affaires de leur localité constitue un préalable au développement car elle valorise de prime abord les forces endogènes notamment les intelligences, les savoirs et savoir-faire locaux, les ressources matérielles en présence et les opportunités qu'offre chaque collectivité. La situation sanitaire dans le massif forestier de Deng Deng démontre la capacité des acteurs de la localité à capitaliser leur savoir pour répondre aux besoins de santé. Ce qui constitue une force pour la région en matière de santé et un atout pour les objectifs poursuivis par la décentralisation territoriale[2].

Cependant, cet avantage que dispose déjà la région de l'Est s'avère menacé par les pratiques actuelles de gestion des forêts. Encadrée par la loi N° 94/01 du 20 janvier 1994 portant régime des forêts, de la faune et de la pêche, la gouvernance forestière poursuit l'ambition de la gestion rationnelle des forêts. Pourtant, de nombreux travaux[3] attestent que cette politique est peu

---

[1]Voir CTFC, Plan simple de gestion de la forêt communautaire du GIC Mbasse, 2015, p. 32.

[2]Voir P. SEBAHARA, Acteurs et enjeux de la décentralisation et du développement local, expériences d'une commune du Burkina Fasso. *Document de réflexion ECDPM*, n° 21, 2000 ; M-J. DEMENTE et I. TSYMINSKI, I. *Décentralisation et gouvernance locale en Afrique, des processus, des expériences,* Paris, IRAM, 2008.

[3]Voir à ce sujet P. BIGOMBE LOGO et B. DABIRE ATAMANA, *Gérer autrement les conflits forestiers au Cameroun,* Yaoundé, PUCAC, 2002 ; P. BIGOMBE LOGO, « Les régimes de la tenure forestière et leurs incidences sur la gestion des forêts et la lutte contre la pauvreté au Cameroun », Yaoundé, 2007. F. KENGNE FOTSO, « La représentation des populations locales dans les organismes publics de gestion des forêts au Cameroun et au Gabon » *in* M. TCHAMBA et J. KEUTCHEU (dir.), *La gouvernance forestière en Afrique Centrale, entre pratiques et politiques,* Paris, L'Harmattan, 2020, pp. 69-95 ; C. G. KOUNA ELOUNDOU, *Décentralisation forestière et gouvernance locale des forêts au Cameroun : le cas des forêts communales et communautaire dans la Région Est,* Géographie, Université du Maine, Décembre 2016 ; M. TCHAMBA et J. KEUTCHEU, (dir.), *La gouvernance forestière en Afrique Centrale, entre pratiques et politiques*, Paris, L'Harmattan, 2020 ; J.S. YONG LEMOUMOUM, *Genre et gouvernance des ressources forestières à l'Est- Cameroun : analyse à partir du massif forestier de Deng Deng*, Sociologie, Université de Dschang, 2020.

inclusive et peu soucieuse des besoins des populations vivant au sein des forêts. Comme le montrent ces travaux, cette crise de la gouvernance qui se manifeste par l'exclusion des populations, est consécutive à deux raisons : Premièrement, elle n'encadre pas les fonctions culturelles et symboliques de la forêt ; deuxièmement, la gestion actuelle des forêts est davantage orientée vers la rentabilité économique et les fonctions de conservation. Ces facteurs limitent ainsi les conditions de jouissance des forêts et leurs ressources par les populations riveraines.

Cette approche de gestion des forêts s'accompagne des formes de restriction et d'interdiction s'appliquant aux activités des populations riveraines comme la chasse, la pêche, la cueillette. Pourtant, sous l'effet de l'implantation du BHLP et PNDD, certaines communautés, sujettes à des déguerpissements pour cause d'utilité publique, ont perdu l'ensemble de leurs forêts et partant la quasi-totalité de leurs ressources thérapeutiques. D'où la question qui structure la problématique : comment la gestion actuelle des forêts, en limitant l'accès aux ressources médicinales fondamentales pour la santé des populations du massif de Deng Deng compromet-elle l'atteinte des objectifs de la décentralisation territoriale ? L'hypothèse explorée pose qu'en limitant l'accès aux ressources thérapeutiques, la gestion actuelle des forêts fragilise à la fois la capacité des populations à valoriser leurs savoirs et savoir-faire endogènes dans la satisfaction de leurs besoins de santé y compris leur participation à la conception et la mise en œuvre d'actions pour le développement de leur localité.

Théoriquement, la vérification de cette hypothèse repose sur l'approche de la quotidienneté d'Ela[1] et l'analyse stratégique de Crozier et Friedberg[2]. La collecte des données s'appuie sur trois méthodes : la recherche documentaire, les entretiens semi structurés et les discussions de groupes conduits auprès des populations du massif forestier de Deng Deng (50) et les acteurs institutionnels (04). L'analyse des données obtenues suivant une approche thématique[3]. Le travail se construit autour de deux grandes parties : la première analyse la spécificité de la MT en rapport avec la gestion des forêts (I). En seconde analyse, le facteur de discordance entre la gestion actuelle des forêts dans le massif de Deng Deng et la décentralisation territoriale (II).

I. Spécificité de la médecine traditionnelle et gestion des forêts dans le massif forestier de Deng Deng

Dégager la spécificité de la MT en rapport avec la gestion actuelle des forêts vise la nécessité de mettre en lumière les indicateurs de l'exclusion des acteurs de cette médecine à l'exploitation des ressources médicinales. Cet

---

[1] Voir J-M. ELA, Restituer l'histoire aux sociétés africaines, Paris, L'Harmattan, 1994b ;
[2]Voir M. CROZIER et E. FRIEDBERG, *L'acteur et le système*, Paris, Seuil, 1977.
[3] Voir L. BARDIN, « L'analyse de contenu et des formes de communication », dans Serge MOSCOVISCI et Fabrice BUSCHINI (dir.), *Méthode en sciences humaines*, Paris, PUF, 1[ere]ed, 2003.

exercice permet de saisir de façon pratique l'écart existant entre les normes d'exploitation des forêts et les modalités pratiques d'accès aux ressources thérapeutiques.

A. Spécificité de la médecine traditionnelle dans le massif forestier de Deng Deng

1. Catégorisation des thérapeutes dans le massif forestier de Deng Deng

La pratique de la MT dans les cantons Pol et Képéré est l'apanage de quatre catégories d'acteurs : les thérapeutes ordinaires, les thérapeutes spécialistes, les personnes âgées et les *woundjè*[1]. Pour ce qui est des thérapeutes ordinaires, tout membre des communautés Képéré ou Pol est détenteur de connaissances thérapeutiques acquises par socialisation lui permettant d'intervenir dans le processus thérapeutique. Il s'agit d'un savoir et savoir-faire commun et général à toute la communauté. En effet, dès que les parents estiment que l'enfant a atteint l'âge où il peut distinguer les éléments de son environnement, sa formation commence. Intentionnellement ou non, ils instruisent les jeunes à l'usage des plantes, des parties d'animaux à des fins médicales. Cette compétence est essentiellement au service de l'individu et de sa famille et permet de traiter les maux courants comme le rhume, la toux, les céphalées, les vers intestinaux, la constipation, etc.

Quant aux thérapeutes spécialistes, il s'agit des personnes douées de compétences, de savoirs et de savoir-faire spécifiques dans un domaine, ou relativement à un aspect, une pathologie, une connaissance liée à la pratique de la MT. Dans cette catégorie, nous rangeons les herboristes, les masseurs, les accoucheuses et les féticheurs. Les herboristes se distinguent par leurs connaissances dans l'usage des plantes et/ou des parties d'animaux dans l'élaboration des recettes thérapeutiques. Ils interviennent principalement comme spécialistes de la pharmacopée. Les masseurs sont pour spécialité en matière des soins la dispensation des thérapies manuelles. Ces acteurs se distinguent par leurs capacités à user de leurs mains pour traiter les pathologies comme les fractures, les entorses et les claquages. Les accoucheuses sont reconnues au sein de leurs communautés comme garante de la santé de reproduction. Les féticheurs quant à eux interviennent dans les pathologies spirituelles et psychiques telles que les cas d'ensorcellement et d'envoûtement. S'agissant des personnes âgées, les témoignages font d'eux une référence en matière de pratique de la MT. Elles jouissent d'une légitimité traditionnelle et se distinguent par leur expérience dans le traitement de certaines maladies dites rares ou anciennes. L'âge ici connote le cumul de savoirs et d'expériences. Samarki, âgé de 61 ans, est notable du village Kambo Cassi et reconnu dans son village et les villages environnants comme

[1] Guide spirituel et sacrificateur.

spécialiste dans la prise en charge et le traitement œdèmes. Pour ce qui est des cheftaines, c'est une catégorie de personnes choisies parmi les personnes âgées à des fins précises. Essentiellement, il leur revient la charge de pratiquer les rites et les initiations. Dans la hiérarchie des savoirs en matière de pratique de la MT, elles constituent l'élite. À chaque village correspond un chef et une cheftaine. Ces deux catégories sont considérées dans les cosmogonies Képéré et Pol comme les guides spirituels de leurs communautés.

2. Typologie et modalités d'accès aux ressources thérapeutiques

Les différentes catégories d'acteurs sus présentés exploitent un ensemble de ressources végétales (écorces, racines, fruits, feuilles) et animales (parties d'animaux) dans le but de traiter diverses pathologies ou remédier aux problèmes de santé à qui sévissent dans les villages. Pour ce qui est des ressources végétales, les éssences comme le *ngâssah (Acacia cela), l' amvoût (Trychoscypha acuminate), l'aélé (Canariumschweinfurthi), le moambé jaune (Enanthiachloranta) le tali (Erythrophleumsuaveolense, et mipouri (Enanthiachloranta)* entrent dans la composition des recettes thérapeutiques pour la prise en charge des maladies courantes comme le paludisme, les maladies gastro intestinales etc. Pour les problèmes liées à la santé de reproduction à l'instar de l'azoospermie, les dysfonctionnements érectiles, règles douloureuses, suivie de la femme enceinte, la syphilis, la fistule recto vaginale, les essences médicinales suivantes entrent dans la composition des recettes thérapeutiques : le *mbossè (Guareacedrata), le bittercola (Garcucina kola), l'aeilé (Canariumschweinfurthi), le padouk (Ptérocarpusosung).* Les problèmes de croissance chez les enfants se prennent en charge à l'aide des essences comme le *voacanga (Voacangathouarsii), l'angossa (Markhamialutea), le moabi (Baillonellatoxyperma), l'okang (Cylicodiscusgabunensis).* Pour les problèmes de santé d'ordre spirituelle et mystique, en plus des ressources végétales, des parties spécifiques sont prélevées sur les animaux comme la chauve-souris, la panthère, le hibou, la tortue, le singe, le chimpanzé, le pangolin, la biche, le lièvre, le sanglier, le corbeau, le poisson rouge, les crevettes, le crabe, le caméléon, la grenouille sont prélevées et combinées à d'autres ressources pour la prise en charge.

La typologie des ressources thérapeutiques nécessaires à la production des services et soins de santé détermine les modalités d'accès à celles-ci. Elles sont d'ordre végétal, faunique et halieutique. Comme telles, elles ne sont accessibles qu'aux personnes ayant un profil spécifique en l'occurrence les chasseurs, les cueilleurs et les pêcheurs. Ces propos de Kédy, un ancien chasseur au village Déoulé le démontre : « pour la chasse, on faisait les pièges, d'autres utilisaient les fusils ou la lance. Mais, en faisant les pièges, tu peux découvrir l'arbre qui aide à soigner certaines maladies au village, tu ramènes ça pour aider tes frères »[1]. Ces propos conduisent à reconsidérer et à dépasser les fonctions attribuées à la pratique de la chasse. Une analyse plus profonde

[1] Discussion avec KÉDI, 41 ans, chasseur au village Déoulé, le 12 Décembre 2018.

dans le massif forestier de Deng Deng met en exergue des aspects non apparents de cette activité. Elle revêt plus d'une finalité comme le précise Jonathan, chasseur vivant au village Kambo Cassi :

> La chasse n'est pas seulement la recherche de la viande. Il y'a les mamans qui font les remèdes et qui nous soignent au village. [...] Il y a des plantes que c'est elles qui savent comment on utilise. Comme c'est parfois très loin dans la forêt, c'est nous les chasseurs qui partons chercher ça pour leur donner. Même certaines parties de la viande, c'est toujours le remède. Quand je pars en forêt, il y a toujours les mamans qui vont me dire qu'en rentrant, je leur garde telle ou telle partie de la viande pour faire les remèdes. En forêt tout est utile. [sic][1].

À la lecture de ces propos, il ressort que, la pratique de la chasse se révèle comme une véritable école. Au-delà de sa vocation à produire les sources de protéines animales et à perpétuer un système culturel et ses valeurs, la pratique de la chasse entretient un lien ontologique avec la pratique de la MT. Il y va de même pour la pratique de la pêche. Les raisons justifiant sa pratique et l'usage de la production halieutique vont au-delà des besoins alimentaires et économiques. La gestion des produits issus de la pêche respecte un ensemble de règles sociales. Certaines ressources halieutiques spécifiques comme le crabe et les crevettes entrent dans la composition des recettes thérapeutiques pour le traitement des problèmes de croissance chez les enfants ou encore pour pratiquer les rites de purification[2]. La cueillette quant à elle impose aux pratiquants le parcours de la forêt. Comme telle, elle offre un prétexte ou encore l'occasion de trouver et de collecter les ressources médicinales difficilement repérables aux abords des villages.

Les activités anthropiques au sein de la forêt se veulent multidimensionnelles dans la mesure où elles comportent des fonctions latentes en rapport avec la pratique de la MT. En outre, la collecte des ressources médicinales suit le principe suivant : c'est en recherchant A que je trouve B et je découvre C. Dans ce contexte, l'accès aux ressources dites rares est considéré comme le fait du hasard ou un coup de chance. Les activités imposant la randonnée en forêt comme la chasse et la cueillette rendent possible leur collecte. Toutefois, ces différentes modalités de collecte des ressources entrent en conflit avec la gestion actuelle des forêts.

B. Gestion des forêts et rupture des modalités d'accès aux ressources médicinales

1. Cadre réglementaire de la gouvernance forestière

L'exploitation des forêts au Cameroun, encadré par la loi N° 94/01 du 20 janvier 1994 portant régime des forêts, de la faune et de la pêche, se démarque essentiellement par son approche qui consacre l'intervention d'acteurs pluriels (l'État, les collectivités territoriales décentralisées, les populations, les acteurs

[1]Entretien avec JONATHAN, 25 ans, chasseur au village Kambo Cassi le 01 mars 2019.

[2] Il s'agit des rituelles pratiqués en forêts en début et en fin d'année par les *woundjè* visant à expier les souillures et la malédiction du village ou des habitants afin de garantir une année fructueuse.

de la société civile) dans le champ forestier. Elle procède par la dynamique des affectations forestières. Elle consiste en la délimitation des formes d'affectations forestières, chacune d'elle obéissant à une législation qui définit sa finalité, ses usages, son exploitation et sa gestion[1]. Les articles 21, 22, 24, 25 de cette loi permettent de distinguer deux grands domaines forestiers : le domaine forestier permanent et le domaine forestier non permanent. Le domaine forestier permanent se constitue des terres définitivement affectées à la forêt et/ou à l'habitat de la faune.

Suivant l'article 30 de la loi N° 94/01 du 20 janvier 1994, les forêts communales désignent « toute forêt ayant fait l'objet d'un acte de classement pour le compte de la commune concernée ou qui a été plantée par celle-ci ». Elles relèvent du domaine privé de la commune. Cette loi dispose également à son article 35 que le domaine forestier non permanent regroupe les forêts non permanentes, les forêts communautaires et les forêts des particuliers. Les forêts du domaine national sont celles qui n'entrent dans aucune des catégories des aires protégées et des réserves forestières, des forêts communales et les forêts des particuliers). En son article 37, elle stipule que, les forêts communautaires sont celles délimitées aux fins de la prise en charge de la gestion des ressources forestières par les communautés villageoises qui en manifestent l'intérêt. L'article 39 stipule que les forêts des particuliers sont celles plantées par des personnes physiques ou morales et assises sur leur domaine acquis conformément à la législation et à la réglementation en vigueur. Le constat qui se dégage est celui de la diversité des acteurs intervenant dans les champs forestiers. Le pouvoir sur les forêts n'appartient pas à une seule catégorie d'acteurs. De plus, différentes formes d'affectation coexistent. Suivant cette nouvelle approche, la reconfiguration place à côté des populations des espaces forestiers (hormis les forêts communautaires) sur lesquelles elles ne disposent d'aucun pouvoir décisionnel quant à leur gestion. Seul le droit d'exploiter les produits forestiers, fauniques et halieutiques (excepté les espèces protégées) leur est octroyé sur ces espaces.

2. De la mise en œuvre de la gouvernance forestière à la rupture des modalités d'accès aux ressources thérapeutiques

Le massif forestier de Deng Deng est une spécificité en matière de gouvernance des forêts au Cameroun. Compte tenu de sa superficie estimée à environ 500 km² et la diversité des ressources qu'il abrite, cette localité s'est progressivement vu doter de la totalité les affectations prévues par la loi, à savoir 03 UFA, 01 forêt communale, 19 forêts communautaires, 01 parc national de Deng Deng (PNDD), 01 réserve forestière, 01 zone agro-forestière, 08 ventes de coupe, 01 corridor de migration, 02 forêts de

[1]Voir W. C. KENNE DJUATIO, *Pratique de la médecine traditionnelle : analyse d'un système thérapeutique dans le massif forestier de Deng Deng*, Thèse de Sociologie, Université de Dschang, 2022.

recherche, 01 périphérie non attribuée[1]. Compte tenu de son potentiel hydrologique, elle est également la terre d'accueil d'un grand projet structurant qu'est le BHLP. Sa retenue d'eau s'élève à 6 000 000 000 de m^3, et son impact environnemental fait état de la destruction des forêts pour les unes, l'ennoiement partiel ou total pour les autres, la destruction de la biodiversité, les déguerpissements des populations, la destruction des sites sacrés[2].

Carte 2 : Carte illustrative du massif forestier de Deng Deng

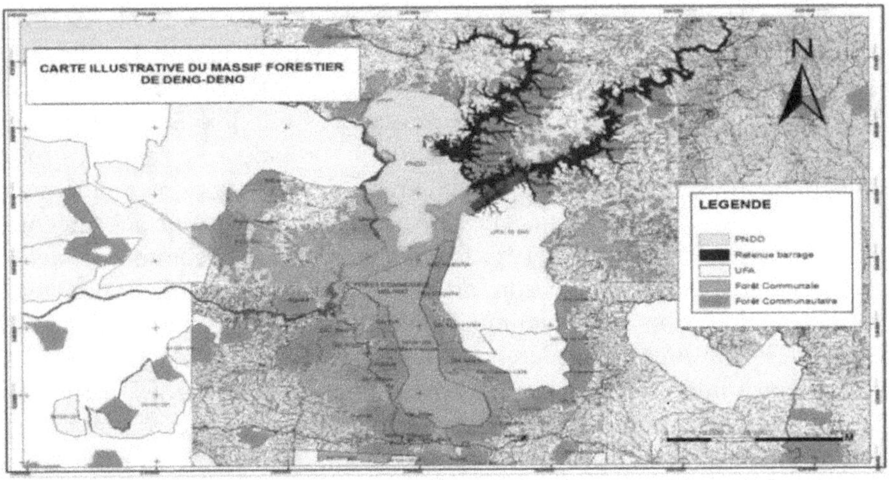

Source : Service de conservation du PNDD, 2021.

Les villages cibles de cette étude ont des configurations différentes qui rendent compte de la particularité du massif forestier de Deng Deng. Les villages Haman, Ouami et Lom Pangar Village jouxtent directement le BHLP. Il s'agit des localités concernées par la déclaration d'utilité publique (DUP) liée à la construction du barrage. Leur site actuel se situe au bord du barrage mais, entièrement noyés par la retenue d'eau. En plus certains villages sont riverains à l'UFA 10-065, au PNDD et à la forêt communautaire de Deng Deng. Il s'agit de Déoulé, Deng Deng et Kambo Cassi. Les villages Mansa et Hona du Canton Pol quant à eux sont riverains au PNDD, au corridor de migration et à l'UFA 10-065. Dans l'ensemble, ces villages sont limités à l'ouest par le parc national, au sud par le corridor et la forêt communale, à l'est par UFA 10-065 et la forêt communautaire et au nord c'est le barrage de Lom Pangar.

Les villages Ouami, Haman et Lom Pangar Village font partie des villages déguerpis et relocalisés en raison de la construction du BHLP. L'ensemble des

[1]Voir MINFOF, Plan d'aménagement du parc national de Deng Deng et sa zone périphérique, draft 2, 2015, p. 35.

[2] Voir ORÉADE BRÈCHE, Projet hydroélectrique de Lom Pangar : plan d'indemnisation et de réinstallation, composante barrage, 2011b ; ORÉADE BRÈCHE, Projet hydroélectrique de Lom Pangar : plan d'indemnisation et de réinstallation, composante parc national de Deng Deng, 2011d.

forêts dont-ils disposaient ont été noyées car elles étaient situées dans la zone d'impact direct de la retenue du barrage. Par conséquent, ils ne disposent plus de forêts. Les espaces aujourd'hui classés en affectations forestières constituaient jadis des zones de chasse, de pêche et de cueillette, agricoles gérés par les populations. De nos jours, la présence du parc dans la zone limite l'accès et l'exploitation de la forêt. En effet, les fonctions de conservation que promeut le PNDD s'avèrent difficilement conciliables avec les activités de pêche, de chasse et de cueillette. Les affectations environnantes le PNDD à savoir l'UFA 10.065 et 10.062 sont considérées comme des espaces de reproduction ou des zones de pâturage pour les animaux protégés. Ce qui justifie la délimitation des corridors de migration reliant ces affectations. Partant, l'interdiction des activités de chasse, pêche et de cueillette s'appliquant au parc s'étend également aux affectations voisines. Toute chose qui compromet la capacité des populations à accéder aux ressources thérapeutiques indispensables à leur survie.

Il faut rappeler que des mesures de compensation s'appliquent à l'interdiction des activités de chasse et de pêche. Respectivement, il est prévu la construction d'une boucherie pour l'approvisionnement en viande et d'une chambre froide pour la conservation et la distribution du poisson généré par le BHLP[1]. Le constat qui se dégage, au regard des modalités d'accès aux ressources médicinales, est que ces mesures compensatoires ne prennent pas en compte des dimensions non apparentes de la chasse et la pêche. Il s'ensuit l'exclusion des acteurs de la MT de l'exploitation des ressources forestières, particulièrement des ressources médicinales. Pour se maintenir faces aux difficultés d'accès aux ressources médicinales, les acteurs de la MT des villages du massif élaborent de nouvelles stratégies de résilience notamment la transgression des normes réglementaires d'accès aux forêts, la subversion des activités forestières, la reconversion professionnelle.

II. Discordance entre la gestion actuelle des forêts et la décentralisation territoriale

La discordance entre la gestion actuelle des forêts et la décentralisation territoriale se perçoit à travers deux facteurs : le développement de nouvelles stratégies d'accès aux ressources médicinales par les acteurs de la MT et la mise en difficulté de la capacité des populations de ce massif à prendre en charge leur santé à partir de leurs savoirs et savoir-faire.

[1]Voir ORÉADE BRÈCHE, Projet hydroélectrique de Lom Pangar : évaluation environnementale et sociale, étude de faisabilité du plan de gestion des ressources archéologiques, 2011a ; ORÉADE BRÈCHE, Projet hydroélectrique de Lom Pangar : plan d'indemnisation et de réinstallation, composante barrage, 2011b ; ORÉADE BRÈCHE, Projet hydroélectrique de Lom Pangar : plan d'indemnisation et de réinstallation, composante parc national de Deng Deng, 2011c.

A. De l'élaboration de nouvelles stratégies d'accès aux ressources médicinales

1- La transgression des normes réglementaires d'accès aux forêts

La transgression constitue l'une des formes de réaction des acteurs de la MT à l'exclusion du processus d'exploitation et de gestion des forêts. Plusieurs travaux concluaient déjà à la marginalisation des populations de la gestion des forêts pendant les périodes coloniales et post coloniale et même avec l'avènement de la décentralisation forestière[1]. Certes, l'évolution des politiques forestières montre le passage de l'acteur unique, maître et possesseur des forêts, au système pluri-acteurs qui se conjugue pour la cogestion des ressources forestières. Mais la pratique montre que certaines catégories d'acteurs à l'instar des acteurs de la MT sont progressivement mises à l'écart. Toute chose qui renforce le sentiment la forêt n'est désormais plus un bien commun au village, à la famille, à la communauté mais, comme « la chose du gouvernement »[2].

Ce sentiment d'exclusion transparaît dans les propos suivants : « maintenant, nous regardons seulement la forêt. C'est le gouvernement qui gère. Nous n'avons plus parole »[3]; « On nous a tout interdit ici. On ne peut plus rien faire dans le parc. Le rythme avec lequel on nous menace ici, c'est la jungle. Si ça continue comme ça, on va nous asphyxier »[4]. Kombou[5] relevait déjà ce sentiment de marginalisation des riverains du BHLP et du PNDD. Ces acteurs, frustrés à l'idée que la forêt est la propriété exclusive de l'État, se radicalisent et outrepassent les interdits et les limites établis par les normes et pratiques de gestion pour satisfaire leurs besoins liés à la forêt.

> Je suis un rococo souligne Jonathan. Je suis à 49 ans de vie passée dans ce village. Et aujourd'hui on vient m'interdire d'entrer dans la forêt ? C'est pour que nous qui vivons dans la forêt, on fait comment ? C'est notre mort qu'on veut. Je ne peux pas souffrir, pourtant ce qui va me sauver est à côté de moi. Quand j'entre dans le parc, ils ne savent même pas. Ils ont aujourd'hui le GPS. […] Même avec ça, un garde-chasse ne peut pas me retrouver en forêt [Sic][6].

Ces propos déclinent au moins trois faits. Premièrement, naitre et grandir en milieu forestier confer aux individus une meilleure connaissance du milieu

---

[1]BIGOMBE LOGO, « Les régimes de la tenure forestière et leurs incidences sur la gestion des forêts et la lutte contre la pauvreté au Cameroun », Yaoundé, 2007. KOUNA ELOUNDOU, *Décentralisation forestière et gouvernance locale des forêts au Cameroun : le cas des forêts communales et communautaire dans la Région Est*, Géographie, Université du Maine, Décembre 2016

[2] Propos recueillis lors d'une discussion avec les personnes âgées à Deng Deng le 13 février 2020.

[3] Entretien le chef du village Hona le 24 février 2019.

[4]Propos de Daniel, 30 ans, recueillis lors d'une discussion avec les jeunes à Kambo Cassile 22 février 2019.

[5]Voir C. L. KOMBOU, *La protection de l'environnement dans les politiques énergétiques en droit camerounais*, Thèse Droit Public, Université de Yaoundé II, 2016.

[6] Propos recueillis lors d'une discussion avec les chasseurs au village Deng Deng, le 28 février 2019

forestier. Les différentes activités de subsistance pratiquées dans cet écosystème favorisent une grande maitrise de sa constitution et sa configuration. Deuxièmement Les populations vivant en milieu forestier, précisément les jeunes, ne se limitent plus simplement aux méthodes traditionnelles de repérage ou d'orientation en forêt. La généralisation des technologies de l'information et de la communication offre l'opportunité d'apprendre et de se familiariser aux outils récents de repérage parmi lesquelles le GPS (*Global positioning system*). Troisièmement ces deux atouts confèrent un avantage significatif pour déjouer la vigilance des éco gardes et constituent en outre des « capitaux »[1] qu'ils mobilisent pour accroitre leurs marges de manœuvre dans le champ actuel de gestion des forêts dans le massif de Deng Deng. Pour satisfaire leurs besoins, les acteurs de la MT sont contraints à devenir des *outsiders*[2]et poser des actes « délinquants »[3]. La déviance devient dans cette mesure une stratégie de survie.

2. La subversion des activités forestières

Les activités inféodées à la forêt comme la chasse, la collecte de PFNL et la pêche tombent sous le coup des interdictions, des restrictions et du contrôle. Comme plus haut présenté, la formation des acteurs de la MT, l'acquisition des ressources médicinales se dissout dans ces pratiques. Dans ce contexte, de nouvelles activités liées aux modes de gestion des forêts sont récupérées à des fins personnelles par les acteurs de la MT. On compte parmi ces activités, l'exploitation des produits forestiers ligneux et l'activité de guide forestier.

La présence des UFA, des ventes de coupe et de forêts communautaires favorise le recrutement des personnes dotées des connaissances particulières telles que, la maîtrise de l'environnement forestier et la capacité à repérer les essences ligneuses recherchées. Au regard de la formation des chasseurs dans le massif forestier de Deng Deng, ces compétences requises représentent des connaissances basiques dans leur « curriculum vitae ». Le service de guide émerge également avec l'avènement du PNDD. Plusieurs activités au sein du parc, à l'instar de la délimitation de corridor de migration, l'exploration, l'inventaire, etc. requièrent les services des guides forestiers. Les qualifications requises pour ce poste, entre autres la connaissance de l'écosystème forestier, la configuration de la forêt, la capacité à se repérer, etc. relèvent des savoirs préalablement acquis par les chasseurs et cueilleurs à Deng Deng. Soucieux de répondre aux besoins des thérapeutes, ces derniers, pour la plupart reconvertis ou pratiquant en parallèle l'activité d'exploitant forestier ou guide forestier, usent des opportunités qu'offrent leur nouvelle occupation pour collecter les ressources médicinales. Les propos de Jules et David en témoignent.

---

[1] Voir N. RIGAUX, *Introduction à la sociologie*, Bruxelle, De Boek, 2012, 2e éd., p.25.
[2]Voir H. S. BECKER, Outsiders, étude de sociologie de la déviance, Paris, Métaillé, 1985.
[3] Voir M. CUSSON, *Délinquants pourquoi ?* Paris, Armand Colin, 1981, p. 1.

> Comme nous avons chassé dans les forêts-là, on connaît bien où les essences se trouvent. C'est pour ça qu'ils viennent nous chercher pour les guider. C'est comme ça qu'on se débrouille maintenant. Si une maman me demande les écorces ou les racines, quand je pars en forêt pour chercher les essences de bois, je vais lui ramener ça. C'est là-bas en brousse. On détruit avec la tronçonneuse et on nous interdit d'accéder pour chercher les remèdes : pourquoi ? L'essentiel, c'est qu'on ne m'attrape pas [sic][1].

Les activités de guide forestier et d'exploitant forestier sont subverties par les acteurs de la MT à des fins personnelles ou collectives : collectes des ressources animales, végétales et médicinales. En matière de pratique de la MT, elles constituent de nouveaux moyens d'acquisition des savoirs et savoir-faire et des ressources médicinales. En cela, ces nouvelles activités impulsées par la dynamique actuelle de la gestion des forêts ne s'imposent pas de façon absolue aux individus ou aux communautés. Elles se présentent certes comme l'ultime voie de sortie à la crise de l'emploi due à la mise à l'écart des populations du processus de gestion des forêts. Mais, au regard du sens que les pratiquants donnent à ces activités, il apparaît qu'ils définissent, en dehors des objectifs propres à l'activité, leurs propres objectifs, leurs propres intérêts qu'ils défendent en pratiquant lesdites activités. C'est dans ce volet informel et caché des activités forestières que les acteurs de la MT accèdent aux ressources nécessaires à son exercice.

3. La montée d'une nouvelle catégorie de collecteurs de ressources

Suite à la limitation de l'accès à la forêt, on assiste au développement d'une nouvelle activité basée sur les connaissances acquise. Il s'agit des chasseurs, désormais recrutées et payées par les nécessiteux, pour la collecte de diverses ressources thérapeutiques forestières. Se soigner dans ce contexte de gestion des forêts est rendu possible par la témérité des acteurs qui prennent le risque, contre rémunération, de transgresser les normes de gestion des forêts pour collecter les ressources thérapeutiques. Ces stratégies de résilience s'avèrent toutefois peu durables dans la mesure où, l'exploitation des ressources n'obéit à aucune règle légale ou coutumière. Leur élaboration résulte de la nécessité de survivre, justifiant du point de vue des acteurs de la MT, l'usage de tous les moyens possibles. Toute chose qui permet d'une part aux communautés pourvoir à leurs besoins de santé, mais d'autre part, qui compromet à la fois la gestion soutenable des forêts et la durabilité du développement local[2]. La gestion actuelle des forêts, considérée comme une panacée à la pauvreté[3], peut également s'avérer compromettante pour la capacité des populations à subvenir à leurs besoins sans dépendre d'une quelconque assistance lorsqu'elle ne prend pas en compte la spécificité de leurs besoins.

---

[1]Entretien avec DAVID, 53 ans, thérapeute au village Deng Deng, le 13 décembre 2018.

[2] Voir N. LAUZON et L. BOSSARD, Processus de décentralisation et développement local en Afrique de l'ouest, OCDE, Bruxelles, 2007.

[3]MINEPAT, Stratégie Nationale de Développement 2020-2030, pour une transformation structurelle et le développement inclusif, 2020.

B. Résilience des acteurs de la médecine traditionnelle et atteinte des objectifs de la décentralisation territoriale

Les nouvelles stratégies d'accès aux ressources médicinales constituent un indicateur de la crise de la gestion actuelle des forêts et son incidence sur le bien-être des populations. Cette crise révèle la dévalorisation des forces locales et la nécessité de prendre en compte la spécificité des besoins des populations en matière de gestion des forêts .

1. Comprendre la résilience des acteurs de la médecine traditionnelle

La résilience des acteurs de la MT repose sur trois principaux fondements. Premièrement la nature des modalités d'accès aux ressources médicinales. L'analyse des activités anthropiques pratiquées par les populations au sein des forêts (chasse, pêche, cueillette) démontre leur caractère multifonctionnelles et complexes, comportant à la fois des fonctions manifestes et des fonctions latentes. Cependant, la gestion actuelle des forêts n'intègre pas encore cette spécificité. Les mesures de compensation appliquées à leur prohibition dans le PNDD et sa zone périphérique en témoignent. La construction d'une boucherie au marché de Deng Deng et la construction d'une chambre froide pour la conservation et la distribution du poisson au port de pêche de Lom Pangar constituent les mesures compensatoires respectivement à la proscription de chasse et à pêche[1]. Par conséquent, ces mesures ne couvrent que les fonctions manifestes desdites activités. Cette lecture déterministe des activités des populations vivant en milieu forestier n'est pas de nature à relever les besoins réels de celles-ci.

Deuxièmement, cette résilience s'enracine dans le pouvoir des acteurs de la MT. Crozier et Friedberg[2] disent du pouvoir qu'il est « une relation d'échange, donc réciproque, mais où les termes de l'échange sont plus favorables à l'une des parties en présence. C'est un rapport de force dont l'un peut retirer davantage de l'autre, mais où, également, l'un n'est jamais totalement démuni face à l'autre ». La source du pouvoir réside ainsi dans les capitaux de chacune des parties en présence. La maitrise de l'écosystème forestier et les nouvelles techniques de repérage, la capacité de subvertir les activités forestières, la faculté d'échapper au contrôle absolu des acteurs institutionnels constituent autant de capitaux que les acteurs de la MT mettent en œuvre pour se positionner dans le champ[3] de la gestion des forêts. Ils leur confèrent en outre les possibilités d'agir[4]en fonction du comportement des garde-chasses et d'accroitre leurs marges de liberté dans le contexte actuel de gestion des forêts.

---

[1] EDC, Plan de gestion environnemental et social pour la construction du barrage et des autres infrastructures, 2010.

[2] Voir M. CROZIER et E. FRIEDBERG, *L'acteur et le système*, Paris, Seuil, 1977, p 69.

[3] Voir P. Bourdieu, *Choses dites*, Paris, Minuit, 1987.

[4] Voir M. CROZIER et E. FRIEDBERG, *L'acteur et le système*, Paris, Seuil, 1977.

Troisièmement, elle se comprend par les motivations qui conduisent les acteurs à contourner les normes de gestion des forêts pour accéder aux ressources. La poursuite des activités de chasse, de pêche et de cueillette dans le massif de Deng Deng, fut-elle illégale, ne vise pas simplement à satisfaire les besoins alimentaires et économiques. Elle se justifie également par le besoin de répondre aux besoins réels de santé. La subversion et la transgression des normes traduisent une forme de réaction à l'exclusion du processus d'exploitation et de gestion des forêts. Celle-ci corrobore les analyses des auteurs comme Ela[1], Frétigné[2], Ngouyamsa et *al.*[3]sur le profil des marginalisées. Ces auteurs envisagent les comme des groupes ou des individus doués de capacités de résistance, de créativité et d'inventivité, leur permettant de faire face aux restrictions et privations que leur impose la société. Autrement dit, ils sont capables de transformer toute situation, si improbable soit-elle, en leur faveur et suivant leurs intérêts pour se produire socialement.

2. Le principe de valorisation des forces locales de la décentralisation territoriale en péril

La réponse des acteurs de la MT face à l'insuffisance de l'offre sanitaire conventionnelle dans le massif de Deng Deng rentre globalement dans l'approche du développement local qui prévoit l'initiation et la mise en œuvre des stratégies par les populations elles-mêmes en vue d'améliorer leur condition. La prise en charge de leurs problèmes de santé à travers leurs savoirs et savoir-faire en matière d'exploitation des forêts à des fins médicales rentre dans un processus de développement engagé par les populations elles-mêmes et dont elles ont la maitrise des mécanismes. Suivant l'approche d'Ela[4], il s'agit d'un développement initié par le « bas ». Une telle situation conforte l'approche de la décentralisation territoriale car elle pose les jalons d'une gouvernance de l'État qui valorise le fait local, favorable à l'expression et des particularités et des spécificités locales avec pour l'autonomisation de la périphérie.

La gestion des forêts, telle que pratiquée dans le massif forestier de Deng Deng, apparait comme une menace au développement de la localité. L'exclusion des acteurs de la MT de l'exploitation des forêts ruine leurs possibilités de répondre aux problèmes de santé. En outre, l'ignorance des besoins en ressources médicinales par la gestion des forêts constitue une entorse à l'autonomisation des populations du massif de Deng Deng et par extension, au principe de valorisation des forces endogènes, chère à la décentralisation territoriale. Par conséquent, les obstacles à la réalisation à ce

---

[1]Voir J-M. ELA, Innovations sociales et renaissance de l'Afrique noire, Paris, L'Harmattan, 1998.

[2]Voir C. FRETIGNE, *Sociologie de l'exclusion.* Paris, L'Harmattan, 1999.

[3] Voir V. NGOUYAMSA, et *al.*, « Construction sociale des activités ambulantes : le cas des entrepreneurs dans les cars de transport public au Cameroun » in S. BATIBONAK et P. BATIBONAK (dir.), *Revue Africaniste Interdisciplinaire,* n° 6. pp. 87-111.

[4] Voir J-M. ELA, L'Afrique des villages, Paris, Karthala, 1992 ;

processus ne relèvent plus simplement ses limites intrinsèques, notamment la permanence de l'État central, l'insuffisance des ressources (humaines et financières) qui accompagnent le transfert de compétences, la faible participation des acteurs autres que l'État et les CTD[1], etc. mais également des facteurs externes à l'instar de la gestion actuelle des forêts, dont les effets pervers mettent en péril les principes fondamentaux de la décentralisation territoriale.

Conclusion

Le présent travail analyse les effets pervers de la gestion actuelle des forêts sur les modalités d'accès aux ressources thérapeutiques par les populations vivant dans le massif forestier de Deng Deng et leurs implications sur la décentralisation territoriale. Il en ressort que la décentralisation territoriale place les populations locales à la base du déclenchement du processus de développement telle que la réalité sanitaire du massif forestier le démontre. La gestion actuelle des forêts plonge les riverains de ce massif dans une incertitude de plus en plus grandissante, une descente lente vers la misère et leur relégation dans des catégories pauvres et marginalisées en déconstruisant leurs stratégies de réponses aux besoins de santé. Toute chose qui est contraire à l'esprit de la décentralisation territoriale. Une telle contradiction peut être imputable au fait que la gouvernance forestière soit encore en construction, une politique encore en train de se faire, en quête d'un encrage contextuel. Dans cette optique, la prise en compte des spécificités locales en matière de soins médicaux et d'accès aux ressources thérapeutiques rentrerait dans le renforcement et le réajustement de la décentralisation forestière.

Bibliographie

Ouvrages

- BECKER Howard Saul, Outsiders, *Etude de sociologie de la déviance,* Paris, Métaillé, 1985, 248 p.
- BIGOMBE LOGO Patrice et DABIRE ATAMANA, Bernard, *Gérer autrement les conflits forestiers au Cameroun,* Yaoundé, PUCAC, 2002, 214 p.
- BOURDIEU Pierre, *Choses dites*, Paris, Minuit, 1987, 228 p.
- CROZIER Michel et FRIEDBERG Erarld, *L'acteur et le système*, Paris, Seuil, 1977, 500 p.
- CUSSON Maurice, *Délinquants pourquoi ?* Paris, Armand Colin, 1981, 300 p.
- ELA Jean-Marc (2006*), L'Afrique à l'ère des savoirs,* Science, société et pouvoir, Paris, L'Harmattan, 266 p.
- ELA Jean-Marc, *Afrique : l'irruption des pauvres,* Paris, L'Harmattan, 1994a, 266 p.
- ELA Jean-Marc*, Innovations sociales et renaissance de l'Afrique noire,* Paris, L'Harmattan, 1998, 425 p.

---

[1] Voir E. EDOU, Mise en œuvre de la décentralisation au Cameroun : problèmes, défis et stratégies, sd.

- ELA Jean-Marc, *L'Afrique des villages*, Paris, Karthala, 1992, 228 p.
- ELA Jean-Marc, *Quand l'Etat pénètre en brousse... Les ripostes paysannes à la crise*, Paris, Karthala, 1990, 268 p.
- ELA Jean-Marc, *Restituer l'histoire aux sociétés africaines*, Paris, L'Harmattan, 1994b, 144 p.
- FRETIGNE Cédric, *Sociologie de l'exclusion*, Paris, L'Harmattan, 1999, 207 p.
- MILLE Giles et LOUPPE Dominique, *Le mémento du forestier tropical, France,* Quae, 2015, 1198 p.
- NODEM Jean-Emet, Vente de médicaments à la sauvette à l'Ouest-Cameroun, Paris, L'Harmattan, 2009, 87 p.
- TCHAMBA Martin et KEUTCHEU Joseph (dir.), *La gouvernance forestière en Afrique Centrale, entre pratiques et politiques*, Paris, L'Harmattan, 2020, 288 p.

Articles

- BIGOMBE LOGO Patrice, « Les régimes de la tenure forestière et leurs incidences sur la gestion des forêts et la lutte contre la pauvreté au Cameroun », Yaoundé, 2007, 31p.
- EDOU Emmanuel, « Mise en œuvre de la décentralisation au Cameroun : problèmes, défis et stratégies », sd.
- LAUZON Normand et BOSSARD Laurent, Processus de décentralisation et développement local en Afrique de l'ouest, OCDE, Bruxelle, 2005, 13 p.
- DEBERRE Jean-Christophe, « Décentralisation et développement local. *Afrique contemporaine* », 2007/1 n° 221, p. 45-54. DOI : 10.3917/afco.221.0045.
- DEMENTE Marie-Joet et TSYMINSKI Isabelle, « Décentralisation et gouvernance locale en Afrique, des processus, des expériences », Paris, IRAM, 2008, 41 p.
- SEBAHARA Pamphile, « Acteurs et enjeux de la décentralisation et du développement local, expériences d'une commune du Burkina Fasso », *Document de réflexion ECDPM*, n° 21, 2000, 21 p.
- KENGNE FOTSO Fabrice, « La représentation des populations locales dans les organismes publics de gestion des forêts au Cameroun et au Gabon », in Martin TCHAMBA et Joseph KEUTCHEU (dir.), La gouvernance forestière en Afrique Centrale, entre pratiques et politiques, Paris : L'Harmattan, 2020, pp. 69-95.
- NGOUYAMSA Valentin et *al.*, « Construction sociale des activités ambulantes : le cas de entrepreneurs dans les cars de transport public au Cameroun », *in* Sariette et Paul BATIBONAK (dir.), *Revue Africaniste Inter-Disciplinaire*, n° 6, 2019, pp. 87-111.

Thèses

- KENNE DJUATIO William Carter, *Pratique de la médecine traditionnelle : analyse d'un système thérapeutique dans le massif forestier de Deng Deng,* Thèse de doctorat en Sociologie, Université de Dschang, 2022, 360 p.
- KOMBOU, *La protection de l'environnement dans les politiques énergétiques en droit camerounais*, Thèse de doctorat en Droit Public, Université de Yaoundé II, 2016 412 p.
- KOUNA ELOUNDOU Charlotte Gisèle, *Décentralisation forestière et gouvernance locale des forêts au Cameroun : le cas des forêts communales et*

communautaire dans la Région Est, Thèse de doctorat en Géographie, Université du Maine, 2012, 349 p.

- YONG LEMOUMOUM Judéon Socrate, *Genre et gouvernance des ressources forestières à l'Est- Cameroun : analyse à partir du massif forestier de Deng Deng,* Thèse de doctorat en Sociologie, Université de Dschang, 2020, 314 p.

Chapitre 10

La tutelle dans les États d'Afrique subsaharienne

Par
Paul Aurélien TAMOUYA,
Chargé de recherche, Centre national d'Éducation/MINRESI
MOUSTAPHA OUMAROU,
Ph. D en Droit public, Université de Maroua
Stanislas Junior MVONDO MVONDO,
Doctorant en Droit public, Université de Yaoundé II
&
Carole Valérie NOUAZI KEMKENG,
Ph. D en Droit public, Maître de recherche, Centre National d'Education/MINRESI

Résumé

Les pays de l'Afrique subsaharienne se sont engagés depuis des années 1990 dans des réformes de la décentralisation qui favorisent une meilleure gestion de proximité des affaires publiques d'intérêt local. La présente étude a pour objet la tutelle dans les États d'Afrique subsaharienne notamment dans les relations entretenues entre, d'une part, les CTD dotées de la personnalité juridique, de l'autonomie de gestion, ainsi que les organes élus, et d'autre part, l'administration centrale à travers les autorités déconcentrées sur leurs territoires respectifs. En prenant appui sur les méthodes juridique, comparative et la sociologie du droit, il ressort que la tutelle se caractérise par une ambivalence observée dans la quasi-totalité desdits Etats en ce qu'elle est souple dans sa conception et rigide dans son application.

Mots clés : décentralisation, collectivités territoriales décentralisées, tutelle, autonomie, États d'Afrique subsaharienne.

Abstract: Custody in Sub-Saharan Africa

Sub-Saharan Africa has been engaged since the 1990s in decentralization reforms that promote better close management of public affairs for local interest. The present study deals with custody in the States of sub-Saharan Africa, in particular in their relations on the one hand, the local authorities with legal personality, management autonomy, and the elected bodies, and, of the other, the central administration through the decentralized authorities in their respective communities. Built on a legal, comparative and sociological methods of law, it appears that custody is characterized by an ambivalence observed in almost all of the States in that it is flexible in its design and rigid in its application.

Key words: decentralisation, local authorities, custody, autonomy, States of sub-Saharan Africa.

Introduction

La construction de l'État post-colonial en Afrique était fondamentalement basée sur la théorie de l'Etat-Nation[1]. Dans ce contexte, l'unité de l'Etat était très affaiblie parce que l'Etat a précédé la Nation et la construction du pouvoir central ne saurait prendre une logique radicale dans la mesure où les violences sécessionnistes contribueraient à la fissuration de l'unité de l'Etat. Raison pour laquelle les Etats africains ont pensé continuer à avoir un droit de regard sur le processus de construction d'un pouvoir central, d'où la mise en place de la tutelle. C'est ainsi que dès l'accession à l'autonomie interne pour certains[2] et pendant la décennie 1990 pour d'autres, plusieurs pays africains se sont engagés dans un processus de décentralisation en créant des collectivités territoriales dotées de la personnalité juridique, s'administrant librement et exerçant des compétences que l'État devait leur transférer pour leur profit. Cette mutation s'est faite selon plusieurs procédés dont le plus privilégié fut les conférences nationales souveraines, la décentralisation apparaît comme une réponse au besoin de démocratie. Plus précisément, c'est un moyen d'approfondir la démocratie en laissant les institutions élues par le peuple gérer les affaires locales et favoriser leur participation à l'action publique. Ce principe est affirmé par le constituant togolais, par exemple, en ces termes : « La République togolaise est organisée en collectivités territoriales sur la base du principe de la décentralisation dans le respect de l'unité nationale »[3]. Pour le Professeur Patrick Edgard Abane Engolo, « la décentralisation est donc cette technique par laquelle l'État cède en partie ou en totalité certaines de ses attributions administratives (...) à des collectivités publiques qui existent dans l'État et sont autonomes »[4].

Conformément au Code général des collectivités territoriales décentralisées au Cameroun, « la Commune est la collectivité territoriale de base »[5] alors que « la Communauté urbaine est une collectivité territoriale composée d'au moins deux communes »[6]. C'est dire que la communauté urbaine est d'une taille bien plus grande que celles des simples communes d'arrondissement. C'est la raison pour laquelle l'on ne les rencontre que dans certaines agglomérations. Du fait de cette stature, les compétences des

---

[1] Lire utilement R. CARRE DE MALBERG, *Contribution à la théorie générale de l'Etat*, Ed CNRS, Paris, 1920, 1530 p ; J. BODIN, *Les six livres de la République*, Jacques Dupuy, Paris, 1576, 861 p, P. GRAVEL, « Hegel et la construction de l'Etat. Contribution à sa destruction Société *de philosophie du Quebec,* Vol 9, n° 1, Avril 1982, pp. 1-24 ; G. WANY MUBULAMA, *La construction de l'Etat et de la nation dans un contexte post-colonial : le Cas du Cameroun*, Maitrise en Science politique, Université du Québec à Montréal, 2022, pp. 1-64.

[2] Voir Article 68 de la loi n° 60-356 du 3 novembre 1960 portant Constitution de la République de Côte d'Ivoire.

[3] Voir article 141 de la Constitution togolaise du 14 octobre 1992.

[4] P.-E. ABANE ENGOLO, *Traité de droit administratif du Cameroun*, L'Harmattan, 2019, p. 169.

[5] Article 147 de la Loi n° 2019/024 du 24 décembre 2019 portant CGCTD.

[6] Article 240 de la Loi n° 2019/024 du 24 décembre 2019 portant CGCTD.

communautés urbaines sont assez particulières ; ce qui traduit également la spécialité du régime de leur organisation et de leur fonctionnement par rapport aux communes ordinaires. La création de la fonction de Maire de la ville et ses adjoints[1], tous élus, en sont une parfaite illustration contrairement à l'ancien régime où la place était réservée au délégué du gouvernement nommé et ses adjoints[2] . Cette tendance de la généralisation de l'élection comme mode de désignation des autorités décentralisées vient ainsi remettre en cause ce que le Professeur Bernard-Raymond Guimdo Dongmo qualifiait jadis de décentralisation autoritaire. On peut remarquer que la décentralisation n'étant pas synonyme d'indépendance, tout l'enjeu se retrouve au niveau du poids de la tutelle sur les collectivités[3] : car c'est l'État central qui en fixe les règles et qui se réserve un droit de regard sur leur mise en œuvre[4]. Cet équilibre entre la « liberté » et le « contrôle » sur les autorités décentralisées a longtemps et continue de porter le nom de tutelle. Jacques Dembour définit la tutelle comme « l'ensemble des pouvoirs limités accordés par la loi à une autorité supérieure aux fins d'assurer le respect du droit et la sauvegarde de l'intérêt général contre l'inertie préjudiciable, les excès et les empiètements des agents des entités décentralisées »[5]. Gustave Peiser ne s'en éloigne pas puisque pour lui, la tutelle est « l'ensemble des pouvoirs de contrôle accordés par la loi à une autorité supérieure sur les agents des collectivités décentralisées et sur leurs actes dans un but de protection de l'intérêt général »[6].

Dès lors, la question qui oriente la présente réflexion est celle de savoir qu'est-ce qui caractérise la tutelle dans la décentralisation en Afrique subsaharienne ? Elle revêt un double intérêt, théorique et pratique. Au point de vue théorique, elle permet de montrer l'importance de la tutelle dans la construction d'une décentralisation authentique. Sur le plan pratique, elle permet de montrer que la tutelle n'est pas un jeu car elle joue un triple rôle de protection de la collectivité, de l'Etat et des intérêts des individus qui composent la collectivité. La présente analyse s'appuie sur le choix d'une approche méthodologique adaptée à l'étendue géographique du sujet. Elle permet de recourir principalement à la méthode juridique et accessoirement, à la méthode comparative, à la sociologie du droit et à la méthode empirique.

Ainsi, le recours à la méthode juridique permet de faire appel à « la dogmatique et la casuistique ». Ces méthodes consistent à analyser et à exposer le droit, mais aussi à le confronter aux faits aux pratiques du droit

---

[1] J. OWONA, *La décentralisation camerounaise*, L'Harmattan, Paris, 2011, p. 41.

[2] Article 243 alinéa 2 du CGCTD.

[3] G. H. MFOYOUOM, *Changements constitutionnels et institutions administratives au Cameroun,* Thèse de doctorat/Ph.D. en droit public, Université de Yaoundé II, octobre 2015, p. 467.

[4] Lire à ce sujet l'Article 72 de la Loi N° 2019/024 du 24 Décembre 2019 portant CGCTD.

[5] J. DEMBOUR, *Droit administratif,* Bruxelles, Larcier, 1978, p. 132.

[6] G. PEISER, *Droit Administratif : les Actes administratifs, organisation administrative, police et service public, responsabilité et contentieux administratif,* 19e éd, Paris, Dalloz, 1998, p.100.

dans lesdits États. Quant à la méthode sociologique, elle permet de mettre en évidence des éléments absolument déterminants des caractéristiques de la tutelle. En outre, le choix du cadre d'étude autorise accessoirement le recours à la méthode comparative car le choix de l'Afrique subsaharienne se justifie par le fait que cet ensemble constitue une communauté linguistique et présente une convergence des modèles de politique juridique et d'administration français communs. Cette méthode permet de faire une analyse du dispositif normatif régissant la décentralisation territoriale du point de vue de son contenu et de sa pratique, dans cinq pays de l'Afrique subsaharienne notamment le Burkina Faso, le Cameroun, la Côte d'Ivoire, le Mali et le Togo. La combinaison de ces différentes méthodes permet de constater que les Etats ont une main mise sur le processus de construction du pouvoir local, étant donné que la tutelle se caractérise par une ambivalence observée dans la quasi-totalité desdits Etats en ce qu'elle est souple dans sa conception **(I)** et rigide dans son application **(II).**

I. La souplesse dans la conception de la tutelle

Dans le cadre d'un État unitaire, les restrictions à la libre gestion des collectivités, résultante de la décentralisation, dépendent de la constitution et des lois, car sans textes, il n'y a pas de tutelle. Leur application, imposée par le texte, est garantie en pratique par le contrôle qui est conditionné à l'unification des législations nationales tout en veillant au respect des principes de légalité. C'est ainsi que la tutelle telle que conçue dans les Etats d'Afrique francophone se caractérise autant par une flexibilité de ses conditions (A) que par des procédés réduits (B).

A. La flexibilité des conditions

Une lecture attentive des législations de différents pays révèle que la tutelle dans les États d'Afrique subsaharienne se manifeste de deux façons principalement au Burkina Faso, au Cameroun, en Côte d'Ivoire, au Mali et au Togo. Il s'agit de la tutelle sur les actes et sur les personnes sous la forme d'appui conseil[1], ou d'assistance et conseil[2]. D'un point de vue fonctionnel, Fritz Steel définit le conseil comme « toute forme d'assistance concernant le contenu, le déroulement ou la structure d'une tâche ou d'une série de tâches, lors de laquelle le consultant est chargé non pas d'exécuter effectivement la tâche lui-même, mais d'aider ceux qui en ont la responsabilité »[3]. Cela se manifeste lors de la prise des actes (1) ainsi que sur les organes même (2).

---

[1] Voir art. 84 (2) Loi n° 2019/024 du 24 décembre 2019, *op. cit.* ; Lire aussi l'article 139 de la loi n° 2012-1128 du 13 décembre 2012 portant organisation des collectivités territoriales en République de Côte d'Ivoire.

[2] Voir art. 277 loi n° 2012-007 du 7 février 2012 portant Code des Collectivités territoriales en République du Mali.

[3] Cité par V. KUBR, « Le conseil en management », les éditions du BIT- Genève 1993, p. 3.

1. La pluralité des conditions de la tutelle sur les actes

Raymond Carre De Malberg élève la loi ou la légalité comme élément essentiel de l'État de droit lorsqu'il affirme que « L'un des traits caractéristiques du régime de l'État de droit consiste [...] en ce que, vis-à-vis des administrés, l'autorité administrative ne peut user que des moyens autorisés par l'ordre juridique en vigueur, et notamment par les lois »[1]. L'auteur détermine deux conséquences de l'État de droit : « l'autorité administrative, lorsqu'elle entre en rapport avec les administrés, ne peut ni aller à l'encontre des lois existantes ni s'en écarter : elle est tenue au respect de la loi [...] l'autorité administrative ne peut rien imposer aux administrés qu'en vertu d'une loi »[2]. Ainsi, le contrôle de la légalité des actes des collectivités territoriales décentralisées concilie parfaitement les principes de l'État unitaire, que sont « l'unité du pouvoir républicain » et « l'unité de la société républicaine »[3], et les objectifs de la décentralisation que sont « la nouvelle distribution des pouvoirs dans l'État unitaire »[4], « la recherche d'une meilleure efficacité de l'action publique »[5] et « la démocratie de proximité »[6]. Ce faisant, il favorise l'avènement d'un État de droit propice à une gestion efficace des affaires publiques et par ricochet propice à la bonne gouvernance. Les limites relatives à l'objet du contrôle de légalité s'expliquent par la nécessité de ne soumettre que les actes des collectivités territoriales à ce contrôle qui doit, par ailleurs, consister en la seule recherche des illégalités[7].

Deux critères se dégagent de toutes ces dispositions et permettent d'identifier les actes soumis au contrôle de la légalité. Le premier, et sans doute le plus pertinent, est organique : les actes soumis au contrôle sont ceux des autorités locales[8]. Le second critère est technique. Il s'agit de la transmission des actes au représentant de l'État. Ce critère est moins pertinent que le premier d'autant plus que le préfet dispose d'un pouvoir général de déférer les actes des autorités des collectivités territoriales aux tribunaux administratifs[9].

---

[1]Voir R. CARRE DE MALBERG, *Contribution à la théorie générale de l'État,* Dalloz, 2004, T. I, p. 48.

[2] Raymond CARRE DE MALBERG, cité par SOSSO PAGNOU « La place du contrôle de légalité dans les processus de bonne gouvernance liés à la décentralisation. Le cas du Togo », *Revue Internationale des Sciences Administratives,* vol. 79, no. 3, 2013, pp. 605-621.

[3] Voir M-N. FABRE, « L'unité et l'indivisibilité de la République, Réalité ? Fiction ?», *R.D.P.,* 1982, pp. 614 et s.

[4] Cf. M. MERCIER, *op. cit.* p. 42.

[5] *Ibid.*

[6] *Ibid.*

[7] Lire l'art 299 du Code des CTD du Mali ; voir aussi l'art 142 Loi portant organisation collectivités territoriale en Côte d'ivoire.

[8] Voir l'article 49 de la loi n o 2007-011 du 13 mars 2007 relative à la décentralisation et aux libertés locales du Togo.

[9] Voir l'article 164 de la Loi n°2019-006 du 26 juin 2019 portant Décentralisation et Libertés locales au Togo

De facto, Gérard CORNU estime pour sa part que la tutelle sur les actes est une tutelle administrative et s'analyse plus exactement en une coopération entre deux catégories d'autorités, partant en une Co administration[1]. Son exercice sera-t-il le même en ce qui concerne les organes ?

2. La diversité des conditions de la tutelle sur les organes

La tutelle organique ou tutelle sur les personnes est celle que l'État exerce non seulement sur l'exécutif municipal et régional, mais aussi sur leurs conseils. En effet, comme le souligne René Chapus, cette tutelle n'est « rien d'autre que le pouvoir disciplinaire exercé sur les unités décentralisées », lequel pouvoir ne correspond plus à une tutelle mais au pouvoir disciplinaire exercé sur les fonctionnaires en général[2]. En effet, l'autorité administrative dispose à l'égard des organes locaux d'une gamme de sanctions modulées selon la gravité de la faute dont se rendraient coupables les organes délibérants[3].

S'agissant du pouvoir de sanctions sur le conseil municipal, les textes des États qui font l'objet de cette étude en font pleinement mention. Au Cameroun, sous l'empire de la loi du 22 juillet 2004 portant orientation de la décentralisation au niveau communal[4], le conseil municipal pouvait être dissout par décret. En cas d'urgence, il pouvait être suspendu par acte motivé de l'autorité de tutelle pour une durée n'excédant pas deux mois[5]. De même, tout conseiller ayant manqué à trois sessions pouvait également être déclaré démissionnaire d'office. La même sanction pouvait s'appliquer à tout le conseil sur rapport du préfet pour une durée n'excédant pas deux mois. A cet effet, M. Martin Finkem affirma qu'il ne s'agissait plus de tutelle, mais d'un véritable pouvoir hiérarchique exercé par le préfet sur les organes locaux[6].

Au regard du dispositif législatif actuel, le contrôle sur le conseil municipal se traduit toujours par des pouvoirs de suspension exercés par le ministre de la Décentralisation et du Développement local[7] et de dissolution, exercés par le Président de la République[8]. Mais contrairement à la réglementation antérieure, la suspension et la dissolution sont soumises à conditions[9]. Ces dispositions normatives sont perceptibles dans d'autres États. Le Code des collectivités territoriales malien prévoit la suspension des organes délibérants

---

[1] G. CORNU, *Vocabulaire juridique*, 1e éd, Paris, PUF, 1987, p. 881.

[2] R. CHAPUS, *Droit administratif général*, Tome 1, 13e éd, Paris, Montchrestien, août 1999, p. 388.

[3] *Cf.* Article 186 loi n° 2019/024, *op. cit.*

[4] Voir Article 47 Loi n° 2004/018 du 22 juillet 2004 fixant les règles applicables aux communes, réitéré par le Code général de la décentralisation en son article 187.

[5] Lire l'article 186 Loi de 2019/024, *op. cit.*

[6] M. FINKEM, *Commune et gestion municipale au Cameroun : Institutions municipales, Finances et budget, Interventions municipales*, Yaoundé, Presses du Groupe Saint François, janvier 1996. p. 105.

[7] Article 186 *Ibid*

[8] *Cf.* Article 187 loi n° 2019/024, *op. cit.*

[9] Article 186 (1) Loi de 2019/024, *op. cit.*

par arrêté et la dissolution par décret[1]. Cette réglementation permet au juge garant de la liberté de pouvoir contrôler l'exercice de cette tutelle. La suspension du conseil municipal peut aussi intervenir en temps de guerre pour des motifs d'ordre public ou d'intérêt général, ceci jusqu'à la cessation des hostilités[2]. Concernant les sanctions éventuelles contre l'Assemblée régionale, le Président de la République peut suspendre ou révoquer tout membre régional dans les mêmes conditions que le Conseil municipal[3]. Pour des raisons d'intérêt général[4] ou d'ordre public et aussi en cas d'intelligence avec l'ennemi, tout membre régional peut être suspendu par le Président de la République.

À la différence du conseil municipal, ces sanctions ne peuvent être prises que par décret du Président de la République sur proposition du ministre chargé des collectivités territoriales et après avis du Conseil constitutionnel[5]. Concernant les exécutifs locaux, la loi n° 2019/024 portant Code général des collectivités territoriales décentralisées a repris *mutatis mutandis* la sanction appliquée sous l'égide des lois n° 2004-18 et n° 2004/019, fixant les règles applicables aux communes et aux régions[6]. Ainsi, l'exécutif communal peut être suspendu en cas de violation de la loi et des règlements en vigueur ou pour faute lourde pour une période n'excédant pas trois (3) mois. Au-delà de cette période, ils peuvent soient être réhabilités soit révoqués. La révocation est prononcée par le Président de la République[7]. Ce fut le cas dans le conflit de compétence entre le maire de la commune de Njombé-Penja à Nkongsamba et le préfet du département du Moungo[8].

Que dire à présent de la réduction des procédés ?

B. La réduction des procédés

L'idée des procédés de la tutelle est relative aux mécanismes de mise en œuvre de la tutelle. En effet, l'idée de la tutelle dans les Etats d'Afrique

---

[1] *Cf.* article 9 S

[2] Article 191 Loi 2019/024 portant CGCTD.

[3] Lire article 296 Loi 2019/024 portant CGCTD..

[4] Article 305 Loi n° 2019/024 *op. cit.*

[5] Article 297 Loi n° 2019/024 *op. cit.*

[6] Voir Article 225-227 pour les communes et 314-315 pour les régions Loi n° 2019/024 *op. cit.*

[7] Article 225 (2) *op. cit.*

[8] Il était question ici de l'exploitation d'une carrière de Pouzzolane de Njombé-Penja dans le Littoral. Le maire estime qu'il revient à la commune d'exploiter cette carrière conformément au nouveau Code général des CTD contrairement au préfet qui estime que cette compétence revient au pouvoir central. Le patron de cette commune, dans une plainte au Procureur de la République près le Tribunal de première instance de Mbanga, accuse l'autorité administrative de bris des scellés, de destruction des biens, d'arrestation et séquestration arbitraire et d'emploi illégal de la force publique. Voir https://vu.fr/Kfep consulté le 28 décembre 2020. A cette fin, un recours gracieux a été enregistré au service du courrier du Ministère de la décentralisation et du développement local le 20 juillet 2020 sous le numéro 005616.Transmis par le maire de la Commune de Njombé-Penja au chef de ce département ministériel, ledit recours présente les faits et moyens exposés par la Commune intéressée.

subsaharienne peut constituer un souci pour ces Etats qui, encore sensibles au jacobinisme, garde un droit de regard attentif sur les collectivités locales malgré l'autonomie qui leur est reconnue. Les différents procédés retenus, qu'ils soient *a posteriori* (1) ou *a priori* (2) permettent ainsi de préserver l'unité de l'Etat.

1. Les procédés de tutelle générale *a posteriori*

La tutelle générale *a posteriori* s'exerce pour des décisions allant de la suspension à l'annulation. Concernant la suspension, c'est l'acte par lequel la tutelle s'oppose temporairement à l'exécution des décisions municipales. Il crée un délai pendant lequel la commune peut retirer son action, la modifier ou tenter de la justifier auprès des autorités. Par conséquent, la suspension signifie un « empêchement temporaire à l'exécution d'un acte qui subsiste intégralement ». L'organisation d'une tutelle différée n'est pas obligatoire. La suspension n'étant qu'un préalable à une éventuelle annulation, le juge administratif peut être saisi sur la question[1]. Si la suspension est une suspension obligatoire avant l'annulation, l'autorité de contrôle est autorisée à exercer son droit de rétractation, et s'il s'agit d'une suspension préalable facultative, le délai pendant lequel l'autorité de contrôle peut annuler l'acte est en principe prolongé. L'annulation est l'action par laquelle l'autorité de tutelle efface la décision d'une entité décentralisée. Cette annulation doit en principe être totale[2], mais le législateur pouvant s'écarter de ce principe, elle peut être partielle[3]. Elle ne peut cependant être tacite[4].

De nos jours, excepté les cas des actes locaux manifestement illégaux, l'autorité de tutelle n'est plus habilitée à annuler les actes locaux. Elle ne dispose désormais que de la faculté de déférer cet acte devant le juge administratif compétent pour appréciation de la légalité[5]. Ce qui fait désormais de l'autorité de tutelle une simple courroie de transmission. L'on en déduit une garantie notable pour la libre administration locale, ceci avec la disparition du contrôle d'opportunité et le raffermissement du contrôle *a posteriori* au détriment du contrôle *a priori*.

2. Les procédés de tutelle spéciale *a priori*

Ces procédés de tutelle intéressent les décisions prises par les autorités locales, mais dont le caractère exécutoire est subordonné à leur approbation préalable, qui rétroagit à la date de leur approbation[6]. L'une des restrictions

---

[1] Voir art. 146 Loi n°2012-1128 du 13 décembre 2012 portant organisation des collectivités territoriales en République de Côte d'ivoire.

[2] Lire à ce propos J. DEMBOUR, *Les actes de la tutelle administrative*, Bruxelles, Larcier, 1955, p. 174.

[3] P. GOFFAUX, *Dictionnaire de droit administratif*, Bruxelles, Bruylant, 2016, p. 637 ; Vande Lanotte 1323 ; C.E., 6 novembre 2009, n° 197.635, Commune de Rode Saint-Genèse

[4] J. DEMBOUR, *Les actes de la tutelle administrative,* Bruxelles, Larcier, 1955, p. 177.

[5] Art. 74, Loi n° 2019/024 du 24 décembre 2019, *op. cit.*

[6] R. CHAPUS, *Droit administratif général*, Tome 1, 13e éd., Paris, Montchrestien, août 1999, p. 390.

au pouvoir d'approbation, non des moindres, est le fait que l'annulation de la décision de refus d'approbation par le juge administratif saisi par le Président du Conseil régional ou le maire équivaut à une approbation, dès notification de la décision à la collectivité territoriale[1]. La substitution[2] est une mesure d'une gravité inhabituelle, car elle autorise l'autorité de tutelle à agir au nom et pour le compte de la communauté, tout en mettant l'autorité légale de côté. Ceci a incité Martin Finkem à présenter ce pouvoir comme *« l'étape la plus élevée pour exercer la surveillance »*[3]. Pour Chapus, « c'est un pouvoir remarquable en ce qu'il permet à l'autorité de tutelle de s'ingérer de façon particulièrement marquée dans les affaires de l'institution décentralisée et en même temps de faire beaucoup plus que ce qui est permis au pouvoir hiérarchique »[4]. Ainsi, lorsque le maire, ou le président du conseil régional refuse ou s'abstient de poser les actes qui lui sont prescrits par la législation et la réglementation en vigueur, le ministre chargé des collectivités territoriales, saisi par le représentant de l'État peut y faire procéder d'office. Cette substitution ne pourrait intervenir que lorsque cette mesure présente un intérêt intercommunal[5] ou interrégional[6].

Le législateur de la République de Côte d'Ivoire va plus loin en parlant de « la substitution d'office » qui est de la compétence du ministre de tutelle[7]. C'est en cas de refus ou de négligence constatée de la part de l'autorité locale, dans l'exécution de mesures prescrites par les lois et règlements, et après une mise en demeure écrite, assortie d'un délai, restée infructueuse. C'est alors que l'autorité de tutelle se substitue à l'autorité[8] locale (au Maire, au Président du Conseil régional) et prend à cette fin toutes les mesures appropriées. Cela est d'autant plus manifeste que, en cas de dissolution ou de démission du conseil municipal, elle est remplacée par une délégation spéciale[9] ; celle-ci va exercer en lieu et place de l'autorité locale avec impact juridique des actes que cette dernière aura à prendre[10]. Il est donc clair que la tutelle dans la vie de la décentralisation territoriale est très manifeste : notamment dans le cadre prévu par les textes qui encadrent cette dernière. Aucune œuvre humaine n'étant parfaite, force est de constater que cette tutelle a souvent mal ou peut cacher

---

[1] Art 79 al 2 Loi n° 2019/024 du 24 décembre 2019, *op. cit.*

[2] Art 140 Loi n° 2012 /1128 en Côte d'Ivoire *op. cit.*

[3] M. FINKEM, *Commune et gestion municipale au Cameroun : Institutions municipales, Finances et budget, Interventions municipales*, op. cit.

[4] R. CHAPUS, *Droit administratif général,* op. cit., p. 390.

[5] Art. 227 Loi n° 2019/024 *op. cit.*

[6] Art. 322 al 3 *op. cit.*

[7] Lire les articles 140 et 197 de la Loi n° 2012-1128 du 13 décembre 2012 portant organisation des collectivités territoriales.

[8] Art. 61 Loi n° 2012/1128, *op. cit.*

[9] Art. 192 al 1 en ce qui concerne le conseil Municipal et art. 298 al 1 pour le conseil régional de la Loi n° 2019/024 *op. cit.*

[10] Lire Art 43 à 47 Loi 2018/1128 en République de Côte d'Ivoire.

d'autres intentions parfois pas contenues dans les textes, toute chose qui traduit certainement une rigidité dans son application.

II. La rigidité dans l'application de la tutelle

S'exprimant sur la question de la décentralisation à Rennes en 1998, l'ancien Président Chirac soulignait que « force est de constater que l'État a constamment cherché et souvent avec succès, à reprendre d'une main ce qu'il avait donné de l'autre »[1]. Ainsi, L'application de la tutelle se trouve rigide au regard de la résurgence des procédés ignorés (A) et la mainmise sur le transfert des ressources (B).

A. La résurgence des procédés ignorés

Dans son application, tant du point de vue de la *ratio legis* du législateur que de sa lettre, la tutelle fait désormais recours à des mécanismes qui autrefois, avaient été minorés sinon ignorés. Il s'agit de la tutelle d'opportunité. Cette dernière suppose que l'Etat est juge de l'opportunité d'un acte pris ou à prendre par une autorité décentralisée. Autrement dit, il revient et appartient à l'Etat de faire ressortir la consistance dudit contrôle (1) ainsi que ses contours juridiques (2).

1. La consistance de la tutelle d'opportunité

La loi d'orientation de la décentralisation précise que « l'État transfère aux collectivités territoriales décentralisées dans les conditions fixées par la loi, des compétences dans les matières nécessaires à leur développement économique, social, sanitaire, éducatif, culturel et sportif » [2]. Mais cette liste ne s'arrête pas à ce niveau. Elle poursuit en précisant que les compétences transférées aux collectivités par l'État sont exercées de façon exclusive[3]. Elles sont exercées de manière concurrente par l'État et celle-ci, dans les conditions et modalités prévues par la loi[4]. Dans le cas camerounais, l'exerce concourant de compétences est supprimé au profit de l'exclusivité. Ceci se traduit par les dotations spécifiques allouées à cette fin et le principe des dépenses obligatoires inscrites au budget qui le caractérise. Il en est ainsi sous l'approbation et le contrôle de l'État par l'entremise de son représentant.

La lecture combinée des textes sur le droit de la décentralisation dans les États que nous étudions permet de remarquer l'effritement de l'autonomie administrative, et des restrictions financières. Dans le Code général de la décentralisation et les autres textes y afférents, le législateur prévoit des listes limitatives d'objets soumis à l'approbation préalable[5], la tutelle de

---

[1] Propos tirés de J. BAGUENARD, *La décentralisation*, Paris, PUF, Coll. « Que sais-je ? », 7e éd, n° 1879, février 2004, p.6

[2] Article 17 al 1, Loi n° 2019/024 du 24 décembre 2019 portant Code général de la décentralisation au Cameroun, Lire aussi l'Art 32 Code de la décentralisation du Burkina-Faso.

[3] Article 19 al 1 Loi 2019 *op. cit.*

[4] Article 19 al 2 Loi 2019 *op. cit.*

[5] Voir l'article 76 al 1 de la loi de 2019/024, *op. cit.*

l'opportunité nous est présentée comme un contrôle conditionné qui ne se présume pas contrairement au pouvoir hiérarchique, et cela conformément au principe bien connu « pas de tutelle sans textes » et « pas de tutelle au-delà des textes ».

Certes, le contrôle d'opportunité n'est nullement mentionné dans la loi de 2019/024 sur la décentralisation, mais il subsiste de par l'analyse du rapport entre contrôle d'opportunité et pouvoir d'approbation. Ce pouvoir d'approbation a été amoindri quoiqu'il reste pleinement valable pour les actes les plus importants de la collectivité locale. Ainsi, que ce soit en matière budgétaire, d'emprunts et garantie d'emprunts, le recrutement de certains employés, l'acte de l'autorité de tutelle est nécessaire. Ces énumérations sont perceptibles dans les États étudiés. Le Code des collectivités territoriales du Mali prévoit aussi des cas similaires du pouvoir d'approbation lorsqu'il dispose que « Toutefois, les délibérations sur les matières ci-après ne deviennent exécutoires qu'après approbations par le représentant de l'État dans le cercle : le budget et le compte administratif ; l'aliénation des biens du patrimoine ; les emprunts de plus d'un an »[1]. Les mêmes matières sont perceptibles dans la loi ivoirienne portant organisation des collectivités publiques[2]Par ces pouvoirs d'approbation, l'autorité de tutelle dispose d'un « véritable droit de veto »[3].

Par ailleurs, la soumission de la région à un contrôle de tutelle aussi poussé comme celui exercé sur les autres types de collectivités locales serait de nature à étouffer toutes les aspirations que l'on a à l'égard de cette immense entité. Dans ce sens, et pour éviter d'en faire un outil fragilisé devant les grandes missions de développement et de planification, le législateur semble avoir bien compris la vocation de la région. Il faisait preuve de certain esprit tatillon lors de la formulation des dispositions relatives au contrôle de tutelle sur les régions puisqu'il l'a organisé d'une manière à ce qu'il y ait une collaboration entre les deux entités publiques, l'État et la région[4]. En bref, l'autonomie financière apparaît comme une technique juridique permettant à une personne publique de posséder des biens financiers et de les gérer dans l'intérêt de la collectivité qu'elle représente[5].

Qu'en est-il à présent des contours de l'opportunité ?

---

[1] Article 23 al 2 de la loi n° 2017-051/ du 2 octobre 2017 portant Code des collectivités territoriales.

[2] Loi n° 2021-1128 du 12 décembre 2012 portant organisation des collectivités publiques.

[3] A. BOCKEL, *Droit administratif*, Cité par NLEP Roger Gabriel, *L'administration publique camerounaise : Contribution à l'étude des systèmes africains d'administration publique*, Paris, LGDJ, 1986, p. 103.

[4] Voir art. 325 et 326 de la Loi de 2019/024, *op. cit.*

[5] B. MOMO, « Réflexions sur le système communal camerounais : Contribution à l'étude de la décentralisation territoriale au Cameroun », *Juridis info*, n° 24, octobre-novembre-décembre, 1995, p. 90

2. Les contours juridiques du contrôle d'opportunité

Le contrôle d'opportunité peut être fondé sur le principe d'équilibre. Ce dernier part d'un postulat : avant la décentralisation, l'État exerçait certaines compétences sinon toutes les compétences. Ces compétences étaient exercées grâce à des moyens financiers, techniques, matériels... Avec la décentralisation, ces compétences ne devraient être transférées aux collectivités locales qu'accompagnées de moyens antérieurement utilisés par l'État pour les exercer. Il est évident que le transfert de compétences a des implications financières certaines vu qu'elles font naître de nouvelles charges auprès des collectivités. Mais les modalités de dotation et de transfert de ressources présentent des inconvénients[1]:

S'agissant du transfert de fiscalité, il est à relever que le mécanisme de transfert des impôts au profit des collectivités locales par l'État peut prendre deux formes[2]. La première correspond au cas du partage d'impôt d'État, c'est-à-dire que l'État transfère tout ou partie du produit d'un impôt tout en maîtrisant son assiette et son taux défini par le Parlement.

La seconde forme de transfert de fiscalité consiste à transférer un impôt en laissant aux organes délibérants des collectivités le droit d'en fixer le taux. Les conséquences seront quasiment les mêmes que celles relatives aux impôts d'État.

Au regard de cette analyse en matière de transfert de fiscalité et surtout quant à l'impossibilité pour la collectivité décentralisée de fixer le taux de l'assiette, l'on peut conclure à une libre administration plus formelle que concrète, car la libre administration postule en effet une liberté de déterminer ses ressources et par conséquent de disposer d'une véritable autonomie fiscale fut-elle conditionnée par la loi[3]. Dépendante de l'assistanat de l'État, doublé d'une tutelle technique pesante[4], l'administration locale subit la gestion indirecte des ressources locales par l'État. Nonobstant ladite tutelle pressante financière, on observe comme une tutelle technique assujettissante. Le pouvoir de sanction est assorti d'un devoir d'assistance à la charge des autorités de l'État. C'est dans ce sens que les services déconcentrés des ministères sont tenus de leur apporter leur assistance. Dans la même lancée, avait été créé le Centre de formation pour l'administration municipale (CFAM)[5], transformé en une école de référence-pour la formation du personnel de la fonction publique locale, la *National School of Local*

---

[1] Ch. De. COURSON, « Autonomie financière des collectivités locales : la voie étroite », *in Commentaire*, n° 100, Hiver 2002-2003, p. 885.

[2] *Ibid.*, pp. 885-887.

[3] Lire Dc. n° 2003-469 du 26 mars 2003, Y. LUCHAIRE et F. LUCHAIRE, *Décentralisation et constitution : Commentaire de la loi constitutionnelle relative à l'organisation décentralisée de la République*, Paris, Economica, 2003, p. 37.

[4] C. V. NOUAZI KEMKENG, *op. cit.*, p. 134.

[5] Décret n°77/4194 du 7 décembre 1977 portant création et organisation du centre de formation pour l'administration municipale (CEFAM).

Administration (NASLA)[1] et le Fonds spécial d'équipement et d'intervention intercommunal (FEICOM)[2].

Cet arsenal institutionnel autour de la décentralisation a certes une mission d'assistance des collectivités territoriales décentralisées, mais il est le reflet d'une véritable tutelle pesante. En effet, par le truchement de la mission permanente d'assistance et de coordination, l'État se réserve un droit de regard sur les aspirations des populations locales dont il est juge de l'opportunité en plus d'en définir l'orientation et le canevas des décisions à prendre[3].

Mais il sied également de relever que la tutelle médiate, en plus de toucher les actes des autorités décentralisées, peut aussi agir sur leurs ressources.

B. La mainmise sur le transfert des ressources

L'objectif de la décentralisation est de promouvoir le développement local. Cependant, on est tenté de croire que les ressources transférées lorsqu'elles ne le sont pas assez sur la base de la progressivité (2), bénéficie encore de contrôle mieux, d'un regard plus attentif du pouvoir central (1) toutes choses qui tendent à émasculer la dynamique de l'autonomie des collectivités décentralisées.

1. Une intrusion fondée sur le jacobinisme étatique

D'entrée de jeu, on serait tenté d'opiner que le transfert de compétences devrait se faire avec diligence de la part du pouvoir central dans le but d'optimiser les résultats de développement local. Mais, il est un truisme de remarquer que le transfert de compétence se fait d'une manière relativement diligente. Il ne s'agit nullement d'inciter le pouvoir central à la précipitation au risque de compromettre l'objectif principal. Une fois les compétences transférer, elles devraient prioritairement être exercées par les collectivités locales. Malheureusement, il est constaté que l'Etat y possède encore des moyens d'actions et d'influence. Quelle peut en être l'explication ? Etant pour la plus part des Etats unitaires, les Etats subsahariens sont fondamentalement jacobins. En effet, les pouvoirs reconnus à l'autorité tutelle ont pour principale mission de permettre à cette dernière de sauvegarder l'aspect unitaire de l'Etat[4] malgré la reconnaissance de l'autonomie aux collectivités décentralisées. Il s'agit ainsi d'une approche jacobine de l'Etat.

---

[1] Décret n° 2020/111 du 2 mars 2020 portant création, organisation et fonctionnement de la *National School of Local Administration* (NASLA)

[2] Décret n° 2018/635 du 31 octobre 2018 portant réorganisation du fonds spécial et d'équipement et d'intervention intercommunal.

[3] B. MOMO, « Réflexions sur le système communal camerounais : contribution à l'étude de la décentralisation territoriale au Cameroun », in *Juridis info*, n° 24, octobre-novembre-décembre, 1995, p. 88.

[4] Lire utilement M.R ENGAMBA, « Les pouvoirs de l'autorité préfectorale et la garantie de l'unité de l'Etat en matière de police municipale au Cameroun », *Revue RRC*, n° 042/Février 2024, pp. 291-310.

Le jacobinisme est une idéologie d'essence française rattachée à la personne de François Mitterrand[1] qui consiste à faire le culte de l'État centralisé, l'interventionnisme dans la société et l'économie[2]. Cette idéologie sera comprise d'abord sous un angle historique, ensuite, sera porteuse d'une tradition politique. Ces deux éléments auront un lien étroit vérifiable sur la base d'une question : Quels étaient les éléments de ce mouvement qui furent repris au XIXe et XXe siècle, maintenus et utilisés pour justifier des tendances politiques ou pour leur donner un repère historique ? Pour y répondre, on distinguera trois traditions politiques différentes qui se sont constituées à partir du jacobinisme historique. On peut résumer la première sous le terme de la *« tradition révolutionnaire »*[3], la deuxième la *« tradition républicaine et étatiste »*[4], et la troisième la *« tradition laïciste »*[5]. Ramenées dans le contexte des Etats subsahariens, ces trois approches sont perceptibles de manière respective notamment à travers : la décentralisation en tant qu'œuvre d'une révolution centrée sur la promotion de la démocratie ; de l'encadrement bienveillant des CTD qui sont loin de constituées des « Etats dans un Etat. » et enfin, la démarcation explicite de l'Etat par rapport aux religions[6]. Au regard de ce qui précède, il convient de relever que la mainmise de l'Etat dans le transfert des ressources au CTD vise à sauvegarder l'unité de l'Etat et reste traducteur d'un conservatisme étatique décliné dans le principe de progressivité.

2. Une immixtion implicitement déclinée dans le principe de progressivité

Plus évoqué en droit fiscal, le principe de progressivité bénéficie aussi d'une attention particulière en droit de la décentralisation dans les Etats subsahariens. Constitué de l'adjectif *« progressif »* et du suffixe *« ité »*, le dictionnaire français appréhende la progressivité comme « la qualité de ce qui évolue graduellement par étapes successives »[7]. Pour le Professeur Abane Engolo, il s'agit d'« une technique, un processus dynamique de mise en place de la décentralisation »[8] en ce sens qu'il suppose « le respect des degrés et des hiérarchies territoriales, Etat, régions et communes ». Ce principe autrefois très marqueur de la dynamique de décentralisation au Cameroun, est

---

[1] Lire Utilement : F. FURET, J. JULLIARD, P. ROSANVALLON, *La République du centre. La fin de l'exception française*, Paris, Hachette, 1988.

[2] M. WAECHTER, « Le jacobinisme : la fin d'une tradition politique ? », *l'Europe en formation*, n° 3/4, 2007, pp.1-9

[3] Ibid.

[4] Ibid.

[5] Ibid.

[6] L.P BALLA MANGA, « L'Etat et la religion en droit positif camerounais », *Revue Internationale des francophonies*, vol 8, 2020, pp. 1-25.

[7] www.lalanguefrancaise.com consulté le 24 mai 2024 à 8h25.

[8] P.E ABANE ENGOLO, S.F INENELIM OMBANG, « Le sort du principe de progressivité en droit camerounais de la décentralisation », *RADP*, Vol X, n° 23, 2021, pp.1-35.

aujourd'hui moins évoqué dans le cadre de la relation existante entre l'Etat et les CTD en matière de transfert de ressources. En effet, l'article 9 (2) de la loi portant orientation de la décentralisation disposait que « le transfert et la répartition des compétences (...) obéissent aux principes de subsidiarité, de progressivité et de complémentarité »[1]. Mais avec l'avènement de la loi portant Code général des CTD, le transfert de compétences et de ressources sera exclusivement soumis aux principes de subsidiarité et de complémentarité[2]. On assiste dès lors, à une abrogation expresse du principe de progressivité[3] à travers son exclusion au rang des principes de la décentralisation. Ladite abrogation emportera-t-elle l'inapplicabilité dudit principe ? *Que nenni !*

Malgré le fait que le principe de progressivité ait été mis à l'écart dans la nouvelle boussole de la décentralisation au Cameroun en particulier, et dans d'autres Etats subsahariens, il continue à vivre et ne peut véritablement être ravalé aux oubliettes que si les constitutions desdits Etats sont révisées[4]. Au surplus, il convient de relever que la décentralisation dans sa conception est d'abord une réflexion sur l'Etat, c'est-à-dire une vision politique et administrative de l'Etat dans le but d'assurer l'unité malgré la diversité. Ainsi, la question du principe de progressivité en est une véritable illustration[5]. C'est ainsi qu'on peut se rendre compte de ce que les décrets d'application relatifs aux ressources et compétences transférées ne sont pas encore édictés en totalité toute chose qui traduit un inachèvement normatif et institutionnel de la décentralisation[6]. Mais on est tenté de croire qu'il s'agit d'une volonté implicite des Etats. La progressivité fait de l'Etat le juge de l'opportunité du transfert des ressources et des compétences car le temps de l'administration n'est pas le temps de l'administré. Ainsi, bien qu'au service de la démocratie, la bonne gouvernance et le développement au niveau local, la décentralisation reste une volonté politique. De la sorte, le recours au principe de progressivité permet à l'Etat de se positionner comme le seul maître du destin de la décentralisation.

Conclusion

Au terme de la présente étude sur la tutelle dans les Etats d'Afrique subsaharienne, l'on peut dire qu'elle est souple dans sa conception au regard de la flexibilité de ses conditions et de la réduction de ses, mais elle demeure rigide dans son application au regard de la résurgence des procédés élagués et

---

[1] V. art 9 al 2 de la loi n° 017/2004 du 22 juillet 2004 portant orientation de la décentralisation.
[2] V. art 20 de la loi n° 2019/024 du 24 décembre 2019 portant Code Général des Collectivités Territoriales Décentralisées.
[3] .E ABANE ENGOLO, S.F INENELIM OMBANG, « Le sort du principe de progressivité en droit camerounais de la décentralisation », *op..cit.*, p. 13.
[4] *Ibid*, p.17.
[5] Ibid., p.19.
[6] *Ibid.*

la mainmise sur le transfert des ressources. En effet, il reste clair dans la pratique, l'Etat est juge de l'opportunité d'un acte pris ou à prendre par une autorité décentralisée. En outre, il ressort que la mainmise de l'Etat dans le transfert des ressources aux CTD vise à sauvegarder l'unité de l'Etat et reste traducteur d'un conservatisme étatique décliné dans le principe de progressivité. Ainsi, malgré le fait que la tutelle soit pesante, elle occupe une place centrale dans le processus de mise en œuvre d'une décentralisation authentique. En réalité, une décentralisation efficace repose sur une tutelle forte qui émane des textes. Il est prévu que l'État veille au développement harmonieux de toutes les CTD sur la base de la solidarité nationale et de l'équilibre interrégional. Cela se traduit par un contrôle accru sur les actes pris par les organes en charge des CTD et sur les personnes à la tête desdites collectivités. Bien plus, la tutelle assure la protection de l'Etat et garantie l'unité politique et administrative. Au final, la tutelle assure la protection des intérêts des individus qui composent la collectivité. La décentralisation en Afrique pourrait ainsi être qualifiée à juste titre de décentralisation institutionnelle, c'est-à-dire qu'elle s'attache beaucoup plus aux textes qu'à la réalité et surtout à la capacité des collectivités à s'autogérer et à investir.

Bibliographie

Ouvrages

- ABANE ENGOLO Patrick-Edgard, *Traité de droit administratif du Cameroun*, L'Harmattan, 2019, 554 p.
- BAGUENARD Jacques, *La décentralisation*, Paris, PUF, Coll. « Que sais-je ? », 7eéd, n° 1879, février 2004, 125 p.
- BOCKEL Alain, *Droit administratif général*, éd NEAS, 1978, 543 p.
- CARRE DE MALBERG Raymond, *Contribution à la théorie générale de l'État*, Dalloz, 2004, T. I, 1526 P
- CHAPUS René, *Droit administratif général*, tome 1, Montchrestien, Paris, 2001, 798p.
- CORNU Gérard, *Vocabulaire Juridique,* 1e éd., Paris, PUF, 1987, 1106 p.
- DE TOCQUEVILLE Alexis, *De la démocratie en Amérique*, Flammarion, mars 2010, 304 p.
- DEMBOUR Jacques, *Droit administratif*, Bruxelles, Larcier, 1970, 480 p.
- DONIER Virginie, *Droit des collectivités territoriales*, 1re éd., Paris, Dalloz, 2014, 204 p.
- FAVOREU Louis, *Décentralisation et constitution*, R.D.P., 1982, 1300 p.
- FINKEM Martin, Commune et gestion municipale au Cameroun : Institutions municipales, Finances et budget, Interventions municipales, Yaoundé, Presses du Groupe Saint François, Janvier 1996. 348 p.
- FLAMME Maurice-André, *Droit administratif*, T.I, Bruxelles, Bruylant, 1989, 658 p.
- GOFFAUX Patrick, *Dictionnaire de droit administratif*, Bruxelles, Bruylant, 2016, 88 p.

- HAURIOU Maurice, La théorie de l'institution, Précis de droit administratif et de droit public, Paris, 12è éd.1933, 524 p.
- HAURIOU Maurice, *Précis de droit constitutionnel*, 2e éd., Pais : Sirey, 1929, (Rééd. CNRS, 1965), pp. 189 et s.
- LAUBADERE André De, VENEZIA (Jean-Claude), GAUDEMET Yves, *Traité de droit administratif*, Tome 7, 13ème éd, Paris, LGDJ, 1994, 975 p.
- MERCIER Michel, *Bilan de la décentralisation,* Rapport d'information no 447, Sénat, Session ordinaire de 1999-2000, 67 p.
- NLEP Roger-Gabriel, L'administration publique camerounaise : Contribution à l'étude des systèmes africains d'administration publique, Paris, LGDJ, 1986, 446 p.
- OWONA Joseph, *La décentralisation camerounaise*, L'Harmatan, 2011, 172 p.
- PEISER Gustave, Droit Administratif : les Actes administratifs, organisation administrative, police et service public, responsabilité et contentieux administratif, 19e éd, Paris, Dalloz, 1998, 162 p.
- RIVERO Jean et WALINE Jean, *Droit administratif*, 18ème édition, Paris, Dalloz, 2000, 646 p.
- TCHOUNBIA ELANG Ruben, *Décentraliser et démocratiser : la gouvernance locale,* Yaoundé, Presse de l'UCAC, 2004, 263 p.
- VEDEL Georges, *Droit administratif*, PUF, Thémis, 6e éd., 1976, 720 p.

Articles

- ABANE ENGOLO Patrick Edgard, INENELIM OMBANG Sandrine Florence, « Le sort du principe de progressivité en droit camerounais de la décentralisation », *RADP*, Vol X, n° 23, 2021, pp.1-35
- ATEMENGUE Jean-de-Noel, « Production du droit public interne et contexte socio politique : Le cas du Cameroun », *RDIDC*, 2012.
- BALLA MANGA Luc Patrick, « L'Etat et la religion en droit positif camerounais », *Revue Internationale des francophonies*, vol 8, 2020, pp. 1-25
- BIPELE KEMFOUEDIO Jacques, « La tutelle administrative dans le nouveau droit camerounais de la décentralisation », *in Annales de la Faculté des Sciences Juridiques et politiques,* Université de Dschang, Tome 9, Edition spécial décentralisation, 2005, 32 p.
- CASANOVA, « Jacobinisme la fin d'un mythe », *in Commentaire* n° 100, Hivers 2002- 2003, 16 p.
- COURSON Charles De., « Autonomie financière des collectivités locales : La voie étroite », *in Commentaire*, n° 100, Hiver 2002-2003, 4 p.
- DONFACK SOKENG Léopold, « Bonne gouvernance, État de droit et développement : Approche critique de la réforme de l'État en Afrique », *in Revue trimestrielle de droit et des activités économiques*, n° 2, Avril-juin 2007, 60 p.
- DUBOUCHET P., « Lé théorie de l'institution et du service public – Droit et société », *RRJ*, 1996-2, 210 p.
- ENGAMBA Maurice Ronsard, « Les pouvoirs de l'autorité préfectorale et la garantie de l'unité de l'Etat en matière de police municipale au Cameroun », *Revue RRC*, n° 042/Février 2024, pp. 291-310.
- Fabre Michel-Henry, « L'unité et l'indivisibilité de la République, Réalité ? Fiction ?», *R.D.P.,* 1982, 650 p.

- GUIMDO DONGMO Bernard-Raymond, « Les bases constitutionnelles de la décentralisation au Cameroun, (contribution à l'étude de l'émergence d'un droit constitutionnel des collectivités territoriales décentralisée) », *in RGD,* décembre 1998, n°1, 23 p.
- GUIMDO DONGMO Bernard-Raymond, « Constitution et décentralisation au Cameroun depuis la réforme constitutionnelle du 18 janvier 1996 », *in Revue juridique et politique des Etats francophones,* n°2, Avril - *Paris : Juris Africa* 2005, 228 p.
- HOUYET Yves, « Les procédés de contrôles tutélaires sur l'action des entités décentralisées au sein de l'État fédéral », *Rev. droit.* U.L.B., 2008/1, 63 p.
- MANGA ZAMBO Eleuthère, « La décentralisation dans le paysage administratif au Cameroun », *in L'administration publique camerounaise à l'heure des réformes,* Paris, L'Harmattan, 2010, 21 p.
- MENYE ME MVE Philippe, « processus de mise en place de la décentralisation », *in Mécanismes de la décentralisation, Cours de l'E.N.A.M,* Centre de recherche et de documentation, Yaoundé, Décembre 2004, 35 p.
- MOMO Bernard, « Réflexions sur le système communal camerounais : Contribution à l'étude de la décentralisation territoriale au Cameroun », *in Juridis info,* N° 24, 1995, 35 p.
- NOUAZI KEMKENG Carole Valérie, « Le cadre juridique de la décentralisation au Cameroun », *in* ALAWADI ZELAO (dir.), *Décentraliser au Cameroun. Dynamiques institutionnelles et logiques des acteurs, Harmattan Paris, Collection Études africaines,* octobre 2018, pp. 129-149.
- PAGNOU SASSO, « La place du contrôle de légalité dans les processus de bonne gouvernance liés à la décentralisation. Le cas du Togo », *Revue Internationale des Sciences Administratives,* vol. 79, no. 3, 2013, pp. 605-621.
- TOBIE HOND, « état de lieux de la décentralisation territoriale au Cameroun », in *L'administration publique camerounaise à l'heure des réformes,* l'Harmattan, Paris, 2010, pp. 93-112.
- WAECHTER Matthias, « Le jacobinisme : la fin d'une tradition politique ? », *l'Europe en formation,* n° 3/4, 2007, pp. 1-9.
- WANDJI K Jérôme-Francis, « Processus de démocratisation et évolution du régime politique camerounais : D'un présidentialisme autocratique à un présidentialisme démocratique », *in Revue belge de droit constitutionnelle,* Bruxelles, Bruyant, Février 2001, 35 p.

Thèses et cours

- GUIMDO DONGMO Bernard-Raymond, Sens et effectivité du droit, Séminaire de théorie de droit, UYII.
- MFOYOUOM Guy Herman, *Changements constitutionnels et institutions administratives au Cameroun,* Thèse de doctorat/Ph.D. en droit public, Université de Yaoundé II, octobre 2015, 603 p.

QUATRIÈME PARTIE

Les défis et perspectives pour une décentralisation efficace

Chapitre 11

La coopération décentralisée au Cameroun, nouvelle voie pour le développement ? Une analyse historique à partir de quelques réalisations à caractère socio-économique 1980-2020

Par
Emmanuel ASSOLA
Chargé de recherche, Centre National d'Éducation/MINRESI
manuelassola@gmail.com

Résumé

Depuis plusieurs années, les collectivités locales montent en puissance sur la scène internationale où elles s'affirment progressivement comme interlocutrices des États dans la poursuite des objectifs de lutte contre la pauvreté. Devenues sujets de droit international à part entière, elles jouent de ce fait un rôle important dans la politique d'aide au développement. Cette situation est la résultante des récents processus de décentralisation engagés dans de nombreux pays du Sud. La coopération décentralisée est une réponse proposée aux tares de la coopération interétatique. Constitue-t-elle une voie de sortie du sous-développement au regard des réalisations socioéconomiques à son actif au Cameroun ? C'est ce que cet article essaye de démontrer à travers une analyse critique de ses apports concrets.

Mots-clés : coopération décentralisée, Cameroun, développement, collectivités locales, décentralisation

Abstract: Decentralized cooperation, a new path for development? A historical analysis based on some socio-economic achievements 1980-2020

For several years, local communities have gained in importance on the international scene where they are gradually ascertaining themselves as interlocutors of the State in the pursuit of poverty reduction objectives. Having fully become subjects of international law they play an important role in the development aid policy. This situation is the result of recent decentralization processes initiated in many countries of the South. Decentralised cooperation is a proposed answer that defeats interstate cooperation. Does it constitute underdevelopment with regard to socio-economic achievements to its credit in Cameroon? This is what this article tries to demonstrate through a critical analysis of its concrete contributions.

Key words: Decentralized cooperation, Cameroon, development, local communities, decentralization

Introduction

À la suite de la crise économique et financière de la fin des années 1980 et du début des années 1990, le Cameroun a connu une longue période d'ajustement structurel qui a fortement influencé le contenu et la qualité de ses partenariats. Cette période a été fortement marquée par une forte compression des dépenses publiques sous l'impulsion des institutions de Bretton Woods. Cette forte réduction des dépenses publiques, particulièrement caractérisée par la baisse nominale des salaires à la fonction publique, a été exaspérée en 1994 par la dévaluation du franc de la Communauté financière africaine (F CFA), contribuant ainsi à l'accentuation de la pauvreté au sein des ménages camerounais[1]. Pour l'État, il a fallu juguler cette crise aux effets dévastateurs. Plusieurs pistes avaient été envisagées. Parmi celles-ci figurait la coopération décentralisée qui apparait comme la forme la plus adaptée à l'aide publique au développement, car mobilisant les acteurs locaux. Il fallait donc mobiliser les ressources pour promouvoir le développement.

L'enjeu majeur de la mobilisation des ressources par le biais de la coopération décentralisée est de réduire significativement la pauvreté à un niveau socialement acceptable, en faisant de la population un facteur effectif et la finalité du développement à travers une généralisation de l'accès aux services de santé, d'éducation, de formation et d'infrastructures de base telles que l'eau, l'électricité, les routes, etc. Il s'agit en effet de faire en sorte que les collectivités territoriales décentralisées contribuent dans les domaines du développement socioéconomique, notamment en ce qui concerne la création d'emplois et l'amélioration des conditions de vie des populations à la base. C'est dans cette perspective que plusieurs projets à caractère socioéconomique ont été réalisés dans la quasi-totalité des localités camerounaises avec pour finalité le développement à la base et l'amélioration des conditions de vie des populations. Il est question dans cet article de répertorier, dans les collectivités retenues pour cette étude, les réalisations à caractère socioéconomique, fruits des actions de coopération décentralisée et de voir l'impact qu'elles ont eu sur les localités où elles ont été menées, sur l'amélioration des conditions de vie des populations et sur le Cameroun en général.

La méthodologie appliquée pour l'élaboration de ce travail est à la fois chronologique, thématique et explicative. Optant pour une approche multidisciplinaire incluant à la fois des données juridiques, historiques, socioéconomiques et géographiques, les analyses faites au cours de cette étude reposent sur l'examen d'une panoplie des sources. L'approche développementaliste et constructiviste permet de mieux appréhender la structuration des réalisations de la coopération décentralisée au Cameroun dès sa mise en branle et son impact sur l'amélioration des conditions de vie des

---

[1]REPUBLIQUE DU CAMEROUN, *Document de Stratégie de Réduction de la Pauvreté*, Yaoundé, Avril, 2003, p. 25.

populations. La coopération décentralisée reste un terreau très fertile et une niche d'opportunités pour le Cameroun qui a beaucoup à offrir et à recevoir.

Pour obtenir les résultats, trois principales techniques de collecte des données ont permis de rassembler les informations exploitées dans le présent travail. Il s'agit de l'entretien sélectif avec des témoins des réalisations effectuées. Puis, de l'exploitation des fonds documentaires des Archives du projet pôles de développement rural (APPDRAC), de celles des communes de Ntui et Mbangassina dans le département du Mbam et Kim, du Mbam et Inoubou[1], de Yaoundé 6 dans le département du Mfoundi, Région du Centre, de Bagangté dans le département du Ndé, Région de l'Ouest. Enfin, de l'exploitation des archives du ministère de l'Administration territoriale et de la décentralisation du Cameroun (AMINATD) et la collecte des sources documentaires.

I. La coopération décentralisée en action au Cameroun

La fonction primordiale de la coopération décentralisée est de promouvoir le développement local et d'assurer le bien-être aux populations dont les collectivités avaient la charge[2]. Elle intervenait ainsi dans quasiment tous les domaines de la vie socioéconomique du pays contribuant à la réalisation de plusieurs ouvrages et améliorant les conditions de vie des populations. Il est question d'examiner dans une perspective historique la contribution des actions de coopération décentralisée au Cameroun. Pour ce faire, il est nécessaire de jeter un regard sur l'occupation spatiale de la coopération décentralisée sur le territoire camerounais.

A. Géographie de la coopération décentralisée

C'est dans l'optique de promotion du développement que plusieurs collectivités territoriales ont noué des partenariats de coopération décentralisée. Ainsi entre 1974 et 2005, ce sont 155 liens de coopération décentralisée qui ont été établis entre les collectivités camerounaises et étrangères. Le tableau ci-dessous présente le nombre de liens enregistré pour chacune des dix provinces du Cameroun pour la période indiquée.

Tableau n°1 : Nombre de liens de coopération par province entre 1974 et 2005

Province	Nombre de collectivités	%
Centre	68	44
Littoral	30	19
Est	16	10
Sud	14	9
Ouest	11	7

[1] (Bafia, Deuk, Ombessa, Kiiki, Bokito, Ndikinimeki, Makénéné, Nitoukou, Kon-Yambetta).

[2]MINATD, *Guide pratique de la coopération et de la solidarité intercommunales au Cameroun,* Inédit, p. 11.

Sud-Ouest	7	5
Extrême-Nord	3	2
Adamaoua	2	1
Nord-Ouest	2	1
Nord	2	1
Total	155	99

Source : Compilation des données du ministère de l'Administration territoriale et de la décentralisation (MINATD) et des collectivités.

Pour ces divisions administratives, la coopération décentralisée qui constitue un phénomène nouveau n'avait pas encore atteint sa vitesse de croisière. L'autre raison pouvant expliquer ces faibles taux est une capacité insuffisante des exécutifs municipaux à conduire les démarches nécessaires pour tisser des relations avec les collectivités étrangères, celles requérant des aptitudes dans le domaine de la négociation, et même de la diplomatie[1]. Les provinces de l'Extrême-Nord, de l'Adamaoua, du Nord-Ouest du Nord se situent entre 2 % et 1 %. La seule explication plausible peut résider dans le fait que les collectivités de ces parties du pays n'avaient pas saisi l'opportunité de nouer des partenariats.

En 2011, l'état de la coopération décentralisée au Cameroun n'est pas reluisant non plus et se présente ainsi qu'il suit :

Tableau n°2 : État de la coopération décentralisée au Cameroun en 2011

Régions	**Nombre de CTD**	**Nombre d'association de communes**	**Nombre de syndicats de communes**
Adamaoua	22	02	00
Centre	71	02	03
Est	34	02	02
Extrême-Nord	48	03	01
Littoral	37	02	00
Nord	21	02	01
Nord-Ouest	35	01	00
Ouest	41	03	00
Sud	31	02	00
Sud-Ouest	33	02	00

Source : Rapport de synthèse, collecte des données sur la coopération décentralisée et l'intercommunalité au Cameroun, MINATD, 2011, p. 5

La lecture qui peut être faite de ce tableau est que la situation connait une évolution entre 2005 et 2011. Plusieurs collectivités se sont engagées dans la

[1] Entretien avec Anaba, chef cellule de la coopération décentralisée à la Direction des collectivités territoriales décentralisées, Yaoundé, 2008.

coopération décentralisée. Ceci est la résultante des premières assises de la coopération décentralisée franco-camerounaise tenues à Yaoundé en 2003[1].

Les pays étrangers dont les collectivités étaient impliquées dans la coopération décentralisée sont entre autres la France, la Grande-Bretagne, les Pays-Bas, les États-Unis, l'Italie, la Chine, l'Espagne, la Norvège, la Belgique, la République démocratique du Congo, la Corée, la Suisse et les organisations telles que l'Union européenne, l'Organisation internationale du travail, le Fonds des Nations unies pour l'enfance (UNICEF)[2].

B. Une vue panoramique des réalisations socioéconomiques des actions de coopération décentralisée au Cameroun entre 1980 et 2020

Les collectivités territoriales, par le biais de la coopération décentralisée, constituent désormais le support par lequel tout développement devrait passer. Dans le cadre de ce travail, les questions d'accès à l'eau potable, à l'électricité et à l'aménagement des infrastructures et voies de communication ont retenu notre attention, car des actions d'envergure y avaient été menées.

1. L'accès à l'eau potable et à l'assainissement : des problèmes résorbés

Initié en 2004 par le gouvernement, le processus de décentralisation au Cameroun a pour principal objectif l'amélioration des prestations de services publics locaux rendus aux populations par les collectivités territoriales décentralisées (CTD). Il s'accompagne d'une politique sectorielle dans les domaines de l'eau et de l'assainissement vers les communes et communautés urbaines. L'exercice local de ces compétences devant permettre, à terme, une amélioration significative des conditions de vie des populations. L'amélioration des services publics dans les domaines de l'eau et de l'assainissement est bien une priorité absolue et elle doit être construite sur des bases saines et pérennes : seulement 44 % de la population camerounaise dispose d'un accès à l'eau potable et 34 % d'un accès à l'assainissement de base jugé suffisant d'après les critères des Objectifs du millénaire pour le développement[3]. Fait particulièrement préoccupant, ces proportions sont en recul dans certaines régions où l'on constate également un accroissement de la mortalité juvénile. Depuis les années 1980, de vastes programmes d'accès à l'eau potable ont été menés, mais faute d'entretien, beaucoup d'infrastructures construites sont désormais hors service. C'est le cas de la majorité des 350 adductions des réseaux *Scan Water*. Ainsi, ce contexte national favorise l'implication des acteurs locaux et l'émergence de projets de

---

[1] E. MEKINDA BILOUNGA Éric, La coopération décentralisée au Cameroun. Esquisse d'état des lieux, Contribution au projet de codification de la coopération décentralisée. Yaoundé, FEICOM, 2013 p. 15.

[2] R. TAMEKOU, « La coopération décentralisée et l'action sociale des collectivités territoriales décentralisées au Cameroun », inédit 2011, p.7.

[3] Maîtrise d'ouvrage durable dans les secteurs de l'eau et de l'assainissement dans la commune de Bangangté, Cameroun, 2006, p. 2.

coopération, en particulier dans les communes où élus et populations font preuve d'un réel dynamisme.

À Bangangté par exemple, il existait en 2010 très peu de données pour comprendre l'état de la ressource en eau, le fonctionnement hydrologique d'un territoire de 80 000 hectares et l'état exact des dix réseaux *Scan Water* répertoriés et des nombreux points d'eau (sources, captages…). La situation préoccupante au sujet de l'eau et de l'assainissement à Bangangté était quasiment la même dans le Mbam et Inoubou où le Syndicat des communes du Mbam et Inoubou (SYCOMI) – un regroupement de 9 communes – avait initié un projet intitulé « Gouvernance de l'eau dans le Mbam et Inoubou ». Il fallait donc résoudre ce problème d'accès à l'eau potable et à l'assainissement en initiant des projets de coopération relatifs à l'eau et à l'assainissement, c'est-à-dire créer les conditions d'un service public de l'eau : l'appui à l'autorité locale, le renforcement des compétences, la formation des acteurs, la gestion des services, des infrastructures. Les populations devaient être sensibilisées à l'entretien, au bon usage des infrastructures et à leurs financements. Il était aussi question de réhabiliter ou de construire les équipements nécessaires et adaptés : réseau d'eau potable, d'assainissement, latrines, bornes-fontaines. Enfin, on devait vaincre les maladies infectieuses et améliorer l'hygiène. C'est ainsi qu'avec l'appui des partenaires étrangers, notamment l'Association internationale des maires francophones (AIMF), la Fondation Veolia, le Syndicat interdépartemental de l'assainissement de l'agglomération parisienne (SIAAP), l'Agence de l'eau Seine-Normandie (AESN), il a été mis en œuvre un programme pour améliorer les conditions d'accès à l'eau et à l'assainissement des populations de Bangangté. Au total, 7 réseaux ont été réhabilités, en impliquant différents acteurs dans la gestion durable de ceux-ci. Pour l'assainissement, 15 latrines à doubles fosses et à diversion d'urine ont été construites sur la commune, dont 10 dans les écoles et 5 dans les marchés pour un coût total de 1 360 000 euros, auquel la commune a contribué à hauteur de 80 000 euros[1]. Des systèmes de gestion adaptés à ces structures sont également en place pour assurer leur pérennité.

La participation financière des différentes parties prenantes peut être présentée ainsi qu'il suit :

Tableau n°3 : répartition financière pour l'aménagement des infrastructures hydrauliques et d'assainissement

Parties prenantes	Montants	%
Commune de Bangangté	80.000 € (52.400.000 FCFA)	6
Partenaires	1.280.000 € (834.400.000 FCFA)	94

[1] Maîtrise d'ouvrage durable dans les secteurs de l'eau et de l'assainissement dans la commune de Bangangté, Cameroun, 2006, p. 3.

Total	1.360.000 € (890.800.000 FCFA)	100

Source : Nos calculs d'après Maîtrise d'ouvrage durable dans les secteurs de l'eau et de l'assainissement dans la commune de Bangangté, Cameroun, 2006, p. 3.

L'analyse du tableau fait remarquer que sur près d'un milliard mobilisé les partenaires sont majoritaires dans le financement.

Dans le Mbam et Inoubou, le SYCOMI avec l'appui des partenaires financiers tels que le Programme Solidarité-Eau, l'Agence de l'Eau Rhin-Meuse, l'Union européenne, l'Agence française de développement, Ingénieurs sans frontières, SDEA, ENGEES, Solidarité et coopérations pour le développement a construit 469 points d'eau dont des forages équipés de pompes manuelles (PMH), des puits aménagés équipés de PMH, des sources, des mini-adductions d'eau (une douzaine), 383 comités de gestion de l'eau représentant l'ensemble des populations s'approvisionnant aux points d'eau dans la zone d'intervention du SYCOMI (espace rural, soit plus de 80 % du département)[1].

2. Dans le domaine de l'électrification : de grandes avancées

Malgré un potentiel énergétique estimé à 23 000 MW par les experts, l'offre en énergie électrique au Cameroun reste inférieure à la demande nationale, car cet immense potentiel reste sous-exploité. Le pays est ainsi dans l'incapacité de satisfaire la demande en énergie électrique. D'où la nécessité pour les collectivités territoriales de s'impliquer pour la fourniture en énergie électrique aux populations de leurs ressorts territoriaux respectifs, car l'État ne parvenait pas à le faire, bien qu'ayant la volonté de satisfaire ses populations.

Face à cette situation, le Réseau des femmes élues locales du Cameroun (REFELA-CAM) et certaines communes ont réagi pour répondre en particulier à trois problématiques : l'éclairage public solaire, l'alimentation de structures publiques, le développement d'expertise dans la production et l'accès à l'énergie durable.

Pour mettre en œuvre son ambitieux projet, le REFELA-CAM, en partenariat avec l'AIMF la Fondation Veolia, l'Agence de l'environnement et de la maîtrise de l'énergie, le ministère français de la transition écologique et solidaire, Femmes et énergie durable en Afrique et au Cameroun (FEDACAM), s'est appuyé sur deux villes pilotes situées à l'Ouest du Cameroun. Cinq autres communes, issues du Nord, du Nord-Ouest, du Centre, du Sud et de l'Est, ont ensuite suivi. De même, plusieurs autres partenaires, parmi lesquels Nantes et Nantes-Métropole, l'AIMF, Électricité sans frontières, GEVALOR France, l'Agence municipale de l'eau et de l'énergie, l'Agence Municipale de Gestion des déchets France, l'Agence Française de

[1] GESCOD GRAND EST, « Accès à l'eau dans les pays en développement, qualité de l'eau et sensibilisation des usagers, l'expérience de Gescod au Cameroun », Yaoundé, 2018, p. 4.

Développement, l'Union européenne, *KreditanstaltfürWiederaufbau* (KFW)[1] ont appuyé les collectivités et le Fonds spécial d'équipement et d'intervention intercommunale (FEICOM) dans la réalisation des ouvrages[2].

La situation en termes de fourniture en énergie se présente dès lors ainsi qu'il suit :

Tableau n° 4 : Réalisations dans le domaine de l'énergie électrique dans quelques villes

Réalisations / Villes	Lampadaires solaires	Panneau de labellisation	Lampadaires solaires photovoltaïques	Centrales solaires photovoltaïques	Micro centrales hydroélectriques	Réfrigérateurs économes	Réhabilitation de centrale hydroélectrique
Bagangté	81	1		1			
Angossas				1			
Afanloum				1			
Mbengwi			30				
Fokoué	40			2		2	
Mintom				1			
Mayo-Oulo			40				
Dschang	100				2		1
Total	**221**	**1**	**70**	**6**	**2**	**2**	**1**

Source : compilation des données de FEDACAM, « De l'énergie durable », Yaoundé, 2019, p. 3 et de SOMMET DES ELUS LOCAUX ET REGIONAUX POUR LE CLIMAT, « Action de la coopération décentralisée Nantes - Nantes métropole et Dschang Cameroun, production d'électricité et gestion de déchets », Dschang, 2016, pp. 4-5.

3. L'aménagement des voies de communication : le désenclavement des localités

Dans le cadre de la réalisation des actions de coopération décentralisée avec leurs partenaires, les communes camerounaises, notamment celles de Mbangassina et Ntui, dans le département du Mbam et Kim ont aménagé plusieurs infrastructures routières, ont construit des ponts, des ponceaux et ont posé des dalots, résorbé des points critiques sur les pistes de desserte.

La construction ou la réhabilitation des pistes de pénétration en vue de la facilitation de l'écoulement des produits agricoles a concerné dans un premier temps, la création pour une longueur totale de 57 kilomètres et la construction des passages busés, des ponts et ponceaux. Quatre ouvrages ont été bâtis pour une longueur totale de 32.5 mètres à Endiguili I (11 mètres), Endiguili II (9.5

---

[1] Établissement de crédit pour la reconstruction est une institution de droit public allemande. Elle soutient des projets en Afrique, au Proche-Orient, en. Asie, en Amérique latine et dans le sud-est de l'Europe.

[2] FEDACAM, « De l'énergie durable », Yaoundé, 2019, P.3.

mètres), Koussé (pont de l'amitié, 12 mètres et Biakoa-Ferme[1]. La situation des pistes construites est la suivante :

Tableau n° 5 : récapitulatif des pistes aménagées

Pistes aménagées	Longueur en km
Endiguili I-Endiguili II	7
Biakoa-Endiguili I	11
Mpi- Talba	7
Bivouna-Endiguili	8
Kouse-Endiguil	14
Tchamongo-Mbianga	10
Total	**57**

Source : APPRDAC, « Synthèse des rapports des inventaires des micro-projets financés par le Projet pôles de développement rural de 1992 à 1999 », Yaoundé, pp. 4-5.

Dans un second temps, un important programme concernant l'éradication des points critiques sur les pistes de desserte a été mené. Il s'est agi des passages busés, des dalots et des ponts. Au total, 11 points critiques ont été résorbés dont le passage busé d'Andama (coût de l'opération 3 797 500 FCFA), le ponceau de Tchétchéré, dont le coût fut de 6 410 000 FCFA et le pont sur la rivière Mpémé (25 407 804 FCFA)[2].

4. Coopération et promotion des activités génératrices de revenus

Dans le cadre de la coopération décentralisée, les communes de Ntui, Mbangassina et Ngambé avec l'Union européenne et la région d'Alsace s'étaient engagées dans des actions de coopération internationale. Le développement économique du Cameroun a été une réponse à la grande crise qui a secoué la plupart des pays d'Afrique subsaharienne. En effet, dans le milieu des années 1980, une crise économique de grande envergure a frappé le Cameroun et a eu pour conséquences l'effondrement des cours des principaux produits de base, l'aggravation de la dette extérieure et même la baisse en valeur réelle de l'aide publique au développement[3] .L'État camerounais a jugé nécessaire de se désengager de l'agriculture qui jusqu'alors était subventionnée. Mais cet abandon de l'agriculture ne s'est pas accompagné de moyens techniques pouvant permettre la réalisation de tâches confiées aux paysans. C'est pourquoi la coopération décentralisée est arrivée dans les localités de Ntui, Mbangassina et Ngambé avec pour objectifs la promotion du monde rural et son intégration dans le processus de

[1] APPRDAC, « Synthèse des rapports des inventaires des micro-projets financés par le Projet pôles de développement rural de 1992 à 1999 », Yaoundé, pp. 4-5.

[2] APPDRAC, « Rapport final devis-programme n° 3, 1er janvier 2003-15 Mars 2004 », Yaoundé, 2004, p. 25

[3] R-M. LEMESLE, La convention de Lomé : principaux objectifs et exemples d'actions 1975-1995, Paris, CHEAM, 1996.

développement économique et social du pays. A terme, les populations devaient être capables de gérer leur développement et d'améliorer leurs conditions de vie et leur environnement.

Dans le domaine de la cacao culture, la vulgarisation de celle-ci par des moyens efficaces avait garanti une bonne productivité et de meilleurs rendements. Les itinéraires sur les techniques de régénération et de ré densification des vieilles parcelles, de production des plants sélectionnés de cacaoyers, de fertilisation, de luttes phytosanitaires individuelles et collectives avaient été bien assimilés. Les populations ont également bénéficié des techniques post-récolte et des méthodes d'appréciation de la qualité (pré vérification et vérification). La technique des ventes groupées qui consistait à collecter le cacao des producteurs et à le stocker dans les magasins prévus à cet effet afin de négocier le prix du kilogramme. Cette technique avait permis d'éviter les subterfuges des *coxeurs* et à vendre le cacao au plus offrant. Cette technique avait permis aux différentes organisations paysannes d'acheter des voitures pour le ramassage du cacao auprès des planteurs avec pour conséquence directe l'augmentation conséquente des quantités. Par exemple en 2004 une seule organisation paysanne basée à Biakoa dénommée *Mbangassud* avait acheté un pick-up pour transporter le cacao de ses membres.

Dix-sept ans plus tard, dans la même localité, deux coopératives ont acquis deux camions et une petite voiture pour la collecte du cacao. Cette façon de faire a permis d'améliorer de manière significative les quantités de cacao dans le département du Mbam et Kim faisant du coup de cette unité administrative le premier producteur de la région du Centre[1]. Cette amélioration s'est observée dans les différents tonnages, car en 2004 celui-ci était de 5 106 tonnes et en 2018 il a franchi la barre de 13 571 tonnes[2] avec plus de 79 000 tonnes en 2014 et plus de 104 000 tonnes en 2015. La position de premier producteur de cacao de la région du Centre occupé a permis à la localité de Biakoa de bénéficier d'une unité de transformation de cacao ultramoderne. Le cacao est transformé en beurre, en poudre, en tourteaux permettant ainsi aux producteurs de consommer les produits dérivés de leur cacao et d'avoir une plus-value de leurs productions. Par exemple, un kilogramme de cacao a coûté 1 100 francs au cours de la saison cacaoyère 2020-2021 alors que le kilogramme de beurre, mieux le litre coûte 15 000 francs. Ceci représente une véritable opportunité pour les producteurs qui gagneraient à transformer sur place leur cacao et leur permettrait d'avoir des revenus substantiels au lieu de faire exporter leurs productions et d'acheter plus cher les produits dérivés de

[1] Entretien avec Ndzana Joseph, Délégué départemental du commerce du Mbam et Kim, le 29-07-2021 à Ntui.

[2] J.B. Onguene et A.M. Assola, « Réunion de concertation des Unions des GIC de cacaoculteurs au pôle de Ntui », *in* Echos des pôles, n° 12, Avril-Mai-Juin 2004, p. 5. Annuaire statistique de la région du Centre sur l'évolution de la production en tonnes, la superficie et le nombre de producteurs.

leur cacao. La nouvelle dynamique dans le Mbam et Kim dans le domaine de la cacao culture est en marche, car tous les circuits sont désormais maitrisés depuis la création des plantations jusqu'à la transformation du cacao en passant par les épargnes scolaires et les épargnes et crédits.

L'accent ayant été mis sur la production et la commercialisation du cacao, l'équilibre alimentaire s'est trouvé en difficulté. La coopération alsacienne a par conséquent permis le défrichage de 200 hectares de forêt et leur mise en culture, avec des plantations irriguées d'ananas et de goyaves. Le but ici était de parvenir à une autonomie des communautés rurales, seul moyen efficace de briser l'attrait de la ville et de freiner l'exode rural dont le taux avait atteint les maxima de 33 à 35% dans les principales villes que sont Yaoundé et Douala[1]. La solution aux problèmes des zones rurales allège ceux de la ville par un arrêt de l'affluence des populations et l'engorgement des centres urbains. Cette autonomie des zones rurales passe par une autosuffisance alimentaire grâce à la vulgarisation des cultures vivrières par rapport aux cultures de rente. Mais cette agriculture doit se faire à très grande échelle.

Ces quelques clichés des réalisations des projets de coopération décentralisée au Cameroun ne constituent qu'une infime partie de ce que les collectivités camerounaises ont pu obtenir grâce aux différents partenariats qu'elles ont noués. De 1980, date où la commune de Ngambé dans la Sanaga maritime, a bénéficié d'importants projets, à 2020, année au cours de laquelle plusieurs autres actions ont été menées dans diverses collectivités, notamment celles de Dschang, Yaoundé 6e, Bafia, Sa'a, etc., la coopération décentralisée s'est révélée comme une opportunité pour le développement.

Cependant, tout n'a pas toujours été rose dans le ciel de la coopération décentralisée au Cameroun. Elle est l'objet de plusieurs écueils.

II. Les freins à la coopération décentralisée au Cameroun et les perspectives d'avenir

Ils sont nombreux les goulots d'étranglement de la coopération décentralisée, car allant du non-achèvement de la décentralisation à la tutelle trop pesante de l'administration en passant par la non-maîtrise des opportunités de cette forme de coopération.

A. Les goulots d'étranglement de la coopération décentralisée

Les écueils qui entravent l'avancée de la coopération décentralisée sont nombreux.

1. Le difficile transfert des compétences de l'État aux collectivités

À l'observation, plusieurs raisons peuvent être évoquées pour expliquer les lenteurs dans le processus de transfert des compétences aux collectivités.

---

[1] Agro-PME, « Etude de quantification des indicateurs objectivement vérifiables au démarrage de la phase II du PPDR sur chaque pôle », Yaoundé, octobre 2001, p. 13.

L'État central a un besoin crucial de trésorerie. Il ne peut se permettre de « laisser filer » des recettes potentielles vers d'autres acteurs publics ; d'où la réticence à transférer les compétences surtout en termes financiers aux CTD pour les tâches requérant l'expertise du pouvant central ;

Le pouvoir central ne souhaite manifestement pas laisser une part de capacité d'action à des périphéries trop autonomes par crainte qu'elles finissent par apparaître comme une alternative crédible aux yeux de la population ; dans ce contexte économique propice au développement, les communes vivent à l'ombre de l'Etat central, un Etat fort et autoritaire qui se soucie plus d'affermir son pouvoir que de favoriser l'institutionnalisation des pouvoirs locaux[1] ;

Bien que le processus de décentralisation soit déclenché depuis 2010, les CTD ne disposent pas de toutes les compétences et ressources transférées. En matière de coopération décentralisée, l'Administration de tutelle contrôle toutes les actions de partenariat[2].

Globalement, la situation de l'État du Cameroun n'est pas rassurante et se dégrade à cause de la situation sécuritaire instable dans les régions anglophones et dans la partie septentrionale du pays. Les frontières sont trop poreuses et l'instabilité de certains pays limitrophes empêche la progression du processus de décentralisation. La trésorerie de l'État inquiète[3]. Les transferts de compétence, qui en réalité doivent plutôt s'analyser comme des autorisations de conduire des actions dans les domaines cités, font l'objet d'obligations particulières pour les communes. Celles-ci devraient rédiger chaque semestre un rapport d'exécution ou de mise en œuvre des compétences. Plus exactement, il s'agirait de rendre compte auprès des ministères centraux de l'utilisation des crédits délégués par ces derniers auprès des collectivités. En bref, l'Etat central ne voulait pas lâcher du lest.

2- L'omniprésence de l'État : un frein à la coopération

Trois principaux ministères (MINAT, MINREX, le Ministère de la décentralisation et du développement local (MINDDEVEL)) et la Commission interministérielle de la coopération décentralisée (CICOD) assuraient la tutelle de la coopération décentralisée au Cameroun, ce qui a pour conséquence d'alourdir la machine de la coopération.

La CICOD est la structure chargée du suivi et de l'évaluation de la coopération décentralisée. Elle intervient depuis la négociation des partenariats, s'assure de la conformité des conventions, veille à ce que ces dernières aient reçu le quitus du conseil municipal et donne son avis final sur

---

[1] A. DEBROSSE, « La décentralisation au Cameroun : un goût d'inachevé », *Inédit,* 2014, p. 15.

[2] MINEPAT, Document de Stratégie de Partenariat au Développement du Cameroun, Yaoundé, 2012, pp. 83-84.

[3] M. C. Ngo Tong, Intercommunalité, coopération décentralisée et stratégies de lutte contre la pauvreté au Cameroun. Etude spécifique des villes de Limbe et Kribi et de la commune de Dschang, Droit public, Université de Nantes, 2012, pp. 15-16.

l'engagement à l'international des collectivités camerounaises. En bref, la CICOD est l'organe au départ et à l'arrivée de la coopération décentralisée.

Le ministère de la Décentralisation et du Développement local est la plaque tournante de la coopération décentralisée au Cameroun. Il est au centre de toute initiative des collectivités à l'international. C'est ce ministère qui délivre les autorisations aux collectivités ou leurs regroupements pour toute action de coopération décentralisée à l'international. En clair, c'est lui qui décide de ce que les collectivités devraient ou pas à l'international[1].

Dans le domaine des relations transnationales, le MINREX est le dépositaire de la coopération internationale, car détenant le monopole de la coopération transnationale. Les collectivités territoriales ont cette obligation de se référer à lui pour toute action envisagée à l'international. Ce ministère joue de ce fait le rôle de tutelle des collectivités dans le domaine des relations internationales.

Outre le MINAT, les pouvoirs de tutelle sont également exercés « sous son contrôle par les gouverneurs et les préfets [...]. À cet égard, tout acte pris par les gouverneurs ou les préfets dans le cadre de ces pouvoirs était immédiatement adressé au ministère chargé de l'Administration Territoriale »[2]. Il y avait une graduation entre les différentes autorités investies du pouvoir de tutelle, mais le MINAT, « se trouve être le lieu géométrique vers lequel doivent converger [...] les mesures prises en matière de tutelle par ses représentants territoriaux : les gouverneurs et les préfets »[3].

Mais en matière de coopération décentralisée, la tutelle du MINAT ne souffre pas de médiation. Celui-ci apprécie directement les actions à mener à l'étranger par les autorités locales. Le décret 77/91 révèle le caractère centralisateur de l'organisation territoriale de l'État au Cameroun.

L'on note ainsi au Cameroun une tendance à la dilution de l'intérêt local dans l'intérêt national par le biais de la tutelle administrative. Une tutelle qui, du fait de sa centralisation dans le cas particulier de la coopération décentralisée, entraîne des lourdeurs procédurales et des délais anormalement longs : « Trois à quatre mois sont des délais "normaux". Des délais bien supérieurs sont légion »[4].

La tutelle sur les communes était jugée « actuellement stérilisante. Pour sa lourdeur, son manque de discernement quant aux actes qui y sont soumis, le fait qu'elle provoque la remontée de tous les contrôles, elle paralyse le développement des initiatives »[5]. Il a fallu attendre l'année 1998 pour que la

---

[1] Idem.

[2] AMINATD, décret n°77/91, article 1er.

[3] R. G. NLEP, L'administration publique camerounaise, Contribution à l'étude des systèmes africains d'administration publique, Paris, LGDJ, 1986, p. 99. Voir pp. 99 à 105 sur l'ensemble de la question.

[4] BANQUE MONDIALE, Finances communales et perspectives de développement municipal au Cameroun, Rapport final, Washington, 1989, p. 27.

[5]Ibid, p. 39.

coopération décentralisée soit effectivement régie au Cameroun. En effet, le décret n°98/147 du 17 juillet 1998 crée une cellule de développement de la coopération décentralisée au sein de la Direction des collectivités territoriales décentralisées (DCTD) du ministère de l'Administration territoriale et de la Décentralisation (MINATD)[1].

Ainsi, à travers la Cellule de développement de la coopération décentralisée (CDCD), le MINATD contrôle toutes les activités de la coopération décentralisée au Cameroun, car il convient de rappeler que les maires étaient autorisés à signer des conventions de coopération décentralisée par délibération du conseil municipal. Or, ces délibérations sont obligatoirement soumises à l'approbation du MINATD[2]. Les régions et les communes étaient placées respectivement sous la tutelle étatique du gouverneur et du préfet[3]. Les prérogatives de ces fonctionnaires étaient importantes sur les CTD. Ils sont au centre du mécanisme de contrôle de ces entités[4].

Mais malgré tout cet arsenal juridique en faveur des collectivités, par dérogation à la précédente disposition, les actes pris dans plusieurs domaines demeurent soumis à l'approbation préalable du représentant de l'État[5].

3. L'absence de coordination des acteurs gouvernementaux

Il convient de souligner à cet effet l'absence d'un cadre de concertation entre les trois principaux acteurs gouvernementaux du domaine que sont : le MINAT, le MINREX, le MINEPAT et le MINDDEVEL. Un cadre de concertation fait défaut également entre les exécutifs communaux et différents ministères, et même entre les maires. Il n'existe pas non plus une approche participative entre les acteurs et, de ce fait, toutes les communes ne se sont pas encore lancées dans la coopération décentralisée, souvent par manque d'information. Bien plus, la coopération décentralisée reste encore tributaire des aptitudes personnelles du maire, de son carnet d'adresses, de ses relations avec la diaspora, à tel point que les résultats obtenus dans ce domaine sont généralement présentés et perçus comme les prouesses, voire le fruit du travail personnel des maires.

À ces problèmes de gouvernance vient s'ajouter un obstacle structurel majeur, à savoir le déficit des compétences des maires et de certains fonctionnaires municipaux dans certains métiers, par exemple, en techniques de négociation.

---

[1] AMINATD, Décret n°98/147 du 17 juillet 1998 portant organisation du MINATD, article 43, alinéa 2.

[2] AMINATD, Loi n°2004/018 du juillet 2004 fixant des règles applicables aux communes, article 132, alinéa 1 et 2.

[3] Décret n° 2008/377 du 12 novembre 2008 fixant les attributions des chefs de circonscriptions administratives et portant organisation et fonctionnement de leurs services, article 41.

[4] Ibid, alinéa 4.

[5] Ibid, article 76, alinéa 1.

Que faut-il faire pour un réel décollage de la coopération décentralisée ? Quelques pistes peuvent être envisagées.

B. Les perspectives de la coopération décentralisée

Permettre à la coopération décentralisée de mobiliser les ressources, intégrer les populations dans la prise des décisions en ce qui concerne les projets à réaliser, renforcer les cadres juridique et institutionnel afin que la coopération décentralisée joue le rôle qui est le sien, telle est l'essence de cette partie.

1. Le renforcement du cadre juridique et institutionnel

Les actions envisagées dans ce cadre devront porter, entre autres, sur l'élaboration et la vulgarisation d'un manuel de procédures de gestion des CTD qui permettra à ces dernières d'améliorer leurs capacités de gestion et de tirer un meilleur avantage des opportunités de partenariats qui les entourent, ainsi sur le développement d'un manuel de procédures et d'un guide de l'usager pour l'implémentation de la démarche de partenariat public-privé au Cameroun. L'on peut s'attendre à ce qu'une telle démarche qui vise la simplification et la vulgarisation des procédures de négociation se traduise par une augmentation substantielle du volume de ressources extérieures mobilisées à travers les partenariats.

La centralisation du pouvoir entre les mains de certains maires devrait s'arrêter, car cette façon de faire ne profite pas aux populations, principales destinataires des tous les projets menés par la collectivité. Bien plus, ils devraient s'entourer de personnel qualifié et surtout des populations pour définir les priorités des projets de coopération décentralisée.

Il faudrait également revoir à la baisse le poids de la tutelle sur les collectivités en matière de coopération décentralisée. Toute cette armada institutionnelle censée réguler la coopération décentralisée contribue plus à l'alourdir et à rendre difficile son fonctionnement.

2. La nécessité d'implication de la population à la participation publique

La participation publique des habitants aux affaires urbaines est l'un des facteurs qui assurent aux autorités locales la capacité de prendre des décisions rationnelles à propos de leur ville, car elle permet de connaître directement, de près, les priorités et les besoins des habitants selon leurs catégories, et permet de répondre à ces priorités et besoins par des dispositions, des programmes et des projets adéquats. La participation publique est l'occasion d'entendre les divers points de vue et d'obtenir des informations, des données et des choix possibles de manière rationnelle, comme elle contribue à obtenir l'appui et le soutien des parties intéressées, tant sur le plan moral (soutien/agrément social) que sur le plan matériel (ressources techniques et financières).

Dans la plupart des cas, des projets immenses sont réalisés dans des environnements non préparés à les accueillir, mieux les exécutifs municipaux, sans l'avis des populations bénéficiaires réalisent des ouvrages inadaptés à grands coups de financements dans des localités qui n'en ont pas besoin. Or, ici il s'agit de procéder à une participation ascendante, c'est-à-dire du bas vers le haut, car c'est l'un des principes premiers de la gouvernance, servant à renforcer la démocratie en faisant participer toutes les catégories de la société aux étapes de la planification, de la mise en œuvre et d'évaluation.

3. L'accroissement des possibilités de mobilisation des ressources par le biais de la coopération décentralisée

La coopération décentralisée constitue l'une des thématiques dont le gouvernement attend qu'elle contribue, via les CTD, à la mobilisation des ressources pour le financement du développement du pays. La coopération décentralisée apparaît comme la forme la plus adaptée à l'aide publique au développement, en ce sens qu'elle intervient au niveau local, avec les acteurs locaux dont elle est susceptible de favoriser la participation, et de promouvoir ainsi la gouvernance locale.

Afin de jouer le rôle qu'on attend d'elle, à savoir engager le Cameroun sur les voies du développement, la coopération décentralisée devrait relever les défis tels que diversifier les partenaires des collectivités territoriales décentralisées, renforcer la maîtrise des mécanismes et techniques de coopération décentralisée, renforcer la maîtrise du processus de mise en place des partenariats publics privés au niveau des CTD, renforcer les capacités des maires et de certains fonctionnaires municipaux.

Pour atteindre les objectifs sus-indiqués et relever les défis y relatifs, le gouvernement devra mener des actions à même de déboucher sur des résultats précis à savoir la satisfaction des besoins les plus importants des communautés territoriales décentralisées, notamment le développement des infrastructures, l'attraction des activités économiques, le développement des activités génératrices de revenus, l'accroissement et l'amélioration du niveau de services, l'amélioration des conditions de vie et du bien-être des populations.

Conclusion

Malgré des goulots d'étranglement d'ordre juridique et institutionnel majoritairement liés à la difficile application des textes qui plombent l'envol de la coopération décentralisée, celle-ci, comme d'autres politiques de développement, pourrait très bien contribuer au développement du Cameroun au regard de tous les atouts dont elle dispose et des réalisations socioéconomiques à inscrire à son actif. Pour réussir ce pari d'impulsion du développement, les décideurs devraient la considérer comme un mécanisme de mobilisation des ressources. Ainsi, la coopération décentralisée contribuera de façon efficace à la réduction de la pauvreté à un niveau socialement acceptable. L'Etat-providence ayant disparu, il ne s'agit plus pour les CTD d'être attentistes, elles devraient rechercher les financements afin d'assurer le bien-être de leurs populations.

Bibliographie

Ouvrages et articles scientifiques

- DESBROSSE Arnaud, « La décentralisation au Cameroun : un goût d'inachevé », Inédit, 2014.
- GESCOD GRAND EST, Accès à l'eau dans les pays en développement, qualité de l'eau et sensibilisation des usagers, l'expérience de Gescod au Cameroun, Yaoundé, 2018.
- LEMESLE Raymond-Marin, La convention de Lomé : principaux objectifs et exemples d'actions, 1975-1995, Paris, CHEAM, 1996.
- MEKINDA BILOUNGA Éric, La coopération décentralisée au Cameroun. Esquisse d'état des lieux, Contribution au projet de codification de la coopération décentralisée. Yaoundé, FEICOM, 2013.
- NGO TONG Marie Chantal, Intercommunalité, Coopération décentralisée et stratégies de lutte contre la pauvreté au Cameroun. Etude spécifique des villes de Limbe et Kribi et de la commune de Dschang, Thèse en Droit public, Université de Nantes, 2012, 634 p.
- NLEP Roger Gabriel, L'administration publique camerounaise, « Contribution à l'étude des systèmes africains d'administration publique », Paris, LGDJ, 1986.
- ONANA Nicolas, « Cameroun- Décentralisation : Les Maires accusés de gripper le processus de transfert de compétences », *Cameroun-Info.net*, en ligne, Yaoundé, 2016, consulté le 31 août 2021.
- ONGUENE Jean Bosco et ASSOLA Alphonse Marie « Réunion de concertation des Unions des GIC de cacaoculteurs au pôle de Ntui » in *Echos des pôles*, n° 12, Avril-Mai-Juin 2004.
- SOMMET DES ELUS LOCAUX ET REGIONAUX POUR LE CLIMAT, Action de la coopération décentralisée Nantes - Nantes métropole et Dschang Cameroun, production d'électricité et gestion de déchets, Dschang, 2016.
- TAMEKOU Raoul, « La coopération décentralisée et l'action sociale des collectivités territoriales décentralisées au Cameroun », Inédit, 2011.
- TOTTÉ Marc et VAN DE WALLE Annemarie « La coopération décentralisée : entre développement et politique », in *Boussole Stratégique*, 2009, p. 1-30.

Rapports et autres documents

- APPDRAC, Rapport final devis-programme n° 3, 1er Janvier 2003-15 Mars 2004, Yaoundé, 2004.
- APPDRAC, Synthèse des rapports des inventaires, des micro-projets financés par le Projet Pôles de Développement Rural de 1992 à 1999, Yaoundé, 1996.
- BANQUE MONDIALE, Finances communales et perspectives de développement municipal au Cameroun, Rapport final, Washington, 1989.
- Maîtrise d'Ouvrage Durable dans les secteurs de l'Eau et de l'Assainissement dans la commune de Bangangté, Cameroun, 2006.
- MINATD, Guide pratique de la coopération et de la solidarité intercommunales au Cameroun, Inédit.
- MINEPAT, Document de stratégie de partenariat au développement du Cameroun, Yaoundé, 2012.

Chapitre 12
Festivités mémorielles, décentralisation et intégration nationale au Cameroun

Par
Thierry EVINA MIMBAMA
Ph/D en Histoire Université de Yaoundé I
thierryevina54@yahoo.fr

Résumé

Les festivités mémorielles occupent une place marginale dans les politiques publiques de construction de l'unité nationale au Cameroun. Ceci, se manifeste par un manque d'intérêt de l'État central pour ces questions, et par une organisation des festivités mémorielles par certains partis politiques ou par des communautés ethno-identitaires pour des intérêts partisans et communautaires. La mémoire qui a vocation à être collective, devient ainsi, celle d'un parti politique, d'un bloc linguistique ou d'une communauté ethnique. Dans un tel environnement, en prenant appui sur une démarche démonstrative, analytique et explicative, cet article positionne la décentralisation non seulement comme étant un moyen de dynamisation des festivités mémorielles, mais surtout comme une opportunité de consolidation de la mémoire collective en vue d'une intégration nationale optimale.

Mots clés : festivité mémorielle, mémoire festive, décentralisation, intégration nationale, Cameroun

Abstract: Memorial festivity, decentralization and national integration in Cameroon

Memorial celebrations occupy a marginal place in public policies for the construction of national unity in Cameroon. Manifested by a lack of interest on the part of the central state, and by the confiscation of memorial celebrations by certain political parties or ethno-identitarian communities for their own selfish interests. Memory, which should be collective, thus becomes that of a political party, a language block or an ethnic community. In such an environment, using a demonstrative, analytical and explanatory approach, this article positions decentralization not only as a means of revitalizing memorial celebrations, but above all as an opportunity to consolidate collective memory for optimal national integration.

Key words: Memorial festival, festive memory, decentralization, national integration, Cameroon.

Introduction

L'intégration nationale est comprise comme le fait pour chaque Camerounais de s'assumer comme citoyen, de promouvoir la conscience nationale et le vivre-ensemble[1]. Son véritable enjeu se trouve être la construction et la consolidation de la nation camerounaise. Dans cette dynamique, il est important de préciser que, la construction d'une nation aussi diversifiée que le Cameroun, est conditionnée par une prise de conscience par son peuple, de l'appartenance à une communauté historique. Celle-ci n'est pas une donnée innée, mais, le produit d'une construction progressive et permanente. Pour ce qui est de la construction d'une communauté mémorielle au Cameroun, il y a lieu de relever que celle-ci reste un objet à controverse. Manuel Domergue fait état d'une mémoire oubliée[2] tandis que pour Brice Molo, il s'agit d'une mémoire querellée[3]. Dans un environnement où Njifon Njoya parle d'une mémoire censurée[4], Yvan Issekin, pour sa part, traite d'une mémoire manipulée[5]. Toutefois, le constat est un peu plus clair : l'histoire du Cameroun semble à la fois mal connue et méconnue de son peuple. Les évènements, les dates et les grandes figures des combattants pour le respect des libertés et des droits humains, ainsi que pour la marche héroïque vers l'indépendance et la réunification, sont tous passés au crible du « virus » de l'oubli.

C'est ainsi que les questions suivantes peuvent être soulevées : que deviennent toutes ces grandes figures de l'histoire du Cameroun ? Que fait ce pays de toutes ses ressources mémorielles ? Il est vrai que cette histoire est enseignée dans les facultés, mais celle-ci échappe au grand public. Si pour certains cette posture parait un peu excessive, il ne faut pas perdre de vue les enjeux pour l'avenir du pays. Certes, on observe des apparitions sporadiques de ces grandes figures dans l'espace public lors de certaines grandes manifestations républicaines, ou encore l'émergence, sur internet, des espaces d'éducation et de formation sur l'histoire du Cameroun. Toutefois, l'on doit comprendre qu'à l'état actuel de l'évolution de la société camerounaise et des défis qu'impose sa construction nationale, le pays ne devrait nullement faire

---

[1] Ministère de la jeunesse et de l'éducation civique (MINJEC), *Stratégie camerounaise d'intégration nationale*, Yaoundé, MINJEC, 2015, p. 19.

[2] M. DOMERGUE, « Cameroun : une guerre oubliée remonte à la surface », *Les Temps Modernes*, vol. 693-694, n°. 2-3, 2017, pp. 160-173.

[3] B. MOLO, « Faire face à la crise identitaire : une responsabilité sociale de l'historien dans la construction nationale camerounaise », *Praticas da Hitoria*, n° 13, 2022, pp. 117-156.

[4] NJIFON NJOYA, « Iconographie et construction d'une mémoire collective au Cameroun : analyse de la représentativité des icônes nationales sur la base des noms de baptême des monuments et des lieux publics à Douala et à Yaoundé », *in JANUS* n° 11, décembre 2020-mai 2021, pp. 33-43.

[5] Y. ISSEKIN, « Localiser le refus de la sécession à Yaoundé : jeux et enjeux du meeting parlementaire de soutien pour la paix et l'indivisibilité du Cameroun du 1er octobre 2017 », en ligne sur www.https//doi.org/10.4000/espacespolitique.5275, consulté le 5 août 2021.

l'économie de ses ressources mémorielles, susceptibles d'enrichir le récit national ou de faciliter l'émergence d'une identité narrative.

Aussi, les festivités mémorielles constituent-elles, un des outils mobilisés pour la capitalisation des différentes ressources historiques en vue de la construction, sinon, de la consolidation de la mémoire collective. Dans le cadre de cet article, les festivités mémorielles renvoient à toutes activités ou manifestations, organisées à une fréquence de temps régulier, dans l'optique de célébrer, de commémorer une grande figure, un évènement ou une date ayant laissé une empreinte indélébile dans l'histoire d'un peuple. L'ensemble de ces festivités organisées dans le passé constitue ce que Rémy Dallisson désigne par « mémoire festive »[1]. Ces différentes festivités s'insèrent ainsi dans la théorie de l'éducation populaire. Cependant, celles-ci sont marginalisées par les politiques publiques de construction de l'unité nationale au Cameroun. Dans un tel environnement, à partir d'une démarche démonstrative, analytique et explicative ; cet article, s'appuyant pour l'essentiel, sur une recherche documentaire à la fois numérique et physique, menée à partir d'une bibliographie sélective et, surtout, à partir d'un corpus de textes juridiques, positionne la décentralisation qui est un transfert par l'État aux collectivités territoriales, des compétences particulières et des moyens appropriés[2], comme une opportunité de dynamisation et de territorialisation des festivités mémorielles pour une intégration nationale optimale.

I. État des lieux de la mémoire festive au Cameroun

Une analyse de la mémoire festive au Cameroun montre un « bricolage » de la mémoire nationale avec pour indicateur, une prolifération des dates, des grandes figures, des évènements oubliés et une tendance manipulatoire, voire instrumentale dans le cadre de la constitution des festivités mémorielles.

A. Le « bricolage » de la mémoire nationale : prolifération des dates, évènements et des grandes figures oubliées

Au Cameroun, plusieurs évènements qui jalonnent l'histoire du pays passent sous la coupole de l'oubli. L'histoire du Cameroun, c'est celle des défaites glorieuses lors des résistances face aux razzias négrières[3], lors du rejet de l'impérialisme, de la domination des puissances occidentales et surtout de la protection des terres face à l'envahisseur[4]; l'histoire du Cameroun, c'est celle de la lutte pour les droits humains et de la marche héroïque vers la

[1]R. DALLISSON, *Les guerres et la mémoire*, Paris, CNRS éditions, 2013.

[2]Loi n° 2019/024 du 24 décembre 2019, portant code général des collectivités territoriales décentralisées.

[3] BWEMBA BONG, Quand l'Africain était l'or noir de l'Europe, l'Afrique : actrice ou victime de la « traite des noirs » ? tome 2, Bonneuil, Menaibuc, 2003.

[4] D. ABWA, *Cameroun : histoire d'un nationalisme*, 1884-1961, Yaoundé, Éditions CLE, 2010.

liberté avec la décolonisation; l'histoire du Cameroun c'est celle du rejet de la haine, de la division, c'est celle de la recherche permanente du consensus entre Camerounais comme l'attestent les différentes conférences organisées en vue de la réunification, la tripartite durant les années 1990 et le grand dialogue national. L'histoire du Cameroun, c'est enfin, celle de ses filles et fils qui ont combattu le bon combat, qui ont versé leur sang pour que vive la terre de leurs ancêtres.

La mémoire festive du Cameroun ne renseigne presque pas sur la période des razzias négrières, pourtant le pays y a joué un rôle important de par sa position et ses caractéristiques géographiques[1]. Le Cameroun, comme bon nombre de pays africains, a été victime de cette ignoble saignée humaine. Cependant, il est difficile de comprendre une absence de festivités mémorielles réservées à cette tranche de l'histoire. Le paradoxe est d'autant plus inquiétant, lorsque ce crime contre l'humanité, occupe une place de plus en plus importante dans le monde et dans les pays comme la France, les États-Unis, etc. Par ailleurs, toute une journée internationale est dédiée à cette cause. Célébrée le 25 mars de chaque année, cette journée de commémoration des victimes de l'esclavage et des razzias négrières, est une occasion pour le monde entier, de rendre hommage à ceux qui ont souffert et sont morts dans cette industrie du crime. En France, il existe la journée nationale des mémoires de la traite et de l'esclavage et de leur abolition. Au Cameroun, il est difficile de dire avec précision, la place que les autorités accordent à cette mémoire. Il faut tout de même préciser que des efforts sont faits ici et là pour donner une certaine envergure au port négrier de Bimbia qui représenterait plus de 10 % des razzias négrières[2].

La mémoire festive reste aussi muette en ce qui concerne la période des grandes résistances à la conquête de l'hinterland par l'Allemagne. La résistance de Hickory-Town, qui conduisit aux incidents sanglants des 20, 21, et 22 décembre 1884[3], est restée du côté des oublis de l'histoire. Dans la même lignée les évènements, les dates et les grandes figures oubliées sont nombreuses : « Dans une étude comme celle-ci, il n'est matériellement pas possible de les citer tous – car ils sont trop ! – les chefs camerounais qui, héroïquement, résistèrent ainsi à la pénétration, à l'occupation et à la domination allemande souvent au prix de leur vie »[4].

La mémoire festive du Cameroun est très hésitante en ce qui concerne les évènements, les dates et les grandes figures des combattants pour le respect des libertés et des droits humains. Ceux-ci ont pour dénominateur commun, l'expérience de la domination coloniale. Ils l'ont rejeté de toute leur force et certains y ont laissé leur vie. Les morts du mois d'août 1914, sous les balles

---

[1] E. MVENG, *Histoire du Cameroun*, tome II, Yaoundé, CEPER, 1985, p. 144.

[2] ANONYME, « Cameroun : le port négrier de Bimbia, oublié de l'histoire de l'esclavage », En ligne, consulté le 23 août 2021. URL : http://www.france24.com.

[3] A. OWONA, *La naissance du Cameroun, 1884-1914*, Paris, L'Harmattan, 1996, p. 36.

[4] *Ibid.*, p. 90.

ou par pendaison en période de domination allemande sont confisqués par des réseaux parallèles, à la limite oubliés. Que devient Martin Paul Samba ? Que devient Rudolph Douala Manga Bell ? Que deviennent ceux avec lesquels ils ont perdu la vie sous la barbarie allemande ? Cette histoire, bien qu'inscrite dans les livres et les manuels scolaires, échappe à l'espace public, échappe à l'éducation populaire.

Les grandes figures de la marche héroïque vers l'indépendance et la réunification ne sont pas épargnées par l'oubli. Quelques-uns se sont progressivement imposés sur la scène nationale. Toute une loi a fait de certains, des héros nationaux[1]. Nonobstant ces avancées, d'autres acteurs de cette période restent frappés par l'oubli. Qu'avons-nous fait de Jabea Dibongue ? Il fut le premier militant « pan-camerounais » à impulser l'idée de la réunification[2]. En effet, en 1940 Endeley et Kale fondent le *Cameroon Youth League* (CYL). En 1947, après une fusion avec des organisations tribales le CYL devient le *Cameroon Federal Union* (CFU). En 1948, Jabea Dibongue fonde le *French Cameroon Welfare Union* (FCWU). Un mouvement qui militait à la protection des intérêts des ressortissants du Cameroun sous administration française qui se trouvaient au *Southern British Cameroons*. La fusion du CFU de Endeley et le FCWU donna naissance au *Cameroon National Federation* (CNF) qui fut un puissant mouvement de promotion de la réunification des deux parties du Cameroun. Ces pères fondateurs et porteurs de la marche vers la réunification sont victime de l'oubli.

À ce sujet, il est judicieux de s'arrêter un moment sur un évènement majeur qui, jusqu'ici, a de la peine à se positionner dans la mémoire festive du Cameroun : la Conférence de Foumban. Tenue du 17 au 21 juillet 1961, ladite conférence fut un grand moment pour les différentes délégations venues du *Southern British Cameroons* conduites par John Ngu Foncha et celles venues de la République du Cameroun conduites par Ahmadou Ahidjo. Cette conférence a le mérite d'avoir réuni les frères jadis séparés par la barbarie coloniale. Ils ont ainsi trouvé un consensus sur l'avenir politique du pays, et surtout sur la forme que devrait prendre l'État issu de la réunification[3]. Malgré son important rôle dans la consécration de la réunification du Cameroun, cette conférence est tout simplement évoquée dans l'espace public de manière sporadique ou tout autour des débats intellectuels. Jusqu'aujourd'hui, cette conférence n'arrive pas à trouver une place systématique dans la mémoire festive du Cameroun. Bref, cet évènement n'a pas encore fait l'objet d'une festivité mémorielle propre.

---

[1] Loi n°91/022 du 16 décembre 1991 portant réhabilitation de certaine figure de l'histoire du Cameroun.

[2] P. GAILLARD, *Le Cameroun*, Paris, L'Harmattan, 1989.

[3] V. J. NGOH, *Cameroun 1884-1984, cent ans d'histoire*, Yaoundé, CEPER, 1990, p. 201.

La date du 1er octobre 1961 est tout comme celles du 17 au 21 juillet 1961, victime d'une forme de marginalisation. Le Cameroun est un pays où prolifèrent des dates oubliées, de grandes figures de l'histoire marginalisées et des évènements oubliés, il faut préciser que cette situation est un choix fait par les pouvoirs publics dans le cadre de la constitution des festivités mémorielles.

B. La constitution des festivités mémorielles au Cameroun : entre manque d'intérêt, tendances manipulatoires et instrumentales de l'État central

Au Cameroun, la Loi n° 73/5 du 07 décembre 1973, fixant le régime des fêtes légales en République unie du Cameroun, en son article premier, définit et fixe les catégories des fêtes légales au Cameroun. Deux catégories de fêtes sont définies par ladite loi : les fêtes civiles et les fêtes religieuses. En son article 2, la loi traite des fêtes civiles, on peut y lire :

> sont considérées comme fêtes légales civiles et célébrées comme telles sur l'ensemble du territoire de la République unie du Cameroun, les fêtes d'inspiration civile ci-après :
> - jour de l'an (1er janvier) ;
> - fête de la jeunesse (11 février) ;
> - fête du travail (1er mai) ;
> - fête nationale (20 mai).

Il se dégage de ce texte que, parmi les fêtes civiles légales, trois, renvoient à des dates importantes de l'histoire du Cameroun ; à savoir : le 1er janvier, le 11 février et le 20 mai. L'on peut malheureusement constater qu'à la différence du 20 mai et du 11 février, la date du 1er janvier n'est pas mobilisée ici pour ce qu'elle représente pour la mémoire du Cameroun. Le 11 février aussi s'est progressivement éloigné de son essence, de son fondement et symbolisme historique, pour devenir un moment républicain de la célébration de la jeunesse camerounaise. Entre grandes activités d'exaltation des prouesses de la jeunesse camerounaise et les grandes activités de mobilisation et d'éducation de celle-ci, la magie originelle qui a allumé la flamme de cette date s'estompe progressivement. Le 11 février est alors l'expression de la « manipulation de la mémoire festive » par les tenants de l'État central et centralisé. Le 20 mai s'inscrit aussi dans cette dynamique. Le 20 mai, dans le cadre de la Loi n° 73/5 du 07 décembre 1973 en son article 2, est défini comme la fête nationale du Cameroun. Or, dans l'histoire du pays, cette date marque la tenue du referendum de 1972. Cette date fut l'acte politique de la consécration de l'État unitaire au Cameroun. La difficulté ici réside dans le fait que cette date fait l'objet de vive contestation par l'opinion publique camerounaise. Elle est présentée comme la résultante d'une escroquerie politique initiée en 1961. Dans le cadre de la célébration de la 50e édition de la fête nationale, le 20 mai 2022, les séparatistes ont annoncé les « villes mortes » et menacé de représailles les populations qui ne resteront pas chez elles dès le 15 mai 2022, afin de contester la célébration de la fête nationale de cette année[1].

Toutefois, il est important de préciser que l'État du Cameroun a souvent, de manière périodique, organisé des festivités mémorielles, bien que ces dernières ne soient indiquées par la loi instituant les fêtes civiles nationales. Le Décret n° 2010/038 du 04 février 2010 portant création d'un Comité national d'organisation des cinquantenaires de l'indépendance et de la réunification du Cameroun en dit long à propos. Dans ce cadre, le Cameroun a célébré le jeudi 20 février 2014, le cinquantenaire de la réunification. Les manifestations de cette festivité eurent lieu dans la ville de Buea. Entre conférence-débat, exposition des grandes figures de l'histoire du Cameroun et un défilé civil et militaire, les Camerounais se sont appropriés les principales étapes de la construction de leur nation.

Le caractère sélectif de la Loi n° 73/5 du 07 décembre 1973 et la capacité du pouvoir central à choisir quel évènement, quelle date et quel homme peut être célébré laissent entrevoir une réelle volonté de ceux-ci de manipuler la mémoire festive du Cameroun. Une attitude qui a de réelles conséquences dans la construction de la mémoire collective et dans l'écriture du « grand récit national », s'il faut parler comme Pierre Nora. L'une des conséquences fut, la disponibilité des places pour des acteurs diffus, de faire des récupérations, pour des objectifs qui ne sont pas aux services d'une communauté mémorielle, ou de l'émergence d'une identité narrative camerounaise.

C. L'organisation des festivités mémorielles par l'Union des Populations du Cameroun (UPC) et par le clan Bell de Douala

Une tendance à la manipulation des festivités mémorielles et la prolifération des dates, des événements et des grandes figures de l'histoire oubliées ont facilité l'entrée de certains acteurs dans le domaine ô combien important de la construction de la mémoire festive du Cameroun. Sans prétendre à une quelconque exhaustivité, cette partie s'intéresse à quelques-uns. Il s'agit particulièrement de parti politique et de certaines organisations communautaires.

L'UPC est l'un des partis politiques qui s'est inscrit dans la logique de la récupération, et de la capitalisation de l'histoire du Cameroun. Pour ce faire, il a investi l'espace des festivités mémorielles. Pour mieux saisir la présence de ce parti dans la construction de la mémoire festive du Cameroun, il est judicieux de comprendre quelle place occupe-t-il, dans l'histoire du pays. L'UPC est le premier parti politique créé au Cameroun sous administration de la France. Il fut créé le 10 avril 1948 après une ruse de ceux que la littérature historique a bien voulu appeler les « douze de chez Sierra »[2]. « Aussitôt après

---

[1] LASSAAD BEN AMED, « Cameroun/célébration du 20 mai : les séparatistes annoncent des ''villes mortes'' dès dimanche », https://www.aa.com.tr/fr/afrique/cameroun-c%C3%A9l%C3%A9 , du 15 mai 2022, consulté le 23 juillet 2023.

[2] A. EYINGA, *L'UPC, une révolution manquée ?* Paris, Edition Chaka, 1991, p. 23.

sa venue au monde le 10 avril 1948, l'UPC avait entrepris dans son ambition de rallier sinon la totalité des Camerounais, du moins le plus grand nombre possible de ceux-ci »[1]. Les questions de la réunification des deux Cameroun et de l'indépendance immédiate étaient au centre de son programme politique[2]. Si le Cameroun est réunifié et indépendant aujourd'hui, le mérite revient à l'UPC[3]. Toutefois, le parti historique traversa des moments de turbulence passant ainsi d'une solidarité idéologique à une division stratégique[4]. Le parti est en permanence sous un bicéphalisme. Face à des difficultés de se reconstruire, le parti s'enferma progressivement dans son passé glorieux, et aujourd'hui ses militants vouent un culte à des figures considérées comme des héros de la lutte pour la réunification et l'indépendance. Dans un environnement où la mémoire festive est en crise, l'UPC y a trouvé une opportunité pour faire revivre ses héros dans le sens de Pierre Nora. Pour ce faire, le parti organise chaque année, au mois de septembre, une semaine des martyrs[5].

Il est question durant cette semaine pour les participants, de se souvenir et de rappeler à la conscience collective nationale, le travail abattu par des nationalistes pour libérer le Cameroun de la domination coloniale[6]. Ces semaines sont animées par des débats, des meetings et activités socioculturelles diverses. Il faut préciser qu'en septembre 2020, dans le cadre des activités de la semaine des martyrs, un monument commémoratif érigé en l'honneur des héros de la lutte pour la libération nationale, a été dévoilé dans le village Ekite dans la région du Littoral, à quelques encablures d'Edéa. L'initiative fut de Robert Bapooh Lipot, militant de l'UPC. Présent à cette cérémonie, Serges Espoir Matomba déclarait : « il est important de rappeler l'histoire. De dire que certains Camerounais se sont battus pour que nous puissions avoir un Cameroun fort »[7]. Tout comme l'UPC, certaines organisations sociales ont investi le champ des festivités mémorielles. Parmi

---

[1] A. EYINGA, *Introduction à la politique camerounaise*, Paris, l'Harmattan, 1984, p. 37.

[2] T. DELTOMBE, J. TATSITA ET M. DOMERGUE, *Kamerun ! Une guerre cachée aux origines de la françafrique 1948-1971*, Paris, La Découverte, 2011, p. 92. ; J. A. Mbembe *Ruben Um Nyobè, le problème national Kamerunais*, Paris, l'Harmattan, 1984, p. 38.

[3] T. EVINA MIMBAMA, La transhumance politique au Cameroun sous-administration de la France : essai d'analyse historique des logiques de changement de partis et/ou des tendances politique à l'ère du multipartisme en contexte de domination coloniale, 1949-1960, Mémoire de Master en Histoire, Université de Yaoundé I, 2018, p. 43.

[4] S. NKEN, L'UPC de la solidarité idéologique à la division stratégique, 1948-1962, essai d'analyse historique, Anibwe Edition, 2010.

[5] NJIFON NJOYA, « Iconographie et construction d'une mémoire collective au Cameroun : analyse de la représentativité des icônes nationales sur la base des noms de baptême des monuments et des lieux publics à Douala et à Yaoundé », *op cit,*, p. 39.

[6] ANONYME, « *Le Cameroun commémore la semaine des martyrs* », En ligne, consulté le 23 août 2021. URL : http://www.CamerounWeb.

[7] C. P. TJEG, « *Cameroun-Commémoration : Un monument pour honorer les martyrs de la lutte pour l'indépendance à Ekite (Littoral)* », En ligne, consulté le 23 août 2021. URL : http://www.Cameroon-Info.Net.

celles-ci, nous avons les familles et les clans, comme cela est le fait du clan Bell de l'ethnie Douala du Littoral.

Initiée par Alexandre Douala Manga Bell, la ville de Douala commémorait en août 2021, le 107e anniversaire du martyr Roi Rudolph Douala Manga Bell. Différentes manifestations ont été organisées dans le cadre de ce que les organisateurs ont baptisé « TETE KOMBO ». La semaine commémorative se tient chaque année au mois d'août. Les organisateurs de cette festivité mémorielle, loin d'être des institutionnels, sont des privés qui, sans doute animés par des motivations de proximité politique ou sociologique[1]. Dans le cas d'espèce, les festivités mémorielles liées au Roi Douala Manga Bell sont organisées et animées par les siens, le clan Bell de l'ethnie Douala. Dans un contexte où l'on constate une présence des replis identitaires, il serait souhaitable que ces festivités soient organisées par les autorités administratives, les élus locaux ou les représentants de l'Etat.

In fine, l'État dans le cadre de la construction de sa mémoire festive et collective, a opté pour deux dates principales, à savoir : le 11 février réservé à la fête de la jeunesse et le 20 mai à la fête nationale. Malgré la présence d'une loi portant définition des fêtes civiles et légales, l'État du Cameroun a souvent organisé des festivités mémorielles pour des dates et des événements particuliers. Cette option a conduit à la prolifération des dates, des évènements et des grandes figures oubliées. Une situation que certains acteurs politiques ou sociologiques tels que l'UPC ou le clan Bell, ont capitalisée en aménageant des espaces dans la construction de la mémoire festive, pour des enjeux politiques pour certains, ou pour un intérêt communautaire pour d'autres. C'est dans cet environnement de crise des festivités mémorielles que la décentralisation se positionne comme étant une opportunité de dynamisation de celles-ci et d'enrichissement de la mémoire festive du Cameroun.

II. La décentralisation, une opportunité pour une dynamisation des festivités mémorielles au Cameroun

Le Cameroun a opté depuis le 18 janvier 1996 pour un État unitaire décentralisé. La décentralisation a connu une accélération particulière avec l'arrivée de la Loi n° 2019/024 du 24 décembre 2019, portant Code général des collectivités territoriales décentralisées. Cette loi est une opportunité de dynamisation des festivités mémorielles et d'enrichissement de la mémoire festive du Cameroun.

A. Le statut spécial des régions du Sud-Ouest et du Nord-Ouest et la réhabilitation des dates importantes de l'histoire du Cameroun

La Loi n° 2019/024 du 24 décembre 2019, portant Code général des collectivités territoriales décentralisées en son article 327 alinéa 1, reconnait

[1] *Le Messager*, « *Commémoration : la mémoire d'Ernest Ouandié divise les « UPC » »,* En ligne, consulté le 10 août 2021. URL : http// : www.Cameroun-Info.Net.

aux régions du Nord-Ouest et du Sud-Ouest un statut spécial conformément aux dispositions de l'article 62 de la Constitution. La Loi n° 2008/001 du 14 avril 2008 modifiant et complétant certaines dispositions de la Loi n° 96/06 du 18 janvier 1996 portant révision de la constitution du 02 juin 1972 en son article 62 alinéa 2 dispose que : « sans préjudice des dispositions prévues au présent titre, la loi peut tenir compte des spécificités de certaines régions dans leur organisation et leur fonctionnement ». De manière précise, cette loi[1], en son article 3 alinéa 1, reconnait que le statut spécial accordé à ces deux régions, se fonde sur leur héritage historique et leur spécificité linguistique. Pour une meilleure compréhension de cette disposition, il est judicieux de rappeler quelques indicateurs de ce legs.

Il s'agit du système administratif, de la langue anglaise et du système éducatif anglo-saxon, hérités de la domination britannique. Comme évoqué plus haut, l'échec de l'Allemagne conduisit au dépècement de son espace de domination. En 1916, le *Kamerun* est partagé entre la France et la Grande-Bretagne. Cette dernière hérite du 1/5 du territoire, composé de la partie occidentale, limitrophe à sa grande colonie de la fédération du Nigéria. La Grande-Bretagne, après plusieurs tentatives d'intégrer cette partie du Cameroun au Nigéria, rencontra une résistance et un rejet des populations du *Southern British Cameroons*. Toutefois, « l'enseignement dans le Cameroun britannique méridional était règlementé par la *''British Education policy for Nigeria''* [...]. C'est ainsi qu'en 1926, la réglementation édictée par le ministère nigérian de l'Éducation fut officiellement appliquée dans le Cameroun Méridional »[2]. Par ailleurs, s'agissant de l'héritage linguistique, « en 1927, le *Memorandum on the Place of the Vernacular in Native Education* autorisa l'usage des langues vernaculaires comme moyen d'enseignement au début de l'éducation élémentaire et la langue anglaise dans les écoles intermédiaires, secondaires et techniques »[3]. Il porte aussi sur le système d'administration. « Comme système d'administration du Cameroun britannique, l'Angleterre avait adopté une méthode d'administration indirecte appelée *Indirect Rule* »[4]. Ce régime d'administration des colonies est en fait « Ce système [qui] permettait aux autorités indigènes (*natives-authorities*) de gouverner leur pays selon la tradition africaine. Toutefois, les us et coutumes contraires aux aspirations coloniales furent proscrites »[5].

Le processus de décentralisation accorde ainsi une place importante à l'histoire et à la mémoire. Là n'est pas le débat. En fait, la question du statut spécial des régions du Sud-Ouest et du Nord-Ouest et de celle de l'héritage historique apparaissent comme une opportunité pour sauver les dates oubliées,

---

[1]Loi n° 2019/024 du 24 décembre 2019, portant code général des collectivités territoriales décentralisées.

[2] NGOH, Cameroun 1884-1984, *Cent ans d'histoire*, Yaoundé, CEPER, 1990, p. 151.

[3] Ibid.

[4] V. J. NGOH, Les dessous de la réunification : De 1955 à 1961, Limbe, Presprint, 2011, p. 1.

[5] NGOH, Cameroun 1884-1984, *Cent ans d'histoire, op. cit.,* 1990, 148.

les dates manipulées et les dates récupérées. Le 1er octobre 1961 est l'une de ces dates. Kamé Pouobda apporte des précisions sur l'importance du 1er octobre, dans l'histoire du Cameroun[1]. En effet, cette date renvoie au jour où, la réunification du *Southern British Cameroon* avec la République du Cameroun a été proclamée et officialisée.

Le 1er octobre est une date oubliée au Cameroun. Elle ne représente presque rien dans la mémoire festive du pays. L'on peut remonter dans l'histoire, avec stupéfaction, on se rendra compte du fait que l'État du Cameroun n'a réellement pas encore accordé une certaine importance à cette date. Par ailleurs, loin des manifestations du cinquantenaire de la réunification, cette date a souvent fait l'objet d'une manipulation dans une perspective « chronopolitique ponctualiste »[2]. Dans ce sens, un meeting parlementaire a été organisé au monument de la réunification, le 1er octobre 2017. Considéré par certains comme « un rituel commémoratif unitaire mobilisant la mémoire de la réunification au cours de la crise anglophone »[3]; ce meeting a été en réalité « une fenêtre d'opportunités de la déconstruction du silence parlementaire à propos de la crise anglophone »[4]. Les parlementaires s'exprimaient et rompaient définitivement le silence sur la crise anglophone.

Aussi, est-il important de rappeler que la date du 1er octobre de par sa valeur symbolique, est au centre des tentatives de récupération par les « irrédentistes anglophones ». Ces derniers ont pris l'habitude d'organiser des manifestations à la fois de contestation du caractère un et indivisible du Cameroun et de commémoration, faisant de cette date le jour des festivités de l'accession à l'indépendance du Cameroun méridional. En effet, en ce même 1er octobre 2017, pendant que le meeting des parlementaires se tenait au monument de la réunification à Yaoundé, les « irrédentistes anglophones » organisaient dans les régions du Nord-Ouest et du Sud-Ouest des manifestations. Le quotidien camerounais *Mutations* titrant à sa une « Cameroun : un 1er octobre palpitant »[5], y a relevé des accrochages entre forces de l'ordre et manifestants dans lesdites régions. Le quotidien *Emergence* également titrait à sa une : « 1er octobre 2017, l'État perd le contrôle du Nord-Ouest et du Sud-Ouest »[6]. En outre, le même journal parlant de cette date précise que : « ces deux régions ont été le théâtre de géantes

---

[1] P. KAMÉ BOUOPDA, *La quête de libération politique au Cameroun, 1884-1984*, Paris, L'Harmattan, 2006, p. 154.

[2] E. GARDELLA, « L'urgence comme chronopolitique », Temporalité [En ligne], 19|2014, mis en ligne le 30 juin 2014, consulté le 24 août 2022. URL : http://journals.openedition.org/temporalité.

[3] ISSEKIN, « Localiser le refus de la sécession à Yaoundé : jeux et enjeux du meeting parlementaire de soutien pour la paix et l'indivisibilité du Cameroun du 1er octobre 2017 », *op cit.*

[4] Ibid.

[5] *Mutations* du lundi 02 octobre 2017 n° 4467.

[6] *Emergence* du lundi 02 octobre 2017 n° 1084.

manifestations. Le drapeau sécessionniste hissé devant des forces de l'ordre et de défense impuissante »[1].

Ces enjeux autour de la date du 1er octobre, montrent à quel point elle revêt une grande importance dans l'histoire de l'édification de la nation camerounaise. Aussi, la décentralisation dans ses dispositions portant statut spécial des régions du Nord-Ouest et du Sud-Ouest est une opportunité pour construire une festivité mémorielle permanente et officielle relativement à cette date.

B. Les compétences transférées aux régions et aux communes : une opportunité de plus pour une dynamisation des festivités mémorielles

La Loi n° 2019/024 du 24 décembre 2019, portant Code général des collectivités territoriales décentralisées en son article 273 reconnait le transfert aux régions de plusieurs compétences en rapport avec la culture et la promotion des langues nationales. Nous avons entre autres « la participation à la surveillance et au suivi de l'état de conservation des sites et monuments historiques, ainsi qu'à la découverte des vestiges préhistoriques » ; au point suivant, il est permis aux régions « l'organisation de journées culturelles, de manifestations culturelles traditionnelles et de concours littéraires artistiques ». Par ailleurs, l'article 272 en rapport avec les questions de jeunesse, des sports et des loisirs compte parmi les compétences transférées aux régions, « l'organisation, l'animation et le développement des activités socio-éducatives ». La Loi sus-évoquée, précise l'ensemble des compétences transférées aux communes. La Loi n° 2019/024 du 24 décembre 2019, portant Code général des collectivités territoriales décentralisées en son article 162, renvoyant aux secteurs de la jeunesse, des sports et des loisirs, reconnait aux communes « l'organisation des manifestations socioculturelles à des fins de loisirs ». Au regard des compétences transférées aux CTD par l'État central, certains éléments retiennent évidemment l'attention. Les régions ont pour charge la gestion des monuments historiques, l'organisation des manifestations culturelles et des activités d'animation socioéducative.

Il n'est pas évident en l'état actuel des connaissances de donner une définition précise de la désignation « monument historique ». Mais l'on peut partir du terme « monument ». Il est un emprunt du latin *monumentum*, issu du verbe *monere* qui signifie « faire penser, faire se souvenir ».[2] Ainsi, *monument* désigne premièrement un « ouvrage d'architecture ou de sculpture édifié pour transmettre à la postérité le souvenir d'une personne ou d'un événement ».[3] Dans un second sens, il renvoie à un « édifice public ou privé remarquable par sa grandeur, son ancienneté, sa beauté »[4]. Cette définition est

---

[1] Ibid.
[2] Trésor de la langue française informatisé (TLFi), 1994. http://stella.atilf.fr/Dendien/scripts/tlfiv5/visusel.exe?12;s=3342345690;r=1;nat=;sol=1;
[3] Ibid.
[4] Dictionnaire de l'Académie française (9e édition) en ligne.

pertinente à plus d'un titre. Elle fait du monument un objet public, qui est à la fois un héritage et un lieu de conservation de la mémoire. Aussi, elle met en exergue la dimension historique d'un monument. Le monument historique devient donc :

> Une façon d'apprivoiser l'histoire au moment où s'impose l'idée qu'elle est indéchiffrable quant à ses fins dernières tout en étant le seul lieu du sens, au plan collectif et personnel. Mais il témoigne surtout de la capacité d'auto-construction maintenant dévolue à la cité des hommes qui se veut capable de choisir ouvertement ses ancêtres et son passé et de leur inventer une forme de célébration[1].

Fabre Daniel trouve que, le monument est un moyen d'inventer une forme de célébration aux ancêtres qui peuplent le passé des uns et des autres. Ceci explique sans doute, l'intérêt que le législateur a porté aux manifestations culturelles, à l'organisation, l'animation et au développement des activités socioéducatives dans le cadre des compétences transférées aux CTD. Les activités socioéducatives « sont toutes les activités extra-classes, exécutées dans le cadre des animations : non plus dans celui des relations classiques habituelles. Elles s'inscrivent dans le cadre de l'éducation permanente »[2]. Parmi celles-ci, l'on peut citer « les excursions, les conférences et autres causeries, débats »[3]. Il est à noter que les festivités mémorielles sont à la fois des manifestations socioculturelles et des activités socioéducatives.

Les compétences transférées au CTD, sont ainsi une opportunité de territorialiser les festivités mémorielles. Pour ce faire, le Cameroun peut enregistrer en une année, au moins 360 festivités mémorielles à raison d'une festivité par commune. Ainsi, l'histoire des peuples du Cameroun sera plus proche des populations. L'on pourra ainsi avoir des festivités à vocation nationale, et celles à vocation locale. Pendant que la commune de Nguélémendouga va organiser une festivité tout autour de la défaite glorieuse de la résistance contre la pénétration allemande sur son territoire, celle d'Ebolowa fera revivre la mémoire de Martin Paul Samba tout autour d'une manifestation à la hauteur de son combat. La commune de Foumban, en organisant des festivités mémorielles du 17 au 21 juillet de chaque année, fait revivre la conférence éponyme, tout comme elle pourra faire revivre son riche patrimoine historique, que représente l'architecture militaire de la ville et l'œuvre des différents rois Bamoun. Une telle démarche est bénéfique non seulement pour un renforcement de l'autonomie des CTD, mais aussi pour

---

https://www.dictionnaire-academie.fr/article/A9M2767

[1] D. FABRE, ed. *Domestiquer l'histoire : Ethnologie des monuments historiques.* Paris : Éditions de la Maison des sciences de l'homme, 2000. Web. <http://books.openedition.org/editionsmsh/2861>.

[2] G. OKONGO, Nouvelles approches pour la pratique des activités socio-éducatives en milieu scolaire (Étude de 43 établissements), Monographie pour l'obtention du CAIEPJS, Université Cheik Anta Diop, DAKAR, 2009, p. 32.

[3] KOUÉ DOH, *Défis et enjeux des TICE dans l'animation de la communauté scolaire*, mémoire de Licence en Science de l'Éducation, École Normale Supérieur, Abidjan, 2016.

enrichir la dynamique d'intégration nationale. Aussi, est-elle différente des initiatives des communautés et des partis politiques dans la mesure où, elle permet à l'administration publique de prendre ses responsabilités et d'inscrire les festivités mémorielles comme élément indispensable à la dynamique d'intégration nationale.

III. Enjeux de la décentralisation des festivités mémorielles au Cameroun

La capitalisation de la décentralisation comme une opportunité de dynamisation des festivités mémorielles et de la mémoire festive du Cameroun permet de renforcer l'autonomisation des CTD. Elle est une contribution considérable dans la dynamique de construction nationale.

A. Festivités mémorielles et autonomisation des CTD

L'engagement des CTD dans l'organisation des festivités mémorielles est un moyen de renforcer leurs autonomies. Le concept d'autonomie relève, pour Landry Ngono Tsimi, de la catégorie des concepts abstraits[1]. Il n'a ainsi de sens que lorsqu'il s'applique à un domaine bien précis. L'autonomie signifie « se gouverner par ses propres lois »[2]. Entendue ainsi, « la collectivité autonome serait donc celle qui détermine elle-même les règles qui la régissent, sans pour autant être dans une situation de totale indépendance comme un État souverain »[3]. L'autonomie, eu égard à son importance et au-delà de son caractère relatif, fonderait du coup la décentralisation. Dans le cas du Cameroun, telle que précisée par l'article 8 de la loi n° 2019/024 du 24 décembre 2019, portant code général des collectivités territoriales décentralisées, elle se décline en autonomie administrative et financière.

Disons avec Landry Ngono Tsimi que des incertitudes pèsent sur le contenu d'autonomie administrative[4]. Précisons tout de même avec ce dernier que :

> L'autonomie administrative a donc une double fonctionnalité : une fonction exécutive des lois et une fonction de gestion de la collectivité tout entière. Autrement dit, l'autonomie administrative serait donc la liberté donnée aux collectivités territoriales décentralisées en vue de la création des normes juridiques en exécution des lois de l'État pour la gestion de la collectivité et des intérêts locaux[5].

Vu sous cet angle, il est judicieux pour les CTD de travailler en permanence au renforcement de cette possibilité de s'auto-mouvoir. Pour ce faire, la loi n° 2019/024 du 24 décembre 2019, portant code général des collectivités territoriales décentralisées en son article 10 précise que, les CTD

---

[1] L. NGONO TSIMI, *L'autonomie administrative et financière des collectivités territoriales décentralisées : l'exemple du Cameroun*, thèse de Doctorat en Droit Public, Université de Paris-Est Creteil Val-De-Marne, 2010, p. 9.
[2] Ibid.
[3] *Ibid.*, p. 5.
[4] *Ibid.*, p. 170.
[5] *Ibid.*, p. 168.

peuvent, dans le cadre de leurs missions, exécuter des projets en partenariat entre elles.

En réalité, comme il a été évoqué à l'entame de cette partie, les festivités mémorielles sont un moyen pour les CTD de renforcer leur autonomie administrative, tout en mettant en branle l'article sus-évoqué. En effet, pour l'organisation de certaines festivités mémorielles, les CTD devront entrer en partenariat avec d'autres structures. À titre d'illustration, les martyrs du mois d'août 1914, à savoir Rudolph Douala Manga Bell, Ngosso Din et Mebenga M'Ebono sont non seulement une opportunité d'organisation d'une festivité mémorielle, mais aussi une opportunité de rapprochement des régions du Sud et du Littoral qui sont plus ou moins contraintes d'organiser cette festivité en partenariat.

B. Décentralisation des festivités mémorielles et dynamique d'intégration nationale

Comme évoqué plus haut, « l'intégration nationale vise à former des citoyens enracinés dans leur culture, respectueux de l'intérêt général, du bien commun, de l'éthique et des valeurs démocratiques, soucieux du vivre ensemble et ouverts au monde »[1]. Cette approche postule la promotion de la conscience nationale et le vivre-ensemble auprès et par chaque citoyen dans le but de consolider la nation camerounaise. Le Cameroun dans sa dynamique de construction nationale a connu deux grands moments. Le premier qui s'étend tout au long du régime du président Ahmadou Ahidjo est particulièrement marqué par une démarche empreinte d'uniformisation de la société camerounaise, dans les actes, la différence est rejetée par les tenants du pouvoir. Pour ces derniers, la construction nationale passe par l'unité nationale. Le deuxième moment qui émerge avec le Renouveau porte particulièrement sur la promotion de l'intégration nationale, qui se positionne comme le niveau supérieur de l'unité nationale. Cette approche postule que l'on peut être différent et rester par-dessus tout, des Camerounais[2].

Il est important de préciser que, le Cameroun dans sa dynamique de construction nationale, a opté pour le « modèle républicain d'intégration nationale »[3]. Dans ce modèle politique, un accent particulier est mis sur la volonté de vivre ensemble propre à une communauté d'individus, qui partage la conscience d'appartenance à une histoire commune. La communauté mémorielle devient ainsi une condition déterminante dans le projet de construction nationale. Or, cette mémoire collective n'est pas innée à un peuple, elle est le fruit d'un travail d'éducation populaire et civique. Loin d'être une menace à l'intégration nationale, la décentralisation à partir de l'opportunité qu'elle représente pour la redynamisation et l'enrichissement de

[1] MINJEC, Le référentiel camerounais d'éducation civique et d'intégration nationale, Yaoundé, MINJEC, 2013, p. 22.

[2] P. BIYA, *Pour le libéralisme communautaire,* Paris, Pierre-Marcel Favre/ABC, 1987.

[3]MINJEC, Stratégie camerounaise d'intégration nationale, op cit, p. 21.

la mémoire festive du Cameroun est la forme de l'État la plus appropriée, non seulement pour la mise en valeur de la diversité du pays, mais aussi pour la construction d'une fondation commune.

La mémoire collective revêt un enjeu hautement stratégique dans la construction de l'identité nationale du Cameroun[1]. Au Cameroun, la construction, la consolidation et la promotion de ladite mémoire collective passent par une multiplication des festivités mémorielles. La décentralisation des festivités dans le but de faciliter et d'accélérer la dynamique d'intégration nationale, permet l'émergence d'une mémoire inclusive et facilite l'appropriation de celle-ci par la grande majorité des citoyens. L'inclusivité historique sur le plan politique implique donc que soit dressé un inventaire de toutes les figures marquantes de notre histoire, toutes obédiences politiques confondues. Leurs noms devraient apparaitre dans les livres et leurs œuvres célébrées par les édifices publics fussent-ils communs[2]. La décentralisation des festivités mémorielles est un moyen pour parvenir à cette inclusivité historique. Ce principe postule une représentativité de toutes les sensibilités historiques dans la mémoire collective. Une telle démarche est gage de promotion du vivre-ensemble, et donc de l'intégration nationale qui elle-même nécessite deux conditions[3]: une volonté individuelle du citoyen de reconnaitre à l'autre les mêmes droits et devoirs, et la capacité de l'État à respecter les différences et les particularismes des uns et des autres tout en reconnaissant à ceux-ci les mêmes droits et devoirs, car c'est à partir de cette démarche que devrait surgir l'unité. La présence dans l'espace public de toutes les sensibilités et différences historiques est gage de consolidation de la nation camerounaise.

Conclusion

La question de la territorialisation des festivités mémorielles a permis de faire un état des lieux de la mémoire festive au Cameroun. Il se dégage de cet aperçu que la mémoire festive au Cameroun marginalise certaines sensibilités de l'histoire du Cameroun. On assiste alors à une prolifération des dates, de grandes figures et des événements historiques oubliés. Ceci est renforcé par l'État qui, dans une dynamique manipulatoire et instrumentale, a fait le choix d'organiser les festivités mémorielles tout autour de deux dates à savoir le 11 février et 20 mai. Cette attitude de l'État a favorisé l'arrivée des partis politiques et de certaines organisations communautaires dans le champ des festivités mémorielles. Ces derniers, pour des intérêts partisans et

---

[1] NJIFON NJOYA, « Iconographie et construction d'une mémoire collective au Cameroun : analyse de la représentativité des icônes nationales sur la base des noms de baptême des monuments et des lieux publics à Douala et à Yaoundé », *op. cit.*, p. 40.

[2] *Ibid.*

[3] MINJEC, Le référentiel camerounais d'éducation civique et d'intégration nationale, op. cit., p. 22.

communautaires font revivre certains acteurs et périodes de l'histoire du Cameroun. Avec la décentralisation, cette mémoire oubliée, marginalisée ou manipulée trouve ici une opportunité de dynamisation. La question du statut spécial des régions du Nord-Ouest et du Sud-Ouest et certaines compétences transférées aux régions et aux communes permettent aux CTD de s'engager dans l'organisation des festivités mémorielles. Cet engagement permet à celles-ci d'ouvrir des projets en partenariat entre elles, tout en contribuant à l'inclusivité historique, gage d'une meilleure dynamique d'intégration nationale. Toutefois, un travail de recherche approfondie sur l'histoire du Cameroun est nécessaire pour une meilleure territorialisation des festivités mémorielles.

Bibliographie

Ouvrages

- ABEL EYINGA, Introduction à la politique camerounaise, Paris, L'Harmattan, 1984, 356 p.
- ABEL EYINGA, L'UPC, une révolution manquée ? Paris, Édition Chaka, 1991, 191 p.
- ABWA Daniel, Cameroun : histoire d'un nationalisme, 1884-1961, Yaoundé, Editions CLE, 2010, 393 p.
- BIYA Paul, Pour le libéralisme communautaire, Paris, Pierre-Marcel Favre/ABC, 1987, 158 p.
- BWEMBA BONG, quand l'africain était l'or noir de l'Europe, l'Afrique : actrice ou victime de la « traite des noirs » ? tome 2, Bonneuil, Menaibuc, 2003, 415 p.
- DALLISSON Rémy, Les guerres et la mémoire, Paris, CNRS éditions, 2013, 336 p.
- DELTOMBE Thomas, TATSITA Jacob et DOMERGUE Manuel, Kamerun ! Une guerre cachée aux origines de la françafrique 1948-1971, Paris, La Découverte, 2011, 976 p.
- GAILLARD Phillip, Le Cameroun tome 2, Paris, L'Harmattan, 1989, 248 p.
- KAMÉ BOUOPDA Pierre, La quête de libération politique au Cameroun, 1884-1984, Paris, L'Harmattan, 2006, 258 p.
- MBEMBE Joseph Achille, Ruben Um Nyobè, le problème national Kamerunais, Paris, L'Harmattan, 1984, 444 p.
- MVENG Engelbert, Histoire du Cameroun, tome II, Yaoundé, CEPER, 1985.
- NGOH Victor Julius, Cameroun 1884-1984, cent ans d'histoire, Yaoundé, CEPER, 1990.
- NGOH Victor Julius, Les dessous de la Réunification : De 1955 à 1961, Limbe, Presprint, 2011, 111 p.
- NKEN Simon., L'UPC de la solidarité idéologique à la division stratégique, 1948-1962, essai d'analyse historique, Anibwe Edition, 2010, 500 p.
- OWONA Adalbert, La naissance du Cameroun, 1884-1914, Paris, L'Harmattan, 1996, 230 p.

Articles, ouvrages, journaux et liens internet

- DOMERGUE Manuel, « Cameroun : une guerre oubliée remonte à la surface », en ligne depuis 2017 sur https://www.cairn.info, consulté le 20 juillet 2021.

- FABRE Daniel, « Domestiquer l'histoire : Ethnologie des monuments historiques », New edition [online]. Paris : Éditions de la Maison des sciences de l'homme, 29 août 2021, en ligne sur : http://books.openedition.org/editionsmsh/2861.
- GARDELLA Edouard, « L'urgence comme chronopolitique », Temporalité [En ligne], 19|2014, mis en ligne le 30 juin 2014, consulté le 24 août 2022. URL :
- http://journals.openedition.org/temporalité.
- ISSEKIN Yvan, « Localiser le refus de la sécession à Yaoundé : jeux et enjeux du meeting parlementaire de soutien pour la paix et l'indivisibilité du Cameroun du 1er octobre 2017 », en ligne depuis 2018, sur www.https//doi.org/10.4000/espacespolitique.5275, consulté le 5 août 2021.
- KOUNGOU Léon, « L'Ambazonie : l'« État » catalyseur du mal-être de l'anglophone au Cameroun », in *Revue Défense Nationale*, n° 809, 2018, pp. 101-106.
- LASSAAD BEN AMED, « Cameroun/célébration du 20 mai : les séparatistes annoncent des ''villes mortes'' dès dimanche », https://www.aa.com.tr/fr/afrique/cameroun-c%C3%A9I%C3%A9 , du 15 mai 2022, consulté le 23 juillet 2023.
- MOLO Brice, « Faire face à la crise identitaire : une responsabilité sociale de l'historien dans la construction nationale camerounaise », *Praticas da Hitoria*, n° 13, 2022, pp. 117-156.
- NJIFON NJOYA, « Iconographie et construction d'une mémoire collective au Cameroun : analyse de la représentativité des icônes nationales sur la base des noms de baptême des monuments et des lieux publics à Douala et à Yaoundé », *in JANUS* n° 11, (décembre 2020-mai 2021), pp. 33-43.
- TJEG Claude, « Cameroun-Commémoration : Un monument pour honorer les martyrs de la lutte pour l'indépendance à Ekite (Littoral) », en ligne depuis 2020, consulté le 23 août 2021. URL : http://www.Cameroon-Info.Net.

Mémoires et Thèses

- EVINA MIMBAMA Thierry, La transhumance politique au Cameroun sous-administration de la France : essai d'analyse historique des logiques de changement de partis et/ou des tendances politique à l'ère du multipartisme en contexte de domination coloniale, 1949-1960, Mémoire de Master en Histoire, Université de Yaoundé I, 2018, 123 p.
- KOUÉ DOH, *Défis et enjeux des TICE dans l'animation de la communauté scolaire*, Mémoire de Licence en Sciences de l'éducation, École normale supérieur, Abidjan, 2016.
- NGONO TSIMI Landry, *L'autonomie administrative et financière des collectivités territoriales décentralisées : l'exemple du Cameroun,* Thèse de Doctorat en Droit public, Université de Paris-Est Creteil Val-De-Marne, 2010, 421 p.
- OKONGO Grégoire, (2009), Nouvelles approches pour la pratique des activités socio-éducatives en milieu scolaire (Étude de 43 établissements), Monographie pour l'obtention du CAIEPJS, Université Cheik Anta Diop, DAKAR, 133 p.

Chapitre 13

La fonction publique locale en droit public camerounais : une réflexion sur le statut juridique de l'agent local

Par
Emmanuel Désiré ATANGANA,
Docteur/PHD en droit public, Chargé de cours/Université de Yaoundé II
eatangana73@yahoo.com

Résumé

Le 24 décembre 2019 marquera sans doute aucun, l'histoire de la décentralisation territoriale camerounaise, à l'ère de la réforme constitutionnelle du 18 janvier 1996. Il constitue en fait la date de promulgation de la loi n°2019 /024 du 24 décembre 2019 portant Code général des collectivités locales. À l'analyse, il ressort que cette loi ambitionne faire des réformes considérables dans le domaine de la décentralisation. L'on pourrait citer entre autres, la consécration formelle d'une fonction publique locale dont la réalité reste suspendue à l'éventualité d'un décret présidentiel ultérieur. Cette situation semblerait dès lors donner du crédit à l'idée d'une relativisation de l'encadrement du statut du personnel local en droit camerounais de la décentralisation. Ce constat peut être observé aussi bien à travers un aménagement formalisé de manière discutable, dont la portée traduit l'idée même d'un évitement concrètement réalisé.

Mots clés : fonction publique locale, droit public camerounais, collectivité locale, personnel local, statut juridique.

Abstract: Local Public Service in Cameroonian Public Law: A Reflection on the Legal Status of the Local Officer

December 24, 2019 will mark the history of Cameroonian territorial decentralization, in the era of the constitutional reforms of January 18, 1996. It is in fact the date of promulgation of Law No. 2019/024 of 24 December 2019 on the General Code of Regional and Local Communities. This analysis shows that this law intends to make considerable reforms in the area of decentralization. One might mention, among other things, the formal consecration of a local public office whose reality remains suspended in the event of a subsequent presidential decree. This situation would therefore appear to give credit to the idea of relativizing the framework for the status of local staff in Cameroonian decentralization law. This finding can also be observed through a formalized arrangement in a questionable way, the scope of which reflects the very idea of a practically achieved avoidance.

Keywords: local public service, Cameroonian public law, local community, local staff, legal status.

Introduction

Peut-on parler de décentralisation territoriale sans une prise en compte réelle de la gouvernance locale, élément central de sa structuration ? La question parait pertinente tant il est vrai que l'administration des collectivités locales doit nécessairement se greffer à la ressource humaine affectée à ces dernières pour en justifier la raison d'être. On retient dès lors que cette gouvernance ne s'est jamais développée en Afrique d'une manière hasardeuse. D'ailleurs, à l'heure actuelle, elle semble trouver sens et vie au cœur même des réformes institutionnelles et juridiques engagées dans la majorité des États d'Afrique noire francophone au cours de la seconde moitié des années 1990. Au Cameroun, elle parait trouver un terrain fertile à la faveur des multiples recommandations issues de la rencontre tripartite qui seront prises en compte plus tard dans la loi portant révision de la constitution du 18 janvier 1996.

Le transfert des compétences tel que consacré dans la constitution camerounaise s'apprécie par ailleurs comme la seule unité de mesure du degré d'autonomie concédée aux entités infra-étatiques[1]. L'opposition entre jacobinisme et démocratie locale qui pourrait en découler contraint dès lors à interroger l'effectivité de la décentralisation territoriale au Cameroun dans un contexte où les réformes entreprises tardent encore à être implémentées, plus de vingt-six années après. C'est pour cette raison que l'on pourrait donner du crédit à la doctrine qui notera plus tard que la majorité des États d'Afrique noire francophone rencontrent encore d'énormes difficultés à se décentraliser, tant il est vrai que leurs administrations centrales éprouvent encore du mal à opter pour le transfert des compétences[2].

Une meilleure analyse de cet état des choses appelle dès lors à souscrire dans un premier angle à la clarification des notions et expressions clefs. Deux parmi elles semblent primordiales. Premièrement, la fonction publique. Il est important de reconnaitre que la doctrine l'aborde généralement à partir de trois critères. Sur le plan organique, le plan formel et le plan matériel[3]. Pour faire simple, l'on dira que la fonction publique est la totalité de la ressource humaine de l'administration. Celle-ci s'apprécie le plus souvent à travers l'hétérogénéité du statut de son personnel[4]. La doctrine semble les classer en deux catégories : ceux qui ne sont pas soumis au Code du travail et qui

---

[1] Voir H. KOUOMEGNE NOUBISSI, *Décentralisation et Centralisation au Cameroun : la répartition des compétences entre l'État et les collectivités locales,* L'Harmattan Paris 2013, 495 p.

[2] *Idem.* p.19.

[3] Voir J. OWONA, *Droit administratif spécial de la République du Cameroun*, Edicef, Paris, 1985, p. 10.

[4] Voir B. R. GUIMDO DONGMO, *Le Personnel communal au Cameroun. Contribution à la compréhension de la crise de l'administration communale camerounaise*, Thèse de Doctorat 3e cycle droit public, Université de Yaoundé 2-Soa, 1994, 381 p.

pourtant relèvent d'un statut dérogatoire de droit commun et ceux qui sont titularisés et rattachés à une hiérarchie des administrations de l'État[1].

Secondement, la décentralisation qui pourrait s'entendre comme un partage de rôles et de tâches entre l'État et les collectivités locales. Ce partage doit nécessairement prendre en compte aussi bien la variabilité des modalités qui s'imposent à eux que leur tradition historique et politique[2]. La décentralisation renvoie de ce fait à l'idée d'un transfert de compétences du centre vers la périphérie.

L'année 2019 s'apparente dans ce cas de figure, à un tournant décisif pour les pouvoirs publics camerounais de réaliser une réforme administrative à l'aune de la révision constitutionnelle du 18 janvier 1996. Elle constitue, en effet, la période d'adoption et par voie de conséquence, de promulgation de la loi portant Code général des collectivités territoriales décentralisées au Cameroun. À l'analyse, il ressort que cette dernière envisage faire une démarcation avec ses devancières de 2004 et 1974, sur au moins deux angles. Sur un premier, elle abroge toutes les lois qui lui sont antérieures. Sur un autre, elle retient comme originalité, la protection du personnel des collectivités territoriales décentralisées, en érigeant une fonction publique locale[3] dont l'effectivité tarderait à se réaliser. Cette nouvelle forme d'aménagement du territoire perceptible dans ces instruments juridiques amène par ailleurs à interroger le degré de liberté accordé aux collectivités territoriales à l'aune de la réforme de décembre 2019 en ces termes : comment est aménagé le statut du personnel local en droit camerounais de la décentralisation ?

En réalité, cette question relève nécessairement d'un double intérêt, à la fois théorique et pratique. Sur le plan théorique, elle permet de mettre sur la table, la nécessaire position de la doctrine camerounaise en rapport avec l'incertitude du statut de l'agent communal et régional. Au point de vue pratique, elle remet à l'ordre du jour le débat sur la pertinence d'une consécration de la fonction publique locale dans un contexte où le jacobinisme semble faire son lit en droit camerounais. La réflexion consiste dès lors à démontrer que le statut du personnel local bénéficie d'un encadrement relatif en droit camerounais. Ce dernier oscille entre flexibilité et évitement. Cette hypothèse a été rendue possible à travers la définition d'une démarche méthodologique ancrée aussi bien par les textes juridiques que par une approche comparative, à laquelle s'y est ajoutée l'observation empirique comme technique de recherche.

---

[1] Voir J. OWONA, *Droit administratif spécial de la République du Cameroun, op. cit.,* p. 10.

[2] Voir E. OWONO OWONO, « L'année 2010 : an 1 du transfert des compétences et des ressources aux communes et communautés urbaines », cité par E. D. ATANGANA, *La libre administration des collectivités territoriales décentralisées en droit public camerounais*, mémoire de Master en Droit public, Université de Yaoundé 2-Soa, année académique 2011-2012, p. 2.

[3] Il est important de souligner que le décret du Président de la République reste encore attendu.

C'est à la suite de cette démarche méthodologique que l'on a pu observer une certaine précarité du statut de l'agent public local en droit public camerounais. Cette supposition peut être vérifiée à travers un aménagement discutablement formalisé (I) et dont la portée semblerait faire le lit d'un évitement concrètement réalisé (II).

I. Un aménagement discutablement formalisé

Les faiblesses normatives relevées dans la constitution camerounaise en matière de décentralisation semblent traduire l'idée d'une inquiétante construction textuelle (A) associée à une inopérante construction para textuelle (B).

A. L'inquiétante construction textuelle

Pour la doctrine, le droit de la décentralisation en vigueur au Cameroun, semble encore rencontrer de nombreuses zones d'ombres[1] en ce qui concerne l'encadrement du personnel local. Il oscille vraisemblablement entre le silence de la norme générique (1) et le mutisme des normes spécifiques (2).

1. Le silence de la norme générique

La norme générique camerounaise qui est la constitution est un document constitué du préambule et du texte de la constitution. Cette dernière, adoptée le 02 juin 1972, subira plusieurs amendements dont la plus importante reste visiblement la révision du 18 janvier 1996[2]. Il est important de rappeler que cette modification consacre l'État unitaire décentralisé. Soutenir l'idée selon laquelle la loi de révision de la constitution aurait trouvé l'unanimité au sein de la doctrine camerounaise relève pour le moment d'une vue de l'esprit. L'un des points saillants, qui semble par ailleurs remettre en cause son autorité et qui reste pour le moment une source permanente de contradictions, reste sans nul doute la multitude des silences[3] qui sembleraient rendre confuses ses dispositions. L'article 55 de la loi fondamentale camerounaise illustre à cet égard une hésitation du constituant camerounais à donner sens et vie à une fonction publique locale. En effet, le titre X consacré à la décentralisation comporte sept articles qui confèrent peu ou prou un statut particulier au personnel des localités. Dans ces différents chapitres, aucune mention n'est faite d'une fonction publique locale. Les multiples refontes, voire les

---

[1] Sur la question, bien vouloir lire C. V. NOUAZI KEMKENG, « Le cadre juridique de la décentralisation au Cameroun », *in* Alawadi Zelao (dir.), *Décentraliser au Cameroun. Dynamiques institutionnelles et logiques des acteurs,* Harmattan Paris, Collection Études africaines, octobre 2018, pp. 129-149.

[2] Lire Loi n°96/006 du 18 janvier 1996 portant révision de la constitution du 02 juin 1972.

[3] Sur la question des silences de la constitution, bien vouloir lire D. GUENETTE, « Le silence constitutionnel canadien-expression d'une constitution inachevée », *in Cahiers de droit*, vol. 56 n°3-4, septembre-décembre 2015, pp. 411-446.

toilettages du texte constitutionnel camerounais n'y changeront pas considérablement.

Au Cameroun, le préambule de la constitution ne fait aucunement mention de la réalité d'une fonction publique locale. Il se borne uniquement à préciser que les hommes ont le droit et l'obligation de travailler[1]. En effet, le préambule semble préciser de manière somptuaire les grands principes et les divers instruments juridiques qui encadrent les droits humains fondamentaux et auxquels l'État du Cameroun a marqué son accord d'adhésion. La constitution camerounaise est aussi partiellement muette au sujet de l'encadrement des organes qui sont supposés former le personnel des collectivités locales. Le préambule se borne à préciser que « L'État assure à l'enfant le droit à l'instruction. L'enseignement primaire est obligatoire. L'organisation et le contrôle de l'enseignement à tous les degrés sont des devoirs impérieux de l'État »[2]. Aucune mention n'est faite dans ce cadre, à la formation du personnel des collectivités locales. L'on ne saurait savoir si cette formation pourrait se muer dans le terme « contrôle de l'enseignement à tous les niveaux », auquel cas on verrait bien un net décalage entre la formation théorique et la formation professionnelle ou diplômante. Toujours est-il dit qu'aucune mention n'est faite à l'égard de la formation de ce personnel. Quand bien même ce serait le cas, force sera de constater que cette dernière le serait du fait du décret qui encadre l'organisation et le fonctionnement de la *National School of Local Administration* (NASLA)[3], institution chargée de la formation de cette catégorie d'agents.

La deuxième raison qui n'est pas très éloignée de la première se trouve dans les enjeux qui sont adossés à ce silence. Les multiples raisons données pour motiver l'ineffectivité d'une fonction publique locale en droit camerounais témoignent en elles-mêmes de l'inachèvement de la constitution.

Peut-on en dire de même des normes spécifiques ?

2. Le mutisme des normes spécifiques

Au rang des normes spécifiques qui traitent de la question, l'on pourrait ranger raisonnablement les dispositions législatives et le dispositif réglementaire, voire infra-réglementaire. Le dispositif législatif et infra législatif supposé traiter des questions liées à la décentralisation semble briller par un vide chaque fois qu'il est posé sur la table l'idée d'un encadrement juridique de la fonction publique locale en droit camerounais. La doctrine camerounaise apprécie par ailleurs cette situation en termes d'indétermination textuelle du personnel communal[4].

---

[1] Voir Préambule de la Constitution en vigueur au Cameroun.

[2] Idem.

[3] Voir le décret n°2020/111 du 02 mars 2020.

[4] Ibid.

La loi portant code général des collectivités territoriales décentralisées[1], tout comme toutes ses devancières, met davantage l'accent sur des critères qui définissent et encadrent, l'organisation, le fonctionnement et la compétence des organes des collectivités territoriales décentralisées. Quand bien même elle voudrait bien aborder la question liée à l'encadrement d'une fonction publique locale, elle le fait soit de manière approximative, ou alors à travers l'emprunt et l'utilisation des termes vagues. A titre d'exemple, sur les 501 articles qui innervent cette loi, le terme « fonction publique locale » est consacré en ces termes : « l'État met en place une fonction publique locale dont le statut est fixé par un décret du Président de la République »[2]. Deux observations pourraient être tirées de cette loi. La première est à juste titre la consécration formelle d'une fonction publique locale au Cameroun. L'emploie du président de l'indicatif ou encore le présent de vérité générale amène à aboutir à cette conclusion. L'article 22 alinéas 3 de cette loi est sans équivoque. Il traduit d'une manière expresse l'intention du législateur camerounais de donner sens et vie à une fonction publique locale. La seconde qui fonde à la réalité l'hésitation du législateur, réside dans l'éventualité d'un décret présidentiel qui devrait consacrer cette fonction publique. L'on note pour le moment l'ineffectivité de ce décret qui tarde malheureusement à être promulgué.

L'article 209 qui reprend presque en des termes similaires la même disposition précise « le maire recrute, suspend et licencie le personnel régi par la législation du travail ». Sans toutefois donner d'amples précisions. Cet article, même s'il semble donner théoriquement plus de crédit à la notion de libre administration des collectivités territoriales décentralisées, parait tout de même s'opposer à toute idée de voir ériger en droit camerounais, une fonction publique locale. A l'analyse, l'on se rend compte que la vacuité de cette disposition de la loi pose à la réalité le problème de l'hétérogénéité du statut du personnel local.

La loi portant code général des collectivités territoriales décentralisées parait dans ce cadre précis, pencher en faveur de l'agent local même si l'hypothèse d'une reconnaissance formelle de la fonction publique locale y est invoquée d'une manière sommaire. L'article 209 de ce code semblerait en témoigner la parfaite illustration. En fait, l'impression qui se dégage est celle d'un texte élaboré pour rassurer et non pour assurer. À l'article 248, elle confère entre autres compétences au maire de la ville, l'organisation voire, la gestion des services de la communauté sans toutefois préciser les modalités.

L'on constate par ailleurs que cette loi soulève de doutes sérieux quant à sa prétention à consacrer une fonction publique locale au Cameroun. Au lieu de donner sens et vie à ce statut, elle tend à donner plus de crédit aux notions

[1] Lire Loi n°2019/024 du 24 décembre 2019 portant Code général des collectivités territoriales décentralisées.
[2] Lire l'article 22 alinéas 3 de la loi portant Code général des CTD.

de « personnel »[1] d'« emploi »[2] sans prendre la peine de déterminer leur contenu.

Il en est également de la désuétude du dispositif réglementaire. L'on note que ces derniers ambitionnent de définir la nature des rapports qui lient l'État aux collectivités locales et surtout qu'ils essaient également d'en fixer les bornes. Cet objectif s'appuie à tous égards sur la maxime « pas de tutelle sans texte et pas de tutelle au-delà des textes »[3]. L'obsolescence de ces différents textes réglementaires n'accorde malheureusement aucune place à l'émergence d'une fonction publique locale. L'on prendra à titre d'exemple l'article 2 al.1 paragraphe 3 du décret primitif de 1971 qui encadre l'exercice de la tutelle dans ce domaine en ces termes : « les autorités de tutelle sont chargées de promouvoir la formation et le recyclage du personnel communal ». À l'opposé de cet article, le décret de 1977 permet tout de même de se faire une idée du traitement juridique qui est réservé aux agents des collectivités locales précédemment appelés « personnel communal »[4]. Il fait l'effort de simplifier la situation juridique en définissant et en précisant les différentes catégories assujetties au statut d'agent local ainsi que le régime juridique qui leur est assujetti.

L'article 33 de ce décret qui encadre les modalités de recrutement ainsi que celles liées au licenciement des agents communaux dispose que « les projets de décisions d'engagement ou de licenciement du personnel communal sont soumis au visa préalable du préfet […] en cas de contestation ou de retard d'avancement, tout agent intéressé peut défendre ses intérêts conformément au code du travail du personnel communal ». Il est à noter que l'article 87 (ancien) de ce texte disposait « jusqu'à la parution d'un statut particulier du personnel communal, celui-ci demeure régi par les dispositions du décret du 28 février 1972 qui fixe les dispositions communes applicables aux agents de l'État relevant du Code du travail ». À côté de ce décret, l'on pourrait observer celui du 09 novembre 1990. Ce décret reconnait le statut du secrétaire général de mairie et du secrétaire général des syndicats des communes en se fondant sur le décret du 9 novembre 1978. Il semble important de relever que ce décret fixait les dispositions communes applicables aux agents de l'État relevant du Code du travail.

Pourrait-on dire de même de la doctrine et de la jurisprudence ?

B. L'inopérante construction para-textuelle

La construction para-textuelle s'entend comme celle qui peut être faite en dehors des normes juridiques en vigueur, voire de la règle posée. Il s'agira dans ce cadre précis de faire allusion aussi bien à la doctrine (1) qu'à la

---

[1]Art. 210 de la loi portant code général des CTD.

[2] Art. 324 de loi sus citée.

[3] Selon ce principe, la tutelle ne se présume pas. Elle doit être encadrée dans les textes.

[4] Sur la question du personnel communal bien vouloir lire, B.R. GUIMDO DONGMO, *Le Personnel communal au Cameroun…, op. cit.*

jurisprudence (2) qui semblent avoir pris du retard dans la prise en compte effective de la question.

1. La position ambiguë de la doctrine

En France, il est originairement reconnu que l'analyse de l'administration locale à partir de son personnel a jusqu'à l'époque contemporaine, fait l'objet d'un grand intérêt par la doctrine[1]. Au Cameroun par contre, quelques rares travaux, aux lendemains plus ou moins certains, ont coloré l'univers scientifique au point de relativiser le rapport qui devrait en principe lier la législation à la science. À de rares circonstances, la doctrine camerounaise s'y est véritablement penchée. Pourtant, à l'observation, la ressource humaine constitue le point névralgique de la libre administration des collectivités territoriales décentralisées, et partant, du développement local, c'est-à-dire l'épicentre de toute initiative liée à leur émergence. On le sait, seule la ressource humaine est aussi bien à même de concevoir et d'impulser le développement.

Les collectivités territoriales décentralisées semblent de ce fait traduire une source de complexité du fait du désintérêt dont elles ont fait l'objet de la part de la doctrine jusqu'aux années 1993. Ce n'est que tout récemment, et ceci à travers divers colloques et conférences organisés[2] aussi bien par le gouvernement camerounais à travers le ministère de la Recherche scientifique et de l'Innovation, le ministère de la Décentralisation et du Développement local et l'Association des communes et villes unies du Cameroun[3], que par certaines institutions universitaires[4], que la question de la prise en compte du statut du personnel local a été réellement prise en compte. Le résultat semble sans contestation aucune, être mitigé. Les collectivités locales au Cameroun semblent dès lors abandonnées à elles-mêmes. Les difficultés auxquelles ces dernières font généralement face sont visiblement inhérentes au manque de considération dont elles font l'objet de la part de la doctrine camerounaise. Très peu de travaux scientifiques ont présenté un intérêt à apporter des

---

[1] L. ORTIZ, « La fonction publique territoriale : l'unité au défi de la territorialité », *in* Serges Regourd, Joseph Carles, Didier Guichard, Jean-Pierre Bell (dir), *La décentralisation 30 ans après*, *LGDJ*, 2013 ; p. 285 et 286.

[2] Cf. ELANGA OBAM Georges, « Assises générales de la commune, au cœur du développement local », une publication du Ministère de la décentralisation et du développement local, février 2019 ; 42 p. ; Philémon YANG, « projet de stratégie nationale de la décentralisation (2019-2023), décembre 2018,134 p.

[3] La première édition du colloque international de Yaoundé sur « La gouvernance locale » s'est tenue à Yaoundé du 15 au 18 février 2011.Cette rencontre, organisée par la Conférence africaine de la décentralisation et du développement local (CADDEL) et Zenu Network avait réuni neuf pays de l'Europe et de l'Afrique

[4] Du 28 au 30 octobre 2020, s'est tenu à l'Université de Dschang, un colloque international sur le thème « Regards croisés de la décentralisation en Afrique ». Plusieurs experts s'étaient réunis pour débattre de la thématique.

réflexions sur la question de la fonction publique locale[1]. La grande partie des contributions qui traitent de la décentralisation mettent plus d'accent sur des considérations générales et le plus souvent sur la fiscalité locale[2], et par ricochet sur la commune ou sur la région[3].

Cette hésitation dont a fait montre la doctrine camerounaise dans le temps, ne pouvait dès lors permettre au législateur de disposer de véritables bases théoriques qui auraient pu lui permettre en toute objectivité, de réfléchir sur l'éventualité d'une fonction publique locale en droit camerounais. Pour faire simple, l'on dira que la doctrine n'a pas véritablement su irriguer le législateur sur la question. Il est certes vrai que la question liée à la formation du personnel local camerounais avait été abordée depuis de longues dates par quelques auteurs[4]. Ces derniers avaient par ailleurs relevé que le personnel local était pour l'ensemble constitué d'un gros effectif dont la qualification et la formation étaient généralement remises en cause. La désuétude des informations et des données mises à la disposition des tiers ne permet certainement plus d'aboutir fatalement à cette conclusion. L'avènement du numérique et la promotion de centres de formations publics et privés restent des pistes de solutions susceptibles de résorber le problème.

Au demeurant, une étude réalisée en 2012[5] relève que sur un échantillon de 60 collectivités locales, soixante pour cent des effectifs du personnel sont recrutés en qualité d'agents d'exécution[6]. L'on pourrait de ce fait présumer *a*

---

[1] Sur la question, B-R. GUIMDO DONGMO, *Le personnel communal au Cameroun ..., op. cit.*, L. SINDJOUN. *Le pouvoir communal à Yaoundé : une sociologie des acteurs officiels* , Mémoire de Maitrise en Science politique , Université de Yaoundé, 1987, 153p., M. FINKEN, *Commune et gestion municipale au Cameroun : Institutions municipales, Finances et budget, gestion locale, interventions municipal*e, Presses du groupe Saint-François, Yaoundé janvier 1996, 348 p.M. MANAOUDA, *Mouvement constitutionnel et décentralisation administrative au Cameroun indépendant,* Mémoire de Maitrise en Droit public, Université de N'Gaoundéré cité par H.DONFACK, « La problématique du recrutement du personnel communal au Cameroun », *in* imjst, vol.5, novembre 2020, en ligne, Y. T.ONGUE, La gestion des ressources humaines dans les collectivités territoriales décentralisées : un gage au développement *du Cameroun. Cas de la Commune de Dibombari*, INEAAD, Vitrolles-France, Mémoire de Master en Management des ressources humaines, 2015,106 p.

[2] Voir M. MEBENGA, « La fiscalité dans la gouvernance décentralisée au Cameroun », *in Enjeux,* n°45-46, juillet, 2012, pp.17-24

[3] Sur la question, bien vouloir lire B-R. GUIMDO DONGMO, « La Région en droit public camerounais : Quel Janus Quel Janus juridique ? », *in RRJ* ,2022-1, pp..493-514

[4]B- R. GUIMDO DONGMO, Le personnel communal au Cameroun ..., op. cit., L. SINDJOUN. Le pouvoir communal à Yaoundé : une sociologie des acteurs officiels, mémoire de maitrise en science politique, Université de Yaoundé, 1987, 153 p., M. FINKEN, Commune et gestion municipale au Cameroun : Institutions municipales, Finances et budget, gestion locale, interventions municipales », Presses du groupe Saint-François, Yaoundé ? janvier 1996, in RRJ, 2022-1, pp. 493-514.

[5] Voir E.D ATANGANA, *La libre administration des collectivités territoriales décentralisées en droit public camerounais*, Mémoire de Master en Droit public, Université de Yaoundé 2-Soa, année académique 2011-2012, 160 p.

[6] Ibid.

contrario, que seuls quarante pour cent de ces effectifs seraient recrutés en qualité de personnel-cadre des collectivités. Cette situation est symptomatique de l'absence de texte réglementaire qui devrait en principe en assurer l'encadrement. Seules des thématiques traitant du statut du personnel communal en droit camerounais ont pour le moment plus ou moins été abordées par la doctrine. Sur les rares contributions[1] qui se sont référées à l'étude du statut du personnel des collectivités territoriales décentralisées, très peu ont apporté une analyse profonde de la question. Lorsque ce dernier n'était pas abordé par des considérations générales dont le traitement et l'analyse semblaient parfois éloigner le lecteur de la question, c'est la désuétude des textes et son corollaire, l'inaccessibilité de ces derniers qui semblaient en faire problème.

La doctrine camerounaise gagnerait peut-être à emboiter le pas à la position française qui use de la jurisprudence pour construire des bases théoriques qui permettraient au législateur d'avoir des repères.

2. L'hésitante construction jurisprudentielle

L'on se réfèrera dans ce cas précis aux critères liés à la permanence aux fonctions au rattachement pour évaluer le statut du personnel local. En prenant en compte le critère de rattachement, l'on observe généralement très peu de difficultés à établir un lien de proximité entre un agent et une collectivité publique.

En France par exemple pour établir ce lien, le juge s'appuie généralement sur des conditions liées à la rémunération, la nomination et nature de la fonction exercée. A ce titre, le juge mettra l'accent sur la légalité de l'acte pris par l'autorité administrative dans ce cadre. Il pourra, à titre d'exemple prendre en compte la nature des fonctions aux fins d'apprécier celles qui relèvent de la compétence des autorités étatiques ou de la compétence des autorités locales. Relativement à la rémunération, le juge français recherchera à savoir si la masse salariale des différents agents est inscrite dans le budget de l'État ou dans celui de la collectivité.

Au Cameroun, certains agents de l'État et ceux locaux qui sont directement recrutés dans les services publics locaux sont tous assujettis à un même régime juridique. C'est la raison d'être de l'intervention constante de l'État dans l'organisation et même dans le fonctionnement des services des collectivités territoriales décentralisées. On a pour preuve, la nomination du secrétaire général des mairies[2] et du receveur municipal par l'autorité étatique. Par le fait de donner la possibilité aux organes locaux de procéder à la nomination du personnel local en dehors de ces deux catégories ci-dessus citées, l'on pourrait nécessairement se poser logiquement la question de savoir si ces deux catégories relevant du personnel pourraient être perçues comme des agents

---

[1] Voir *supra*.

[2] En l'état actuel du droit camerounais, le secrétaire général de mairie est nommé par le Ministre de la décentralisation sur proposition du maire.

locaux ? Le juge camerounais semble hésiter à donner une réponse claire sur la question.

Dans un arrêt rendu par la Chambre sociale de Cour suprême du Cameroun, le juge considère qu'un fonctionnaire peut être considéré comme un employé d'un organisme parapublic lorsque son détachement a été sanctionné préalablement par un aux postes de président-directeur général[1]. Le juge, en se référant au critère de l'accès à l'emploi, a conclu que sieur Betayene, du fait de son détachement par voie de nomination par le Président de la République au poste de Président-directeur général de la Société nationale des investissements devait être assujetti au statut juridique des agents de cette société. Le juge français semble ne pas s'éloigner fondamentalement de la position du juge camerounais.

Dans une affaire baptisée « officiers des sapeurs-pompiers » le juge détermine le lien de rattachement d'un agent à un service public en tenant en compte, non plus de la simple et pure nomination de cet agent, mais aussi, et surtout de sa nomination par voie de décret[2]. On peut dès lors dire que les différentes hésitations du juge camerounais dans le cadre de la définition du lien de rattachement qui devrait lier un agent à une collectivité publique ont sans nul doute, contribué à limiter la reconnaissance d'un statut spécifique au personnel des collectivités territoriales décentralisées.

La doctrine française s'appuiera d'ailleurs sur la définition de la notion d'emploi pour démontrer que tous les agents publics n'appartiennent pas toujours à la catégorie de fonctionnaires. Par contre, celle-ci semble soutenir l'idée selon laquelle tous les fonctionnaires seraient des agents publics. Cette hésitante reconnaissance du statut du fonctionnaire local par le juge camerounais permet sans nul doute de constater la réalité d'un évitement constant et progressif de la question par les pouvoirs publics camerounais.

II. Un évitement concrètement réalisé

L'évitement constaté dans ce cadre pourrait se voir aussi bien à travers le fléchissement du cadre technique (A) qu'au moyen de la flexibilité du cadre fonctionnel (B).

A. Le fléchissement du cadre technique

Dans ce cadre, il sera question d'apprécier aussi bien la tutelle de l'État (1) que l'action des institutions techniques (2) dès lors qu'il ressort que l'administration des localités trouve toute sa pertinence à travers ces deux notions.

1. La tutelle imposante de l'État

La tutelle est généralement appréhendée sous deux angles : sur les actes et sur les organes.

---

[1] Lire l'arrêt n°1/CS/Ch. sociale du 30 novembre 1972, aff. *Jean BETAYENE c./SNI.*

[2] Voir aff. Officiers des sapeurs-pompiers du 14 juin 1944.

Relativement à la tutelle sur les actes, la doctrine l'appréhende comme un bloc de règlements qui confère à l'autorité de l'administration centrale un certain nombre de pouvoirs à l'égard de l'administration centrale. Il en est ainsi du pouvoir d'autorisation, de suspension et d'approbation. Cette prérogative donne également mandat à l'autorité de tutelle de suspendre, refuser, annuler ou approuver une décision prise par l'autorité sous tutelle.

Dans le rapport qui lie l'État camerounais aux collectivités locales, il apparait difficile, au regard de l'exercice de la tutelle, de déterminer une autonomie administrative des entités infra-étatiques[1]. À l'observation, l'on peut constater que les collectivités territoriales décentralisées ne détiennent pas encore la compétence de leurs compétences. Leur autonomie administrative et financière n'est effective qu'en fonction du degré de reconnaissance que voudrait bien leur concéder L'État[2].

La loi portant Code général de la décentralisation au Cameroun encadre l'autonomie administrative et par voie de conséquence, la libre administration de ces dernières. Ce code énonce éclairement la faculté reconnue aux collectivités territoriales décentralisées de recruter voire de gérer son personnel. Cependant, l'on constate que cette faculté ne peut être exercée dans l'absolue. La tutelle, organisée au titre V de cette loi, semble tout de même relativiser ce principe. En effet, l'article 76 du code soumet à l'approbation préalable du représentant de l'État, le recrutement du personnel local suivant les modalités fixées par voie règlementaire. Il se dégage des dispositions pertinentes du code général des collectivités, une ambiguïté au regard de l'autonomie administrative et financière des collectivités locales tant vantée au Cameroun. De manière subtile, il ressort que tous les actes relatifs à la gestion du personnel local doivent être préalablement soumis à l'approbation de l'autorité de tutelle. A l'analyse de ce code, l'on retient que le représentant de l'État a la possibilité d'initier une procédure de destitution de l'exécutif municipal à l'occasion d'un conseil extraordinaire de la municipalité. Les mêmes sanctions pourraient également s'appliquer à l'exécutif régional. Ainsi, aux termes de l'article 314 de la loi portant code général des collectivités locales, il ressort que mandat est donné au Président de la République de prononcer par voie de décret, la suspension des membres de l'exécutif régional. L'on se demande dès lors si cette tutelle aux relents de recentralisation n'ambitionnerait pas à la réalité de limiter la portée des actions des institutions techniques.

---

[1] Voir M. FINKEN, *Gouvernance communale en Afrique et au Cameroun* ? L'Harmattan, Paris, 2011, 324 p.

[2] Sur la question, bien vouloir lire A. OVONO OSSONO, « L'autonomie financière des collectivités locales en Afrique noire francophone : Le cas du Cameroun, de la côte d'Ivoire, du Gabon et du Sénégal », cité par L. NGONO TSIMI, *L'autonomie administrative et financière des collectivités territoriales décentralisées*, *op. cit.* p. 112.

2. Les balbutiements des institutions techniques

Il est important de retenir que c'est le décret n° 2020/11 du 2 mars 2020 qui consacre une existence juridique à la NASLA. Cet établissement poursuit comme ambition la formation professionnelle dans les domaines de compétence et spécialité de l'administration locale en conformité avec les prescriptions du gouvernement[1]. Cette école comprend trois cycles ou niveaux de formations en l'occurrence le cycle A en charge de la formation des cadres supérieurs de l'administration locale, le cycle B destiné à la formation des cadres moyens de l'administration locale et le cycle C en charge de la formation des agents spécialisés de l'administration locale.

Au-delà du fait que l'administration de cet institut soit essentiellement assurée par un conseil d'administration composé des différents cadres nommés par le pouvoir exécutif camerounais, l'on retient également que les moyens mis en œuvre pour définir sa politique restent limités. Toutes choses qui tendent à remettre en cause la portée de ses actions. Le budget de la NASLA provient essentiellement du Fonds spécial d'équipement et d'intervention intercommunale (FEICOM), des subventions de l'État, des droits de concours et des frais de scolarité des élèves stagiaires, et bien évidemment de certains dons et legs[2].

En plus, toutes les initiatives prises par l'équipe dirigeante de la NASLA peuvent faire l'objet d'un contrôle minutieux du ministère de la Décentralisation et du Développement local ou du ministère des Finances[3]. L'on constate par ailleurs qu'il existe au sein de ces différents départements ministériels une volonté manifeste d'encadrer les différentes actions prises par la direction générale de la NASLA. L'État ambitionne par ce moyen de récupérer de la main droite ce qu'il aurait remis de la main gauche. Il est à noter que ces avances de trésorerie sont des crédits à court terme. Ces derniers sont généralement remboursés sans intérêts. L'on relève de plus en plus que le fonds a du mal à concéder des crédits aux collectivités territoriales décentralisées. L'on évoque généralement l'incapacité de ces dernières à rembourser les emprunts contractés. Peut-on dire de même du cadre fonctionnel ?

B. Le chancellement du cadre fonctionnel

En matière de décentralisation administrative au Cameroun, la flexibilité du cadre fonctionnel se fait voir aussi bien à travers la méprise des textes en matière de recrutement du personnel local (1) qu'à travers le traitement approximatif dont font l'objet ces derniers (2).

---

[1] Lire art. 5 al .1 du décret portant organisation et fonctionnement de la NASLA.

[2] Lire art. 55 du décret sus cité.

[3] Lire art. 69 du décret sus cité.

1. Le recrutement irrégulier du personnel local

L'accès à tout emploi public nécessite au préalable, une définition objective des critères et modes de recrutements y relatifs. L'idée est de garantir à tous le principe d'égalité d'accès à l'emploi public. C'est la raison pour laquelle il est ordinairement établi et spécifié certains modes d'accès à l'emploi public. On peut citer entre autres le recrutement sur titres, ce dernier s'effectue généralement sans concours sous réserve de présenter un titre ou un diplôme particulier. Ce mode de recrutement consiste à sélectionner les candidats après étude des dossiers. Un jury ou une commission de recrutement commis pour la circonstance examine les dossiers et auditionne les candidats. Seuls sont retenus les candidats les meilleurs, dans la limite des postes disponibles.

La voie par concours, la plus prisée, garantit le principe d'égal accès de tous les citoyens aux emplois publics. Il est nécessaire de préciser que ce principe est consacré dans le préambule de la constitution camerounaise. Le concours peut revêtir la forme externe[1], interne[2] ou d'épreuves[3]. Il est à noter que ces différents modes s'appliquent généralement à tout emploi public, qu'il soit étatique ou local. La curiosité camerounaise se trouve dans le fait que le mode le plus utilisé pour accéder à un emploi dans une collectivité locale reste la voie contractuelle. L'application démesurée de ce procédé de recrutement du personnel local a généralement tendance à favoriser l'idée d'une personnalisation des recrutements au sein des établissements publics locaux. Toute chose qui tendrait à relativiser ce pouvoir qui leur est reconnu.

2. Le traitement approximatif du personnel local

Dans ce cadre l'on pourrait citer entre autres, la question liée au traitement des salaires, aux affectations, aux promotions, aux départs à la retraite…

Si dans la réalité, ce traitement reste peu convaincant, l'on peut retenir que dans certains cas, il fait l'objet des critiques vives. Ces derniers touchent le plus souvent le fonctionnement régulier et quotidien de l'administration locale[4]. Le désir de tout agent des collectivités locales est celui de connaitre une ascension dans sa carrière. On le sait, autant l'avancement peut être considéré comme une obligation de l'administration, autant ce dernier doit être considéré comme un droit dont pourrait se prévaloir un agent. Dans la majorité des collectivités locales, le retard dans l'avancement du personnel fait généralement suite au classement approximatif des dossiers ou alors à l'incomplétude de ceux-ci.

---

[1] Le concours externe est ouvert aux candidats justifiant d'un diplôme ou d'une aptitude .il peut être organisé sur épreuves ou sur titres

[2] Le concours interne se fait par voie d'épreuves et est réservé aux fonctionnaires et agents publics non titulaires. Ces derniers, en plus d'être en activité, doivent totaliser une certaine durée dans le service.

[3] Ce type de concours est ouvert à tout candidat justifiant d'une ou plusieurs activité(s) professionnelle(s) ou d'un voire plusieurs mandat(s) d'une ou plusieurs collectivité(s) locale(s).

[4] Voir B-R GUIMDO DONGMO, *Le Personnel communal*, *op. cit.*, p. 125.

D'après la loi de 2019 portant code général des collectivités territoriales décentralisées, les dépenses pour le personnel constituent aux côtés des dépenses de fonctionnement et d'équipement, des dépenses obligatoires. Toutefois, à cause de la gestion approximative du personnel des services des collectivités, cette question est généralement considérée comme une source de nombreuses tracasseries. L'on relève généralement une tendance de ces dépenses à absorber les dépenses liées aux investissements.

Conclusion

En définitive, l'on retient que la question liée à l'encadrement du statut du personnel local et par ricochet, celle de la fonction publique locale en droit camerounais de la décentralisation, reste très complexe. Malgré la pertinence du code général des collectivités locales, elle présente encore de nombreuses zones d'ombres qui nécessitent une attention particulière, à la fois du législateur et de la doctrine afin d'éviter de sombrer dans une sorte d'illusion du droit. Somme toute, l'urgence de promulguer le décret devant consacrer la fonction publique locale reste d'actualité au Cameroun. Elle se présente comme un remède idoine pour redonner du crédit à la valeur du personnel local, valeur que ce dernier a en toute vraisemblance perdue du fait du laxisme observé aussi bien de la part des décideurs publics que des acteurs au développement local.

Bibliographie

Ouvrages

- AUBY Jean-Marie, AUBY Jean-Bernard, DIDIER Jean Pierre, Antony, Taillefait, *Droit de la fonction publique : Etat-collectivités Locaux-hôpitaux* ; 6è édition, Dalloz, paris, France, avril 2009 ; 827 p.
- BODINEAU Philippine, et VERPEAUX Michel, *L'histoire de la décentralisation*, 2e éd., coll. « Que sais-je ? », *PUF*, Paris, 1997 ,127 p.
- EISENMANN Charles, *Centralisation et Décentralisation, Esquisse d'une Théorie générale*, LGDJ, Paris, 1948, 331 p.
- FINKEN Martin, *Commune et gestion municipale au Cameroun : Institutions municipales, Finances et budget, gestion locale, interventions municipales*, Presses du groupe Saint-François, Yaoundé janvier 1996, 348 p.
- FINKEN Martin, *Gouvernance communale en Afrique et au Cameroun ?* L'Harmattan, Paris, 2011, 324 p.
- KOUOMEGNE NOUBISSI Hilaire, *Décentralisation et Centralisation au Cameroun la répartition des compétences entre l'État et les collectivités locales*, l'Harmattan Paris, 2013, 495 p.
- OWONA Joseph, *Droit administratif spécial de la République du Cameroun*, EDICEF Paris, 1985,256 p.
- TEKAM Georges Jean, *Statut général de la Fonction publique de l'Etat et textes d'application*, PUAF, 2002, 206 p.

Articles

- DONFACK Henri, « La problématique du recrutement du personnel communal au Cameroun, », *in International Multilingual Journal of Science and Technology (IMJST)* Vol. 5 Issue 11, November – 2020 en ligne ; pp. 1992-2006.
- FULCHIRON Hugues, « La part de flou dans le droit variations sur la souplesse de la règle de droit », *in RTD Civ*, 2022, pp.333-341.
- GUENETTE Dave « le silence des constitutionnels canadiens-expression d'une constitution inachevée », *in Cahiers de droit*, Vol.56 n° 3-4, septembre-décembre 2015, pp. 411-446 ;
- GUIMDO DONGMO Bernard-Raymond, « La Région en droit public camerounais Quel Janus juridique ? », *in RRJ*, 2022-1, pp. 493-514.
- GUIMDO DONGMO Bernard-Raymond, « Les bases constitutionnelles de la décentralisation au Cameroun (contribution à l'étude de l'émergence d'un droit constitutionnel des collectivités territoriales décentralisées) », *in RGD*, décembre 1998, n°1, pp. 79-100.
- MEBENGA Matthieu, « La fiscalité dans la gouvernance décentralisée au Cameroun », *in Enjeux*, n°45-46, juillet, 2012, pp.17-24.
- NOUAZI KEMKENG Carole Valérie, « Le cadre juridique de la décentralisation au Cameroun », *in* ALAWADI ZELAO (dir.), *Décentraliser au Cameroun. Dynamiques institutionnelles et logiques des acteurs,* L'Harmattan Paris, Collection Études africaines, octobre 2018, pp. 129-149.
- ORTIZ Laure, « La fonction publique territoriale, l'unité au défi de la territorialité », *in* REGOURD Serges, CARLES Joseph, GUIGNARD Didier, BELL Jean Pierre (dir), *La décentralisation 30 ans après*, *LGDJ*, paris, 2013, pp. 267-286.
- SANE YOUSSOUPH « La décentralisation au Sénégal, ou comment réformer pour mieux maintenir le statu quo », *in cybergeo 27845*, décembre 2016, en ligne.

Thèses et Mémoires

- ATANGANA Emmanuel Désiré, *La libre administration des collectivités territoriales décentralisées en droit public camerounais*, Mémoire Master Droit public, Université de Yaoundé 2 Soa, 2012, 165 p.
- GUIMDO DONGMO Bernard-Raymond, *Le Personnel communal au Cameroun contribution à la compréhension de la crise de l'administration communale camerounaise,* Thèse de Doctorat 3e Cycle Droit public, Université de Yaoundé 2 Soa, 1994, 381 p.
- NGONO TSIMI Landry, *L'Autonomie administrative et financière des collectivités territoriales décentralisées : l'exemple du Cameroun,* Thèse Doit public, Université VAL-DE-PMarne, Paris, Créteil, 2010, 561 p.
- SINDJOUN Luc, *Le pouvoir communal à Yaoundé : une sociologie des acteurs officiels,* Mémoire de Maitrise en Science politique, Université de Yaoundé, 1987, 153p.
- TONGUE Yves Thomas, *La gestion des ressources humaines dans les collectivités territoriales décentralisées : un gage au développement du Cameroun. Cas de la Commune de Dibombari,* INEAAD, Vitrolles-France ; Mémoire de Master en Management des ressources humaines, 2015,106 p.

EN GUISE DE CONCLUSION

Le débat sur la décentralisation n'est pas clos

Que dire au terme de ce voyage idéel et pragmatique dans et avec la décentralisation au Cameroun, à travers son jeu, ses enjeux, ses nouveaux acteurs, et ses nouveaux défis ?

Il est incontestable que la décentralisation au Cameroun est un construit permanent. Elle n'a pas encore atteint sa vitesse de croisière tant les obstacles sont nombreux : conjoncturels, structurels, humains, financiers, matériels, managériaux, entre autres. Il est aussi vrai qu'elle est devenue irréversible, car comment passer aujourd'hui d'un Cameroun « Etat unitaire décentralisé » à un Etat uniquement unitaire ? Cela n'est plus envisageable. Sa complexité géographique, sociologique, anthropologique et l'évolution de la statolité dans le monde sont tel qu'il faut plutôt envisager, soit son renforcement, soit l'évolution vers un « Etat régional », et peut-être plus que cela. Qui sait ?

Les différentes contributions qui font ou constituent cet ouvrage, diagnostiques, pour certaines, analytiques pour d'autres, prospectives, voire pronostiques, pour d'autres encore, ont bien relevé le jeu, les enjeux, l'émergence de nouveaux acteurs, à côté ou en compétition avec les anciens acteurs, ainsi que les nouveaux défis de la décentralisation territoriale au Cameroun. Le préfacier, qui n'est plus aujourd'hui parmi nous, et à qui nous rendons ici un vibrant hommage, non seulement pour avoir accepté en 2023 faire la préface, mais également, qui peut être considéré comme l'un des pionniers du droit public camerounais, a fait fort de le relever dans sa préface.

Certes, tous les aspects de cette décentralisation n'ont pas été abordés, notamment les aspects relatifs au transfert des compétences et des moyens par l'Etat aux collectivités territoriales décentralisées, aux finances publiques locales, à la police administrative et à la police municipale ; mais, il est incontestable que ces questions s'y retrouvent de façon implicite ou indirecte et que celles directement abordées sont, non seulement d'une certaine pertinence et d'une certaine actualité, mais aussi et surtout d'une pertinence et d'une actualité certaines.

La lecture de cet ouvrage, qui n'est nullement de trop dans le paysage scientifique du Cameroun est donc fortement souhaitée. Car, le débat sur la décentralisation n'est pas clos.

Bernard-Raymond GUIMDO DONGMO

Professeur titulaire (CAMES) des Universités
Agrégé de droit public et de science politique

NOTICE BIOGRAPHIQUE

Bernard-Raymond GUIMDO DONGMO est Agrégé de droit public et de science politique, Professeur titulaire (CAMES) des Universités, Enseignant à la Facultés des Sciences Juridiques et Politiques (FSJP) de l'Université de Yaoundé II-Soa. Il est par ailleurs enseignant associé dans plusieurs Universités et Grandes Ecoles au plan national et international.

Carole Valérie NOUAZI KEMKENG est titulaire d'un Doctorat/Ph.D en Droit public de l'Université de Yaoundé II au Cameroun. Elle est Maître de Recherche et Cheffe de Département des Études politiques et juridiques au Centre national d'éducation du Ministère de la recherche scientifique et de l'innovation (MINRESI).

Denis ZOUNA BAH, PhD spécialisé en sociologie politique, est Enseignant-Chercheur au département de science politique de l'Université de Yaoundé II et chercheur attaché à l'Unité de Recherches Politiques, Stratégiques et Sociales (URPOSSOC) de l'Université de Dschang au Cameroun.

NENEO KALDAYA est titulaire d'un Doctorat, Ph.D en Droit Public de l'Université de Douala. Il est Chargé de Cours de Droit Public à la Faculté des Sciences Juridiques et Politiques et Chef de Département du Droit Public Interne à l'Université de Maroua.

Mesmer BOBDA TAGNE est titulaire d'un Doctorat / PhD en Droit Public et actuellement Chargé de cours à l'Université de Yaoundé II. Il est par ailleurs Enseignant Vacataire à la NASLA (2021), Enseignant associé à l'UCAC- Formation continue-MAÏTENA et chercheur au Centre de Recherche et d'Etudes en Droit (CRED).

Henri DONFACK est Docteur en droit public de l'Université de Dschang. Il est chercheur au Centre de Recherche et d'Etudes en Droit (CRED). Par ailleurs, il est cadre contractuel à la commune de Dschang et enseignant vacataire à la FSJP de l'Université de Dschang.

Emmanuel Désiré ATANGANA est titulaire d'un Doctorat en droit public de l'Université de Yaoundé II. Il est Chargé de cours à l'Université de Yaoundé II. Il est chercheur au Centre de Recherche et d'Etude en Droit (CRED) et au centre de Recherche et d'Etude à l'école internationale des Forces de défense et de la sécurité (Eiforces).

Emmanuel ASSOLA est chargé de recherche au Centre National d'Education du Ministère de la Recherche Scientifique et de l'Innovation. Il est Doctorant en Histoire Economique et Sociale à la Faculté des lettres et sciences humaines de l'Université de Yaoundé I.

Nathanaël ASSAM OTYA'A est Titulaire d'un Doctorat/PhD en histoire économique et sociale obtenu à l'Université de Douala. Il est enseignant à l'Ecole Normale Supérieure de Bertoua (Est-Cameroun), au département de Techniques de Langages Spécialisés.

William Carter KENNE DJUATIO est Titulaire d'un Doctorat Ph.D en sociologie des populations et du développement obtenu à l'Université de Dschang- Cameroun. Actuellement, il est enseignant associé dans plusieurs institutions supérieures et membre du Laboratoire camerounais d'études et de recherche sur les sociétés contemporaines (CERESC).

Jean-Emet NODEM est Professeur titulaire et HDR en développement rural à l'université de Dschang-Cameroun. Il est par ailleurs coordonnateur de la revue scientifique "Emergence Sud".

Augustin ESSOH est Titulaire d'un Master en management de projets à l'IPD et d'un Doctorat Ph.D en Management à l'Université Charisma Il est ingénieur statisticien et consultant en organisation et management depuis 2020.

MOUSTAPHA-OUMAROU est Juriste-Urbaniste, titulaire d'un Ph/D en droit public, Spécialité droit de l'urbanisme, aménagement du territoire et décentralisation, de l'Université de Maroua-Cameroun, Membre du Network of Excellence on Land Governance in Africa (NELGA) et chercheur au Centre de Recherche et d'Etudes en Droit (CRED).

Éric Samuel KOUA est Magistrat au Tribunal administratif de Bafoussam. Il est par ailleurs Enseignant associé à l'Université de Douala et à l'Université catholique d'Afrique centrale (UCAC).

MOHAMADOU AHMADOU est Doctorant en Droit Public à l'université de Douala. Par ailleurs Chargé des Travaux Dirigés à l'Université Catholique d'Afrique Centrale (UCAC).

Achille Magloire NGAH, est titulaire d'un Doctorat/PhD en Droit public de l'Université de Yaoundé II. Il est Chargé de Cours à l'Université de Yaoundé II. Il est par ailleurs enseignant à l'Ecole Supérieure des Techniques Avancées pour le Développement (ESTAD) et chercheur au CEDIC.

Stanislas Junior MVONDO MVONDO est Doctorant en Droit public à l'Université de Yaoundé II. Il est chercheur au Centre de Recherche et d'Etudes en Droit (CRED).

Paul Aurélien TAMOUYA est chargé de recherche au Centre National d'Éducation du Ministère de la recherche Scientifique et de l'Innovation et achève en ce moment une Thèse de Doctorat Phd à l'Université de Douala sur la problématique du développement dans les projets d'exploitation des ressources naturelles.

Pacôme VOUFFO est titulaire d'un Doctorat/Ph.D en Droit public de l'Université de Dschang (Cameroun). Il est Chercheur-Associé au Centre Africain d'Études et de formation sur le Développement, la Démocratie et la Paix en Afrique (CEFODEP).

Thierry EVINA MIMBAMA est titulaire d'un Doctorat Ph/D en Histoire des Relations Internationales. Il est par ailleurs Conseiller Principal de Jeunesse et d'Animation, spécialiste de l'Éducation Populaire et diplômé de l'Institut National de la Jeunesse et des Sports de Yaoundé et Cadre d'Études au Centre National d'Éducation Populaire et Civique du Cameroun.

COMITÉ SCIENTIFIQUE

TABLES DES MATIÈRES

Structures éditoriales du groupe L'Harmattan

L'Harmattan Italie
Via degli Artisti, 15
10124 Torino
harmattan.italia@gmail.com

L'Harmattan Hongrie
Kossuth l. u. 14-16.
1053 Budapest
harmattan@harmattan.hu

L'Harmattan Sénégal
10 VDN en face Mermoz
BP 45034 Dakar-Fann
senharmattan@gmail.com

L'Harmattan Cameroun
TSINGA/FECAFOOT
BP 11486 Yaoundé
inkoukam@gmail.com

L'Harmattan Burkina Faso
Achille Somé – tengnule@hotmail.fr

L'Harmattan Guinée
Almamya, rue KA 028 OKB Agency
BP 3470 Conakry
harmattanguinee@yahoo.fr

L'Harmattan RDC
185, avenue Nyangwe
Commune de Lingwala – Kinshasa
matangilamusadila@yahoo.fr

L'Harmattan Congo
219, avenue Nelson Mandela
BP 2874 Brazzaville
harmattan.congo@yahoo.fr

L'Harmattan Mali
ACI 2000 - Immeuble Mgr Jean Marie Cisse
Bureau 10
BP 145 Bamako-Mali
mali@harmattan.fr

L'Harmattan Togo
Djidjole – Lomé
Maison Amela
face EPP BATOME
ddamela@aol.com

L'Harmattan Côte d'Ivoire
Résidence Karl – Cité des Arts
Abidjan-Cocody
03 BP 1588 Abidjan
espace_harmattan.ci@hotmail.fr

Nos librairies en France

Librairie internationale
16, rue des Écoles
75005 Paris
librairie.internationale@harmattan.fr
01 40 46 79 11
www.librairieharmattan.com

Librairie des savoirs
21, rue des Écoles
75005 Paris
librairie.sh@harmattan.fr
01 46 34 13 71
www.librairieharmattansh.com

Librairie Le Lucernaire
53, rue Notre-Dame-des-Champs
75006 Paris
librairie@lucernaire.fr
01 42 22 67 13

www.ingramcontent.com/pod-product-compliance
Lightning Source LLC
LaVergne TN
LVHW011454061026
849535LV00004BA/1077